全国汉传佛教院校教材

华严学概论

觉深　编著

社会科学文献出版社
SOCIAL SCIENCES ACADEMIC PRESS (CHINA)

全国汉传佛教院校教材系列
编委会名单

全国汉传佛教院校教材编写推进工作领导小组

组　长　演觉

成　员　湛如　　宗性　　明海　　刘威

　　　　宏度　　光泉　　向学　　圣凯

《华严学概论》编写工作协调委员会

主　任　明海

副主任　向学　　清远

成　员　理证　　觉灯　　园慈　　可潜

　　　　理净　　源流　　性朴　　昌如

　　　　思和　　觉深

总　序

佛教诸要务，教育为第一。古德云："佛法二宝，并假僧弘。"续佛慧命、住持正法，服务社会、利益众生，都要靠优秀的佛教人才来践行和落实。因此，办好佛教教育事业、培养合格佛教人才，是事关佛教健康传承的千秋大计，是推进新时代佛教中国化的重要支撑。中国佛教协会自成立以来，特别是改革开放以来，始终把人才建设作为佛教自身建设的关键环节，将发展教育作为佛教工作的头等大事，团结引领全国佛教界齐心协力育人才，扭转了改革开放后佛教人才青黄不接的困难局面，初步培养了一支爱国爱教的佛教人才队伍，为佛教健康传承和推进佛教中国化不断注入生机活力。

佛教教育事业是一项艰巨复杂的系统工程，包含佛教院校建设、师资队伍建设、课程体系建设、教材体系建设、后勤保障建设等诸多方面。其中，教材建设是发展佛教教育事业的一项基础性工作。佛教院校专业课教材，是教师教学的基本依据，是学生学习的重要蓝本。编写一套高质量的佛教院校专业课教材，是中国佛教协会加强人才培养的一项重要任务，更是全国佛教界几代人的夙愿。改革开放以来，本会积极组织和推动佛教院校专业课教材编写工作，进行了持续探索，付出了不懈努力，取得了一批阶段性成果，积累了宝贵经验，为新时代继续系统推进佛教院校专业课教材建设奠定了坚实基础。

中共十八大以来，中国特色社会主义进入新时代。在2016

年全国宗教工作会议上，习近平总书记指出，积极引导宗教与社会主义社会相适应，一个重要的任务就是支持我国宗教坚持中国化方向。习近平总书记强调，要坚持政治上靠得住、宗教上有造诣、品德上能服众、关键时起作用的标准，支持宗教界搞好人才队伍建设。为深入贯彻落实习近平总书记关于宗教工作的重要论述和全国宗教工作会议精神，顺应新时代推进佛教中国化对人才培养提出的新任务新要求，本会于 2018 年 6 月启动了新时代全国佛教院校专业课教材编写工作。本会理事会和领导班子对教材编写高度重视，成立全国佛教院校教材编写领导小组，负责统筹协调、检查督促教材编写各项工作；召开以佛教院校教材编写为主题的全国佛教院校联席会，举办教材编写研讨班，研究制定《全国佛教院校教材编写工作方案》，明确教材编写总体思路、主要原则、基本要求、编写范围、工作计划等，整合全国佛教院校资源，扎实有序推动教材编写。这套全国佛教院校教材，正是此次教材编写工作结出的硕果。

坚持正确导向是教材编写的根本原则，质量是教材的生命，实用是体现教材价值的落脚点。为编写一套坚持佛教中国化方向、符合宗教人才培养"四项标准"、发扬中国佛教优良传统、适应当代中国发展进步要求、具有新时代中国佛教鲜明特色的高质量佛教院校专业课教材，本会为教材编写确立了以下指导思想：以习近平新时代中国特色社会主义思想和习近平总书记关于宗教工作的重要论述为指导，以社会主义核心价值观为引领，坚持佛教中国化方向，发挥本会理事会佛教教育委员会专业优势和全国佛教院校人才培养主渠道作用，调动和整合教师与编辑、教学与出版等多方面资源，凝聚全国佛教界力量共同担当佛教院校教材建设重任，确定佛教院校专业课课程体系建设和教学大纲，制订教材编写规划，努力打造一套具有时代性、基础性、科学性、发展性、权威性的佛教院校教材。

为落实上述指导思想，教材编写遵循以下基本原则：1. 精品原则。坚持质量为本，锚定精品定位，致力于编写、出版高质量、高水平、专业化、体系化的系列教材，避免低水平重复。2. 创新原则。坚持守正创新，发扬中国佛教优良传统，传承契合佛陀本怀、久经历史考验、获得广泛共识的中国佛教传统教理思想，积极推动教材编写的理念创新、方法创新、内容创新，将教材建设与佛学研究前沿紧密结合，凸显教材的时代性。3. 适用原则。坚持面向一线，将理论性与实践性有机融合，在框架结构、知识体系、表达方式等方面力求符合教材的一般要求，努力满足教师讲授和学生学习的实际需要，力争能被全国更多的佛教院校所采用。

本套教材的编写凝聚了全国佛教院校和佛教教育工作者的集体智慧。在本会统一组织下，各佛教院校根据自身资源优势和学科特长，自主选取承担相应的教材编写工作，各尽所能、优势互补，共同建设佛教院校专业课教材体系的庄严殿堂。教材编写全过程坚持高标准、严要求，初稿完成后，由相关专家进行专业评审，根据评审意见修改完善，再提交教材编写领导小组审核，审核通过后，交付出版。从执笔编写、评审修改到审核把关、出版发行，力求各环节精益求精，努力将高质量的教材建设目标和要求落到实处。

本套教材包括基础教材和原典教材两大部分，每一部分根据具体学科和内容分为不同模块。基础教材主要指佛教通史、概论、宗派史等类课程的教材。原典教材主要指佛教经典讲解、阐释类教材。基础教材重在构建和传授关于佛教教理思想、历史源流、教规制度、文化艺术等方面的基础知识体系。原典教材重在引导学生细读经典，学习经典解读方法，培养经典阐释能力。两部分教材各有侧重、相得益彰，既传承了两千多年来中国佛教的智慧结晶，也吸收了当代佛学研究和佛教院校学科建设的崭新成果，共同构成了比较系统完整的新时代佛教院校专业课教材体系。

本套教材是推进新时代佛教中国化在佛教教育领域的重要体现与成果，在当代中国佛教教育发展史上具有里程碑意义。其出版和应用将进一步夯实佛教院校学科体系建设和佛教人才培养工作的基础，进一步强化佛教健康传承和佛教中国化的人才支撑。该套教材也可为希望了解佛教知识的社会人士提供有益参考。限于水平，教材中难免错误与疏漏。恳请全国佛教院校师生和社会各界关心佛教事业的人士斧正，惠赐宝贵意见。守正创新永无止境。本会也将在人才培养实践中适时对教材进行修订完善，推动佛教院校教材建设与时俱进，为全面建设社会主义现代化国家、实现中华民族伟大复兴的中国梦做出佛教界应有的贡献。

中国佛教协会会长　演觉

二〇二一年十月

目录
CONTENTS

第二篇　华严宗祖师及相关人物介绍

第三篇　华严宗所依典籍及华严论著

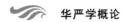

第四篇　华严宗教理教义及主要思想

前　言

　　自中国佛学院华严研究生毕业后，本人承担佛学院本科华严学的授课，已十八载。这期间，我一直在思考这个问题：对于华严学初入门者，通过一种什么方式，可以使之渐次了解华严学。并依此为基，学习研究华严，乃至深入研究修习华严学法门。

　　在教学过程中发现，有关华严学的概论性方面的著作较少。现今出版的有关华严学方面的著作，或有偏重于华严宗（学）历史和思想发展轨迹方面的，或有偏重于华严思想某些专题的，而全面介绍华严学历史、人物、典籍、思想理论等方面内容的著作却较少。

　　2011 年 3 月，中国佛学院"院务会议"要求，各专宗佛学教师，要对佛学院四年制本科班各专宗课程的教学方案和教材编写重新做出规划，要逐步完成四年制本科班各年级的教材编写工作。根据"院务会议"决定和"教学大纲"要求，本科一年级的华严学课程，需讲授有关华严宗方面概论性的知识。在几番思考后，将本科一年级华严学教材题名为《华严学概论》。

　　"华严学"一词，其所包含范围极广。若总括而论，则包含以《华严经》为基础，而引申的一切相关华严学科；若分而论之，则包含有：华严史学、华严经学、华严论学、华严人物学、华严哲学、华严宗学、华严教义学等。而教材《华严学概论》，则主要以华严宗学为主干，对华严学相关的历史、人物、典籍、论著、思想等几个方面进行概论性的介绍。

　　2011 年 3 月始，本人即着手《华严学概论》的编写，先确定教材编写方案，再完善教材编写大纲。对《华严学概论》初稿的撰写，前后几易其稿，不敢仓促完成。至 2016 年下半学期，学院安排对本科一年级讲授华严学概论课程，在讲课的过程中，不断对《华严学概论》文稿进行完善，才将初稿撰写完成。

　　《华严学概论》的编写，主要是对华严宗（学）进行概论性介绍。其主要对象，是华严学初入门者，是为佛学院本科班一年级华严学课程所设置。其主要目的：希望通过对本教材的学习，学生们能够对华严宗（学）有个系统性的认知。了解并掌握华严宗及华严学的发展历史；了解并熟悉华严宗祖师人物及与华严宗发展密切相关人物的生平、思想；了解并熟悉华严宗所依典籍及相关华严著作内容；了解并掌握华严宗主要教理及教义。希望通过对本教材的学习，学生们能够以此为基础，更加深入对华严宗教理教义的研习探索，为进一步对华严宗（学）的学习和研究，打下良好基础。

在对《华严学概论》框架结构进行设计时，按历史、人物、典籍、思想的分类，将整篇教材分为四个篇幅：由历史，明华严学之来处；由人物，知华严学之传承；由典籍，解华严学之所依；由思想，达华严学之旨趣。此四部分，或有内容重叠之处，或有内容交叉之处，依其叙说重点不同，其所阐述亦有详略不同。

第一部分，历史。即是有关华严宗及华严学之历史轨迹。围绕华严宗这一主干，对华严学在西域及汉地的发展情况做一个概论性的介绍。其中包括六方面内容。

一、西域早期华严学的研习弘扬。有关西域早期华严学的资料并不是太多，依诸多传记所记载，皆谓《华严经》的出现，是在如来寂灭数百年后方才面世。其中最有名的说法，即是龙树菩萨从龙宫取得下部《华严经》传之于世。那么，西域早期华严学的研习弘扬，也即是从龙树菩萨开始。而龙树有关华严学方面的著作，现仅存《十住毗婆沙论》，且是残本，只有"十地品"中"初地""二地"的相关注释。虽传说其著有《大不思议论》，惜此本未传。在龙树菩萨之后，有世亲菩萨，亦注释"十地品"，成《十地经论》，此论后流传汉地，影响颇大。

二、中国早期华严学的发展状态。有关中国早期华严学，其时间的界定，是指华严学传入此土后，至华严宗成立之前的一段时间。在这期间，华严学的发展状态，亦可以分为三个时间段：1. 最初传入此土的华严类经典（支流别品），以及此类经典的研习弘扬；2. 晋译《华严》的传入、翻译、流传；3.《十地经论》的翻译、流传，以及地论学派的成立分流。这三个时间段有交叉重叠，在晋译《华严经》译传后，亦有华严类经典（支流别品）传入此土；在《十地经论》传译、地论学派成立时，亦有不少华严学者专注于整部《华严经》的注释、讲说、修习。

三、从华严经学至华严宗学进程。这一段的叙述，主要围绕华严宗的成立以及其思想体系的完善而展开。其包含以下几个方面的内容：1. 在晋译《华严》翻译之后，华严宗成立之前，华严学者对《华严经》的研习弘扬。2. 华严宗体系的逐渐完善，这涉及三个问题：（1）华严思想体系的逐渐完善，如十玄思想、法界缘起思想、判教思想体系等；（2）华严传承体系的逐步确立，从宗密的三祖说，到净源的五祖说，华严祖师传承谱系得以确立；（3）华严宗所依经典的完善，从最初唯六十《华严》的流通，到八十《华严》的译出，华严宗所依经典逐步完整。再后来，四十《华严》的译出，对前两部经典内容，有了更进一步的补益。当然，从华严经学至华严宗学进程这一段时期，并非唯有华严宗传承这一思想体系。在华严宗祖师谱系传承之外，还有许多华严学者，如慧苑、李通玄、吉藏等，他们先后也都提出了华严学方面一些思想理论。

四、华严宗思想体系定型与禅化。从初祖杜顺、二祖智俨、三祖法藏、四祖澄观、五祖宗密这一华严宗祖师谱系的确立，不仅标示着华严宗宗派的成立，也标示着华严宗这一思想体系的完善定型。从华严宗思想体系的定型，到后来华严宗的传承发展，乃至后来华严思想的禅化，这一时期可以分为三个时间段：1. 华严宗思想体系的完善。从初祖杜顺、二祖智俨到三祖法藏，这一时间段是华严宗思想体系完善时期。这一时期，十门释经、十玄思想、六相圆融思想、华严判教思想等，都是处于不断完善的过程中。2. 华严宗思想体系的定型。从三祖法藏至四祖澄观，这一时间段是华严宗思想定型时期。这一时期，有三祖法藏弟子慧苑对其师法藏的十玄思想和五教判并不认同，提出了两重十玄和四教判。后四祖澄观对慧苑所提出的说法大加批斥，继承法藏学说，以为正统。澄观法师还提出了新古十玄的主张，认为智俨所立十玄为古十玄，而其所承法藏《华严经探玄记》（下简称为《探玄记》）中十玄为新十玄，认为新十玄有次第故。另外，澄观法师还依据杜顺《华严法界观门》中所立三观，确立"四法界"说。至此，华严宗思想体系完全定型。3. 华严宗思想体系的禅化，这包含两个方面的内容：（1）华严宗思想在禅化方面的发展。从四祖澄观开始，即提出了"诸宗融合"的思想理念。到五祖宗密，更提出了"禅教一致"的思想理念。四祖澄观提出"诸宗融合"与其广泛参学有关，其曾先后参访天台宗学者荆溪湛然及禅门南北二宗诸位大德。而五祖宗密更以先入禅宗，后学华严，其不仅是华严宗祖师，更兼具禅宗传承。（2）华严宗思想在禅门方面的运用。在会昌法难后，华严宗思想沉寂，而与此同时，禅宗与各教派思想交渗融合，华严宗思想亦为诸多禅师所容纳吸收，在唐末和五代的禅法弘扬中，多见禅师对于华严思想的运用和发挥，尤其是对理事无碍和事事无碍等思想的阐发。

五、华严学在宋元明清时的发展。华严宗在隋唐时期，经历了兴起、鼎盛、禅化、沉寂等阶段。初唐之后，历朝历代，对于华严宗或华严学的弘传，或宗承祖说，或兼弘并蓄，各具特色。按照朝代的变迁大体可分为四个时间段：1. 宋代华严学的复兴与弘传。由于会昌法难，华严宗思想沉寂，许多著作散佚，至宋神宗时期，有高丽义天来华，带来许多华严典籍。先后有慧因寺净源和义和等，对华严宗典籍进行整理，并推动华严宗典籍的入藏工作。同时，净源还在过往忏法的基础上，完成了华严礼忏仪轨的创建。2. 元代华严学的传播与弘扬。由于元世祖对藏传佛教的重视，藏传佛教得到社会各阶层的尊崇。而忽必烈时期，确定了崇奉喇嘛教和尊教抑禅两大政策，天台、华严和唯识等三派，受到当时教僧的普遍重视。这一时期的华严学僧，不是全都主修华严，具有多种类型：或有诸教并通弘扬华严者，或有承继祖说宣说教理者，或有宗承华严主修禅观者，或有天台华严融为一体者，或有借用华严论述禅法者，在对经典宣扬和教理研修等方面各有偏重。3. 明代华严学的弘扬与禅化。这一时期，华严学者们也不再是以传承华严祖师思想为主，更多的是注重对华严经义的理解，唐朝华严学研究者李通玄的思想也引起一些士大夫的关注。而禅宗诸家，也从不同的角度，对华严学说加以运用。明后期较为著名的四大高僧，则继承了宋以来禅教并重、三教合一的主张，对于华严教理教义的运用，也各有偏重。4. 清代华严学的传承与弘扬。这一时期的华严学者，除了少数以专弘华严为己任者，许多皆是兼弘华严的，讲解经典者甚少，承继祖说弘扬教理者更少。由于禅宗影响，一些华严学者亦注重贤首传承体系。同时，许多佛教徒非常注重经忏佛事，对修功德得福这一方面非常重视。在清代士大夫群中，有倡导诵持《华严经》成就功德感应的，亦有倡导华严导归极乐世界的，还有以华严圆融思想倡导儒释融合的。

六、近现代华严学的研习与弘扬。有关近现代的时间界定，这里包括了从民国与当代两个时间段。民国华严学的弘扬具有独特的时代色彩，这一时期非常重视对华严学人才培养。以月霞为始，办起了众多的华严类大学、学堂。同时，更有华严学者们利用现代科技手段，通过广播电台宣讲华严经典。在全国各地，成立众多的刻经处，大量印制刊行华严类经典论著。而当代华严学的研习与弘扬，已不仅仅局限在宗教界，学术界众多的专家学者也加入其中，他们从不同的角度，以不同的视角，对华严经义和华严宗教理教义进行诠释，或从文献学与历史学方面进行研究，或从宗教与比较宗教学方面进行研究，或专注于华严教主及华严诸祖生平研究，或从文学方面对华严宗进行探讨，或从教育学方面进行研究，缤彩纷呈，构筑了华严学研究的深度和广度。

第二部分，人物。即是对华严宗祖师及相关人物做一个概论性的介绍。在本教材中，将有关华严类人物分为四大类别。

一、华严经典译传者，即三部《华严经》的主要翻译者及辅助者。华严宗的成立，其所依据的经典即是《华严经》。而《华严经》的翻译，前后计有三部，即：六十《华严》、八十《华严》、四十《华严》。六十《华严》又名晋译《华严》，是最早传入中国的完本《华严经》；八十《华严》又名唐译《华严》，是现今汉地《华严经》最完整之版本；四十《华严》又名《贞元经》，乃是新旧两译《华严经》最后一品"入法界品"之别译。这三部《华严经》的传译时间前后不同，诸多大德都为此经的传译付出了很多的辛劳，做出了很大的贡献。此章中，即对在《华严经》的译传中，有关取经、译经、助译及檀越等人物进行介绍。

二、祖师谱系内人物，即华严宗五位祖师。华严五位祖师中，初祖杜顺与二祖智俨、二祖智俨与三祖法藏、四祖澄观与五祖宗密等三对，有明确的师、弟关系。二祖智俨从学于初祖杜顺，在其《华严一乘十玄门》中，其撰号明确有"承杜顺和尚说"等语；三祖法藏从学于二祖智俨，依《法藏和尚传》中说，法藏于中夜时分见有神光照耀庭院，于第二天前往云华寺智俨处顶礼膜拜请教。数番问答"皆出乎意表"。四祖澄观与五祖宗密之间，数番书信往来，确认了两者之间的师、弟关系。而三祖法藏与四祖澄观之间，并非师、弟关系，法藏之卒年与澄观之生年，相差近30年时间。两者之间的关系，完全是华严宗思想体系的传承。澄观的《华严经疏》《华严经疏钞》，其思想完全承继于法藏的《探玄记》，在承继的同时，亦有所扩展。另外，依据杜顺《华严法界观门》建立四法界说。澄观的华严思想与杜顺、智俨、法藏等祖师相较，完全是一脉相承。本教材中，在对华严五位祖师进行介绍时，主要是对他们的生平、思想、著作等方面进行概论性的叙述。

三、祖师谱系外人物，即与华严宗五位祖师同一时期的华严学名家。在中国华严宗成立前后，在中国华严宗祖师谱系这一思想体系之外，同时期还有许多专注于华严学研修的学者，如华严宗成立之前的地论宗（地论学派）学者、与三祖法藏同时期的李通玄长者、与三祖法藏同为智俨弟子的高丽义湘、三祖法藏上首弟子（未能列入祖师谱系）的慧苑等。地论宗（地论学派）在中国早期华严学的研究发挥了非常重要的作用，如地论南道派慧光法师一系，传承不绝，华严宗二祖智俨初到至相寺时，即曾从地论南道派学者智正学习华严。李通玄于中年后方从事佛教典籍的研究，但他在智俨、法藏一系以外，别树一帜，以易学释解佛经。其所著作的《新华严经论》《华严决疑论》等对后世影响颇大，得到了许多华严学者的推崇。而他在菩萨信仰方面，则提出了华严三圣一体的崇拜对象格局。高丽义湘与三祖法藏同为二祖智俨弟子，后回国后亦与法藏往来书信不断，交流修学所得，其在高丽大力弘扬华严学说，被后人称为海东华严宗初祖。慧苑作为三祖法藏的上首弟子，未能列入华严祖师谱系，其原因莫不过是其所主张的两重十玄和判教理论，不同于三祖法藏的主张，为四祖澄观所批斥。虽如此，其承继三祖法藏所著的《刊定记》同样也是学习理解《华严经》文义的一部非常不错的参考资料。本教材中，在对华严祖师谱系外人物进行介绍时，亦是对他们的生平、思想、著作等方面进行概论性的叙述。

四、历代华严学者，即自唐之后，宋元明清时，有代表性的华严学者。自唐之后，历朝历代，华严宗学的研习弘扬，或沉寂，或复兴。宋元明清时，时有华严学者或中兴祖说，或诸教并弘。本教材中，选取在各个朝代中有代表性、或较具特色的华严学者，对他们的生平思想进行介绍。1. 子璿，华严宗中兴之先导者；2. 净源，提出华严宗传承体系者；3. 省常，依"净行品"结社，宣扬净土法门者；4. 义和，提倡华严圆融念佛法门者；5. 文才，以华严学解释《肇论》者；6. 普瑞，注重华严忏法行持仪轨者；7. 善学，主张不可专守一门，倡天台与华严融合者；8. 大同，主张万法本乎一心，倡华严与禅法无分别者；9. 续法，注重华严科判、教观、断证者；10. 通理，讲经三十余会，造就新学不可胜计者。

第三部分,典籍。即是对华严宗所依经论以及华严类相关著作,进行分类介绍。本教材中,将华严典籍分为四类。

一、所依经论类,即指华严宗成立所依据的主要经论。《华严经》是华严宗成立所依据的根本经典,在三部《华严经》中,二祖智俨华严思想,所依据的经典是六十《华严》,其时八十《华严》未出;三祖法藏华严思想,基本依据六十《华严》,后期有参与八十《华严》的译场。据传记中说,其曾为八十《华严》作疏,但未尽其功;四祖澄观的著作中,多是对八十《华严》的阐述,亦有对新旧《华严》的对照。另外,澄观法师还参加了四十《华严》的译场,亦有四十《华严》的疏注流传于世。在三部《华严经》之外,地论学派与其所依论著《十地经论》对华严宗的思想体系发展也有着很大的影响。如:法藏依《十地经论》所说而提出"因分可说,果分不可说"的思想理念(见《华严五教章》卷一)。同时,《大乘起信论》在华严宗判教体系中占据着非常重要的位置,《大乘起信论》中的如来藏思想,在法藏华严五教中,位列大乘终教。在法藏法师对大乘终教思想进行阐述时,大多引用《大乘起信论》文以明证。本教材中,分别对三部《华严经》以及《十地经论》、《大乘起信论》从主体结构和主要内容两个方面进行概论性介绍。

二、注疏释解类,即指分别阐释三部《华严经》的注疏。《华严经》汉译本计有三部,这三部《华严经》皆有华严祖师为其注疏作释。六十《华严》的注疏,有二祖智俨著《搜玄记》十卷、三祖法藏著《探玄记》二十卷;八十《华严》注疏,有四祖澄观著《华严经疏》六十卷、《华严经疏钞》九十卷;四十《华严》的注疏,有四祖澄观著《贞元新译华严经疏》十卷、五祖宗密著《行愿品疏钞》六卷。在华严祖师的这些注疏外,八十《华严》的注疏,还有慧苑著《刊定记》二十卷、李通玄所著《新华严经论》四十卷、《决疑论》四卷。这些注疏,在本教材中都作了概论性的介绍,以便学生们在研读《华严经》时能找到相对应的参考资料。

三、思想教义类,即指华严宗祖师阐发华严思想教义类著作。凡宗派之创建,必有其独有的思想传承体系。有关华严宗祖师华严思想方面的著作,在本教材中,将之分为四个类别:1. 概括经文类。华严一部大经,经义浩繁,难以具明。历代祖师大德,或总理其义,提纲挈领(如法藏著《华严经文义纲目》);或梳理经文,科以目录(如澄观著《华严经七处九会颂释章》);或依据经文,录其纲要(如永光录《华严经三十九品大意》)。若学人于阅经时,能参阅诸祖及诸大德所著,当能入其门、会其义。2. 譬喻明义类。华严一乘缘起无碍法界,其义难思,其理难解。华严宗祖师常以举例、譬喻等方法,明此一乘教中相即相入、主伴圆融之理。如法藏《金师子章》中,以金狮子为喻,宣说法界之构照,明华严之教观;法藏《华严经义海百门》中,以一尘为例,论述法界缘起,总结华严奥旨;续法《法界宗镜灯章》中,以镜灯为喻,彰显华严三时、五教、十玄等义。3. 侧重显义类。在华严宗祖师的著作中，有一部分著作专门侧重论述某一方面或几方面的华严思想。如智俨《华严一乘十玄门》中，立十重玄门，明事事无碍法界之境；澄观《三圣圆融观门》中，明毗卢佛与文殊、普贤二菩萨，三圣融为一体而无障碍之义；宗密《原人论》中，讨论人类本原，统合佛教内外之说。4. 综合论议类。在华严宗祖师著作中，有一部分著作没有侧重于华严思想的某一方面，而是综合论述华严宗整体思想。如智俨《华严五十要问答》中，论说华严五十三种要义；法藏《华严经旨归》中，从 10 个方面，论述《华严经》大纲要义；续法《贤首五教仪》中，明华严家之三时、五教、六宗、三观等思想教义。

四、历代著作类，包括华严宗祖师的一些其他著作，以及历代大德有关华严类的重要著作。华严宗祖师的著作在前三类之外，还有一些其他著作。历代华严学者，也有许多有关华严类的重要著作。在教材中，将这些著作又大分为四类：1. 传记类，这些著作或记载华严宗祖师生平思想，或记载历代华严学者传译、讲解、读诵《华严经》时所获感应事迹。如《法藏和尚传》《华严经传记》《法界宗五祖略记》等。2. 观法类，华严观法内容方面，大多散见于华严诸祖的著作中，集录成册的并不多，如十重唯识观、十玄无碍观、华藏世界海观、六相圆融观等。现行流通的观法类的著作有：杜顺《华严法界观门》《华严五教止观》，法藏《妄尽还源观》等。3. 注释类，是指历代华严学者对华严宗祖师著作进行注释整理。如法藏《金师子章》、《华严五教章》、《华严经旨归》以及宗密的《原人论》等，都有后人为之注释。其中法藏的《金师子章》先后有净源和承迁为之注释，法藏的《华严经旨归》则有高丽均如为之注释，宗密的《原人论》亦有元代圆觉作"科"一卷、"解"三卷。4. 忏法类，最早纯粹的华严类忏法仪轨，是宋代净源的《华严普贤行愿修证仪》。净源的华严类忏法，是在五祖宗密的圆觉类忏法仪轨的基础上仿制而成。此后，亦有普瑞补注的《华严经海印道场忏仪》流传。前者，仅一卷，简便易行；后者，有 42 卷，适于大型法会。另外，本教材中，亦列出宗密与净源的非纯粹华严类忏法仪轨，做简要介绍，以便学生参考。

第四部分，思想。即是对华严宗教理教义及主要思想理论，作概论性的阐述。本教材中，所阐述的华严思想教义包含以下几个方面的内容。

一、判教思想，即华严宗祖师对于如来一代时教的判别分类。在华严宗祖师的判教思想理论中，对于如来一代时教的判别分类，主要有三种不同角度的判教方法：1. 从时间上，乃是依据如来说法时间而进行判别分类，是为三时教。即以"别三时"（日出先照时、日升转照时、日没还照时）和"通三时"（惟约一念时等十说）两种"三时说"来判摄如来一代时教。2. 从教理上，乃是依如来所说教法之浅深不同而进行判别分类，是为华严五教。即将如来所说一代时教，从浅至深分为小乘、始教、终教、顿教、圆教等五教。3. 从宗奉上，乃是将后人所宗奉之教法，从浅至深分为十宗，即：我法俱有宗、法有我无宗、法无去来宗、现通假实宗、俗妄真实宗、诸法但名宗、一切皆空宗、真德不空宗、相想俱绝宗、圆明具德宗等。在教材中，对此上三类判教方法，皆分别从所判教的建立、理论、特点等三个方面进行概论性介绍。

二、十玄思想，即对华严一乘十玄门思想进行阐述介绍。又称十玄门、十玄缘起，是华严宗的基本教义之一，乃是明示法界中事事无碍法界之相，若能了达此义，则可入华严大经之玄海。本教材中，对十玄思想的讨论，包含思想提出、思想发展、思想概述等三个方面：1. 思想提出，包括十玄名目出现和十玄思想起源两个方面。其中引用了四祖澄观的观点，谓十玄思想肇始于杜顺的《华严法界法门》。2. 思想发展，华严宗的几位祖师，在传承十玄思想体系的同时，对十玄思想论述角度，亦有所变化。二祖智俨在对十玄门对行表述时，谓十玄是从喻、缘、相、世、行、理等十个角度而说法界中事事无碍之理；三祖法藏承继智俨十玄思想，但在不同的著作中，对十玄门的名目和次第，表述亦有些微不同；四祖澄观承继法藏《探玄记》中所说，谓此中所列十玄有次第故，称之为新十玄。同时，澄观将智俨所立十玄称为古十玄，自此，十玄门也就有了新古十玄之说。3. 思想概述，十玄门者，亦可称为十玄观门，乃是晋入华严一乘无碍法界之观门。十玄为能观，十对体事为所观。在概述中，先列"教义""理事"等十对体事，表法界万法，以为所依事法，并一一作释；后彰显十玄，为能依观门。此十玄者，有新古之分。在教材中，将新十玄与古十玄名目一一对照，存同取异，一一玄门，皆作概论性阐述介绍。

三、一乘思想，即是对华严宗祖师所主张的"三乘教外别有一乘"的"一乘思想"进行剖析。华严祖师认为：《华严经》中所明，乃是如来于自性海中所流的别教一乘法门，此法门是一切教法之根本。本教材中，对一乘思想的讨论，包含建立缘由、思想名义、与三乘别等三个方面：1. 建立缘由，别教一乘是华严宗人对《华严经》思想的定位，华严诸祖强调"三乘教外别有一乘，一乘教不同于三乘教""三乘人所修是出世法，一乘人所修是出出世法"。2. 思想名义，华严家主张，别教一乘是诸教之根本，是称法本教，是如来自性本怀所流露；余一切三乘等教是逐机末教，是如来依于根本一乘，随应众生根机而方便说。三乘不离一乘，若统合三乘教与一乘教，可说有五重一乘，但有浅深次第不同。3. 与三乘别，别教一乘乃是如来为诸大菩萨所说，非三乘人能闻、能修。一乘教不同于三乘教。在教法上，一乘教与三乘教有"说经时""说经处""闻法众""所说法"等诸多差别不同。

四、华藏体系，是华严家之世界观，即依《华严经》中所说，分别对华藏世界的结构、形相进行介绍。华藏世界，或说华藏世界海、华藏庄严世界海，是《华严经》对宇宙法界的具体阐述。本教材中，对华藏世界的讨论，包含成就因缘、结构框架、庄严形相等三个方面：1. 成就因缘，依据《华严经》所说，诸世界海之成就因缘，有"如来神力""众生行业""菩萨成就"等十种因缘，而华藏世界之成就，乃是毗卢遮那如来于往昔修菩萨行时，恭敬供养微尘数如来，净修世界海微尘数菩萨行而成。2. 结构框架，依据《华严经》中所说，此华藏世界海之东南西北，四维十方，各有过世界海微尘数之世界海。而此华藏世界，从下至上，次第由风轮、香水海、大莲华、华藏庄严世界海、佛刹微尘数香水海、四天下微尘数香水河、不可说佛刹微尘数世界种、不可说佛刹微尘数世界等所组成。此华藏庄严世界海中，周匝是金刚轮山，内有佛刹微尘数香水海遍布其中，最中央香水海上，有大莲华。大莲华上，有世界种。世界种上，有佛刹微尘数世界，从下向上，娑婆世界位于第十三重。3. 庄严形相，依经中所说，此华藏世界海中，有种种妙宝铺地，种种庄严，种种严饰，间列其中，不可计数；又此华藏世界海中，有不可说不可尽佛刹微尘数世界，一一世界，所依体性，种类形相，各各差别不同。

五、法界缘起，法界缘起学说为华严宗所主张的缘起观，不同于其他宗派所主张，是华严宗基于《华严经》义旨而建立的华严一乘法界缘起思想。本教材中，对法界缘起的讨论，包含思想提出、思想内涵、四大缘起比较等三个方面：1. 法界缘起思想的提出，初祖杜顺提出了"法界缘起，惑者难阶"；二祖智俨提出"一乘缘起不同于三乘缘起""华严一部经宗，通明法界缘起"；三祖法藏提出"法界缘起，自在无穷""因分可说，果分不可说"，是故"随缘约因辨教义"，即依普贤圆因明一乘缘起法门义。2. 法界缘起的思想内涵，对于法界缘起思想的解说，在华严诸祖的著作中处处可见。法藏在《探玄记》中有对法界名义、所入法界、法界分类的讨论；在《华严五教章》和《金师子章》中，分别以"十玄门"和"六相圆融"义明法界诸法之事事无碍法界之境；澄观《华严法界玄镜》建立四法界说，明法界诸法相即相入，事事无碍无尽缘起之理。依华严宗观点，一乘法界缘起有别于其他宗派的缘起论，是"本来究竟，离于修造"，是依自体本具之性德而生起，是性起之缘起。缘起不离性起，性起是体，缘起是用。法界万法，虽森然差别，然体用不二，性相不二。法法相即相入，无碍溶融，一即一切，一切即一，是为法界缘起。3. 四大缘起的差别比较，法界缘起与业感缘起、赖耶缘起、如来藏缘起，合称四大缘起。华严五教中，除顿教外（由离言故），余四教分别与四大缘起相对应。业感缘起对应小乘教，赖耶缘起对应大乘始教，如来藏缘起对应大乘终教，法界缘起对应华严一乘教。前三大缘起，皆依法相之生灭而论缘起，而一乘法界缘起，不依法相说，而依法性起用而论。法界万法，如因陀罗网，重重无际，微细相容，主伴无尽，是为法界缘起。

在教材《华严学概论》主体内容完成后，在其后数次本科班课程的讲授之时，亦有不断对其中的一些内容更新补漏。当然，由于本教材的定位是"概论"，所以在许多地方也都只是概论性介绍，而没有进行详细讨论。

2018 年 6 月，中国佛教协会在福建举办全国佛教院校联席会，以"加强佛教院校教材编写工作"为主题，讨论并审议《全国佛教院校佛教专业课教材编写方案》，对佛教校院佛教专业课教材编写提出了新的要求。按照"编写方案"的要求，在教材《华严学概论》主体内容原有的基础上，进一步对教材《华严学概论》初稿进行了完善，增加了"本章导读""思考与练习题"等内容，完成了教材《华严学概论》有关"参考文献"的整理工作。

在教材《华严学概论》初稿完善的过程中，董群教授、王颂教授、能进法师等对本教材的编写提出了许多修改意见，获益良多，不胜感激。限于个人水平有限，其中疏漏难免，敬请指正，谢谢！

第一篇

华严宗及华严学之历史轨迹

第一章　西域早期华严学的研习弘扬

【本章导读】

　　本章主要围绕西域早期华严学的研习与弘扬进行阐述，即是从《华严经》的出现面世与流传弘扬两个方面，对西域早期华严经学的研习与弘扬略做介绍。本章计分两节：

　　第一节，《华严经》的出现与面世。在本节中，围绕《华严经》的开演时间、经典结集、经典面世等进行阐述。开演时间者，有一时说、二七日说、不同时分说、常恒之说等几种说法；经典结集者，亦有两种说法；经典面世者，有龙树于龙宫取经的典故。

　　第二节，《华严经》的流传与弘扬。在本节中，围绕《华严经》的本部流通、支品弘传、经义研究等进行讨论。本部流通者，有遮拘槃国主供养大乘经典；支品弘传者，有诸多支流别品自西域流传汉土；经义研究者，有龙树菩萨、世亲菩萨等注疏释论。

第一节 《华严经》的出现与面世

《华严经》是如来为诸大菩萨开演一乘甚深妙法之经典,有关《华严经》的说法时间、经典结集以及流通弘传,有着众多不同的说法。在说法时间方面,虽然在《华严经》的经首同样是标列"一时"二字,但祖师大德们,依诸经论,或立二七日说,或立三七日说,或立常恒之说;在经典结集方面,《华严经》是一乘经典,而经中又有舍利弗诸大声闻如聋如哑句,法藏在《探玄记》卷二中,谓此经结集之人有阿难尊者与文殊菩萨两种可能,并做出解释;在《华严经》的流通弘传方面,皆说以龙树菩萨为首倡。如来般涅槃后,数百年间,不见不闻大乘经典,此《华严经》亦复如是,直至龙树菩萨从龙宫取回下本之《华严经》,方得以再现于世。

一 《华严经》的开演时间

有关《华严经》的开演时间,有这样几种说法:第一,如其他经典,以"一时"作为《华严经》的开演时间,如经首所标;第二,如来在二七日为诸大菩萨宣说此华严一乘妙典,如《十地经》中所标;第三,依菩提流支说,华严八会中前之五会是佛成道初七日说,第六会后是第二七日说;第四,依华严家说,如来说法,乃是常恒之说,尽前后际而无涯。

第一,如其他经典,以"一时"作为《华严经》的开演时间,无论是六十《华严》,还是八十《华严》,经首皆标"一时"二字:

> 如是我闻,一时,佛在摩竭提国寂灭道场,始成正觉。其地金刚具足严净,众宝杂华,以为庄饰。①

此上引文出自六十《华严》之经首,即"世间净眼品第一"文初,八十《华严》中所说与此雷同,只是地名翻译不同"一时,佛在摩竭提国阿兰若法菩提场中"。

第二,依华严家祖师及诸多大德论著中所说,皆谓如来于二七日中为诸大菩萨宣说此华严一乘妙典,此种说法乃是依据《华严经》"十地品"之单行本《十地经》中经文而来。如尸罗达摩译《佛说十地经》卷一"极喜地"文中所说:

---

① (东晋)佛驮跋陀罗译《华严经》卷一,《大正藏》第9册,第395页。

如是我闻，一时薄伽梵，成道未久，第二七日。住于他化自在天中，自在天王宫摩尼宝藏殿，与大菩萨无量众俱。①

除此之外，世亲菩萨所著之《十地经论》中，其所引经文亦说如来于二七日为诸大菩萨敷演华严一乘妙法：

经曰：如是我闻，一时婆伽婆，成道未久，第二七日。在他化自在天中自在天王宫摩尼宝藏殿，与大菩萨众俱。②

华严家皆依此为准，谓《华严经》乃是如来成道后第二七日为诸大菩萨所说。

第三，依菩提流支说，华严八会中前之五会是佛成道初七日说，第六会后是第二七日说。此种说法为法藏所批，如《探玄记》卷二中所说：

菩提流支云：华严八会中，前之五会是佛成道初七日说，第六会后是第二七日说，以《十地经》初云第二七日故。

此等所判，恐不顺文，以初七日定不说法。《十地论》云：何故不初七日说？思惟行因缘行故。既言思惟，明知非说法。设有教言，只不说十地，非不说余法者，则不得言思惟也。下论又释：为显己法乐，是故不说。故知初七定非说耳。③

第四，亦有人说，前七会是第二七日说，第八会是后时所说。其谓在第八会"入法界品"中出现舍利弗等诸大声闻故，此等说法亦为法藏所批，如《探玄记》卷二中所说：

又有人说：第八会是后时说，以彼文中有鹙子等五百声闻并后时度故。

又，第八会亦非后时，何得于一部经前已说半，中说余经，后方更续。岂令佛无陀罗尼力，不能一念说一切法。祇园鹙子并是九世相入，下文云：过去一切劫，安置未来今，未来一切劫，回置过去世。又云：于一念中建立三世一切佛事。乃至广说，如是等文，处处皆有。岂可所用鹙子祇园而非此类？是知此经，定是第二七日所说。④

_____

① （唐）尸罗达摩译《佛说十地经》卷一，《大正藏》第 10 册，第 535 页。
② 〔印度〕世亲造《十地经论》卷一，《大正藏》第 26 册，第 123 页。
③ （唐）法藏述《华严经探玄记》卷二，《大正藏》第 35 册，第 127 页。
④ （唐）法藏述《华严经探玄记》卷二，《大正藏》第 35 册，第 127 页。

第五，依华严家说，如来说法，乃是常恒之说，尽前后际而无涯。此如法藏《华严经旨归》之"说经时"中所说：

> 夫以常恒之说，前后际而无涯。况念劫圆融，岂可辨其时分。今略举短修分齐，析为十重：初、唯一念，二、尽七日，三、遍三际，四、摄同类，五、收异劫，六、念摄劫，七、复重收，八、异界时，九、彼相入，十、本收末。①

在《华严经旨归》中，法藏解说如来说经时分，立十重渐次以明。此中十重，初则最短，二则次长，后则最长等，如是从短至长。如是虽辨十门，卷则唯有一念，舒则至七日，乃至三际。后又明以劫摄劫、以念摄念，打破我人对于时间的执着，而明"念劫圆融"这一华严根本思想。

二 《华严经》的经典结集

有关大乘经典的结集，在《菩萨处胎经》和《大智度论》中有两种不同的说法。

第一，依《菩萨处胎经》卷七中所说，佛灭后七日，大迦叶召集五百阿罗汉，令彼等请十方佛世界诸阿罗汉，于阎浮提娑罗双树间，得八亿四千阿罗汉众。先叫阿难将佛经分类为菩萨藏、声闻藏和戒律藏等三部，然后再将菩萨藏结集为八藏，即：第一胎化藏，第二中阴藏，第三摩诃衍方等，第四戒律藏，第五十住菩萨藏，第六杂藏，第七金刚藏，第八佛藏。

第二，在《大智度论》卷一百说有文殊、弥勒诸大菩萨将阿难集是摩诃衍。另外，在《金刚仙论》卷一中，说在铁围山集结大乘法藏：

> ……此之再集，并是小乘之人结集法藏；又复如来在铁围山外，不至余世界，二界中闻，无量诸佛共集于彼，说佛话经讫。欲结集大乘法藏，复召集徒众，罗汉有八十亿那由他，菩萨众有无量无边恒河沙不可思议，皆集于彼。当于尔时，菩萨声闻皆云：如是我闻，如来在某处说某甲经。②

此上二说，皆说阿难参与结集大乘经典，而依《华严经》之"入法界品"文，舍利弗等诸大声闻于华严法会上如聋如哑。是故，则有一疑"阿难何故而能唱言：

---

① （唐）法藏述《华严经旨归》卷一，《大正藏》第45册，第589页。
② （北魏）菩提流支译《金刚仙论》卷一，《大正藏》第25册，第801页。

如是我闻"。对此，法藏在《探玄记》卷二中做如是解释：

> 问：说此经时，二乘人等，并如聋盲，岂得阿难而称我闻？
>
> 答：有二义。一、设是阿难此亦无过。何者？依《阿阇世王忏悔经》有三
> 种阿难：一、阿难陀，此云庆喜，持声闻法藏，于上二乘随力随分；二、名阿
> 难陀跋陀罗，此云庆喜贤，持中乘法藏，于上大乘随力随分，于下小乘容预兼
> 持；三、名阿难陀娑伽罗，此云庆喜海，菩萨持大乘法藏，于下二乘容预兼持。
> 准此经文，阿难海是大菩萨，能持大法，理亦无违。若依圆教，并是卢遮那佛
> 海印三昧内现此传法人等故，即是佛也。二、云非是阿难所传，理亦无违。何
> 者？《智论》云：一、显示教，二、秘密教。此《大品经》是显示教，故付嘱
> 阿难。如《法华经》是秘密教，故付嘱喜王等。又《涅槃经》云：阿难所未闻
> 经，弘广菩萨当为流通。准此是弘广菩萨称如是我闻。又准《智论》，是文殊
> 师利称我闻。以彼论云"文殊与阿难在余清净处结集摩诃衍藏"。又《文殊师
> 利般涅槃经》中，佛般涅槃后四百年时，文殊师利犹在世间。故知是彼传此
> 法也。①

依法藏所说，《华严经》的结集者，有两种可能：一是阿难，二是文殊菩萨。
第一，谓阿难为结集者，是依《阿阇世王忏悔经》而说，此经中说有三种阿难，其
中"阿难陀娑伽罗"，即是庆喜海，能持大乘法藏，是故《华严经》为阿难结集亦
不无可能；第二，谓文殊菩萨为结集者，是依《涅槃经》卷四十中所说，如来曾嘱
咐文殊菩萨，阿难所未闻之经，弘广菩萨当为流通。依此据称此经为文殊菩萨之所
结集。

三 《华严经》的出现面世

《华严经》的出现面世，常见的说法，是此经由龙树菩萨于龙宫取出，而得广
为流传。此中有二：一是此经乃是龙树菩萨从龙宫中取出；二是龙树菩萨从龙宫所
取出的，乃是上、中、下三部《华严经》中的下部《华严经》。

第一，龙树菩萨入龙宫取经的传说，在印度是极为普遍的。此种说法，可见于
鸠摩罗什所译《龙树菩萨传》中所说：

> （龙树）自念言：世界法中，津涂甚多。佛经虽妙，以理推之，故有未尽；
> 未尽之中，可推而演之，以悟后学，于理不违。于事无失，斯有何咎。思此事

---

① （唐）法藏述《华严经探玄记》卷二，《大正藏》第35册，第126页。

已，即欲行之。……独在静处水精房中。大龙菩萨见其如是，惜而愍之，即接之入海。于宫殿中，开七宝藏，发七宝华函，以诸方等深奥经典无量妙法授之。龙树受读九十日中通解甚多。其心深入体得宝利。……龙树既得诸经一相，深入无生，二忍具足。龙还送出于南天竺，大弘佛法，摧伏外道。①

龙树菩萨于龙宫中得方等诸经，出世而弘传大乘，摧伏外道。此种说法，易为外人视为神通异事，在《法苑珠林》卷三十八中引《西域志》来证明此事。

《西域志》云：波斯匿王都城东百里，大海边有大塔，塔中有小塔，高一丈二尺，装众宝饰之。夜中每有光曜，如大火聚云。佛般泥洹五百岁后，龙树菩萨入大海化龙王，龙王以此宝塔奉献龙树，龙树受已，将施此国。王便起大塔，以覆其上。自昔以来，有人求愿者，皆叩头烧香，奉献华盖。其华盖从地自起，徘徊渐上，当塔直上，乃至空中，经一宿变灭。不知所在。②

如是诸般传说，于诸传记中多有流传，龙树菩萨入龙宫得方等诸经，此一说法，为古今佛教徒所宗奉。

第二，龙树菩萨于龙宫中得方等诸经，《华严经》亦在其中。然现今所见之《华严经》，并非完本，如《净名玄论》卷二中所说。

僧昙从于阗还，于彼处见"龙树传"云：华严凡有三本。大本有三千大千世界微尘偈，一四天下微尘品；中本有四十九万八千八百偈，一千二百品。此二本并在龙宫，龙树不诵出也。唯诵下本十万偈三十六品。此土唯有三万六千偈三十四品。菩提流支云：佛灭度后六百年，龙树从海宫持出也。③

法藏在《探玄记》卷一"部类传译"中，亦有相同的说法：

三、上本者，此是结集文中之上本也。故西域相传，龙树菩萨往龙宫见"大不思议解脱经"有三本，上本有十三千大千世界微尘数颂，四天下微尘数品；四、中本者，有四十九万八千八百偈，一千二百品。此上二本并祕在龙宫，非阎浮提人力所受持，故此不传；五、下本者，有十万颂，三十八品。龙树将

---

① （后秦）鸠摩罗什译《龙树菩萨传》卷一，《大正藏》第 50 册，第 184 页。
② （唐）道世撰《法苑珠林》卷三十八，《大正藏》第 53 册，第 589 页。
③ （隋）吉藏撰《净名玄论》卷二，《大正藏》第 38 册，第 863 页。

此本出现传天竺。即《摄论》百千为十万也。西域记说，在于阗国南遮俱槃国山中具有此本；六、略本者，即此土所传六十卷本，是彼十万颂中前分，三万六千颂，要略所出也。①

依此中所说，在龙宫中，《华严经》有上、中、下三部，而上本及中本，皆非人力所能受持，是故龙树菩萨不于此世中流传，唯传下本《华严经》。而下本有十万偈，依《西域记》所说，古印度于阗国南遮俱槃国山中具有此本。其中"此土所传六十卷本"者，即是晋译《华严经》，有三万六千颂。后唐译《华严经》，有四万五千颂。此两种译本，皆是完本《华严经》，如上所说，只能称为略本。

第二节　《华严经》的流传与弘扬

在古印度以及西域地区，华严学的研习和弘扬，应该是以龙树菩萨和世亲菩萨为代表。《华严经》系龙树菩萨从龙宫中取出，其又对《华严经》之"十地品"作释，成《十住毗婆沙论》；在龙树菩萨之后，亦有世亲菩萨为"十地品"作释，成《十地经论》。在他们二人之外，更有许多人以诵读《华严经》为业，亦有将《华严经》之各品目分列开来，专持某一品目，由此而出现许多与《华严经》相关的单品经。另外，依《西域记》等中记载，有遮拘槃国主敬重大乘，宫内置有《华严经》等大乘经典，供养大乘学人。

一　龙树菩萨与《十住毗婆沙论》

龙树菩萨，又称龙猛、龙胜。二、三世纪顷，为南印度婆罗门种姓出身。自幼颖悟，学四吠陀、天文、地理，及诸道术等，无不通晓。曾与契友三人修得隐身之术，遂隐身至王宫侵凌女眷。其事败露，三友人为王所斩，仅其一人身免。以此事缘，感悟爱欲乃众苦之本，即入山诣佛塔，并出家受戒。出家后，广习三藏，然未能厌足。复至雪山，遇一老比丘授以大乘经典，惟以虽知实义，未能通利。又以曾摧破外道论师之义，故生起邪慢之心，而自立新戒、着新衣，静处于一房中。其时，有大龙菩萨，见而愍之，遂引入龙宫，授其以无量大乘经典，遂体得教理。其时南天竺王信奉婆罗门教，攻击佛法。遂前往教化，使放弃婆罗门教信仰。此后大力弘法，又广造大乘经典之注释书，树立大乘教学之体系。

在诸多传记中，皆说龙树菩萨曾造《大不思议论》十万颂释解《华严经》，此

---

① （唐）法藏述《华严经探玄记》卷一，《大正藏》第35册，122页。

说法可参见法藏的《华严经探玄记》卷一和《华严经传记》卷一中：

> 论释者，龙树既将下本出，因造《大不思议论》，亦十万颂以释此经。今时《十住毗婆沙论》是彼一分，秦朝耶舍三藏颂出译之。十六卷文才至第二地，余皆不足。[①]

此上所列《大不思议论》，现不见流通；所说《十住毗婆沙论》十六卷，《探玄记》中说是耶舍三藏译出，《华严经传记》中说是耶舍诵、罗什译出。而《大正藏》中，则分有十七卷，题名是罗什译出，应是同指一部，或许是卷帙分列不同，而有十六卷和十七卷之分。

《十住毗婆沙论》者，凡十七卷。龙树菩萨造，后秦鸠摩罗什译。略称《十住论》，收于《大正藏》第二十六册。本论系对《华严经》之"十地品"（《十地经》）经文之大意所作之诠释。汉译本中，罗什将十地称为十住，"十地"即是指大乘菩萨修道之十个阶位而言。

在本书中，并没有完整注释《十地经》，仅注释初地（欢喜地）与第二地（离垢地）之一半，此或为原典不备，或翻译未完成所致。本书计分35章（品），自第一章至第二十七章为初地之注释，第二十八章以下始论第二地。初地部分首先说明欢喜地之内容，再说明菩萨之愿、行、果。至第二地，力陈十方便心之重要性，并详说大乘菩萨之十善业道。

二 《华严经》单品经本的流通

从东汉末到东晋的二百多年间，众多华严类单行经从古印度经西域流入我国内地，主要由大月氏人或其后裔传译。这些出自《华严经》，而单独流通的"华严支品"的传入，可以看出，在古印度及西域地区，对于华严经学的流传和弘扬，并不完全是对于整部《华严经》的研究与诵习，亦有对《华严经》中某个单一品目或某种思想的依持与修习。从这些单行经品的流通，可以看出古印度及西域地区，早期的华严学的流传与弘扬含摄以下几个方面。

第一，对十方世界诸佛的赞叹。此如《兜沙经》、《佛说兜沙经》以及《大方广普贤菩萨所说经》等，此等诸经与《华严经》"名号品"相对，以介绍十方世界诸佛名号为主，赞叹如来境界之不可思议，赞叹十方诸佛之不可思议。

第二，对菩萨阶位净业修持的重视。此如《诸菩萨求佛本业经》《佛说菩萨本业经》《净行品经》等。此等诸经，皆与《华严经》"净行品"相对。彼等诸经中，

[①] （唐）法藏述《华严经探玄记》卷一，《大正藏》第35册，第122页。

对于菩萨如何修行、修行的方法、修行的内容重点强调，如《佛说菩萨本业经》卷一中所说——

> 佛念吾等，建立大志，能悉现我诸佛世界所有好恶，殊胜之国。佛所游居，兴隆道化，光明神足，教训天人。启示法意，佛之本业。十地、十智、十行、十投、十藏、十愿、十明、十定、十现、十印。断我瑕疵，及诸疑妄，悉为我现。①

在《佛说菩萨本业经》中，其经文内容相对简略，在《诸菩萨求佛本业经》卷一中，对菩萨如何修行以及修行的内容，介绍得则较为详尽。如经中所云：

> 菩萨居家法，心念言，十方天下人，皆使莫为爱欲所拘系，悉入虚空法中；菩萨孝顺供养父母时，心念言，十方天下人，皆使早得佛道，以当度脱十方天下人。……
>
> 菩萨作沙门时，心念言，十方天下人，皆使作沙门时，令如佛悉度十方天下人；菩萨持戒时，心念言，十方天下人，皆使护持禁戒，莫令犯如法……②

第三，对十住阶位修持的重视。此如《菩萨十住行道品》《十住经》《菩萨十住经》《菩萨十法住经》等。此等诸经，皆与《华严经》"十住品"相对。彼等诸经中，主要是对于菩萨十住阶位的修行进行介绍。

在这些经典中，依其文意，皆与《华严经》"十住品"相应。但有关十住的名目，在不同的经典中，或有不同。如《菩萨十住行道品》中，其十住名目分别是：1. 波蓝耆兜波菩萨法住，2. 阿阇浮菩萨法住，3. 渝阿阇菩萨法住，4. 名阇摩期菩萨法住，5. 波渝三般菩萨法住，6. 阿耆三般菩萨法住，7. 阿惟越致菩萨法住，8. 鸠摩罗浮童男菩萨法住，9. 渝罗阇菩萨法住，10. 阿惟颜菩萨法住。

第四，对十地阶位修持的重视。此如《菩萨十道地经》《十住断结经》《十地经》《佛说十地经》《菩萨十地经》《大方广菩萨十地经》等。此等诸经，皆与《华严经》"十地品"相对，彼等诸经中，主要是对于菩萨十地阶位的修行进行介绍。

古印度地区及西域地区对《十地经》的流传和弘扬是非常重视的，在现存的华严学方面的论著中，就有龙树菩萨的《十住毗婆沙论》和世亲菩萨的《十地经论》，是专为《十地经》所作之注疏。

---

① （后汉）支谦译《佛说菩萨本业经》卷一，《大正藏》第 10 册，第 446 页。
② （西晋）聂道真译《诸菩萨求佛本业经》卷一，《大正藏》第 10 册，第 451 页。

第五，对如来性起思想的重视。此如《如来兴显经》《如来兴现经》《大方广如来性起经》等。此等诸经，皆与《华严经》"如来性起品"相对。彼等诸经中，皆是以普贤菩萨为会主，解说如来身、如来音、如来语、如来行、如来心等义，显示如来以无量因缘成等正觉而出兴于世。

第六，对华严一乘圆满行的重视。此如《罗摩伽经》《普贤菩萨行愿赞》《大方广佛华严经入法界品》《大方广普贤所说经》《大方广如来不思议境界经》等。此等诸经，皆与《华严经》"入法界品"相对。彼等诸经，或说善财参学，或说普贤行愿，皆是节录于《华严经》之"入法界品"中经文。

最能说明古印度及西域地区对于华严一乘圆满行的重视，莫过于四十卷的《华严经》，此经内容完整，以大量的篇幅，对善财童子的参学进行撰述。更在经文最后，加上一卷"普贤十大愿行"，以示一乘之圆满行。

这些单品经本，或摘录《华严经》中的某一品目，或节选《华严经》其中几品的主要经文再行合集，或推崇《华严经》中的某一思想。可以说，这些单品经本的流通，对古印度及西域地区华严经学的推动和弘扬起到了极其积极的作用。

三　世亲菩萨与《十地经论》

世亲菩萨，又作天亲。四五世纪顷，北印度健驮逻国富娄沙富罗城人，与其兄无著初于萨婆多部（有部）出家，无著直入大乘，世亲却入经量部。其立志改善有部教义，遂入迦湿弥罗国，研究《大毗婆沙论》。四年后归国，为众讲《毗婆沙论》，并作《阿毗达磨俱舍论》。师初抨击大乘佛教，谓大乘非佛所说。后以无著之方便开示，始悟大乘之理，转而信奉、弘扬大乘要义。其论著与注释之典籍甚多。

据《大唐西域记》卷五中记载，世亲菩萨最初信奉小乘，后听其兄无著诵读《十地经》，有感其法深妙，遂改信大乘，如《记》中所说：

> 无著讲堂故基，西北四十余里，至故伽蓝，北临殑伽河，中有砖窣堵波，高百余尺，世亲菩萨初发大乘心处。世亲菩萨自北印度至于此也，时无著菩萨命其门人，令往迎候。至此伽蓝，遇而会见。无著弟子止户牖外，夜分之后，诵《十地经》。世亲闻已，感悟追悔：甚深妙法，昔所未闻。①

由此可知，世亲菩萨最初由小乘改信大乘，乃是受《十地经》之影响。也正因此，才有了后来世亲为《十地经》作疏而成《十地经论》，宣扬十地思想。

《十地经论》者，凡12卷。印度世亲著，北魏菩提流支、勒那摩提等译，收于

---

① （唐）玄奘编译《大唐西域记》卷五，《大正藏》第51册，第896页。

《大正藏》第二十六册。系注释《十地经》(《华严经》"十地品"之别译)之作。内容系解说菩萨修行之阶位,谓十地融摄一切善法。其中:初三地,寄说世间之善法;次四地,说三乘修行之相状;后三地,则说一乘教法。此书为六朝时代地论学派所依据之重要典籍。

在《十地经论》中,世亲菩萨提出了"六相圆融"的思想理念,此思想为后来的华严诸祖所继承;世亲菩萨亦提出了"地所摄有二种:一、因分,二、果分"之"但说一分"的说法,法藏由此提出"因分可说,果分不可说"的华严思想。可以说,在世亲《十地经论》的影响下,中国汉地由此成立了地论宗,并且《十地经论》中的许多思想理念,皆为后来的华严宗人所接受。

四 遮拘槃国王与《华严经》

在西域地区,弘扬完本《华严经》的,有史可查的,当是于阗东南的遮拘槃国(一说遮拘迦国)的国主。据传记所说,彼国王敬信大乘,宫中藏有《摩诃般若》《大集》《华严》三部,香花供养礼拜。如隋代费长房《历代三宝纪》卷十二中所说:

> 今译经崛多三藏每说云,于阗东南二千余里,有遮拘迦国,彼王纯信敬重大乘,诸国名僧入其境者,并皆试练。若小乘学,即遣不留;摩诃衍人,请停供养。王宫自有《摩诃般若》《大集》《华严》三部大经,并十万偈。王躬受持,亲执键钥。转读则开,香花供养。又道场内,种种庄严,众宝备具,兼悬诸杂花时非时果,诱诸小王,令入礼拜。彼土又称,此国东南二十余里,有山甚崄,其内安置《大集》《华严》《方等》《宝积》《楞伽》《方广》《舍利弗陀罗尼》《华聚陀罗尼》《都萨罗藏》《摩诃般若》《八部般若》《大云经》等,凡十二部,皆十万偈。国法相传,防护守视。[1]

此中说"今译经崛多三藏"即是指隋开皇年间,在此土译经之阇那崛多三藏,其生平事迹可详尽于《续高僧传》卷二,其曾游历诸方,过于阗等国,故其所说,应为实也。又依法藏《华严经传记》卷一中所说,六十《华严》之经本来处,亦是由支法领从遮拘槃国取回:

> 有遮拘槃国,彼王历叶敬重大乘。……,有东晋沙门支法领者,风范慷慨,邈然怀拔萃之志,好乐大乘,忘寝与食。乃裹粮杖策,殉兹形命,于彼精求。

---

① (隋)费长房撰《历代三宝纪》卷十二,《大正藏》第49册,第103页。

得《华严》前分三万六千偈，赍来至此。即晋朝所译是也。①

此一说法，为法藏为主张。在其他的一些传记中，对于支法领所取《华严经》处，皆以"于阗国"概而说之，如《高僧传》卷二、《出三藏记集》卷二、《开元释教录》卷三等传记中，皆如是说。

思考与练习题

1. 请解释：若如来于第二七日说《华严经》，那么，依何缘故，如来于初七日不说。

2. 请解释：若《华严经》是于第二七日说，那么，在《华严经》中，为什么会出现舍利弗等诸大声闻。

3. 在《华严经旨归》中，法藏从狭至宽，以十重门明《华严经》之说法时，请一一列出。

4. 在古印度及西域地区，对于华严类单行本的弘传，主要偏重于哪几个方面？

---

① （唐）法藏撰《华严经传记》卷一，《大正藏》第 51 册，第 153 页。

第二章　中国早期华严学的发展状态

【本章导读】

本章主要围绕中国华严宗成立之前,对早期华严经学的研习与弘扬进行阐述。这一时期,主要有:华严类支流别品的译传、晋译《华严》的译传、《十地经论》的译传并地论宗的兴起等。本章计分三节。

第一节,《华严经》单行经本的译传。本节分为四个部分:一者,第一部华严类典籍(《兜沙经》)的传入;二者,《华严经》单行经本类别;三者,华严类经典的整理与流传;四者,早期华严单行经本的研习。

第二节,晋译《华严经》的翻译流传。本节分为四个部分:一者,晋译《华严经》梵本的传入;二者,晋译《华严经》的翻译情况;三者,晋译《华严经》的内容变化;四者,晋译《华严经》的经本流传。

第三节,《十地经论》译传与地论宗。本节中分为三个部分:一者,《十地经论》的翻译;二者,地论南北两道的分流;三者,地论南北两道的分歧。

第一节 《华严经》单行经本的译传

华严经学是依《华严经》为主体而建立。在汉地，第一部完本《华严经》是由东晋佛驮跋陀罗（《大正藏》中有些地方用佛驮跋陀罗）所翻译，有六十卷，史称六十《华严》或晋译《华严》。在六十《华严》传译之前，从东汉末到东晋的二百多年间，亦有众多华严类单行经从古印度经西域流入我国内地，是早于"华严本部"出现的一些"华严支品"小经；而在六十《华严》传译之后，亦有华严类单行经本不断传入，有许多人对此类单行经本进行诵习、研究与讲解，尤其是《十地经论》译出后，华严学迅速成为北方佛法的热点，更有地论宗南北二道的分流，为以后华严宗的创立奠定了组织基础，提供了思想资料。

一 第一部华严类典籍的传入

依据佛教诸传记中所说，现存最古的华严类典籍，是后汉支娄迦谶所译的《兜沙经》。

支娄迦谶，汉代译经僧，又称支谶。大月氏人。后汉桓帝末年（167 年顷）从月支来到洛阳，从事译经。他译经的年代是在灵帝光和、中平年间（178～189），其通晓汉语，除了独自翻译而外，有时还和早来的竺朔佛（一称竺佛朔）合作。其所翻译的典籍种类和当时西域安息国（今伊朗）的安世高所译的相反，几乎全属大乘，可说是大乘典籍在汉土翻译的开端。

支谶所翻译的佛经究竟有多少种，因当时无记载，很难具体确定。其所译经文尽量保全原意，故多用音译。后人谓其译文特点是辞质多胡音。支敏度则称："凡所出经，类多深玄，贵尚实中，不存文饰"①。

有关支娄迦谶译出《兜沙经》的说法，出自《出三藏记集》卷十三《支谶传》中，是僧祐承继道安所说，谓包括《兜沙经》在内的十余部经，因"岁久无录"而不明译者，而道安（312～385）通过"精寻文体"，认定它们"似谶所出"：

> 又有《阿阇世王》《宝积》等十部经，以岁久无录，安公挍练古今，精寻文体，云"似谶所出"。凡此诸经，皆审得本旨，了不加饰，可谓善宣法要，弘道之士也。②

---

① （梁）僧祐撰《出三藏记集》卷七，《大正藏》第 55 册，第 49 页。
② （梁）僧祐撰《出三藏记集》卷十三，《大正藏》第 55 册，第 95 页。

此中只说"《宝积》等十部经",未见有《兜沙经》之名,而在《出三藏记集》卷十三《支谶传》中,则一一列出诸经名目:

……《方等部古品曰遗日说般若经》一卷(今阙)……《兜沙经》一卷,《阿閦佛国经》一卷,《李本经》二卷(今阙),《内藏百品经》一卷。右十三部,凡二十七卷,汉桓帝灵帝时,月支国沙门支谶所译出。其《古品》以下,至《内藏百品》,凡九经。安公云"似支谶出"也。①

依上所说,《兜沙经》的译者已不可考,只是依道安所说,疑为支谶所翻译。

在诸经录中,基本上都有《兜沙经》之名,唯《大唐内典录》中是《佛说兜沙经》,此与历代藏经如《崇宁藏》以来,包括《大正藏》等十余种藏经所收该经等同名。不论是《兜沙经》或者《佛说兜沙经》,诸经录中记载的均是支娄迦谶所译,且都是一卷,故此二经应属同本。

依诸经录中所标,《兜沙经》是与"名号品"相对,而在《大正藏》中的《佛说兜沙》从文义上来看,与《华严经》之"如来名号品",在内容上亦颇为相近,是故此二经应为"名号品"所摄。

《兜沙经》约2500字,主要内容是叙述释迦牟尼在摩揭陀国初成佛,如来现种种威神,十方诸佛菩萨共来集会,并示现种种不可思议境界;如来又为诸菩萨等,说十方世界诸佛名号,说不可计数佛刹,示现十方佛国土,佛身悉皆遍满,如是示现种种不可思议。此等种种,如《华严经》中"名号品"末后所云:"种种方便,口业音声,行业果报,法门权道,诸根所乐,令诸众生,知如来法。"

从现存汉译华严类典籍来看,支谶所译的《兜沙经》是现存最早输入中国的域外华严典籍,不但在华严入华的历史上具有重要意义,而且在整个中印佛教文化交往历史上占有极为重要的地位。

二 《华严经》单行经本类别

从现存的华严类单行经的内容来看,华严类单行经可分为以下几类:第一,原属于《华严经》中品目,后单独流通,此类经本或可称为"支品小经";第二,没有完整地将《华严经》中的某个品目单独流通,而只是节选某一品目的一部分,或合集某几品目的一部分,而单独流通,此类经本或可称为"节译经";第三,在《华严经》中,没有相应经文,但在形式和某些内容上与华严典籍有相似之处,并被某些经录列入"华严部",此类经本或可称为"眷属经"。

---

① (梁)僧祐撰《出三藏记集》卷二,《大正藏》第55册,第6页。

第一，单行经本中的"支品经"。此类经本，原本就属于《华严经》中的某个品目，后人将之单列开来而进行流通。此类单行经本较多。当然，在流通的过程中，由于版本的不同，不同的"支品经"，经本内容亦有详有略。如尸罗达摩译《佛说十地经》即相对应于《华严经》之"十地品"；如竺法护所译的《菩萨十住行道品》、祗多蜜所译的《佛说菩萨十住经》即相对应于《华严经》之"十住品"，虽然十住名目与《华严经》中所列不同，但其内容经义无差。

第二，单行经本中的"节译经"。此类经本，或是节选某一品目中一部分经文，或是合集某几品目中的一部分，而单独流通。此类经本亦有不少。

"节选某一品目"者，如圣坚所译的《佛说罗摩伽经》即是此类。《佛说罗摩伽经》计有三卷，其内容与《华严经》之"入法界品"相较，应是节选了其中一部分经文。此经分为两部分：第一部分相应于序言，列举了众多菩萨集会，以普贤和文殊为上首，讲说菩萨行。这部分大约2500字，与"入法界品"的开头部分内容一致；第二部分讲述善财童子依次寻访十二位善知识，求菩萨行，始自善胜长老（无上胜长老），终至普覆众生威德夜天（普救众生妙德夜天），十二位善知识的次序与《华严经》中"入法界品"中的次序也没有颠倒错乱。

"合集某几品目中的一部分"者，如支谦所译的《佛说菩萨本业经》即是此类。《佛说菩萨本业经》译有一卷，分为三部分。第一部分，未标其名，观其内容，应是节选自《华严经》之"贤首品"；第二部分，标名"愿行品第二"，观其内容，应是节选自《华严经》之"净行品"；第三部分，标名"十地品第三"，观其经文，应是《华严经》之"十住品"，只是内容相对简略。

第三，单行经本中的"眷属经"。此类经本，在《华严经》中，没有相对应之经文，但在形式和某些内容上与华严典籍有相似之处，并被某些经录列入"华严部"，是为"华严眷属经"。如鸠摩罗什所译的《庄严菩提心经》一卷即属此类。

《庄严菩提心经》一卷，鸠摩罗什译于后秦弘始年间（399～416），在隋法经《众经目录》之"众经异译"中认为，此经与竺法护所译《菩萨十地经》为"同本异译"，即肯定它为《华严经》之"十地品"之异译。但是在华严三祖法藏的《华严经传记》之"支流"中，并未将此经列入，即否定它是华严类经典。智昇在《开元释教录》卷十一中，将此经列入"华严部"，其理由如下：

> 并与华严分有相似，是眷属摄，而非正部。以其三种世间严事劣故。[1]

从现存的《庄严菩提心经》看，此经中讲十地，也讲十法成就。此与《华严

---

[1] （唐）智昇撰《开元释教录》卷十一，《大正藏》第55册，第590页。

经》中处处以"十"示圆满义相同，有些用语也与华严类经典相似。然本经主要是以般若教义讲"菩提心"，在经首亦是比丘众与菩萨众共列，不同华严唯列一乘菩萨众，是故，只是如上所说"与华严分有相似"，而不能将之与华严典籍等列，称之为"华严眷属经"较为恰当。

三　华严类经典的整理与流传

有关《华严经》的支流别品，古来有不少人对之进行过研究，如隋法经的《众经目录》、隋彦琮的《众经目录》、隋费长房的《历代三宝纪》、唐道宣的《大唐内典录》、唐法藏的《华严经传记》，以及智昇的《开元释教录》等都曾对《华严经》的支流别品做过讨论，从这些经录中，我们可以看出古人对单行经的观点、看法。也可以看出，这些支流别品与《华严经》各品目经文间的关系。

在对《华严经》单行本系列进行讨论的过程中，各经录所说皆不尽相同。如：隋法经在《众经目录》卷一中记有十三部单行经属于六十《华严》中的"别品殊异"；隋朝彦琮在《众经目录》中记有八部；唐朝道宣在《大唐内典录》卷九中列有十二部；唐朝法藏在《华严经传记》中列出三十六部。以上这些经录都曾将各单行本与《华严经》中的品目相对照，并将其确定为《华严经》中的某品目的别译。

另外，明佺等撰《大周刊定众经目录》卷二中，称有三十六经属于"华严经枝派"①，在此经录中，明佺基本上都是依据费长房的经录和一些其他的经录整理出来。实际上，《大周刊定众经目录》只是对其以前的目录的一个总结归纳。以隋朝费长房著《历代三宝纪》唐朝道宣撰《大唐内典录》为主要参照，再将当时已经翻译而这些经录中没有记载的编入进去。只是，《大周刊定众经目录》颇有值得存疑的地方，在此录中虽说是直接依照费长房的《历代三宝纪》，但其所明在《历代三宝纪》中所载，于《历代三宝纪》中却不一定可见。

在智昇的《开元释教录》及《开元释教录略出》中，称有二十六部经是属于华严部。其中《信力入印法门经》等十一部经"与华严分有相似，是眷属摄而非正部，以其三种世间严事劣故"；《兜沙经》等十三部经并是大部之中别品异译；并称有《菩萨本业经》一卷、《度诸佛境界智光严经》一卷，此两部经在《大周入藏录》中有载，但其时已失不存。

在圆照的《贞元新定释教目录》卷二十一中，称有华严本部及眷属经有四十部。其中除本部三部（即六十华严、八十华严、四十华严）外，属于眷属类及华严别品的有三十七部。在此中，圆照是参照以前的经录，并将一些以前经录中没有的添加进去。就圆照所标，有十八部是新编入录。在此三十七部单行经本中，圆照说

有十三经是属于在部中别本异译，有十一经是属于华严眷属经，而对余下的十三部经却未能做出交代。

从诸经录的记载来看，在所列出的华严别品或华严眷属经中，有的属于一部经，只是同本异译而已；有的本就是一经，只是因为一经有多名而已；有的只在一个经录中出现过，其他经录未见记载；有的即使经录将之判为华严别品与华严眷属，却未标明与何品会相对；有的则比较明白，直接将其归属于《华严经》中的何品何会。

在这些经录中，我们也可以看出古代大德们对这些华严支流别品的看法和理解。从这些经录中所注来看，这些单行经与《华严经》中相对的主要品目有："名号品""净行品""十住品""十地品""十定品""寿量品""性起品""入法界品"等。依此或许可以知道，在完本《华严经》未传来之时，或是完本《华严经》的传来初期，华严经学在中国的弘扬侧重处。

现今来说，收录典籍最完整者当数《大正藏》。在《大正藏》中，将华严部的经典统归入第九卷与第十卷，其中除六十《华严》收集在第九卷外，八十《华严》与四十《华严》及华严部的其他支品别类都收录在第十卷。在《大正藏》收集的这些单品经，基本上在前面的经录中都能够看到，此中计有二十九部。若是对《华严经》的支流进行研究，此可以说是现今最完整的一部资料。

四 早期华严单行经本的研习

有关早期华严单行经本的研习，在法藏《华严经传记》中，有传译、论释、讲解、讽诵、转读、书写、杂述等几部分进行介绍，此中摄尽法藏之前中国早期研习弘扬华严典籍的大德，并不仅仅是研习华严单行经本。其他一些传记中，也有或多或少的介绍。从现有资料来看，最早重视华严单本经研究的大约是支遁；最早对华严类典籍归类整理研究的是道安；对《十住经》研究注疏的是僧卫。

最早重视华严单本经研究的是支遁。支遁（314～366），东晋名僧，河南人，俗姓关，字道林，后从师改姓，世称支道人、支道林。早年于余杭山中，专研般若系经典，后游京师建康，大开讲肆，颇为名士所激赏。与谢安、王羲之等畅谈庄子，才藻惊绝，为时人所叹服。其著作颇多，其中有关华严单本经的论著，在《出三藏记集》卷十二中记有"《本业略例》和《本业经注序》"；在《众经目录》卷一中记有"《本业经序》一卷"；在《大唐典典录》卷十中亦记有"《本业略例》和《本业经注序》"。如是可见，支道林在华严单本经的研究，主要是以《本业经》为主。

最早对华严类典籍归类整理研究的是道安。道安（312～385），晋时高僧，河北正定人，俗姓卫。师将经典解释分为序分、正宗分、流通分等三科，此法亦沿用至今；另于僧团仪式、行规、礼忏等，多所制立，且定释氏为僧姓，悉为后世所准；

并著有《众经目录》一书，他在编纂佛经目录时涉及多种华严单本经，并对这些经本进行考察、认证、研究，如：他通过考察《兜沙经》的文体，认为此经似为支谶所译；通过对竺法护所译《渐备经》的研读，对《渐备经》九住（无初住之文）的内容予以简要总结，并作《渐备经十住胡名并书叙》。道安对经典的解读偏重于总结经典的主要内容和特点，并从整理佛典的角度入手而对华严类经典进行考校。

对《十住经》研究注疏的是僧卫。僧卫，东晋僧人，住荆州长沙寺，其生平不详，诸传记中，唯见于《高僧传》卷五《昙翼传》后附：

> 时长安寺复有僧卫沙门，学业甚著，为殷仲堪所重。尤善《十住》，乃为之注解。①

僧卫的注疏现已不存，在僧祐的《出三藏记集序》卷九中保存有他的《十住经含注序》一卷。僧卫认为《十住经》"乃众经之宗本，法藏之渊源，实鉴始领终之水镜，光宣佛慧之明者也"。

现今，华严单行经的研究著作所存无几，据此并不能描述这段时期华严学研究的全貌，只能大致说明其主要特点和大致趋向。道安对《渐备经》的研究，偏重于总结经文的主要内容和特点，并无任何发挥，主要是从整理佛教典籍方面从事华严学的研究。僧卫则糅合般若学和《老子》思想，发挥《渐备经》异译本《十住经》的心学内容，其所做的发挥是对老庄哲学与华严思想的有效融汇，具有明显的格义风格。

第二节　晋译《华严经》的翻译流传

《华严经》是华严宗所依的根本经典，而华严宗最初的成立，与晋译《华严》是分不开的。在华严宗初祖杜顺与华严宗二祖智俨时代，所依据的经典即是晋译《华严》，而华严宗三祖法藏，在其大部分的阐述华严思想的著作中，依据的也是晋译《华严》，因为八十《华严》一直到法藏的晚年才被译出。

一　晋译《华严经》梵本的传入

对于晋译《华严》梵本的传入，诸传记一般都是简简单单的一句话"华严经梵本凡十万偈，昔道人支法领，从于阗国得此三万六千偈"。不过，在这句话中，也

---

① （梁）慧皎撰《高僧传》卷五，《大正藏》第 55 册，第 355 页。

已经很清楚地说明了此经是由支法领从于阗取回,虽然未做其他交代,但也提供了考证此经传入的线索。

支法领将梵本《华严经》从于阗取回,但支法领于何时从于阗取回此经,许多"传记"中未做交代。不过,在竺佛念所译《四分律》之"序"中对于支法领到于阗取经的情况,有这样的一段文字介绍:

> 自大教东流,几五百载。虽蒙余晖,然律经未备。先进明哲,多以戒学为心。然方殊音隔,文义未融,推步圣踪,难以致尽,所以怏怏终身,西望叹息。暨至壬辰之年,有晋国沙门支法领,感边土之乖圣,慨正化之未夷,乃亡身以徂险,庶弘道于无闻,西越流沙,远期天竺。路经于阗,会遇昙无德部,体大乘三藏沙门佛陀耶舍,才体博闻,明炼经律。三藏方等,皆讽诵通利。即于其国,广集诸经于精舍。还,以岁在戊申,始达秦国。①

上面这一段文字,至少说明了两个问题:第一,支法领去西域取经的缘由,是此土的"律经未备",是支法领"感边土之乖圣,慨正化之未夷",所以支法领"乃亡身以徂险",前往西域取经;第二,支法领去天竺取经的时间,依"序"中所说,支法领是在壬辰之年前往西域,是于戊申之年回到后秦,那么支法领去西域的时间应是从 392 年(壬辰)到 408 年(戊申)。

此中虽未明说支法领从天竺取回《华严经》,而是着重在说律经传来的经过。但是,《华严经》既然是支法领从于阗带回,也自应是支法领停留在西域的这段时间所收集到的,因为支法领在这一段时间内"即于其国,广集诸经于精舍。"此中的"广集诸经",自是包括《华严经》在内。

关于支法领其人,并无专门的传记,对其生平情况,也都散存于一些传记中,有传称其为庐山慧远的弟子,慧皎《高僧传》卷六《慧远传》中说:"初,经流江东,多有未备,禅法无闻,律藏残缺。远慨其道缺,乃令弟子法净、法领等远寻众经,踰越沙雪,旷岁方反。皆获梵本,得以传译。"

支法领是慧远的弟子,是受慧远之命而前往西域寻取众经,这种说法为后人为认同。

综上所述,《华严经》的梵本应是东晋沙门支法领从于阗取回,此支法领乃是庐山慧远的弟子,奉慧远之命于 392 年前往西域,在于阗国得到《华严经》的梵本,于 408 年回到后秦。其最初去西域应该并不是为了去取《华严经》的梵本,而是为了此土的"律经未备",对于此《华严经》的传入,应该算是一个意外收获。

---

① (东晋)竺佛念译《四分律》"序文",《大正藏》第 55 册,第 567 页。

还有一点值得探讨的是，在《慧远传》中说慧远令弟子法领、法净二人前往西域取经，但在《出三藏记集》《高僧传》等中对《华严经》的传入介绍时，均说是沙门支法领从于阗带回梵本，对法净同去西域取经一事，只字未提，不知是何原因。

二　晋译《华严经》的翻译情况

对于晋译《华严》的翻译情况，在晋译《华严》的后记中，有一段简略的介绍：

> 华严经梵本凡十万偈。昔道人支法领，从于阗国得此三万六千偈，以晋义熙十四年岁次鹑火三月十日，于扬州司空谢石所立道场寺。请天竺禅师佛度跋陀罗，手执梵文，译梵为晋，沙门释法业亲从笔受。时吴郡内史孟顗、右卫将军褚叔度为檀越。至元熙二年六月十日出讫。[①]

在晋译《华严》的后记中，对此经的翻译大概情况已有所交代，是何人取回，何人何处所译，何时始译，何时译讫，何人助译都已交代得很清楚，但在《出三藏记集》卷九中，虽说其记载承自《华严经》后记，却比此后记多说明了一点：

> 出经后记……时吴郡内史孟顗、右卫将军褚叔度为檀越。至元熙二年六月十日出讫。凡再校胡本，至大宋永初二年辛丑之岁，十二月二十八日校毕。[②]

在这里，僧祐说，其所记载的是依据晋译《华严》的后记，但是僧祐又说，在晋译《华严》翻译过后，曾对之进行过校对，这一点，在现存的"华严经后记"里没有记载。不过，从推理上来说，应该是可信的，因为《出三藏记集》的著者僧祐（445～518）所处的年代与晋译《华严》译出的年代相隔不久，而且最主要的是，译经完毕再进行校对是理所当然的事情。

从《出三藏记集》中，以及《华严经》后记中的记载，可以得出这么几条印象：1. 晋译《华严》的梵本是支法领从于阗取回。2. 晋译《华严》的译出地点是扬州司空寺。3. 晋译《华严》的始译时间是东晋安帝义熙十四年（418），译讫时间是东晋恭帝元熙二年（420）。4.《华严经》在刘宋永初二年（421）校对完毕。5. 此《华严经》是由佛驮跋陀罗（觉贤）译，法业笔受。6. 在译此晋译《华严》时有二位檀越，即是吴郡内史孟顗、右卫将军褚叔度。

---

① （东晋）佛驮跋陀罗译《华严经》之"后记"，《大正藏》第9册，第788页。
② （梁）僧祐撰《出三藏记集》卷九，《大正藏》第55册，第61页。

在其他的一些传记或历代大德的著作中，对于晋译《华严》翻译，也都或多或少地提及，如《华严经传记》《高僧传》《开元释教录》《搜玄记》《探玄记》《华严经疏钞》等都对晋译《华严》的翻译做了详略不同的叙述。

《高僧传》是僧祐不久之后的慧皎（497～554）所撰，在此书中，慧皎为佛驮跋陀罗作传，也对晋译《华严》的翻译做了一些交代：

> 沙门支法领，于于阗得华严前分三万六千偈，未有宣译。至义熙十四年，吴郡内史孟顗、右卫将军褚叔度，即请贤为译匠。乃手执梵文，共沙门法业、慧严等百有余人，于道场寺译出。[①]

在此《高僧传》卷二中，对晋译《华严》翻译的情况介绍，基本上与《出三藏记集》和《华严经》后记的内容无大差别。不过，在这里面，有二点与前面所说的略有不同：一是，直接明白地说明了此《华严经》是由吴郡内史孟顗、右卫将军褚叔度请贤（即佛驮跋陀罗，译为觉贤）翻译；二是，标明了还有慧严等百余人也参加了华严译场。这二点应该说也是可信的，因为在前面的《出三藏记集》与《华严经》后记中也标明了是孟顗与褚叔度为檀越，依文思之，《华严经》是此二人请佛驮跋陀罗所翻译是有一定的道理。再者，《华严经》乃是一部大经，在两年多一点的时间内，非是一人或二人之力所能完成的。所以在《高僧传》中，慧皎标出有慧严参加这个译场也应该是有其一定的根据。

对于晋译《华严》的翻译情况，上面这三处的记载是最可信的，从时间上来说，第一处本身就是《华严经》的后记，是当时对译经情况做下的记录，而另外二处的记录著者所处的年代与《华严经》的翻译并没有相隔太长的时间。应该说，后来人对《华严经》的翻译情况的了解都是在这三处基础上而说，查看其他的传记、史料的记载的内容，也都不超过这三处所记载的内容。

从这三处所记载的情况，基本上对此经翻译的时间、地点、人物都做了交代，但是，有关此经的其他情况就没有提及。如，此经在翻译之后，此经的内容是否有过修整。而最值得注意的是，在这三处之中，无有一处对此经的卷数做出交代。虽说有藏经中现存的晋译《华严》是六十卷，但并不能说明此经最初译出时就如同现在的卷数一样，未曾做过改变。

三 晋译《华严经》的内容变化

从晋译《华严》的翻译至唐译《华严》的译出，其间经过了将近三百年的时

---

① （梁）慧皎撰《高僧传》卷二，《大正藏》第 50 册，第 335 页。

间，在这三百年中，华严经类单行经亦在不断地传入，对此晋译华严的影响自是可想而知。

虽说这些支流的传入会对晋译华严造成一定的影响，但是一直到唐朝，并无有确实的记载明了地说明对晋译《华严》做了何种改动，但是不可否认的是，这些支流的传入，在流传的过程中难免会让人们对《华严经》的内容是否完整等一些问题而做出思考。

晋译《华严经》内容上的变化，有记载的应是对《华严经·入法界品》的补充，这是在众多的传记、论著中都有记载的。如澄观在其《大华严经略策》卷一中就将补充后的《华严经》与晋译华严经当作两部《华严经》区分来看：

> 此不思议经晋朝方有，前后传异四本不同。一、晋义熙十四年，北天竺三藏佛度跋陀罗，唐言觉贤，于扬州谢司空寺，即今上元兴严寺，翻梵本三万六千偈，成晋经六十卷。沙门法业笔受，慧严、慧观润色。二、大唐永隆元年，中天竺三藏地婆诃罗，此云日照，于西京太原寺，即今长安崇福寺，译出"入法界品"内两处脱文：一从摩耶夫人后，至弥勒菩萨前，中间天主光等十善知识；二从弥勒菩萨后，至三千大千世界微尘数善知识前，中间文殊申手摩善财顶十五行经，即八十卷经之初。大德道成律师薄尘大乘等同译复礼润文……①

对于晋译华严经来说，在唐朝以前是否有人做过增改，现在不能确定。不过，唐朝时天竺三藏日照带来梵本，与《华严经·入法界品》对照之后，发现"入法界品"中有两处脱文，所以将其补上。现在流通的晋译《华严》经本，应即是这补上的《华严经》的卷本，而对于原来有"脱文"的《华严经》，现已很难看到。

依《华严经传记》卷一中记载，日照是年幼出家，于唐高宗时来到中土，与道诚、薄尘等京师十大德在魏国西寺翻译经论。时华严三祖法藏在研习"华严"的过程中，往往对晋译《华严》在经义上的不完整而感慨。见日照在此翻译经论，就前往相询。发现在日照所带来的经籍中有《华严经》的第八会的梵本。于是法藏就与日照将晋译《华严》与所带来的梵本相对照，发现了有关善财参访善知识中所缺漏的天主光等十余人的经文。就将"脱文"译出，对晋译《华严》进行补缺。

实际上，就法藏与日照所译的《华严经》的"脱文"来说，本就应该是其时在印度流行的单品经，因为依《华严经传记》中的记载，日照带来了《华严经》的第八会文，并没有说日照带来其他品会的梵本。而且从现存的经录中，还可以看到有关日照所译《入法界品》经目的记载。

---

① （唐）澄观述《大华严经略策》卷一，《大正藏》第36册，第704页。

最早对日照所译的第八品会做出记载的经录就是唐明佺等撰的《大周刊定众经目录》卷二中，说是在大唐垂拱元年（685），沙门地婆诃罗（即日照）于西京西太原寺译出《大方广佛华严经续入法界品》一卷（十一纸），由于是新译不久，在前人的经录中无有记载，所以《大周目录》特别注上是"新编入录"。而且在《大周目录》卷十三中说，此《续入法界品》也被编入"入藏录卷上"中。在后来的《开元释教录》以及《贞元新定释教目录》都依据《大周录》对此《续入法界品》做了记载。

在《开宝藏》以来，包括《大正藏》等十余种藏经中，收录有地婆诃罗（即日照）所译的《大方广佛华严经入法界品》一卷，依其内容来看，此应即是前之所说"续入法界品"。

不过，值得注意的是，不论是在《开元释教录》，还是在《贞元新定释教目录》中都有这么一句话："或无续字"，尤其是《开元释教录》，在卷十一、卷十九、卷二十等三处对之进行了记载。这说明，日照所译的第八会经文，其译经的目的虽然是为了补《华严经入法界品》的脱文，但其实际上或许将《入法界品》的全文译出来了。

从晋译华严经的译出，到日照的补缺，其间经过了 260 年左右的时间，虽说有史可查的只是日照对《华严经》的增补，实际上，在这二百多年的时间里，从印度流传过来的华严支流别品不在少数，后人依据这些单行本对《华严经》进行增补也不是没有可能。

四　晋译《华严经》的经本流传

就现存的晋译《华严经》而言，晋译《华严》为六十卷。而翻开诸家传记，我们就会发现，晋译《华严经》并不是只有六十卷的分卷方法。也有说其是五十卷的。因为在许多经录中记载时往往有这么一句话："或五十卷"。但是此晋译《华严》是五十卷，或者是六十卷，以及在这五十卷与六十卷之间的关系、形成等问题上，在诸经录中的说法不一。

隋静泰《众经目录》卷第一中说："大方广佛华严经六十卷（一千八十七纸），晋义熙年，佛驮跋陀罗共法业等，于杨（扬）州译成五十卷。"① 依静泰的看法，晋译《华严》最初译出时是五十卷。但对于后来如何变成六十卷，静泰没有交代。但是其在标示《华严经》卷数时，谓是六十卷，这说明在静泰当时所看到的经本即是六十卷的华严经本。

唐道宣《大唐内典录》卷第三中说："华严经五十卷（义熙十四年于道场寺出

---

① （隋）静泰撰《众经目录》卷一，《大正藏》第 55 册，第 181 页。

至宋永初二年方讫，或六十卷见竺道祖晋世杂录）。"① 这里，道宣首称是五十卷，并将其译出的时间说清楚了，然而他又说"或六十卷"，在他说"六十卷"时，特别强调是依竺道祖的《晋世录》而说，说明道宣最初见到的华严经本是五十卷本。不过，后来道宣在写《大唐内典录》第六卷时谓："大方广佛华严经（六十卷一千八十七纸或五十卷者南本），东晋义熙年，佛驮跋陀罗于杨（扬）都译。"② 这也就说明，在道宣时期，五十卷与六十卷《华严》是同时存在，只是五十卷本是南本，而六十卷《华严经》是北本。那么可以说，在晋译《华严》的流传过程中，有五十卷本与六十卷本同时流行，至少到唐朝，到道宣时，五十卷本还在南方流通。

唐智昇《开元释教录》卷三中说："大方广佛华严经六十卷（初出元五十卷，后人分为六十，沙门支法领从于阗得梵本来，义熙十四年三月十日，于道场寺出。元熙二年六月十日讫。法业笔受。见祖佑二录）。"③ 依智昇的看法，晋译华严经本最初译出之时是五十卷本，只是由于后人在流传的过程中，将其分化成六十卷本而已。但是何人将五十卷本分为六十，是何时分为六十，智昇并没在做出交代，所以这种看法虽有一定的道理，但也只能算是智昇自己的推断。

新罗崔致远《法藏和尚传》中说："时有佛贤三藏为伪秦所摈，投趾东林……贤后至建康，于道场寺，译出领所获偈。南林寺法业笔受，成五十卷。……东安寺慧严、道场寺慧观及学士谢灵运等，润文分成六十卷。"④ 若依崔致远所说，《华严经》的卷数由五十卷与六十卷本的关系可以大致明白，晋译《华严》在最初翻译时，经卷应为五十卷。而后一年多的时间，东安寺慧严、道场寺慧观、学士谢灵运等人，对《华严经》进行润文、校对完毕，对晋译《华严》重新进行卷数划分，也就从五十卷而变成了六十卷本了。

从道理上来讲，这种说法应该是可信的，也基本上解决了前面的《华严经》的笔受与润文之间的一些问题，有的传记在提及笔受时只说法业一人，有的传记中说有法业、慧观、慧严等为笔受润文。应是因为，在翻译成五十卷晋译华严时，法业为笔受，后来由慧观、慧严等进行润文。而成六十卷而已。

至此，晋译《华严》的五十卷本与六十卷本的形成经过与流通地域已清楚明白，五十卷本《华严》乃是最初翻译，后于南方流传，六十卷本乃是译后，再经法业笔受，慧观、慧严等进行润文，而后向北方流通。在道宣时期，五十卷本与六十卷本同时在不同的地域进行流通，而到了智俨、法藏时期，六十《华严》就已经非常普及。要不然，法藏在其《探玄记》卷一"部类传译"中，不会说："略本者，

① （唐）道宣编《大唐内典录》卷三，《大正藏》第55册，第246页。
② （唐）道宣编《大唐内典录》卷六，《大正藏》第55册，第285页。
③ （唐）智昇编《开元释教录》卷三，《大正藏》第55册，第505页。
④ （唐）崔致远撰《法藏和尚传》卷一，《大正藏》第50册，第280页。

即是此土所传六十卷本"。这或许有二种情况：一是，在法藏时候，五十卷本几乎已经停止流通，在社会上所流通的全部是六十卷本。因为在法藏的其他著作中，也未见有五十卷本的说法；二是，在法藏时候，南方还有五十卷本的流通，只是由于法藏、智俨都是在北方，所用的都是六十卷本，再加上六十卷本是在五十卷本的基础上重新进行了润色、改善，五十卷本的慢慢绝迹也就可想而知了。而且智俨、法藏一向被视为华严正统。尤其到了法藏时代，华严经学到了一个高峰，华严宗到了鼎盛时期，人们自然以其为首。

虽说到了法藏时期，已经普遍流传六十卷本《华严经》，但是，前面已经提及的是，澄观曾将晋译《华严》当成两种《华严经》本来看。也就是《华严经》文中有没有增加"脱文"的问题。实际上这两种六十卷华严经本也就是智俨与法藏所各自采用的两种华严经本。因为脱文到了法藏时期才被补上。

晋译华严的翻译流传，这之间发生的变化对华严经学的研究是有着很大的影响，从五十卷本到六十卷本的变化，从晋译华严到唐时日照与法藏对"入法界品"增补脱文的变化，这之间对华严经学的影响都是可以想见的。

华严经学的完整也是随着《华严经》内容的完整而完整，如智俨时期的华严经本与法藏时期的华严经本在经文上相比就有着缺漏。正因为如此，法藏在智俨的华严思想的基础上，形成的华严经学思想也就更加完整，更有系统，而到了澄观时代，由于八十《华严》的普及，澄观又在法藏的华严思想上，更加完善华严一乘圆融思想的理念。

第三节　《十地经论》译传与地论宗

在《十地经论》传入中国之前，已经有与"十地"相关的经本传译进来，如西晋竺法护于汉宣帝元康七年（297）译出《渐备一切智德经》，东晋佛驮跋陀罗于晋恭帝元熙二年（420）译出六十卷《华严经》等。而自从六十《华严》译出之后，对中国佛教的影响不少，其中更有专门将"十地经"抽出，作为《华严经》的别立体裁而研究，譬如昙迁（384～482）著有《十地注》，慧远门下的法安（？～498）著有《十地义疏》。而世亲的《十地经论》传到汉地，即成为研究"十地"的主要论典，"十地"研究风气兴盛，并由此产生地论宗。《十地经论》的译出，也标志着华严经学独立流布时代结束，此后进入经学与论学相互交融发展时期。尽管该论只是解说《华严经·十地品》，但它并非仅为这一品的研究起了导向作用，更是为研究整部《华严经》开辟了可资借鉴的新思路。

一　《十地经论》的翻译

《十地经论》乃是世亲菩萨所著，系注释《十地经》（《华严经·十地品》之别译）之作，现有汉藏两种译本。藏文译本，由藏族译师智军、德积和印度的妙吉祥藏、慧铠同译，译出年代不详，大略在八世纪后半。汉文译本，其译者，在诸传记中有不同的说法。

第一种说法，勒那、流支二人别处别译说。此如《华严经传记》卷一①中所说："中天竺三藏勒那摩提，魏云宝意，来此共流支，于洛水南北，各译一本，其后僧统慧光，请二贤，对详校同异，参成一本。"依此中所说，勒那摩提与菩提流支二人，分居洛水之南北，各译《十地经论》，译讫，由僧统慧光，请二师一起，共同对《十地经论》进行校对，而后糅合成一本。

另，《历代三宝纪》卷九中，列勒那摩提所译经论，其中标列其所译《十地经论》《宝积经论》二论时，附注云："已上二论，菩提流支并译，且二德争名，不相询访，其间隐没，互有不同，致缀文言，亦有异处，后人始合，见宝唱录载。"②

第二种说法，勒那、流支、扇多（佛陀扇多）三人别处别译说，此说法出自《续高僧传》卷一：

> 先时流支奉敕，创翻十地，宣武皇帝命章一日亲对笔受，然后方付沙门僧辩等，讫尽论文……于时又有中天竺僧勒那摩提，魏云宝意，博瞻之富，理事兼通……以正始五年初届洛邑，译十地、宝积论等大部二十四卷；又有北天竺僧佛陀扇多，魏言觉定，从正光元年，至元象二年。于洛阳白马寺及邺都金华寺，译出金刚上味等经十部。当翻经日，于洛阳内殿，流支传本，余僧参助。其后三德乃徇流言，各传师习，不相询访。帝以弘法之盛，略叙曲烦，敕三处各翻，讫乃参校，其间隐没互有不同致有文旨，时兼异缀，后人合之，共成通部。③

依此中所说，最初宣武皇帝召集勒那、流支、扇多三人传译此论时，由于三人各传各的师承和所习，彼此之间不相咨询和论究。于是宣武帝命他们分开在三处，各别译出，由后人将之合为通部。

第三种说法，勒那、流支二人同处同译说。此说出自《十地经论》卷初的序文：

---

① （唐）法藏撰《华严经传记》卷一，《大正藏》第51册，第156页。
② （隋）费长房撰《历代三宝纪》卷九，《大正藏》第49册，第86页。
③ （唐）道宣撰《续高僧传》卷一，《大正藏》第50册，第428页。

永平元年，岁次玄枵，四月上日。命三藏北天竺菩提留支，魏云道希，中天竺勒那摩提，魏云宝意，及传译沙门，北天竺伏陀扇多，并义学缁儒一十余人。在太极紫庭，译出斯论十有余卷，斯二三藏并以迈俗之量，高步道门……，臣僚僧徒毗赞下风。四年首夏，翻译周讫。①

在此序文中，没有任何二人二处、三人三处分译《十地经论》的痕迹。而且此序文的作者，乃是北魏时期侍中崔光，其说应当比较可信。另外，此序文中虽有"伏陀扇多"参与译场之说，但由此序文中可以看出，伏陀扇多只是参译而已，起主导作用的应是勒那摩提、菩提流支二师，如序中所说"斯二三藏并以迈俗之量，高步道门"。

此上三种说法中，第一种说法和第二种说法并未交代《十地经论》的具体译出时间，唯有第三种说法中说"四年首夏，翻译周讫"。也就是说，北魏宣武帝永平四年（511），《十地经论》翻译完成。

《十地经论》的翻译，虽有三种说法，或说同处同译，或说别处别译。对于究竟有没有别处别译的事实，可以暂且存疑。然而勒那、流支在教义上，有着不同的见解却是事实，因此师从他们两人传习"地论"的，也就发生异解，而形成南北两道。

二　地论南北两道的分流

自《十地经论》于洛阳译出后，华严学迅速成为北方佛法的热点，并向全国各地辐射，弘扬和研究华严类经典的主要力量，也是来自"地论学派"，他们活动于南北朝后期至唐初，为华严宗的创立奠定了组织基础，提出了思想资料。

地论学派，或名地论宗，既有师承法系方面的含义，又有佛学理论方面的含义。就师承法系而言，即指分别师承于勒那摩提和菩提流支，以道宠和慧光为主的两系，活动于南北朝后期至唐初的一批僧人；就佛学理论而言，地论派即指专门弘扬和研究《十地经论》的学僧。出自道宠和慧光两系的僧众，并非都精通《十地经论》，但是习惯上还是将他们都称为"地论师"。这些僧众各有专长，各有侧重。弘扬《地论》及《华严经》。推动华严学发展的，实际上只是地论派中的一部分僧众，从这个意义上来讲，他们也是华严学派。

地论宗南北两道的分流，主要是由于勒那摩提与菩提流支所习与见解并不尽同，因此从他们两人传习《地论》时也就发生异解，而形成南北两道。这南北道的解释，一般都说从相州去洛阳的通道，有南有北，两家学徒即沿着两道各别发展而得

---

① 〔印度〕世亲造《十地经论》之序文，《大正藏》第26册，第123页。

名。此二派是为：慧光承继勒那摩提之说，在相州（河南安阳）南部弘法，被称相州南道派，又称南道，一般都认为这一系是地论宗的正统；道宠承嗣菩提流支所说，于相州北部宣讲《十地经论》，是为相州北道派，又称北道。

①相州北道派

相州北道承嗣菩提流支所说，以道宠为主。但相州北道无论是在传承还是在义理研究上，都远远及不上南道派，没有南道派之隆盛。如《续高僧传》中所说，菩提流支在译完《十地经论》后，惟教于道宠一人。虽说道宠有门人僧休、法继、诞礼、牢宜、儒果、志念等多人，但事迹多不明显。

依《续高僧传》卷七中所载，道宠因听闻菩提流支及勒那摩提各译出《十地经论》后，就前往参访菩提流支，并受持《十地经论》，听其教诲"便诣流支访所深极，乃授十地典教，三冬，随闻出疏，即而开学"的说法，道宠在菩提流支处有三年的时间，听闻流支讲习，并作《十地疏》。而后广宣佛法于相州道北。道宠的门人弟子颇多，传中称"其中高者，僧休、法继、诞礼、牢宜、儒果、志念等是也"①。对于道宠的寂年、世寿现已无法考证。

在道宠的弟子中，僧休、法继、诞礼、牢宜、儒果五人较为突出，然查藏经所载，牢宜、儒果二人唯见于道宠传，于余典籍中皆不见闻，法继、诞礼二师除在道宠传中可见外，也唯有于"志念传"中有一二句提及。这五人中，只有僧休可得一点痕迹，然僧休对华严的研究，具体一点应说是对"十地"的研究也不曾有一句半句的记载，由此，地论北道的弘传的情况当可明了。

有关僧休的传记，所记录的只是表明其对"大论"很有研究，如在《续高僧传》卷十五《义褒传》中②就有"僧休通精于大论"的说法。在《续高僧传》之《宝袭传》中亦有记载，说是宝袭师承三藏僧休，以诵经为业，后听经论，以《大智度论》为其所宗。

有关志念的传记，在《续高僧传》卷十一③中有载，谓其最初随从邺都道长学《大智度论》，前后有数年的光阴，后投道宠座下学《十地论》，称说其"听始知终，闻同先览"。但《传》中只说其在道宠座下学《地论》，对于其对《地论》如何研习却未曾提及。其主要弘扬的是《大智度论》。

从上面所说可以知道，相州北道对《地论》的弘传，主要也就体现在道宠一人身上，其弟子虽说在当时可能颇有盛名，但是在僧传中不知何因却少见记载，也许是地论南道派的盛行而使其隐没于其中吧。

---

① （唐）道宣撰《续高僧传》卷七，《大正藏》第50册，第482页。
② （唐）道宣撰《续高僧传》卷十五，《大正藏》第50册，第547页。
③ （唐）道宣撰《续高僧传》卷十一，《大正藏》第50册，第508页。

②相州南道派

相州南道派是承嗣勒那摩提所说，以慧光为主。有传勒那摩提、菩提流支各译出《十地经论》，而后慧光将两种译本汇通，并与梵本进行校阅，领悟其中纲领，并对校两译之异同，而合为一本，地论一宗也就因之而兴起。

慧光（468～537），北魏僧。为地论宗南道派初祖。河北人，俗姓杨。年十三随父至洛阳，从佛陀扇多出家，时人称之圣沙弥，后从勒那摩提学《十地经论》。著作有《玄宗论》《华严经疏》《十地论疏》等十数种。并将如来一代圣教典籍，以顿、渐、圆三教来判释。法藏说："以华严为圆教，自其始也。"

慧光的弟子众多，有法上、僧范、道凭、慧顺、僧达、道慎、安廪、昙衍、昙隐、道云、昙遵、法安等，在这些弟子中有的专弘《十地经论》，有的讲习《华严经》，也正是由于有了这些弟子对慧光的承继，地论宗的相州南道一系得以光大。

在慧光的弟子中，有许多对《十地经论》《华严经》的弘扬都不遗余力，其中昙衍，在慧光的弟子中就是比较杰出的一位，曾著《华严经疏》七卷，于齐、郑、燕、赵等处，广弘法化，常随义学僧众有千余人。法藏对其弘化作如是评价："光终之后，华严大教，于兹再盛也。"昙衍的弟子比较突出的有灵干，而灵斡又传有弟子灵辨等，都对《华严经》《十地经论》的弘扬做了很大的贡献。

表1　地论宗南道派师系传承

慧光弟子	再传弟子	四传弟子	主研方向	依据资料
法上			讲习《十地经论》《楞伽经》《涅槃经》并撰有疏文	《续高僧传》卷八
	净影慧远		讲解《十地经》，著有《地持疏》五卷、《十地疏》七卷、《华严疏》七卷、《涅槃疏》十卷。	《续高僧传》卷八
		玄鉴	常讲《涅槃经》《十地经》《维摩经》等经论	《续高僧传》卷十五
		智徽	讲习《涅槃经》《十地经》《地持经》《维摩经》《胜鬘经》	《续高僧传》卷十五
		慧迁	讲解《十地经论》	《续高僧传》卷十二
		宝安	讲习《十地经》《涅槃经》等经	《续高僧传》卷二十六
		灵璨	讲解《十地经》《涅槃经》	《续高僧传》卷十
	慧远还有智嶷、辩相、道颜、宝儒、僧昕等弟子，事迹不明			
	融智		讲习《涅槃经》《十地经论》	《续高僧传》卷十
僧范			讲习《华严经》《十地经论》《菩萨地持经》等并作疏记	《续高僧传》卷八《华严经传记》卷二
道凭			讲习《地论》《涅槃》《花严》《四分》等	《续高僧传》卷八

续表

慧光弟子	再传弟子	四传弟子	主研方向	依据资料
	灵裕		著有《十地疏》四卷、《华严疏》及《华严旨归》合九卷。	《续高僧传》卷九
		道昂	常讲《华严经》《十地经论》	《续高僧传》卷二十
		昙荣	一生以持律严谨闻名	《续高僧传》卷二十
		静渊	讲解《华严经》《地持经》《涅槃经》《十地经论》等经论	《续高僧传》卷十一
		智正（静渊弟子）	一生讲习《华严经》《摄大乘论》《楞伽经》《胜鬘经》《唯识论》等不计其数，曾著有《华严疏》十卷	《续高僧传》卷十四
慧顺			讲习《经论》《地持经》《华严经》《维摩经》等并作疏记	《续高僧传》卷八
僧达			讲习《十地经论》	《续高僧传》卷十六
道慎			先习《地论》，后转学《涅槃经》	《续高僧传》卷八
安廪			讲习《四分律》《十地经论》《花严经》	《续高僧传》卷七
昙衍			著《华严经疏》七卷	《华严经传记》卷二
	灵幹		讲解《华严经》《十地经论》	《续高僧传》卷十二
		灵辨	讲《唯识》《起信》《摄大乘论》等论，并讲《胜鬘经》《维摩经》《仁王经》等经，撰有《华严疏》十二卷，《华严疏抄》十卷，《华严章》三卷。	《华严经传记》卷三
昙遵			著有《华严疏钞》七卷	《华严经传记》卷三
	昙迁		撰有《摄论疏》十卷，以及《楞伽经》《起信论》《唯识论》《如实论》等亦作释注疏	《续高僧传》卷十八
法安			宣讲《十地》《成实》《涅槃》《维摩诘经》，对《净名经》《十地经》作义疏	《高僧传》卷八

在地论宗南道的传承中，道凭（慧光弟子）、灵裕（道凭弟子）、静渊（灵裕弟子）以及智正、法琳（二人皆是静渊弟子）等，都是将《华严经》与《十地经论》的研习并重。这一系的传承对后来的华严宗有没有影响，或者说有着什么样的影响，都是现代华严学者们经常讨论的话题。

另外，依《续高僧传》中静渊、智正、法琳三人的传记，都明确地标明，此三人是常住于终南山至相寺的。依法藏《华严经传记》中《智俨传》中称：智俨随杜顺出家后，即被送到至相寺，随杜顺弟子达法师学习华严。智俨在至相寺，又先后随从琳法师（疑为法琳）、智正，学习华严。这些资料表明，智俨与智正两者之间有着明确的师承关系。可以肯定，地论南道系思想对智俨的影响，或者说地论学对华严宗的影响是显而易见的。

三　地论南北两道的分歧

地论南北两道的思想分歧，由于道宠系的著作无存，所以难以考究其学说详情。但诸多传记及著作中，皆说慧光与道宠两系分为南北两道，有门户之见，有严重的思想分歧，尽管各书记载紊乱，也可以从中找出条理，而在诸多记述中，以道宣在《续高僧传》卷七《道宠传》中所述最为完整。

> 宠在道北，教牢、宜四人；光在道南，教凭范十人。故使洛下有南北二途，当现两说，自斯始也，四宗五宗，亦仍此起。[1]

依此中所述，地论南北两道的形成，有三个方面的因由：第一，南北两道弘教的地域不同；第二，南北两道在佛性方面的见解不同；第三，南北两道的判教理论不同。

第一，南北两道弘教的地域不同。依道宣所说，由于道宠与慧光二师弘法宣教的地点不同，一在道南，一在道北，是故有地论南道和地论北道两系的形成。

地论南北两道的说法，湛然在《法华文句记》卷七中说："古弘地论，相州自分南北二道，所计不同，南计法性生一切法，北计黎耶生一切法。"[2] 湛然认为，地论南北二道是指从相州（邺都）通往洛阳的两条道路，散居北道者是道宠系，散居南道者为慧光系，由于两道的主张不同，是故为相州南道和北道之分。

第二，南北两道在佛性方面的见解不同。依道宣所说，南北两道在佛性论的见解上，有"当""现"两种不同见解。

对于"当""现"二说，澄观在《华严经疏钞》卷六十中作如是解释："在当名未，当起之法，趣现名来，亦可来者，是其现义。当法未现，名为未来；今名现法，住现相故，名为现在。"[3]

是故，"当"者，即是当果、未来果；"现"者，即是现果、现世果。就佛性而论，"当"即是指未来有佛性，即将来成就佛果时，佛性才能显露出来："现"即是本有佛性，本来就具有佛性，众生本具佛性，只是未曾显露出来而已。

第三，南北两道的判教理论不同。依道宣所说，地论师南北两道在判教方面有"四宗"和"五宗"的对立。由于北道系资料缺乏，五宗说不得其详，地论北道系是否有五宗主张暂且不论。

---

① （唐）道宣撰《续高僧传》卷七，《大正藏》第50册，第482页。
② （唐）湛然述《法华文句记》卷七，《大正藏》第34册，第285页。
③ （唐）澄观述《华严经随疏演义钞》卷六十，《大正藏》第36册，第481页。

地论南道系所主张的四宗说，如智𫖮《法华玄义》卷十中所明："佛驮三藏、学士光统所辨四宗判教：一、因缘宗，指毗昙六因四缘；二、假名宗，指《成论》三假；三、诳相宗，指《大品》、三论；四、常宗，指《涅槃》《华严》等，常住佛性，本有湛然也。"[①]

慧光的判教主张，承继佛陀扇多三藏，亦立有渐、顿、圆"三种教"，将《华严》判为"圆顿所摄"，如《华严五教章》卷一中说。后来的昙遵等人也都是遵承这一判教说。应该说，这种判教方法在当时为大多数地论师所认同，甚至后来的智俨在《搜玄记》卷一中也曾采用此一说法："化始终教门有三：一曰渐教，二曰顿教，三曰圆教。"[②]

思考与练习题

1. 从现存的华严类单行经的内容来看，华严类单行经可分为哪几个种类？

2. 请依据竺佛念所译《四分律》之"序文"，对支法领去西域取经的情况做一介绍。

3. 请依据《出三藏记集》及"华严经后记"的记载，介绍晋译《华严经》的翻译情况。

4. 请依据《华严经传记》卷一所记载，说明晋译《华严经》内容变化的前后过程。

5. 请依据《续高僧传》卷七《道宠传》中所述，说明地论南北两道在思想上的分歧情况。

---

① （隋）智𫖮说《法华玄义》卷十，《大正藏》第 33 册，第 801 页。
② （唐）智俨述《华严经搜玄记》卷一，《大正藏》第 35 册，第 13 页。

第三章　从华严经学至华严宗学进程

【本章导读】

本章主要围绕从华严经学至华严宗学这一阶段进行讨论。即自晋译《华严》译传后，古来大德对《华严经》的研习，到后来华严祖师依据《华严经》而建立完整的华严思想体系。文分六节。

第一节，华严经学的研习与弘扬。本节中，介绍了最早讲习《华严经》者，及早期弘扬《华严经》的特色。

第二节，华严宗判教体系之初现。本节中，依杜顺《华严五教止观》对华严五教判的出现进行了讨论。

第三节，华严宗体系的逐渐完善。本节中，介绍了华严宗思想的建立及其完善。

第四节，唐时《华严经》的传译。本节中，介绍了八十《华严》与四十《华严》的传译。

第五节，华严宗之祖师说的建立。本节中，介绍了有关华严宗祖师传承的建立。有三祖说、五祖说、七祖说的不同。

第六节，华严宗之外的华严学说。本节中，介绍了同时期在华严正统传承之外，相关的一些华严学者。

第一节 华严经学的研习与弘扬

从晋译《华严经》的翻译，到法藏对华严宗体系的完善，有两百多年的时间，在这段时期内，有许多人都对《华严经》进行过讲解、修习。但未能形成一定的体系。

在这期间，世亲所著《十地经论》由菩提流支和勒那摩提译出，其弟子等依承所学，于相州南北两道大弘《十地经论》，形成地论学派。再加上早期罗什译出《十住经》（《华严经》之"十地品"之异译），也就出现了一批专以研习"十地"为业的华严学者，这些学者，大多都是出自地论门下。

这一时期，形成了一个以地论为主系的华严学风。也有一些华严学者，在研究、讲习《地论》的同时，对《华严经》进行讲习、注疏，并依《华严经》建立理论学说。

一 最早讲习弘扬《华严经》者

六十《华严》由佛驮跋陀罗于扬州道场寺译出，当时弘扬《华严经》的主要力量，不是参加佛驮跋陀罗译场的众弟子，就是直接或间接接受此系的僧人。他们虽然没有把《华严经》作为树立信仰、讲说弘扬和修行实践的唯一经典依据，但也将华严学作为其修习佛法的主要内容。在这些人中，最早依《华严经》著书立说者，是法业；最早为《华严经》注疏作释者，是玄畅。

最早依《华严经》著书立说的法业，依法藏著《华严经传记》卷二中[1]记载，法业，生卒年不详，南北朝时长安僧人。少年出家，后遇佛驮跋陀罗在道场寺翻译《华严经》，法业在译场内担任笔受，并从佛驮跋陀罗学习梵本《华严经》，日夜精研。据传中所说，其精通《大品般若经》《小品般若经》《杂阿毗昙心论》等，并曾撰写《华严旨归》二卷。法藏在《华严经传记》中称其"学无常师，博洽覃思，时辈所推也"。并说"大教滥觞[2]，业之始也"。即谓华严大经的弘传，实以法业为始。

最早为《华严经》注疏作释的玄畅，据慧皎撰《高僧传》卷八中[3]所载，玄畅（416~484），俗姓赵，河西金城人。最初是在凉州出家，本名慧智，后来在平城（大同）师事玄高时，改名玄畅。北魏太平真君五年（444），武帝采信司徒崔浩及

---

① （唐）法藏撰《华严经传记》卷五，《大正藏》第 51 册，第 172 页。
② 滥觞，"觞"者，古代酒器；滥觞者，谓水很小，如酒之满溢。此词一般用来比喻事物的起源、发端。
③ （隋）慧皎撰《高僧传》卷八，《大正藏》第 50 册，第 377 页。

道士寇谦的进言，开始大举废佛，玄高遇害，而玄畅得以脱困逃离平城。在齐建元元年（479）四月，曾兴建一座名叫齐兴的寺院。玄畅对于律典、禅经等，都非常有研究，依传记记载，因为慨叹《华严经》的卷帙浩瀚、旨义深远，古今未曾有人作释，于是为此经作疏释，首开了为《华严经》撰疏的风气。慧皎对其评价道："华严大部文旨，畅其始也"。

二　早期《华严经》弘扬之特色

在早期弘扬和研习《华严经》的佛教学者中，由于没有形成一个完整的系统的华严修习体系，除地论系外，亦没有明确的华严学系师承。且地论系虽说有师承相续，但其主要是指对《十地经论》的研习和弘扬，而非对《华严经》的研习和弘扬的师承关系。是故，这一时期，华严学的发展是多途并举。出现了一批或以专事讲习《华严经》为业，或为《华严经》注疏作释，或依《华严经》义设建法会斋会，或依《华严经》建立理论学说的各类华严学者。

1. 专事讲习《华严经》的华严学者

在诸多讲习《华严经》的佛教学者当中，求那跋陀罗（394～468）最为传奇。据《高僧传》卷三①载：求那跋陀罗，是中天竺人，元嘉十二年（435）来中国。在僧传中，求那跋陀罗是一位译经三藏。以译经为业。他在祇洹寺、东安寺、丹阳郡等处，先后聚集义学沙门约七百余人，前后译出经典有百余卷。时有谯王刘义宣，请他讲《华严经》。一开始，求那跋陀罗自知"不善宋言"，大发愧叹，后来乞请观音冥助，梦见神人相助，第二天即能精通汉语，前后讲习《华严经》有数十遍。在刘义宣的支持下，《华严经》传播到京城以外地区。

另据道宣《续高僧传》卷七、卷二十、卷二十三中所载，慧光之弟子安廪曾受武帝之命，住持于天安寺，专事讲习《花严经》；慧光再传弟子道昂（灵裕弟子）常常讲习《华严经》《十地经论》；并有北魏僧人昙无最，于洛阳融觉寺，讲解《华严经》等经，为菩提流支所敬重，称师为东土菩萨。

2. 注解疏释《华严经》的华严学者

依《华严经传记》《续高僧传》等传记记载，在六十《华严》译出后，对《华严经》弘传起决定作用的，主要是以地论系学者为首的华严学者。为《华严经》注疏作释者，除了一少部分之外，大多数也都是地论系学人。

依《华严经传记》卷二中所载，慧光弟子昙衍曾著《华严经疏》七卷，于齐、郑、燕、赵等处，广弘法化，常随义学僧众有千余人。法藏对其弘化做如是评价："光终之后，华严大教，于兹再盛也"；卷三中载，慧光另一弟子昙遵著有《华严疏

---

① （梁）慧皎撰《高僧传》卷三，《大正藏》第50册，第344页。

钞》七卷。七十岁时，被举为国都，后又转为僧统；慧光再传弟子灵裕（道凭弟子）住相州演空寺，以讲说为业，其著有：《十地疏》四卷、《华严疏》及《华严旨归》合九卷；慧光后辈弟子灵辨（586～663）依叔父灵幹（慧光门下昙衍之弟子）出家，后在智正处，专研《华严》。其撰有：《华严疏》十二卷、《华严疏抄》十卷、《华严章》三卷。前后讲解《华严经》四十八遍。

依道宣《续高僧传》卷八中所载①，慧光再传弟子净影慧远（523～592）（法上弟子）在邺讲解《十地经》，前后总计有七年时间。他的著作有《地持疏》五卷、《十地疏》七卷、《华严疏》七卷等；卷十四中载②，慧光五传弟子智正（灵裕门下静渊之弟子）一生讲习《华严经》《楞伽经》等不计其数，曾著有《华严疏》十卷。

除了地论一系的华严学者之外，《华严经传记》卷二还记载：昙无最之弟子智炬"先读华严经数十遍"，后蒙圣人指点，遂得通达华严义旨，前后讲解《华严经》有五十余遍，并著有《华严疏》十卷；隋文帝时六大德之一的慧藏，其"每研味群典，而以华严为本"，曾撰有《华严经义疏》。

3. 依《华严经》设建法会、斋会者

在早期弘扬《华严经》的过程中，除设立华严讲经法会之外，许多佛教徒亦依《华严经》创办种种法会、斋会。这些法会、斋会，都是依据《华严经》的某些内容、经义，利用斋舍、结社、祈福等形式把华严信仰推向民间。依据诸多史传中记载，其形式多种多样。如：依《华严经》而举办华严斋会的齐宣王，有结福社诵念《华严经》的益州宏，有依建七处八会举行华严法会的僧慧眺，有依"普礼法"举办华严法会的智颠。

（1）齐宣王依《华严经》举办华严斋会。依《华严经传记》卷五中载：依《华严经》举办法会，起自竟陵文宣王，其著有《华严斋记》一卷，为此后举办华严法会者所依。如传记中所说："自齐梁已来，每多方广斋集，皆依此（指《华严斋记》）修行也。"③

（2）唐益州宏结福社举办华严诵念法会。依《华严经传记》卷五中所载，法藏同时期"有益州宏，以华严为志，劝士俗、清信等，或五十人，或六十人，同为福社，人各诵《华严》一卷，以同经部。每十五日，一家设斋，严道场高座，供主升座，余徒复位。各诵其经，毕而方散，斯亦斋集之流也"④。从法藏叙述语气看，这种僧俗结社集会已不是华严斋会的纯正形式，而是一类变种，从这种结社名为"福

---

① （唐）道宣撰《续高僧传》卷八，《大正藏》第50册，第491页。
② （唐）道宣撰《续高僧传》卷十四，《大正藏》第50册，第536页。
③ （唐）法藏撰《华严经传记》卷五，《大正藏》第51册，第172页。
④ （唐）法藏撰《华严经传记》卷五，《大正藏》第51册，第172页。

社"来看，其结社的目的是求佛菩萨佑护，祈福禳灾。

（3）僧慧眺设建七处八会举办华严法会。依《续高僧传》卷十五中载①，有僧慧眺在其师慧哲圆寂之后，为设"大斋于墓，又建七处八会，广请道俗"。此中的七处八会，本是晋译《华严》中如来在七个场所开演八次法会，慧眺举办这种斋会，其所依出自《华严经》文。其于墓侧设立华严斋会，僧俗均可参加，诵读《华严经》，以达到超度亡灵的目的。另外，慧眺还"每劝诸村，年别四时，讲《华严》等经，用陈忏谢"。这是僧俗结社性质的华严法会。

（4）智颛依"普礼法"举办华严法会。依法藏《华严经传记》卷五中所载，天台智颛著有《普礼法一十五拜》，也是依据《华严经》设建的一种法会。其方法内容，如《传》中所说，"其拜：首皆称普礼，末皆称卢舍那佛。其间，具引寂灭道场等七处八会之名"②，又说"今江表盛行"。可见此法流传甚广。

4. 依《华严经》建立理论学说者

早期的华严学人，除依据《华严经》文义诵习、讲解、注疏之外，亦依据《华严经》中文义，建立各种华严理论学说。如：灵斡依据《华严经》建立两种观法；慧光统摄一代圣教并将华严经教判为圆教。

（1）灵斡依据《华严经》建立两种观法。灵斡依据《华严经》中"卢舍那佛品之华藏世界文"和"入法界品之弥勒文"，建立莲华藏世界海观和弥勒天宫观。

据《续高僧传》卷十二中记载③，慧光门下昙衍之弟子灵斡，把莲华藏世界海作为修行的终极归宿，依《华严经》义建立莲华藏世界海观及弥勒天宫观两种观法，并将这两种观法作为日常之功课。

依"灵斡传"中记载，灵斡在一次"遇疾闷绝"醒过来之后自述，曾到兜率陀天，那里"林地山池，无非珍宝"，胜景非人间可比，在弥勒天宫内，他遇见了慧远和僧休二位，此二人"顶戴环顾冠，衣以朱紫，光伟绝世"。同时，慧远还告诉他："汝与我弟子，后皆生此矣"。大业八年（607）。灵斡圆寂之前，初作观，醒后有弟子问所见之相，答云："至兜率天城外未得入宫，若翘足举望，则见城中宝树华盖，若平立，即无所见也。"弟子言："若即住彼，大遂本愿。"

依"灵斡传"中记载，灵斡圆寂之前，先从"弥勒天宫观"出定，谓"天乐非久，终随轮回，华严藏海是所图也"。于是灵斡再次作观，醒后弟子再问所见之相，答云："大水遍满，华如车轮，斡坐其上，所愿足矣。"不久，灵斡便圆寂而去。

此中所描述的华严藏海，虽然是简简单单的"大水遍满，华如车轮"，实际上

---

① （唐）道宣撰《续高僧传》卷十五，《大正藏》第50册，第539页。
② （唐）法藏撰《华严经传记》卷五，《大正藏》第51册，第172页。
③ （唐）道宣撰《续高僧传》卷十二，《大正藏》第50册，第518页。

也即是《华严经》中对于华藏世界海的描述，只是不如经中所描述得详细，但已经尽显其意。

（2）慧光统摄一代圣教，将华严经教判为圆教。依法藏《华严五教章》卷一中所说，慧光（468～537）将如来一代圣教判为渐、顿、圆等三种教。

> 光师释意：以根未熟，先说无常后说常，先说空后说不空，深妙之义，如是渐次而说，故名渐教；为根熟者，于一法门具足演说一切佛法，常与无常，空与不空，同时俱说，更无渐次，故名顿教；为于上达分阶佛境者，说于如来无碍解脱究竟果海圆极秘密自在法门，故名为圆，即此经是也。①

在这里，慧光将《华严经》与其他经典区别开来，以渐、顿二教统摄如来四十九年来所说三乘教法，而独以“圆教”标显，此华严教乃是为“上达分阶佛境者”之诸大菩萨所说。

第二节　华严宗判教体系之初现

华严五教判是佛教判教体系非常重要的思想，而华严五教判，虽说是由华严三祖法藏所提出，但究其根源，五教判的出处应是华严初祖杜顺的《华严五教止观》。《华严五教止观》从表面上看，是一种观法，而从这一观法中，所透露的则是杜顺对如来一代圣教的理解，亦即是华严宗最初的判教理论。

一　《华严五教止观》之简介

《华严五教止观》又称华严教分记、五教分记、五教止观。收于《大正藏》第四十五册。乃详叙华严五教观门之趣入次第。传统的说法，此书为杜顺所著，但近代的一些学者研究后提出，此书不是杜顺所作。分别从以下几个方面对《华严五教止观》做一简介。

第一，相对于《华严五教止观》撰著者的质疑。在《华严思想史》中，高峰了州先生依据日人结成令闻博士所作之“《华严五教止观》撰著者考”，介绍了近代一些学者的看法，说明质疑撰著者的几点理由②：1.《止观》中文段，与法藏《游心法界记》相近；2.止观中五重观法，分别对应小、始、终、顿、圆的五教，而华严家的五教判，是法藏所创立，在智俨的年代，未曾主张过；3.《止观》中引用了

---

① （唐）法藏述《华严五教章》卷一，《大正藏》第45册，第480页。
② 〔日〕高峰了州：《华严思想史》，中华佛教文献编撰社，1999，第107页。

"阿赖耶识、独影、带质、影像"等名词，乃属于玄奘的译语，而玄奘回国时（645），杜顺圆寂于贞观十四年（640）；4.《止观》中引用了"佛授记寺"一词，佛授记寺乃是武则天时所建。

第二，相对于《华严五教止观》引用文的讨论。个人浅见，在现今所见的《华严五教止观》一文的撰号，皆是"京终南山文殊化身杜顺说"，而不是"杜顺和尚撰"。此中的"说"与"撰"应该是说明《华严五教止观》作者的关键，由这两个字应该可以说明，此《华严五教止观》非是杜顺亲自所撰，而是其弟子承杜顺所说而撰写。既然是后人所撰，那么将一些自己的见解融进原文，也是正常的。何况玄奘是杜顺不久之后的人，那么在此文中出现阿赖耶识、独影、带质、影像等语，以及举"佛授记寺"而做比喻也是可以理解的。

第三，相对于《华严五教止观》中五教的讨论。从观文之结构来看，《华严五教止观》中所说的五重观门的确是针对小、始、终、顿、圆的五教，相当于《游心法界记》中所谓五教的组织。但从另外一个角度来说，此正可以追溯法藏五教判教的历史根源。前面说智俨时代没有主张过，这有两种原因：第一，《华严五教止观》虽有五教方面的理念，但其主要是从观法的角度而说，重点不在判教上，未能引起智俨的重视；第二，智俨的华严理论，主要着重于对华严经义的研究，其判教理论，皆是承继于前人，自身并没有明显的特色，也没有形成自己的判教体系。或者说，智俨并非没有主张过，如其在《华严孔目章》卷一中，即提出"依教有五位差别不同"①的说法，与后来法藏的五教判极其相近。

第四，相对于《华严五教止观》中章句的讨论。《华严五教止观》的章句，有很大一部分与法藏的《游心法界记》中文相近。其实这并不难理解，应该说，这是古来大德撰著的一些特色。如法藏所著《探玄记》，其中有许多内容就出自智俨的《搜玄记》，后来澄观的《华严经疏》中，许多内容是来自法藏的《探玄记》。

第五，相对于《华严五教止观》五重观的讨论。在《五教止观》中，杜顺从法有我无门、生即无生门、事理圆融门、语观双绝门、华严三昧门等五门，来明行人修道简邪入正的止观法门，此五门也可以说是五种层次，循序渐进，一门一门地深入，一门一门地渐进。

文中在标立五门时，分别在五门之后用小字将五教与五门相对（疑为后人所加）。但在后面整篇文中，除出现"始教"二字外，却不见"终教""顿教""圆教"等字，从此文中标题也可以看出，杜顺是将如来一代教法，以此五门相对，而立止观之次第法门。先从有观，再入空观，次入非有非空观，后显离于空有而显真如，最后达到空有一际，圆融无碍，法界缘起，重重无尽。

———————————

① （唐）智俨集《华严孔目章》卷一，《大正藏》第45册，第537页。

二　《游心法界记》文之对照

在杜顺之后，法藏著《华严游心法界记》一书，虽说内容与杜顺的《华严五教止观》相似，但其已不再是以观法来导众生"简邪入正"，而是以五门统摄如来一代教法，谓如来随众生根机而说五种教法。如《华严游心法界记》卷一中所说：

> 夫约理题诠，诠如理而非异。据门陈教，教即门而不殊……今以粗陈纲要总以五门，随自所宣引之如左。言五门者：一法是我非门，二缘生无性门，三事理混融门，四言尽理显门，五法界无碍门。①

上所说"据门陈教，教即门而不殊"句，似可看成法藏的五教之说，是承继杜顺的《华严五教止观》的五门而立，依据五门而陈说五教，五门即是杜顺《华严五教止观》中所说的五门，五教即是此《华严游心法界记》后文中所列的五教：

> 第一法是我非门者，即愚法小乘三科法也。如《四阿含》等经及《毗昙》《成实》《俱舍》《婆沙》等论明也。
> 第二缘生无性门者，即大乘初教，即前诸法缘生无性也。如诸部《波若》等经及中百等论明也。
> 第三事理混融门者，即大乘终教，空有双陈无障碍也。如《胜鬘》《诸法无行》《涅槃》《密严》等经及《起信》《法界无差别》等论明也。
> 第四言尽理显门者，即大乘顿教，离相离性也。如《楞伽》《维摩》《思益》等经明也。
> 第五法界无碍门者，即别教一乘，奋兴法界主伴绞络逆顺无羁也。如《华严》等经明也。②

此中法藏所说的五门在杜顺的基础上作了稍微的变化。如：第一门由"法有我无门"变成了"法是我非门"，第二门由"生即无生门"变成了"缘生无性门"，第三门由"事理圆融门"变成了"事理混融门"，第四门由"语观双绝门"变成了"言尽理显门"，第五门由"华严三昧门"变成了"法界无碍门"。这些名称的变化在意义上并没有多大的改变，只是在义理上更准确一些。

杜顺认为，修习需有一个次第过程，由于众生根机不一，是故须立五门，心不

---

① （唐）法藏撰《华严游心法界记》卷一，《大正藏》第45册，第642页。
② （唐）法藏撰《华严游心法界记》卷一，《大正藏》第45册，第642页。

清净则难以登正觉之门，所以若人修观，需从"法有我无门"始，一门一门生观，而渐入"华严三昧门"。若是人能明法界缘起，则无需如此一门一门渐入，可直入"华严三昧门"起观，然若不能了知法界缘起之理，则需一一门而入，此中五门，实因众生根机而设。

依杜顺于《华严五教止观》中所述文义，与法藏于《华严游心法界记》相对照，《华严五教止观》所讲的五门观法，也就是对如来所说小乘教、始教、终教、顿教、圆教等五教认识。

第一门，法有我无门。为小乘教之止观，阐明以十八界之分别观来对治即身离身之我执，为众生著我者说界分别观。

第二门，生即无生门。为大乘始教之止观，阐明以无分别空观来对治法执。前门依观而修能得人无我智，此门中始教菩萨能得人法二空，即能得法无我智。

第三门，事理圆融门，为大乘终教之止观，谓观空有二门本无障碍，真如理性与生灭事相自在圆融。

第四门，语观双绝门，为大乘顿教之正观，观离诸言论与心行，唯存真如与真如智。

第五门，华严三昧门，为一乘圆教之止观，说明观一多相即相入、一成一切成，可趣入究竟重重无尽、法界缘起之三昧海。

不可否认，杜顺虽说没有直接表露出他的判教思想，实际上已经对如来的应机说法有了基本的分类，如其所说："对病而裁方，病尽而方息，治执而施药，执遣而药已，为病既多，施药非一。"在其五门止观中，对如来教法的次第做出了说明。华严宗的最初判教思想应是源来于此，或许可以说，这是杜顺当初无意识的判教思想。

第三节　华严宗体系的逐渐完善

虽然杜顺的《华严五教止观》为近代学者为质疑，但不得不说的是，诸多传记中皆说智俨是其弟子，而智俨的《华严一乘十玄门》中，智俨也说"承杜顺说"。自智俨始，撰《搜玄记》注释六十《华严》；法藏以之为基础撰《探玄记》注释六十《华严》；澄观继承法藏思想撰《华严经疏》《华严疏钞》注释八十《华严》，更有被后人奉为五祖的传人宗密。在这一段时期，华严宗思想体系逐渐完善，如：法界缘起思想、十玄思想、判教思想、华严观法等。

一　《华严经》的完整诠释

在智俨之前，有不少曾经对《华严经》作释。依《华严经传记》卷二中说，

《华严经》的讲解及著述者有三四十人，如：齐国大觉寺僧范著有《华严经疏》五卷，齐国洛州昙衍著有《华严经疏》七卷、隋朝净影慧远著有《华严经疏》七卷。但遗憾的是，这些注疏都没有流传下来，其内容也不得而知。现存的只有后魏灵辨的《华严论》一卷，唐代灵裕的《华严经文义记》六卷，隋代吉藏的《华严经游意》一卷。

现今，《华严经》的完整保留的注疏如下：1. 智俨《华严经搜玄记》，2. 法藏《华严经探玄记》，3. 澄观《华严经疏》《华严经疏钞》，4. 李通玄《新华严经论》。

1. 智俨《华严经搜玄记》（五卷）。此书是智俨逐句注解六十《华严》，记述六十《华严》之纲要，并解释其文义。全书分立五门，以分别华严一经之文义，即：①叹圣临机，德量由致；②明藏摄之分齐；③辨教下所诠之宗趣，及能诠之教体；④释经题目；⑤分文解释。前四门为《搜玄记》中之玄谈，第五门即由"净眼品第一"至"入法界品第三十四"释解经文，于每一品中，又分别依品名、来意、宗趣、释文等四科谈其玄旨。这是现存的最早的完整释解《华严经》的著作。

2. 法藏《华严经探玄记》（二十卷）。此书亦是注解六十《华严》，其体例仿智俨的《搜玄记》，对每品基本分四门解释，即"释名"（释解各品的品名）、"来意"（关于本品与其他品的关系）、"宗趣"（本品的主要思想）、"释文"（逐句解释经文）。法藏的《探玄记》主要是在智俨的学说基础上进行补充、修正或发挥，使之系统化。在《探玄记》中，法藏无论是提示经典大意还是解释某个概念、范畴和命题，总是以"开十门"论述，以示圆满之义。如在篇首解释华严文义时，就以十门分立"将释此经，略开十门：一、明教起所由，二、约藏部明所摄，三、显立教差别，四、简教所被机，五、辨能诠教体，六、明所诠宗趣，七、具释经题目，八、明部类传译，九、辨文义分齐，十、随文解释。"

3. 澄观《华严经疏》（六十卷）、《华严经疏钞》（九十卷）。此二书皆是八十《华严》的注疏。据说八十《华严》译出之后，法藏亦曾注解，但未完成并已圆寂，澄观有感"晋译幽秘，贤首颇得其门；唐翻灵编，后哲未窥其奥"，遂撰《大方广佛华严经疏》六十卷，继承法藏学说，其中大量采用法藏的思想理论，并使之系统化、定型化。后来，对于《华严经疏》中一些未曾解释透彻的问题，更作《华严经疏钞》，系统解说《华严经》要义。

4. 李通玄《新华严经论》（四十卷）。此书亦是依八十《华严》并随释经文而成，本论与法藏等论相比，颇多特殊之处。如法藏等，谓《华严经》之说处、说会及品数，为七处九会三十九品；本书则为十处十会四十品。法藏之主旨在成就事事无碍，本书则阐发凡夫一生感得心内理智不二之佛等。

二 法界缘起的思想建立

缘起说是佛学的核心理论之一，是阐述宇宙万法皆由因缘所生起之相状及其缘由等教理之说。是解释宇宙万法之生起及万法自身间的因果规律。由于说明的方法和角度不同，遂有种种的缘起学说。华严宗之教理以"缘起"为主，于其所判五教之中，除顿教外，分别各说一种缘起。即：于小乘教说业感缘起，于大乘始教说赖耶缘起，于大乘终教说如来藏缘起，于圆教说法界缘起，而唯独顿教因是无相离言之宗，不更涉教相之说，故无缘起之说。

"法界缘起"一词，最先见于净影慧远所著之《大乘义章》卷三："苦集等相，究竟穷之，实是法界缘起集用。不染而染，起苦集用，不净而净，起灭道用。"① 认为"四圣谛"中的苦集二谛为法界缘起所会聚，灭道二谛为法界缘起的发用，而有染缘起和净缘起的根源。另外，慧远在文中又说此缘起即是"真性缘起"，这真性缘起是如来藏缘起的别名。可见，依慧远的看法，法界缘起是等同于如来藏缘起的。

智俨首先将"法界缘起"与"如来藏缘起"等缘起说区别开来，建立华严家"法界缘起"义。智俨在《华严一乘十玄门》开篇即说："明一乘缘起自体法界者，不同大乘、二乘缘起，但能离执常断诸过等，此宗不尔，一即一切，无过不离，无法不同也。"② 他在《五十要问答》卷上重申："圆教一乘所明诸义，文文句句，皆具一切，此是不共教，广如《华严经》说"③。智俨把"一"与"一切"之间的"一即一切""一切即一"的圆融理念作为法界缘起的重要内容。这有别于其他学说对于缘起论的解说。

另外，智俨首次用"法界缘起"来概括整部《华严经》的内容。谓华严一部大经，皆在阐明法界缘起之一即一切、一切即一的因果无碍圆融理念。在《华严一乘十玄门》中，他说："今且就一部经宗，通明法界缘起，不过自体因之与果。所言因者，谓方便缘起，体穷位满，即普贤是也：所言果者，谓自体究竟，寂灭圆果。"④

智俨的这种用"法界缘起"来概括华严一部大经，其实际上是承继于杜顺《华严五教止观》中的"第五华严三昧门"。在"第五华严三昧门"中，直说"第五华严三昧门，但法界缘起，惑者难阶"。可见其前后的传承关系，并以"自体因之与果"为法界缘起的中心内容之一。

对于"自体因之与果"句，智俨专门就此进行解释："问：文殊亦是因人，何

① （隋）慧远撰《大乘义章》卷三，《大正藏》第44册，第511页。
② （唐）智俨撰《华严一乘十玄门》卷一，《大正藏》第45册，第514页。
③ （唐）智俨集《华严五十要问答》卷上，《大正藏》第45册，第522页。
④ （唐）智俨撰《华严一乘十玄门》卷一，《大正藏》第45册，第514页。

故但言普贤是其因人耶？答：虽复始起发于妙慧，圆满在于称周，是故隐于文殊，独言普贤也"。

智俨建立华严家"法界缘起说"，法藏亦继承其思想，于《华严五教章》卷四中释解"法界缘起"时如是说："一乘圆教法界缘起，无尽圆融自在相即，无碍镕融乃至因陀罗无穷理事等。此义现前，一切惑障，一断一切断，得九世十世惑灭；行德，即一成一切成；理性，即一显一切显。"①

三　十会与十玄思想建立

在《华严一乘十玄门》中，智俨以"法界缘起"概说华严一部大经。而在解说此"法界缘起"义时，智俨分为二门释解：第一，以譬喻的方法解说法界缘起一多无碍的理念；第二，以"十会""十玄"等概念来论说法界缘起圆融无碍之理。此中，以"十会"统括一切现象、一切佛法，以"十玄"来说明一切现象以及宇宙万法之间的关系。

"十会"者，即是智俨在《十玄门》中所提出的十对法门：一、教义，二、理事，三、解行，四、因果，五、人法，六、分齐境位，七、法智师弟，八、主伴依正，九、逆顺体用，十、随生根欲性。以此"十会"概念或范畴来概括全部佛法，进而概括一切现象，并以"十"来显示诸法圆满之义，如文中所说："然此十门体无前后，相应既其具此十门，余因陀罗等九门，亦皆具此十门。何但此十门，其中一一皆称周法界，所以举十门者，成其无尽义也。"②

"十会"说是智俨首家提出，后来的法藏在解说"法界缘起"义时，亦采用此"十会"说，只是在名目上略作改动：一、教义，二、理事，三、解行，四、因果，五、人法，六、分齐境位，七、师弟法智，八、主伴依正，九、随其根欲示现，十、逆顺体用自在。法藏亦是以此十会法"总摄一切法，成无尽也"。

"十玄"者，即是从十个不同的角度，对"十会"法之间的关系进行解说，以明法界缘起圆融无碍之意。如智俨在《十玄门》中说：一者同时具足相应门（此约相应无先后说），二者因陀罗网境界门（此约譬说），三者秘密隐显俱成门（此约缘说），四者微细相容安立门（此约相说），五者十世隔法异成门（此约世说），六者诸藏纯杂具德门（此约行说），七者一多相容不同门（此约理说），八者诸法相即自在门（此约用说），九者唯心回转善成门（此约心说），十者托事显法生解门（此约智说）。

十玄门分别从喻、缘、相、世、行等十个角度明世间万事万法之间的关系，总显法界缘起无碍之意。

---

① （唐）法藏述《华严五教章》卷四，《大正藏》第45册，第507页。
② （唐）智俨撰《华严一乘十玄门》卷一，《大正藏》第45册，第515页。

十玄门的建立，是智俨为了释解"法界缘起说"而建立，依智俨所说，此十玄门乃是其"承杜顺和尚所说"。虽说是杜顺和尚的思想理念，但杜顺和尚并未曾著书立说，这一理念实际上还是智俨将之展现于世人面前。

十玄门的思想，后来亦为法藏所继承，只是在法藏的一些著作中是完全继承了智俨的十玄说。但也有一些著作中，对智俨的十玄说作了一些改动（如《探玄记》）。也就有人将法藏改动后的十玄与智俨的十玄进行分列，如我国近代佛学理论家黄忏华先生在《中国佛教史》中说："十玄门有新古之别。智俨所立，名古十玄；法藏所立，为新十玄。"[1]

法藏于《探玄记》中所采用的十玄名目是：一、同时具足相应门，二、广狭自在无碍门，三、一多相容不同门，四、诸法相即自在门，五、隐密显了俱成门，六、微细相容安立门，七、因陀罗网法界门，八、托事显法生解门，九、十世隔法异成门，十、主伴圆明具德门。

现代人之所以有新古十玄的说法，究其原因，应该是后来的澄观取用了《探玄记》中十玄的名目次第，澄观在《华严经疏钞》卷十中，说出了其采用法藏于《探玄记》中十玄的缘由"今此十门不依至相者，以贤首所立有次第故"[2]，并在此《疏钞》中称智俨所列十玄为"古十玄"。

四 六相圆融的思想完善

六相圆融之说，早在《十地经论》传入时，就为华严学者所注目，其中对"六相"的重视，莫过于净影慧远。慧远在其《大乘义章》卷三中，特立"六种相门义"以释六相圆融之义。他说："六种相者。出《华严经·十地品》也，诸法体状，谓之为相。……所谓：总、别、同、异、成、坏，此六乃是诸法体义，体义虚通，旨无不在，义虽遍在，事隔无之。"又说："此六（指六相）乃是大乘之渊纲，圆通之妙门，若能善会斯趣，一异等执，逍然无迹六相之义。略辨如是。"[3]

在华严诸祖中，智俨在其著作中虽然也提到六相说，在其所著《搜玄记》卷三、《五十要问答》卷上、《华严孔目章》卷三等书中对六相也都皆有说明，但都极为简略。如其在《搜玄记》中对《金刚幢菩萨回向品》的注释时所言：

> 此中文相或通果及因，或初总后别，或自他利异，或同异成坏，如是一切及上会诸文，并准地论初六相取之无不明了。[4]

---

① 黄忏华：《中国佛教史》，上海文艺出版社，1990，第225页。
② （唐）澄观述《华严经随疏演义钞》卷十，《大正藏》第36册，第76页。
③ （唐）慧远撰《大乘义章》卷三，《大正藏》第44册，第524页。
④ （唐）智俨述《华严经搜玄记》卷三，《大正藏》第35册，第62页。

华严三祖法藏非常重视"六相圆融"之义，不少著作中都有关于"六相"义的解析，如：《华严五教章》卷四、《华严经探玄记》卷九、《金师子章》等。他运用"六相"分析各种问题。特别在《金师子章》中，法藏指金狮子为喻，用六相来说明法界缘起事事无碍之义。则天后亦是由此而豁然领解。

法藏对六相说的解析，不仅将之运用于对经文的注释，更以譬喻等种种方法对六相进行系统的介绍，以其几十年来对华严的研习，用六相对《华严经》中"法界缘起事事无碍"进行透析。

在《金师子章》中，法藏以金狮子比喻缘起的事物，具体解说六相含义，他说：

> 师子是总相，五根差别是别相，共从一缘起是同相，眼耳等不相滥是异相，诸根合会有师子是成相，诸根各住自位是坏相。①

在这里，法藏简单地对六相的名义做了解释，金狮子整体是总相；狮子的耳、眼、鼻、舌、身这五根各有差别，是构成金狮子总体的不同部分，是别相；耳、眼等五根互相配合共同缘起而成金狮子，具有共性，是同相；但是耳是耳、眼是眼，此五根互不相混，各有各的特点，彼此有异，是异相；耳、眼等诸根共同构成金狮子，缺一不可，是成相；耳、眼等诸根若各住自己本位，不组成狮子整体，即是坏相。由此说明了世界的任何一个事物都有六种相状，若就事物的整体来说就是总相；若就构成事物的各部分来说就是别相；物体由各种因缘和合而成，而因缘所成即具有共性，此共性即是同相；构成事物的因缘各异，是异相；各种因缘合和而成一个事物是为成相；各种因缘若保持原来的分离状态则是坏相。

在《华严五教章》卷四"六相圆融义"中，对"六相圆融"义加以论述，并有一个总结：

> 总即一舍，别即诸缘，同即互不相违，异即诸缘各别，成即诸缘办果，坏即各住自法。别为颂曰：一即具多名总相，多即非一是别相，多类自同成于总，各体别异现于同，一多缘起理妙成，坏住自法常不作。唯智境界非事识，以此方便会一乘。②

在此之前，法藏曾以房舍为喻，系统地阐述六相之间的关系，明确地指出了整

---

① （宋）净源述《金师子章云间类解》卷一，《大正藏》第 45 册，第 666 页。
② （唐）法藏述《华严五教章》卷四，《大正藏》第 45 册，第 508 页。

体与部分之间相互联系、相互制约、相互依存的关系。依章中文义："总相"者，即是缘起之诸法，此法必由诸缘集合成立，以一含多德故，如一房舍，必具柱、椽、梁等；"别相"者，是令总相成立的诸缘，此别相是依总相而存令总相圆满者，如形成房舍之柱、椽、梁等诸缘；"同相"者，此是依别相中之诸法而论，诸法各有其义其相，然互不相违，同为成就总相之缘，如柱、椽、梁等，同为缘成房舍之缘；"异相"者，亦是依别相中之诸法而论，此诸法具足多义多德，各各别异，且互相望，如竖柱与横梁相异；"成相"者，此是以别相对应于总相而言，诸多别相，法法相缘，能够成就总相，如柱、椽、梁等，皆有成就房舍之力用；"坏相"者，此亦是以别相对应于总相而言，依总而说总，依别而说别，如房舍，总说为舍。若是别说，别相皆各守自己本位，不相杂乱。如柱、椽、梁等，柱是柱，椽是椽，谨守本位。

在六相中，"总别"一对最为重要，其余"同异""成坏"均从"总别"中引申出来，总相与别相体现了缘起事物的根本原则，即一切事物都是由众多因缘和合而成，是众多因缘和合共同产生结果，有若干部分才能构成为一个整体。总相与别相既互相区别又互相依存的原则，也是同相与异相、成相与坏相之间相互关系的原则。

五　华严判教的体系完善

在华严宗的思想体系中，华严宗人皆以五教判摄如来一代教法。此五教思想，应该是起源于杜顺的《华严五教止观》，在《华严五教止观》中，杜顺虽然没有明确将如来一代教法判为五教，但也以教观的方法，对如来教法之浅深进行了归类。其后的智俨，对于判教，并没有一种固定的模式，在他的著作中，基本上是沿袭前人的判教思想。虽然也有五教的提出，但却未能有更深的探讨；到了法藏，华严五教判基本定型，先有《游心法界记》沿袭杜顺的判教理念，更有《华严五教章》系统地阐发其华严五教之思想体系。

第一，杜顺的五教思想。如前所说，在《华严五教止观》中，杜顺以五门来明行人修道简邪入正的止观法门。五门者，即：一、法有我无门，二、生即无生门，三、事理圆融门，四、语观双绝门，五、华严三昧门。此五门观法，亦即是小、始、终、顿、圆五教的观行次第。可以说，此中初现华严家五教判的思想端倪。

第二，智俨的判教体系。智俨的判教，没有一种固定的模式，在智俨的著作中，也没有专门论述教判思想的著作传世。智俨的判教，基本上都是承前人所说，再加以个人的看法，其主要思想，是欲体现《华严经》的"顿""圆""一乘"之理念，将《华严经》与其他诸经区别开来，突出《华严经》在诸经中的地位引导众人修学《华严经》是其主要目的。

智俨在《搜玄记》的"第二明藏摄分齐"中，按传统的说法，将如来一代圣教以渐、顿、圆三教分之"随缘之说，法门非一，教别尘沙，宁容限目，如约以辨，一化始终，教门有三：一曰渐教、二曰顿教、三曰圆教"①，此中智俨将华严教判为圆顿教。

智俨在《华严五十要问答》卷二中，提出"一乘教有二种：一者共教，二者不共教"②。"不共教"者，即指圆教一乘，谓此中所明义理，每一文，每一句都具足一切义理，此教所说唯通于诸大菩萨，非声闻众所能听闻，故名不共教，如《华严经》者是；"共教"者，即是为小乘教、三乘教所共通，令其生信起行分证。此中智俨将华严教判为不共教。

在以上这两种判教方法中，对如来一代圣教的分断都过于笼统，对于诸教之间的差别不太详细。所以智俨在《孔目章》中又提出了"五位"判教。

智严在《华严孔目章》卷一中，智俨首先提出了"依教有五位差别不同"的说法，但是智俨并没有固定五教的具体名目。在本书的具体论述中，这种"五位"判教有三种说法：第一，小乘教、初教（或名空教）、熟教、顿教、圆教，此如"显教分齐章"中所说③；第二，小乘教、初教、终教、顿教、一乘教，此如"净行品初明凡圣行法分齐不同义章"所说④；第三，小乘教、大乘初教、终教、圆教、一乘教，此如本书卷二中的"明法品初立五停心观章"中所说⑤。

智俨所说的依教分五位，虽然名称尚不固定，但也反映了智俨在判教方面的一个侧重点。

智俨虽说提出了此"五位"分教，但对此"五位"的具体分断却阐述得不够详细。不过，从这三种五位分教中，我们或可看出后来的"贤首五教"在这上面的一些迹象。也或许，后来的贤首五教即是在此三种"五位"分教上的完善。

智俨的这几种判教，都是将《华严经》放在首要位置，在渐、顿、圆三教判中，《华严经》为圆、顿二教所摄；在小乘教、三乘教、一乘教三教判中，华严是一乘教所摄，并强调了一点，即是《华严经》是别教一乘，是不共教；在三种"五位"分教中，《华严经》为圆教、一乘教所摄。总归于一点：智俨的判教没有一种固定的模式，智俨所采用的判教或是前人所说，或是引自经论，或是对前人所说的融合，但不论是哪一种判教，智俨都是将《华严经》放置于首要位置，对《华严经》文中所透示出的"一乘别教""无尽缘起"的理念突出强调。

---

① （唐）智俨述《华严经搜玄记》卷一，《大正藏》第 35 册，第 13 页。
② （唐）智俨集《华严五十要问答》卷二，《大正藏》第 45 册，第 522 页。
③ （唐）智俨集《华严孔目章》卷一，《大正藏》第 45 册，第 537 页。
④ （唐）智俨集《华严孔目章》卷一，《大正藏》第 45 册，第 548 页。
⑤ （唐）智俨集《华严孔目章》卷一，《大正藏》第 45 册，第 552 页。

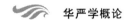

第三，法藏的判教体系

在法藏的著作中，最为详尽最能体现其华严判教思想的是《华严一乘教义分齐章》（或称《华严五教章》）四卷。其他一些著作，如《探玄记》《金师子章》《游心法界记》等论著，也有法藏关于判教思想的论述。在法藏的判教思想中，即承继了前人判教思想，如渐顿之说；又对如来一代教法重新进行归类，如五教说；更对古今历代学者所尊所崇教理进行划分，如十宗说；又有对华严教与其他经典的相对比较，如本末说；又相对于天台家所说，将一乘教分为同教与别教两种。

法藏承继前人之渐顿判教思想。在《华严五教章》卷一中，法藏先列举前人十重判教理论，再分教开宗明其判教思想。从法藏的五教判中，对其有直接影响的，应是慧光的渐、顿、圆三教判。依法藏的说法，慧光是判华严教为圆教的第一人。法藏的判教与慧光的三教判也有着极其相似之处，总括法藏五教的后四教，其实就是慧光所做的三教判，只是法藏又将小乘教单独列出，又将慧光的"渐教"说，开为始、终二教而已。

法藏以五教判摄如来教法。在《华严五教章》中，法藏以小乘教、始教、终教、顿教、圆教五教统摄如来一代教法。此书共分四卷，在第一卷中，法藏从教法的角度分说五教之间的不同；在第二卷和第三卷中，法藏从教理的角度分说五教之间的不同，此中，法藏分别从心识、种性、行位、依身、断惑、佛果等十个方面，对五教进行比较；在第四卷中，法藏更明华严一乘教之独特义理，总显华严一乘无尽法界无碍圆融义。

法藏以十宗统摄古今学者所宗。在《华严五教章》卷一和《探玄记》卷一中，法藏都说"以理开宗，宗乃有十"。这是由于佛教传承的过程中，学者根机浅深不同，学者修行所依不同，学者所尊所奉不同。是故，法藏依据学者所尊所崇差异，立有十宗：我法俱有宗、法有我无宗、法无去来宗、现通假实宗、俗妄真实宗、诸法但名宗、一切皆空宗、真德不空宗、相想俱绝宗、圆明具德宗。此十宗若与五教对应，则前六宗对应于小乘教，一切皆空宗对应于大乘始教，真德不空宗对应于大乘终教，相想俱绝宗对应于大乘顿教，圆明具德宗对应于一乘圆教。

法藏以本教独尊华严一乘教法。在《华严五教章》卷一①中，法藏以称法本教与逐机末教将《华严经》与如来所说其余诸经分别开来，法藏认为：《华严经》是如来初成道二七日在菩提树下为诸大菩萨所说，是别教一乘，此教为诸教之本，是故称之为本教；三乘小乘教法是如来权巧方便而说，是从别教一乘中所流露，是随逐众生根机而说，故说其为逐机末教。

---

① （唐）法藏述《华严五教章》卷一，《大正藏》第45册，第482页。

《华严经》是诸教的根本，是如来的自性流露。如来说法 49 年，讲经 300 余会，皆是如来为适应三乘、小乘根机而宣说的枝末教法。这是法藏对《华严经》的定位，也是法藏判释如来一代教法的主旨。

法藏将一乘教分为同别二种教。在《华严五教章》卷一①中，法藏开篇即说，一乘教有两种，即同教一乘和别教一乘。《法华经》与《华严经》同为一佛乘的经典，其间的区别也就是法藏所说的同教一乘与别教一乘的区别。法藏将《华严经》归摄到别教一乘，而将《法华经》归摄到同教一乘。"别教一乘"者，即此《华严经》乃是如来别为诸大菩萨所说，是诸法之根本，非声闻二乘等浅机所能听闻；"同教一乘"者，即是三乘人皆能同闻、同解、同修、同证，如《法华经》中所说，处处引导二乘，待彼二乘人根机成熟，令彼会三归一，趣向一佛乘。

法藏所判五教相对应之典籍。在《游心法界记》卷一②中，法藏以五门来明五教，其中一一标明五教所对应之典籍。其中，小乘教所对应之经论为：《阿含》《毗昙》《成实》《俱舍》《婆沙》等；大乘始教所对应之经论为：《般若经》《中论》《百论》等；大乘终教所对应之经论为：《胜鬘经》《诸法无行经》《涅槃经》《密严经》《起信论》《法界无差别论》等；大乘顿教所对应之经论为：《楞伽经》《维摩经》《思益经》等；别教一乘所对应之经论为《华严经》。

法藏时期，华严家判教体系基本完善。法藏的判教，并不拘泥于一家一宗的说法，而是采用各家所说的长处，加上自己对如来圣教独特的理解而形成。其判教的重点以及其判教的目的如其在《华严一乘教义章》开篇所说，是为了"开释如来海印三昧一乘教义"，其余处处所说也都是围绕着这一中心。

第四节　唐时《华严经》的传译

依诸多传记中所说，龙树菩萨从龙宫取出下本《华严经》，有十万偈，是故，古来大德又将《华严经》称为"百千经"。而东晋佛驮跋陀罗所译的六十《华严》只有三万六千偈，法藏在《华严经传记》中将之称为略本；其后，唐武则天时，有实叉难陀到洛阳，带来广本《华严经》梵本，后译出，成八十《华严》，计有四万五千偈；唐德宗时，有乌荼国王，遣使来华进贡，向德宗皇帝呈献法宝，后译出，成四十《华严》，此经亦是《华严经》"入法界品"之广本。此三部《华严经》至今皆为华严学人所尊奉。

---

① （唐）法藏述《华严五教章》卷一，《大正藏》第 45 册，第 477 页。
② （唐）法藏撰《游心法界记》卷一，《大正藏》第 45 册，第 642 页。

一 八十《华严》的传译

八十《华严》之传译，有以下几个方面的内容：第一，八十《华严》梵本的传入；第二，八十《华严》经本的翻译；第三，八十《华严》经文的增补。

第一，八十《华严》梵本的传入。依传记中所载，武则天时，以旧译《华严经》未为详细，于是派遣使者前往于阗更求善本，并聘请译者。证圣元年（695）实叉难陀携带广本《华严经》梵本到达洛阳。如《华严经传记》卷一中说"天后明扬佛日，敬重大乘，以华严旧经处会未备，远闻于阗有斯梵本，发使求访并请译人，实叉与经，同臻帝阙"①。

第二，八十《华严》经本的翻译。据《华严经传记》卷一中②所载，实叉难陀携带《华严经》梵本到达洛阳。奉武则天之命，与菩提流志、义净等于东都大内遍空寺译成汉文。699 年译事告成。此经由实叉难陀主译，菩提流志、义净同诵梵本，后付法藏、复礼等，于佛授记寺奉诏讲译并笔受，共八十卷。亦有一说，在八十《华严》翻译时，武后曾经亲临译场，并为《华严经》撰写序文、题写品名："天后亲临法座，焕发序文，自运仙毫，首题名品。"

第三，八十《华严》经文的增补。依崔致远所撰《法藏和尚传》中所载，在八十《华严》之译场，法藏担任笔受，待《华严经》译完之后，法藏与日照所带"入法界品"的梵文相对照，新译经本"虽益数品新言，反脱日照所补"。法藏遂"以宋唐两翻，对勘梵本，经资线义，雅协结鬘，持日照之补文，缀喜学之漏处"③。是中"宋译本"者，即是指六十《华严》，依诸传记，此经重校完成时间是"南北朝至宋永初二年"。

二 四十《华严》的传译

四十《华严》的传译，有以下几个方面的内容：第一，四十《华严》梵本的传入；第二，四十《华严》经本的翻译；第三，四十《华严》的经本出处。

第一，四十《华严》梵本的传入。依四十《华严》之后记"献经愿文"④ 所载，此经出自南天竺之乌荼国，其国国王欲来大唐朝礼，得知德宗皇帝崇奉佛教，于是手书此经，来华进贡，向德宗皇帝呈献法宝，德宗获经，礼同拱璧。其中献经时间标记为"贞元十一年十一月十八日进奉梵夹"，即是公元 795 年农历十一月十八日。

---

① （唐）法藏撰《华严经传记》卷一，《大正藏》第 51 册，第 155 页。
② （唐）法藏撰《华严经传记》卷一，《大正藏》第 51 册，第 155 页。
③ （唐）崔致远撰《法藏和尚传》卷一，《大正藏》第 50 册，第 282 页。
④ （唐）般若译《华严经》后记，《大正藏》第 10 册，第 848 页。

第二，四十《华严》经本的翻译。一般皆说般若奉诏译，在四十《华严》后记中，除了乌荼国王"献经愿文"，亦有参加四十《华严》译场名单，名录如下：宣梵文者般若，译语者广济，笔受者圆照，缀文者有智柔、智通二，润文者是道弘与鉴虚二，详定经文者有澄观、虚邃二。

又，四十《华严》之译经时间，依据"后记"中所载"十二年六月五日奉诏于长安崇福寺译，十四年二月二十四日译毕进上"①。故知，本经翻译，前后历经 3 年，始于公元 796 年，农历六月五日，完成于公元 798 年，农历二月二十四日。

第三，四十《华严》的经本出处。诸传记中，皆称本经是由乌荼国国主所敬献。然此乌荼国，诸传记中，一说归属东印度，一说是为南天竺。东印度说法出自《大唐西域记》卷四，于中有文："从此西南行七百余里，至乌荼国（东印度境），乌荼国，周七千余里，国大都城周二十余里，土地膏腴，谷稼茂盛，凡诸果实，颇大诸国，异草名花，难以称述。"② 南天竺的说法出自四十《华严》后记及《佛祖统纪》卷四十一③等，于中皆云："十一年十一月，南天竺乌荼国师子王贡华严经。"

第五节　华严宗之祖师说的建立

在华严诸位祖师之中，有明确的师承关系的即是杜顺与智俨、智俨与法藏、澄观与宗密。这几位祖师之间，杜顺和智俨的师承关系一直为近代学者所讨论，以传记中说智俨出家未久就被杜顺送去至相寺，而对他们的师承关系进行质疑。而法藏与澄观，并没有明确的师承关系，因为两位祖师并没有处在一个相同的年代。今依诸多论著与传记所说，对其中所说的华严三祖、五祖、七祖等说略做概述。

一　华严三祖说的建立

首推华严宗三祖说的，应该是被后人尊奉为华严五祖的宗密，在他的《注华严法界观门》卷一中有这样一段文字：

> 京终南山释杜顺集。姓杜，名法顺。唐初时行化，神异极多。传中有证，验知是文殊菩萨应现身也。是华严新旧二疏初之祖师，俨尊者为二祖，康藏国师为三祖。此是创制，理应云作，今云集者，以祖师约自智。④

---

① （唐）般若译《四十华严》后记，《大正藏》第 10 册，第 848 页。
② （唐）玄奘编译《大唐西域记》卷四，《大正藏》第 50 册，第 241 页。
③ （宋）志磐撰《佛祖统纪》卷四十一，《大正藏》第 49 册，第 380 页。
④ （唐）宗密注《注华严法界观门》卷一，《大正藏》第 45 册，第 684 页。

在宗密的这一段话里，直指杜顺是华严初祖，智俨为二祖，法藏为三祖，实际上也是直接标显自家华严思想师承。以清凉澄观的华严思想承继于法藏，而宗密曾致书清凉，叙门人之礼，并得到澄观答书印可。

应该说，后人之所以称杜顺为华严宗的初祖，与这段话是有着极大的关系，因为自宗密之后不久，即遇武宗会昌法难，华严一宗式微。后人所说华严师承，亦是多以此说为标准。

另外，在澄观的《华严经疏》卷三中，有疏文云"讲说则：华梵通韵，人天共遵，洪水断流，神光入宇"①。对此一段疏文，澄观在《华严经疏钞》卷十五②中一一释解。谓："华梵通韵"者，乃指求那跋陀罗，谓其求请观音冥应，一夜间通晓汉语；"人天共遵"者，乃指勒那摩提，谓其讲经之时，天帝来请；"洪水断流"者，乃指杜顺，谓其诣终南山，遇黄渠汎溢。止之断流；"神光入宇"者，即指法藏。一指其是乃母梦异光而孕，二指其夜梦神光入宇而从学于智俨。此中虽未直言依杜顺、智俨、法藏为华严三祖，但依传统相承而言，已隐约有其意也。

二　华严五祖说的建立

在谈起华严宗时，以杜顺为初祖，智俨为二祖，法藏为三祖，澄观为四祖，宗密为五祖。这是一个比较传统的说法。而首尊杜顺等为华严五祖的，应该是晋水净源（1011～1088）。依《慧因寺志》③卷六所收《杭州慧因教院华严阁记》之记载：

> 贤首教者，世传《华严经》之学。始于帝心杜顺，次尊者智俨，次贤首国师法藏，次清凉国师澄观，次圭峰禅师宗密……，源师因以五师为华严五祖，以其判教自贤首始教，谓之贤首教。

这段话透露了两个方面的内容：第一，以杜顺、智俨、法藏、澄观、宗密为华严祖师的传承体系的说法由净源首先提出；第二，建立这个体系的一个重要理论依据是华严宗的判教说，而华严判教体系完善于贤首国师法藏。是故，自净源始，华严宗亦被后人称为"贤首教"，这也从事实上肯定了法藏华严教主的地位。

另外，在宋志磐《佛祖统纪》卷二十九中，也已标示出了贤首宗的传承，此中在分别为贤首宗的诸位祖师作传：

---

① （唐）澄观撰《华严经疏》卷三，《大正藏》第35册，第524页。
② （唐）澄观述《华严经随疏演义钞》卷十五，《大正藏》第36册，第115～116页。
③ 李觐编《慧因寺志》，杭州佛教文献丛书，杭州出版社，2007。主要叙述了慧因寺七百年来的发展历史。该书分列十门，即原始、景物、祖德、檀那、宫宇、碑记、传志、杂文、题咏、法嗣。净源法师曾为该寺住持。

贤首宗教（附李长者）：初祖终南法顺，二祖云华智俨，三祖贤首法藏，四祖清凉澄观，五祖圭峰宗密，长水子璿，慧因净源，能仁义和。①

宋志磐《佛祖统纪》直言华严初祖为杜顺，二祖为智俨，三祖为法藏，四祖为澄观，五祖为宗密这样的祖师传承。此中虽然标列五祖传承，介绍五祖生平，但在现存的《佛祖统纪》中，有关二祖智俨的传记原文遗失。完整标列华严五祖的传记应是续法的《法界宗五祖略记》。

三　华严七祖说的建立

净源除提出华严五祖说之外，还有华严七祖的说法。即是在传统的华严五祖之前，再加马鸣、龙树二祖，而成华严七祖说。

净源的"华严七祖"提法，可见《晋水碑》中所述，此碑简要记述了北宋时期华严思想的纷杂情形，以及净源对华严思想传承阐释的大致内容，称：

圆融一宗，经观论章，与其疏记钞解，凡数百万言。名义既多，科条亦博，有终身不能卒业者。故近世总持者，罕能该遍。讲《杂华》者，则曰清凉教；讲《圆觉经》者，则曰圭峰教。宗途离析，未有统纪。于是推原其本，则教宗虽始于贤首，法义实出于《起信论》，乃以马鸣大士为始祖，龙树、帝心、云华、贤首、清凉、圭峰以次列之。七祖既立，由是贤首宗裔，皆出一本。

依《碑》中所述，净源对于华严思想传承，推原其本：从"教宗贤首"的意义上说，唐代华严教义的真正奠立者是贤首法藏，而"华严法义"真正始源则实出于《大乘起信论》，故立马鸣为西梵华严的始祖。净源以马鸣、龙树、法顺、智俨、法藏、澄观、宗密"华严七祖说"，初步确立了中印华严法义传承的历史统序。据日本凝然撰《华严宗经论章疏目录》载，净源曾编有《贤首五教华梵七祖图》。

净源排定华严七祖说的核心理据是华严法义实出于《起信论》，而作为教义相承的历史论据，则是从杜顺《法界观门》到法藏《妄尽还源观》所建构的华严观门修行的统绪关联。有鉴于此，净源在《华严妄尽还源观疏钞补解》卷一中称："斯盖帝心冥挟《起信论》，集三重法界于前；贤首显用论文，述六门还源于后。推是言之，以马鸣大士为吾宗初祖，其谁谓之不然？"②

---

① （宋）志磐撰《佛祖统纪》卷二十九，《大正藏》第49册，第292页。
② （宋）净源述《华严妄尽还源观疏钞补解》卷一，《卍新纂续藏经》第58册，第174页。

第六节 华严宗之外的华严学说

华严宗一脉，自晋水净源始，依华严思想体系之传承，立杜顺、智俨、法藏、澄观、宗密等五位为祖师，后人皆依其说。慧苑虽为三祖法藏之弟子，然其所主张之两重十玄与判教说，皆与三祖法藏所说相违，故未被后人置于华严宗祖师之列。然其华严学说，亦有其独到之处。另外，在隋唐时期，在华严正统传承之外，有以周易释解《华严经》的李通玄长者；撰写《华严游意》的三论宗师吉藏。他们的华严思想理念，与华严宗体系有着相近的思想理念，也有着其不同方面的理论学说。

一 慧苑的判教与十玄说

慧苑（673～743?），唐代僧，京兆（陕西）人。师事华严宗三祖法藏，深究华严，诸传记中皆说其为同门之上首。曾继续法藏未完成之著作《华严经》之略疏，而撰《续华严经略疏刊定记》（原卷数不详，现存不足十三卷）。其依法藏而学华严，但在著作中，其主旨思想已不完全同于法藏，其与法藏的华严思想最大分歧处，即其判教说（四种教）与十玄说（双重十玄）。之后，澄观于《华严经疏》中认为其背师另说，并破斥慧苑之思想（参见后文"华严宗祖师及相关人物介绍"中"华严宗四祖澄观"之"澄观主要思想"）。

第一，慧苑的判教体系。

慧苑在《刊定记》卷一"立教差别"[①] 中指出，华严宗"小始终顿圆"的五教说，是受了天台人"化法四教"的影响。在慧苑看来，五教说只是把"藏教"改成了"小乘教"，把"通教"改为"大乘教"，"别教"作为"终教"，"圆教"不动，其前加上一个顿教。据他分析，所谓"顿教"，是用"离言说相以显法性"，不能作为"能诠教相"。这是说，"顿教"是指佛说法的形式，不是指佛说法的内容，而余四教都是指佛说法的内容，五教说的判教标准不一致，所以不能成立。这是对从智俨到法藏判教学说的彻底否定。

慧苑在《刊定记》卷一中依据《究竟一乘宝性论》卷四的说法，提出以"四种教"概括全部佛教[②]。他的判教是以认识"如来藏"为标准划分的。在他看来，有四种人不识如来藏，即凡夫、声闻、辟支和初心菩萨，四教划分即是针对这些人：一、迷真异执教，是如来为凡夫所讲，即是习称的"人天教"；二、真一分半教，是如来为声闻、辟支佛所讲；三、真一分满，是如来为初心菩萨所说；四、真具分

---

① （唐）慧苑述《华严经刊定记》卷一，《卍新纂续藏经》第 3 册，第 578 页。
② （唐）慧苑述《华严经刊定记》卷一，《卍新纂续藏经》第 3 册，第 581 页。

满教，指具足如来藏义，是如来为满心菩萨所说。此"四教说"后来为澄观所批判，也不为传统华严宗人所承认。

第二，慧苑的十玄体系。

在《刊定记》卷一内，慧苑将智俨和法藏两代相承的"十玄缘起说"，改作了十种德相和十种业用两重①。

十种德相即是：1. 同时具足相应德，2. 相即德，3. 相在德，4. 隐显德，5. 主伴德，6. 同体成即德，7. 具足无尽德，8. 纯杂德，9. 微细德，10. 如因陀罗网德。

十种业用即是：1. 同时具足相应用，2. 相即用，3. 相在用，4. 相入用，5. 相作用，6. 纯杂用，7. 隐显用，8. 主伴用，9. 微细用，10. 如因陀罗网用。

此十种德相和十种业用，乃是慧苑为显《华严经》的义理而提出，并举十法作为德、用所依体事。十法者，即是色、心、时、处、身、方、教、义、行、位。此十法中，"色"法即代表一切世间、一切事物；"心"法即代表所有染净之心，余者皆同此意。

慧苑认为，色心等十法，与真如法性德相应，此十法即是真如相大，即是一真法界之相，具足无量性功德故，此无量性功德有十重，即是"同时具足相应德"等十种德相。

慧苑认为，以此具足无量性功德之色心等十法，为所依体事。则能通明解脱陀罗尼等业用。由于此十法与真如法性德相应故，则能于此色心等十法，明佛菩萨所成就无碍法界解脱之用；由此十法与真如法性德相应故，是故有同时具足相应用等十用。

此色心等十法，与十德、十用之间的关系，如慧苑于《刊定记》卷一中所说"纯净无漏是德相所依体事，通漏无漏是业用所依体事"②。

二　李通玄的判教与三圣一体

李通玄（635～730），唐代华严学者，河北沧县人。天赋异禀，学无常师，洞精儒释二典。曾居山中数载，每日仅以枣、柏叶饼为食，参究八十《华严》，世称枣柏大士。在他的思想中，较具特色的是十宗十教之判教说，以及将华严三圣并列的"三圣一体"说。

第一，李通玄的判教体系。

李通玄的判教体系，不同于法藏的"五教十宗"说，而立"十宗十教"之判教说，其在《新华严经论》卷一"依教分宗"时说："已上分宗，皆是承前先德所立

---

① （唐）慧苑述《华严经刊定记》卷一，《卍新纂续藏经》第 3 册，第 591～593 页。
② （唐）慧苑述《华严经刊定记》卷一，《卍新纂续藏经》第 3 册，第 583 页。

宗旨，设有小分，增添不同，为见解各别，大义名目，亦多相似"。相对于法藏的判教而言，他贬抑《法华经》的倾向还是比较明显的。

李通玄的"十宗"说，文见《新华严经论》卷一①中：

> 今略分十法以辩阐猷，使得学者知宗迁权，就实不滞，其行速证菩提：
> 第一小乘戒经，为情有宗；第二菩萨戒，为情有及真俱示为宗；第三般若教，为说空彰实为宗；第四《解深密经》，为不空不有为宗；第五《楞伽经》，以五法三自性八识二无我为宗；第六《维摩经》，以会融染净二见，现不思议为宗；第七《法华经》，会权就实为宗；第八《大集经》，以守护正法为宗；第九《涅槃经》，明佛性为宗；第十《大方广佛华严经》，即以此经名一切诸佛根本智慧，因圆果满，一多相彻，法界理事，自在缘起无碍佛乘为宗。

李通玄的"十教"说，文见《新华严经论》卷三②中：

> 第一时说小乘纯有教；第二时说《般若》破有明空教；第三时说《解深密经》为和会空有明不空不有教；第四时说《楞伽经》明说假即真教；第五时说《维摩经》明即俗恒真教；第六时说《法华经》明引权归实起信教；第七时说《涅槃经》令诸三乘舍权向实教；第八时说《华严经》于刹那之际通摄十世圆融无始终前后通该教；第九共不共教；第十不共共教。

在"十教"判释中，李通玄将《法华经》的地位，列在《华严经》《涅槃经》之下；在"十宗"的判释中，李通玄则将《法华经》的地位，列在《华严经》《涅槃经》《大集经》之后。法藏推崇《法华经》，称其为"同教一乘"，地位仅次于被称为"别教一乘"的《华严经》。虽有"同教""别教"的区分，但他们同属"一乘"。李通玄在承认两经"一乘名同"的同时，重点找他们的"差殊"。李通玄认为："此《法华经》即是化身佛说……如《华严经》则不然，教主则是毗卢遮那为教主者，即是法报理智真身"。就是说，《法华经》是方便之谈，《华严经》是真实之理。

第二，李通玄的三圣一体说。

李通玄在佛菩萨信仰方面，对于被世人尊奉的华严三圣，依据自己的理解，将三圣并列，提出了三圣一体说。李通玄之所以提出这个说法，主要是想说明三点：

---

① （唐）李通玄撰《新华严经论》卷一，《大正藏》第 36 册，第 721 页。
② （唐）李通玄撰《新华严经论》卷三，《大正藏》第 36 册，第 735 页。

其一，三圣代表佛教的全部；其二，文殊与普贤相对于佛是完全平等的；其三，它们各有分工，共同组成一个整体。为了说明这三个方面的问题，李通玄进行了烦琐论证，既有牵强附会，又有结合佛学、儒学的理论分析。概括起来，有三个方面。

1. 用三宝说明三圣关系。如其在《新华严经论》卷六中所说：

> 如《华严经》三宝者，佛为佛宝，文殊为法宝，普贤为僧宝，是古今佛之旧法故。若合即一切皆同。①

"三宝"原指佛、法、僧三者的完备，标志了佛教的建立。用三宝概括全部佛教，的确是"旧法"；李通玄则用三宝比附一佛二菩萨的关系，此说则是"新法"。此中以三圣概括全部佛教，而不是仅仅概括它的全部教义。

2. 用因果说明三圣关系。如其在《新华严经论》卷三中所说：

> 佛表果德无言，当不可说、不可修、不可得、不可证，但因成果自得；文殊因位可说，以此说法身果德劝修；普贤自行可行，行其行海，充满法界故。用此三德，将为利乐众生。②

佛果是佛的境界，离言绝相，不可言说。可以言说的只是文殊的"慧"和普贤的"行"。无论文殊的"慧"还是普贤的"行"，相对于佛果而言，都由于处在同样的"因"位而完全平等。"慧"和"行"的平等无高下。虽说佛果有不可言说、不可仿修、不可获得和不可亲证的性质，但由于"因成果自得"，因此，文殊与普贤在本质上又与佛平等。

3. 用三智说明三圣的关系。是"三圣一体"说中最有特色的部分，如其在《决疑论》卷一中所说：

> 此一部经，以文殊师利，此云妙德，明无相法身智慧门；毗卢遮那佛，此云种种光明遍照，以根本智光遍照种种众生；同行济生，名曰普贤。无相法身，明成普贤大悲之行，处世间而不染也。根本智明，神性光明，自无体性根本之相，善知一切众生业也根种，悉皆明了，名之差别智。此三法是一体性。③

---

① （唐）李通玄撰《新华严经论》卷六，《大正藏》第 36 册，第 754 页。
② （唐）李通玄撰《新华严经论》卷三，《大正藏》第 36 册，第 739 页。
③ （唐）李通玄撰《决疑论》卷一，《大正藏》第 36 册，第 1013 页。

此中：以文殊菩萨对应"法身智"；以普贤菩萨对应"差别智"；以毗卢遮那佛象征"根本智"。而"三智"是佛智慧的三种不同表现，此中用"三智"说明三圣关系，最终是三者的平等合一。李通玄认为，三者不仅在"体"上平等，而且在"用"上也平等，如《决疑论》卷一中谓："文殊、普贤、毗卢遮那三法，体用平等，名为一乘。"① 这是在承认三者有差别的基础上又将其完全等同。

三　吉藏的《华严游意》

吉藏（549～623），隋代僧。金陵人，年幼时即随法朗剃度出家。法朗为三论学者，是故吉藏随其专习《中论》《百论》《十二门论》等三论之学。其曾著有《华严游意》一卷，对《华严经》中的说法主、净土义等进行讨论。

在《华严游意》中，吉藏"略明净土义"。吉藏认为——"净土凡有四条：一、化主，二、化处，三、教门，四、徒众"②。"化主"者，即指《华严经》中所崇奉的佛，具体指释迦佛或舍那佛；"化处"者，即指如来所教化的地方，具体指华藏世界或娑婆世界；"教门"者，即指对佛所说教法的分类判释，具体指三乘教或一乘教，半教或满教；"徒众"者，即指佛的信徒，具体指声闻或菩萨。而《华严游意》中实际上仅就第一项"化主"进行辨析。

《华严游意》全篇都是在围绕"此经是为释迦所说耶？为是舍那所说耶？"这句问话而展开，集中论证释迦佛与舍那佛的关系，其之所以要围绕这句问话，是因为"兴皇（法朗）大师开发初即作此问，然答此之问，便有南北二解"。

按照吉藏的介绍，南方论师的见解是：佛的全部教法分为顿、渐、无方不定三类，都是释迦的说教，所以《华严经》也是释迦所宣讲，从这个角度观察，释迦佛与舍那佛二者为一，非是"异"也。

北方论师认为：佛经的说法主有法佛、报佛、化佛之分。而《华严经》是报佛所说，《涅槃》《般若》等经是化佛所说，法佛则不说。北方论师判定舍那佛是报佛，释迦是化佛。舍那为释迦之报，释迦为舍那之化，《华严经》是舍那佛说。从这个角度观察，释迦和舍那不是"一"，而是"异"。

吉藏的理论多是在论辩中产生，他的观点也是在反驳相互对立的各种观点中提出来的。《华严游意》也保持着这种风格，先列异解，分别反驳，最后提出自己的结论。吉藏在反驳南北论师双方的见解过程中，旁征博引，找出许多经典依据，而且对每个问题都涉及许多方面，表面上看起来很复杂，实际上运用方法简单。他首先站在北方论师的立场上反驳南方论师的观点，指出释迦与舍那不是"一"，但他

---

① （唐）李通玄撰《决疑论》卷一，《大正藏》第36册，第1020页。
② （隋）吉藏撰《华严游意》卷一，《大正藏》第35册，第1页。

并不同时肯定北方论师的观点，指出释迦与舍那不是"异"。同样他也并不肯定南方论师的观点正确。

　　通过对南北论师两方观点的批驳，达到"既斥南北一异，两家皆非"的目的后，便正面论证自己的观点。吉藏论证的方法是"四句皆非"。从"一"和"异"两方面立论，而成"一""异""亦一亦异""非一非异"四句，无论是肯定回答还是否定回答，都给予批驳，此即为"四句皆非"。但是"非四句而不失四句，因缘无碍也"，这是说，认识两佛之间的关系，既不能用"四句"来确定，不能离开"四句"而说，正确的认识应在把握"因缘"方面，由此他得出结论："不得言一，不得称异。不得言一，亦得因缘一；不得称异，亦得因缘异。故非一非异，亦得因缘一异"。

　　吉藏的论证，他先把相互对面的两方面的观点进行归纳，然后分别予以批驳，再运用三论宗特有的思辨方式，得出符合中道实相说的结论。吉藏的《华严游意》，实际上是借《华严经》而论说三论之意，是用三论宗的理论来解说华严经学，这应该是吉藏的特点，也是三论系华严学的特点。

　　思考与练习题

　　1. 请依据智俨《华严一乘十玄门》，说明一乘缘起与大乘、二乘缘起之不同。

　　2. 华严宗所判五教之中，除顿教外，分别各说一种缘起。请问，各个对应哪一种缘起？

　　3. 请以"房舍"为喻，系统地阐述六相之间的关系。

　　4. 华严五祖说的建立者是哪位？其建立华严五祖说的依据是什么？

　　5. 请简略说明八十《华严》的传入及翻译情况。

　　6. 请简略说明四十《华严》的传入及翻译情况。

　　7. 请简略说明慧苑的判教及十玄主张。

　　8. 请简略说明李通玄的十宗十教主张。

第四章　华严宗思想体系定型与禅化

【本章导读】

本章主要围绕法藏、澄观、宗密等华严祖师思想传承及宗密以后的华严发展情况进行讨论。法藏时代，华严宗思想基本成熟；澄观时代，华严宗思想基本定型；宗密时代，则是对华严宗思想的补充；宗密以后，华严宗思想沉寂，禅教一致成为主题。文分三节。

第一节，华严宗思想体系定型。本节介绍从法藏时代到澄观时代，在释经、判教等方面的成熟定型，以及四法界、十玄门等华严主要思想的定型与完善过程。

第二节，禅教一致理念的提出。本节介绍从澄观时代到宗密时代，提出禅教一致理念的思想背景，以及澄观和宗密两位祖师有关禅教关系的思想主张。

第三节，华严学与禅宗的融合。本节介绍在宗密之后，唐末及五代时期，华严学的沉寂和其时禅师对华严思想的推崇运用。

第一节 华严宗思想体系定型

从智俨的《搜玄记》到法藏《探玄记》，再到澄观的《华严经疏》，皆以"十"字以显圆满，法藏与澄观更以十门注释经典；从智俨承杜顺说十玄门，到法藏在其著作中说十玄义，到澄观确立新古十玄；从杜顺《华严法界观门》中说法界义，到澄观《华严法界玄镜》、宗密《注华严法界观门》，四法界无碍说建立定型；从智俨的"三种五位判教"到法藏的"五教十宗"说，到慧苑的别立四种教，到澄观批驳慧苑，重归华严正统。至此，华严思想理念基本定型。

一 依"十门"释经注疏

华严圆教说诸法之数量，总以"十"字显其圆满无尽故也。在华严宗祖师的著作中，释解义门时，亦常以"十"门以显经义圆融无碍之义。如《探玄记》卷三中云："此等一一皆以十门说者，为显无尽故也。此上十义，皆一一中有一切法，缘起无碍""何以皆言十者，为显无尽故。"①

在《探玄记》卷一中，法藏释解《华严经》时，以"一、明教起所由，二、约藏部明所摄，三、显立教差别，四、简教所被机，五、辨能诠教体，六、明所诠宗趣，七、具释经题目，八、明部类传译，九、辨文义分齐，十、随文解释"② 等十门释此一部大经。

在《华严经疏》卷一③中，澄观在为八十《华严》注疏时，亦以十种义门列于经前，悬谈一经大意。此十门依次为：一、教起因缘，二、藏教所摄，三、义理分齐，四、教所被机，五、教体浅深，六、宗趣通局，七、部类品会，八、传译感通，九、总释经题，十、别解文义。

此"十门释经"亦为后来华严学者所继承，或在名目上有所不同，但大同小异。

如宗密的《圆觉经略疏》卷一④中亦立有十门：一、教起因缘，二、藏乘分摄，三、权实对辩，四、分齐幽深，五、所被机宜，六、能诠体性，七、宗趣通别，八、修证阶差，九、通释名题，十、别解文义。

北宋华严学代表人物子璿在《首楞严义疏注经》卷一⑤中亦立有十门：一、教

---

① （唐）法藏述《探玄记》卷三，《大正藏》第35册，第152页。
② （唐）法藏述《探玄记》卷一，《大正藏》第35册，第107页。
③ （唐）澄观撰《华严经疏》卷一，《大正藏》第35册，第503页。
④ （唐）宗密略录《圆觉经略疏》卷一，《大正藏》第39册，第524页。
⑤ （宋）子璿集《首楞严义疏注经》卷一，《大正藏》第39册，第823页。

起因缘，二、藏乘分摄，三、教义分齐，四、所被机宜，五、能诠体性，六、所诠宗趣，七、教迹前后，八、传译时年，九、通释名题，十、别解文义。

此下略明释经注疏之"十门"义。

第一，教起因缘，明此经教法兴起之因缘。谓如来出现，最初欲说甚深大法，即从眉间白毫相中，放大光明，以清净智眼，普观法界一切众生，皆悉具有如来智慧德相，但以妄想执着，不知不见。于是如来称法界性，而说此经，令诸众生修习圣道，永离妄想执着，于自身中，得见如来广大智慧，与佛无异。此则开示众生等有佛智因缘，而令斯教兴也。

第二，藏教所摄，"藏"者即含藏之义，经、律、论之三藏，各能包含无量之义理；"教"者即指契经、重颂等十二分教；"所摄"者，谓此经与彼三藏十二分教，互相融摄。若彼摄此，此经于三藏中，属经藏所摄；于十二分教中，属契经、方广二分所摄；若此摄彼，则三藏十二分教皆为此经所摄。此一部经，含摄无尽法门，法法圆融，重重无尽。如经云：一切法门无尽海，同会一法道场中。

第三，义理分齐，"义"者，圆教所诠玄妙之义；"理"者，法界所显圆融之理。谓此经所诠义理，正属圆教，说一法则诸法皆摄，谈一位则诸位咸收，一切法门同归华严性海；"分齐"者，谓此经正属圆教，其所显之理，事事无碍法界及一切尘毛称性圆融。

第四，教所被机，谓此圆融具德之教，正被一乘圆顿之机。诸大菩萨及无信等众类悉皆收摄。无信等众类，略有十机，皆为此经方便所摄，令其信解悟入，同游华严性海。如经中所云"我等诸佛，护持此法，令未来一切菩萨，未曾闻者，皆悉得闻，乃至深入如来境界"。

第五，教体浅深，谓如来说教必有其体。若演华严之教，则以海印三昧，及事事无碍为体。今通论一大藏教，从浅至深，略而明之，凡有十体。十体者：音声语言体、名句文身体、通取四法体、通摄所诠体、诸法显义体、摄境唯心体、会缘入实体、理事无碍体、事事无碍体、海印炳现体也。（此十体名义可参见澄观著《华严经疏》卷三）

第六，宗趣通局，"宗"者，即语之所尚；"趣"者，谓宗之所归；"通"者，总论一代时教，从狭至宽为十宗，即我法俱有宗、法有我无宗等十宗；"局"者，即别局一经。此经总以因果缘起、理实法界、不思议为"宗"；此经所"趣"者乃是令人称性起修，证入法界，成佛果德。若余诸经，则说法各异，归趣不同也；本经于十宗者为"圆融具德宗"所摄。

第七，部类品会，"部"者即诸部；"类"者即流类。此经教海难思，无穷无尽，从狭至广，略显十类：略本经、下本经、中本经、上本经、普眼经、同说经、异说经、主伴经、眷属经、圆满经。今所传之经，为十类中之"略本经"，有六十卷与八十卷本之分。六十卷本七处八会三十四品；八十卷本七处九会三十九品。

第八，传译感通，"传译"者，谓西天传至东土，译彼梵语，成此华言也。此经前后凡有二译，一为东晋安帝义熙十四年（418）北天竺僧佛驮跋陀罗，于扬州谢司空寺译梵本，为三万六千偈，成六十卷。二为唐证圣元年（695）于阗国僧实叉难陀，于东都佛授记寺再译旧文，兼补诸阙，增益九千偈，共前四万五千偈，成八十卷，即今流传者。"感通"者，指佛驮跋陀罗译经之时，感龙王遣二青衣童子每日从池而出，以给瓶砚之水；实叉难陀译经之时，感天降甘露，征应良多。

第九，总释经题，谓总以妙义解释《大方广佛华严经》之题目也。"大方广"者，所证之法；"佛、华严"者，能证之人。又谓："大"以体性包含；"方广"乃业用周遍，"佛"谓果圆觉满，"华"喻万行披敷，"严"乃饰法成人。"经"谓贯穿常法。是故，一经体用，尽大方广；五周因果，皆佛华严。此经题"人""法"双标，"法""喻"齐举，具体具用，有果有因，理尽义圆，统摄无外，为一部之宏纲。

第十，别解文义，即谓释解经文，此经略而言之，大科三分，即：1."世主妙严品"为序分，2.从"如来现相品"至"入法界品"为正宗分，3."入法界品"内"尔时文殊师利从善住楼阁出"以下，为流通分。

二 华严宗判教思想定型

华严宗的教相判释，以华严三祖法藏所立的五教十宗为基绳，而在一般述及华严判教时，都是说华严五教，或说是贤首五教，而对十宗很少提及。贤首五教主要是对如来一代圣教的判别，而十宗则是法藏根据佛教各派所依而进行的分类。或者说，五教是自教法上分类，而十宗则是自教理上分类。

华严五教者，即：一、小乘教，即愚法声闻教；二、大乘始教，又称权教；三、大乘终教，又称实教；四、顿教；五、圆教。此五教说在法藏的《华严五教章》卷一、《华严经探玄记》卷一，以及澄观的《华严经疏》卷三中都有非常详细的解说。尤其是法藏的《华严五教章》中，法藏先列出前人的判教说，再对前人的判教进行评判，最后阐述自家五教判之理念。

对于法藏的小、始、终、顿、圆五教判释，其弟子慧苑认为并不完善，谓此五教"大都影响天台，唯加顿教"，如其在《刊定记》卷一中所说：

> 第五，立五种教门，自有三家：一、齐朝护身法师，立三宗教……三、有古德，亦立五教：一、小乘教，二、初教，三、终教，四、顿教，五、圆教。此五大都影响天台，唯加顿教令别尔。然以天台，呼小乘为三藏教，其名谬滥故，直目为小乘教；通教但被初根故，改为初教；别教被于熟机故，改名终教；

圆教之名仍其旧也。所立顿名，不据根机，入法非渐故。①

此中，慧苑虽没有直说法藏之名，而以"古德"呼之。但可以想见的是，在慧苑之前，以此五教对如来一代教法分断者，唯法藏一人而已。则可知，此中所说"古德"即应是法藏。从另一个角度讲，慧苑作为法藏的弟子，自然不能直呼其名，为示对师承的尊重，故以"古德"呼之。

慧苑认为，法藏的这一判教只不过是在天台宗化法四教（藏、通、别、圆）基础上形成的，仅加入一个顿教而已。而顿教与其他四教的标准不一样，不能混为一谈。所以，他另立迷真异执、真一分半、真一分满、真具分满四教。

澄观承继法藏的华严思想，对于慧苑这一说法，自然采取完全不认同的态度，其认为，法藏的判教理论，自有其理论根据，其在《华严疏钞》卷八中说：

> 天台四教皆有绝言，四教分之故不立顿。贤首意云，天台四教绝言，并令亡筌会旨。今欲顿诠言绝之理，别为一类之机，不有此门。逗机不足，即顺禅宗者。达磨以心传心，正是斯教。若不指一言以直说即心是佛，何由可传？故寄无言以言，直诠绝言之理，教亦明矣。故南北宗禅，不出顿教也。②

澄观认为，法藏于天台四教之外别立"顿教"乃是"即顺禅宗"的，而慧苑不懂禅宗，不曾参禅，所以全迷顿旨。所以，澄观在《华严疏钞》卷三中，对慧苑的说法作如是批判驳斥：

> 刊定记主，师承在兹，虽入先生之门，不晓亡羊之路，徒过善友之舍，犹迷衣内之珠。故大义屡乖，微言将隐，破五教而立四教，杂以邪宗。使权实不分，渐顿安辨？③

在《华严经疏》和《华严疏钞》两部巨著中，澄观多次对慧苑的教判说加以批驳，谓慧苑曲解义理，败坏华严正统所在，使法藏之后弟子们迷蒙见解，使大法蒙障。

在澄观之后，华严学者皆以"五教判"为华严判教之正统。自此之后，华严教判思想得以定型。

---

① （唐）慧苑述《华严经刊定记》卷一，《卍新纂续藏经》第 3 册，第 578 页。
② （唐）澄观述《华严经随疏演义钞》卷八，《大正藏》第 36 册，第 62 页。
③ （唐）澄观述《华严经随疏演义钞》卷三，《大正藏》第 36 册，第 17 页。

三 四法界无碍思想完善

华严家所说"四法界"思想，其体系的完善应是澄观的《华严法界玄镜》，如《玄镜》卷一中所说：

> 一经之玄宗，总以缘起法界不思议为宗故，然法界之相，要唯有三，然总具四种：一、事法界，二、理法界，三、理事无碍法界，四、事事无碍法界。①

此中，"四法界"思想次第已经完整地展现出来。而此四法界思想之完善，应是建立在前人思想的基础上。澄观的《华严法界玄镜》一书之所以出现，乃是澄观为了释解《华严法界观门》而著。是故，澄观的"四法界"说，应是对杜顺的《华严法界观门》中思想的总结与发挥。

在杜顺的《华严法界观门》中，并没有"四法界"之名，此"四法界"之名，是澄观在《华严法界玄镜》卷一中对杜顺"三观"的延伸：

> 观曰：真空观第一，理事无碍第二，周遍含容观第三。释曰：此列三名，真空则理法界，二如本名，三则事事无碍法界。②

在这一段文字中，澄观直接将"三观"以"法界"代之。杜顺所立三观，是依真空观、理事无碍观、周遍含容观这样一个次第，而进行观照，以期得入华严一乘无碍法界。澄观以"理法界"代替"真空观"，以"理事无碍法界"代替"理事无碍观"，以"事事无碍法界"代替"周遍含容观"。到此，四法界后三个名目已经出现，独缺"事法界"之名。而杜顺的《华严法界观门》中之所以无有"事法界"之名，澄观在《玄镜》卷一中作如是解释：

> 其事法界，历别难陈，一一事相，皆可成观，故略不明，总为三观所依体。其事略有十对：一、教义，二、理事，三、境智，四、行位，五、因果，六、依正，七、体用，八、人法，九、逆顺，十、感应。随一一事，皆为三观所依之正体。③

---

① （唐）澄观述《华严法界玄镜》卷一，《大正藏》第45册，第672页。
② （唐）澄观述《华严法界玄镜》卷一，《大正藏》第45册，第672页。
③ （唐）澄观述《华严法界玄镜》卷一，《大正藏》第45册，第672页。

依澄观所说，杜顺所立"三观"中之所以无有"事法界"观，以"事法界"乃是"真空观""理事无碍观""周遍含容观"之所依，即此三观依"事法界"而起观，是故不立。宗密在《注华严法界观门》中亦有"事不独立故，法界宗中无孤单法故。若独观之，即事情计之境，非观智之境故"的说法。

华严四法界思想理念，二祖智俨及三祖法藏的著作中，并没有对四法界无碍思想的完整表述，但是在他们的著作中，四法界的思想理念亦多有体现，如法藏的《妄尽还源观》卷一中所说：

> 当知一尘，即理即事，即人即法，即彼即此，即依即正，即染即净。即因即果，即同即异，即一即多，即广即狭，即情即非情，既三身即十身。何以故？理事无碍，事事无碍，法如是故，十身互作自在用故，唯普眼之境界也。如上事相之中，一一更互相容相摄，各具重重无尽境界也。①

法藏依"一尘"为例，明事无碍、理无碍，理事无碍、事事无碍。虽然没有明确建立四无碍法界之次第，但对于四无碍法界之义，含摄该尽。如是，又不得不说，法藏的著作中，对于"四法界"思想理念，尽有表述，然却未有四法界之次第完整表述。而到澄观时，其在《华严法界玄镜》中，依杜顺之《华严法界观门》文义，完善四无碍法界思想理念。另外，澄观在《大华严经略策》《华严经疏》《华严经疏钞》等著作中，亦有对于"四无碍法界"思想的详尽阐述。

四　十玄无碍思想的完善

十玄无碍是华严宗非常重要的思想，是智俨承杜顺而说。在《华严一乘十玄门》中，智俨对十玄思想做了非常详尽的论述，但对十玄的"次第"，并没有多加注重，其注重的乃是通过十玄，从不同的角度说明法界无碍之境。如其在《华严一乘十玄门》卷一②中，在标列十玄之名时，皆于其后再次标列：约相应无先后说、约譬说、约缘说、约相说、约世说、约理说、约用说、约心说、约智说等。

在法藏的著作中，继承了智俨的十玄思想。但在一些著作中，法藏所列出的十玄名目并不尽同于智俨所立，有些著作中的十玄名目和次第，都做了一些改变。他的著作中，以《华严五教章》和《金师子章》中的十玄名目最接近于智俨所说，而在《探玄记》中所列出的十玄，不但名目上有了变动，十玄之次第亦有改变。但以此三部论著的撰写时间来看，《探玄记》是六十《华严》的注疏，应是法藏较早的

---

① （唐）法藏述《修华严奥旨妄尽还源观》卷一，《大正藏》第45册，第638页。
② （唐）智俨撰《华严一乘十玄门》卷一，《大正藏》第45册，第515页。

一部著作；《金师子章》是法藏参加八十《华严》译场后，为武则天讲华严玄义所著，应是法藏较晚的一部著作；《华严五教章》是法藏思想的集大成，应是法藏华严思想成熟之后的一部著作。在法藏生前，并没有以哪一种十玄作为定论。

在法藏时期，十玄的名目、次第并没有定型。在法藏的著作中，也并没有"新十玄""古十玄"的说法。关于新、古十玄的提法，追根溯源，应是始自华严四祖澄观，在《华严经随疏演义钞》卷十一中，澄观说：

> 疏下云"东方入正定"下，引证。东方入正受为"显"，西方从定起为"隐"，以此但见入定不见起故。古十玄亦云，于眼根中入正定即是"显"，于色尘中三昧起即是"隐"。①

上文所说"古十玄亦云"者，即指智俨所列十玄门和法藏《华严五教章》卷四所列十玄门中，皆有"秘密隐显俱成门"，亦引"眼根中入正定、色法三昧起"来明隐显义。

在澄观的著作中，除了《新华严经七处九会颂释章》以外，其余著作所采用的十玄名目、次第均相近于法藏《探玄记》中所列。澄观之所以主张法藏《探玄记》中所列的十玄名目次第，如其于《华严经疏钞》卷十中所说：

> 今初十名全依贤首，是故上云且依古德。……，今此十门不依至相者，以贤首所立有次第故。一、同时具足相应门，以是总故，冠于九门之初；二广狭门，别中先辩此者，是别门之由。由上事理无碍中，事理相遍故，生下诸门。且约事如理遍故广，不坏事相故狭，故为事事无碍之始。②

从这一段文字中可以看出，澄观之所以依法藏《探玄记》中所说而立十玄，其目的重在次第解说"事事无碍"之义。依澄观的说法，《探玄记》中所列十玄，在阐述"事事无碍"之义理上"贤首所立有次第故"。

澄观依法藏《探玄记》中所说建立"新十玄"义，但其所采用的十玄，其次第虽与《探玄记》相同，其名目也并非与《探玄记》中全同。如澄观十玄中"第五秘密隐显俱成门""第七因陀罗网境界门"，乃是在《探玄记》中所列的"隐密显了俱成门""因陀罗网法界门"二门名目略加改易而成。

新古十玄的确立，应以澄观为分界线，虽然在澄观的著作中，见不到"新十

---

① （唐）澄观述《华严经随疏演义钞》卷十一，《大正藏》第36册，第79页。
② （唐）澄观述《华严经随疏演义钞》卷十，《大正藏》第36册，第75页。

玄"的字样，然其既然称谓智俨所列为古十玄，则其承继法藏《探玄记》所说，于《华严经疏》《华严经随疏演义钞》《华严经略策》等著作中所列，自然应该称为"新十玄"了。

十玄之义理，始自杜顺说，智俨承其所说，后法藏继承之，并稍加改进。至澄观时，提出"十玄"在标显事事无碍法界之相时，应次第而显，而分说新古十玄之名。是故，到澄观为止，十玄义理得以完善。

第二节　禅教一致理念的提出

华严宗自杜顺、智俨、法藏等三位祖师之后，法藏之弟子慧苑背师别说，华严宗传承自此间断。后有澄观，承续法藏华严思想，以法藏弟子自居，著书立说，批驳慧苑学说。华严正统思想得以传续。然澄观与其弟子宗密，皆曾广泛参学禅教各家。澄观会通禅宗、天台以及《起信论》，强调唯心，强调诸宗融合；宗密则先入禅宗，后学华严，撰《禅源诸诠集》盛倡禅教一致。

一　禅教一致思想背景

唐代是佛教中国化发展的关键时期。这一时期，寺院建造规模恢宏，僧尼人数大为增长，译经事业成果丰硕，佛教宗派业已形成，佛教本土化趋势明显。至唐中后期，佛教各种思潮纷起，禅教开始走向融合。

在这一时期，佛教各大教派兴盛。其中，法藏（643～712）在长安一代弘扬华严学；慧能（638～713）在曹溪宝林寺弘扬禅法，史称禅宗南派；神秀（约606～706）在湖北当阳玉泉寺弘扬禅法，史称禅宗北派。

依《宋高僧传》卷五《澄观传》中所说，澄观（738～839）早年随宝林寺需禅师出家，后四方游历，遍访诸师，先习相部律、南山律、三论学等，后学《起信论》《涅槃经》《华严经》等。并随天台宗学者湛然学习天台止观及《法华》《维摩》等经疏，拜谒牛头慧忠、径山道钦及洛阳无名，参学南宗禅法，师从禅僧慧云，探习北宗禅理。由此可知，澄观是禅教并重。

依《宋高僧传》卷五《宗密传》以及《圆觉经大疏释义钞》卷一等中所载，宗密（780～841）于唐宪宗元和二年（807）赴京师应贡举，途经遂州，听闻道圆和尚说法，乃随其出家，先后参访神会之弟子益州南印禅师、洛阳报国寺之神照。最后入澄观座下，受持华严教学。曾在终南山遍览藏经三年，并为《圆觉经》注疏科文。

从四祖澄观及五祖宗密两位祖师的游学经历来看。两位并不仅仅研习华严，对于各宗思想义理亦多加研习，四处参学访贤。二师最初皆是依从禅师出家，可见其时禅宗之兴盛，也可见禅宗思想对二师的影响，同时也为二师后来的禅教一致提供了思想理论基础。

二 澄观提出诸宗融合

华严四祖澄观，博学多闻，对佛教各大宗派的思想、教义都有很深的研究，其曾从天台宗学者荆溪湛然学天台止观及《法华》《维摩》等经疏。又曾从牛头慧忠、径山道钦等谘决南宗禅学，更从禅僧慧云等探习北宗禅理。所以，澄观的思想学说在保持其宗派之鲜明特色的同时，又以会通诸家之说而展示出了新的风貌。

在《华严经疏钞》卷二中，澄观阐述了其撰写经疏的目的，也提出了其对当时教派和宗门的认识：

> 华严性海，不离觉场，说佛所证海印三昧亲所发挥，诸大菩萨定心所受。昔人不详至理，不参善友，但尚寻文，不贵宗通，唯攻言说。不能以圣教为明镜，照见自心。不能以自心为智灯，照经幽旨……①

依澄观的看法，就当时的教下修行者而言，他们的修行弊端是"不详至理，不参善友，但尚寻文，不贵宗通，唯攻言说"。而就当时的宗门修行者而言，他们的修行弊端是"不能以圣教为明镜，照见自心。不能以自心为智灯，照经幽旨"。

如前引文，澄观指出了当时的宗门、教下各派修行者的弊病。是故，在宗奉华严教义的前提下，纠正各派在修行方面的偏差，使宗门、教下融会，是澄观学说的重要特点，如《华严经疏钞》卷二中说：

> 故制兹疏，使造解成观，即事即行。口谈其言，心谐其理。用以心传心之旨，开示诸佛所证之门。会南北二宗之禅门，撮台衡三观之玄趣。使教合亡言之旨，心同诸佛之心，无违教理之规，暗蹈忘心之域。②

澄观指出，真正的修行者，应以教典作明镜，以观行体验为契证，将经典教理和观行体验完美地相结合起来。

澄观在承继法藏思想，恢复华严正统思想的同时，把注意力主要集中在各宗思想的融合上。在解释法藏的判教理论时，将禅宗也归之为教门，认为若言绝之理不

---

① （唐）澄观述《华严经随疏演义钞》卷二，《大正藏》第 36 册，第 16 页。
② （唐）澄观述《华严经随疏演义钞》卷二，《大正藏》第 36 册，第 16 页。

显，则"即心是佛"之旨未彰。认为法藏判教理念之所以不同于天台之处，正是为了彰显如来"以心传心"之幽旨。是故，法藏立顿教以囊括绝言之旨，如是顿教既立，则达摩心要可得以传，南北宗禅无越于教，可为共摄。由是澄观在宗主华严的同时，又融会了禅学，从而成为禅教合一之说的最早提倡。

另外，澄观在解述华严家理事无碍、真妄交彻的教义上，也采用天台家的性恶说，认为性起不但有净，而且也有染。如《华严经疏》卷二十一中所说：

> 若依旧译，云心佛与众生是三无差别，则三皆无尽。无尽即是无别之相。应云心佛与众生，体性皆无尽，以妄体本真，故亦无尽。是以如来不断性恶，亦犹阐提不断性善。又上三各有二义。总心二义者：一、染，二、净；佛二义者：一、应机随染，二、平等违染；众生二者：一、随流背佛，二、机熟感佛。[①]

澄观早年曾广泛参学禅、教各家，对《大乘起信论》也领契颇深。在这基础上，他虽以振兴华严学说为己任，但思想中掺有禅宗、天台及《起信论》的成分。澄观这一诸宗融会、禅教一致的宗趣，对于中唐以后的佛教界影响很大。

三 宗密会通三教三宗

华严五祖宗密，最早依荷泽神会系下的遂州道圆和尚出家，其时，禅宗势力已至鼎盛，诸师大唱教外别传之说，对教门讲经们的迷执文字教相极力贬谪，与教下各宗遂相对峙。禅宗内部自神会之世起，便有南宗与北宗的角逐，后又有牛头宗与南、北二宗的交涉；而教下各宗，天台、唯识、华严等宗在教理、教义上亦各抒己见。当其时，宗密承继澄观的"诸宗融合"的思想，提出了"禅教一致"的思想理念。

宗密初始承受荷泽宗禅法，精研《圆觉经》，后又从澄观学《华严经》，故融会教禅，盛倡禅教一致。又因早年学儒，故也主张佛儒一源。他将各家所述，诠表禅门根源道理的文字、句、偈集录成书，称为《禅源诸诠集》（全书已佚），并作《都序》四卷，认为"顿悟资于渐修"，"师说符于佛意"。说一部大藏经论只有三种教，禅门言教亦只有三宗；而这三教三宗是相应符合的，是一味法。

具体地说，宗密依据其对佛教的认知，把禅宗诸派按照修行次第从低到高分为三宗，将佛教经论按照教理的浅深分为三教，并以三宗对照三教，标显三教与三宗的一致之处，并加以会通。

---

① （唐）澄观撰《华严经疏》卷二十一，《大正藏》第35册，第658页。

宗密主张的禅门可分三宗，如《禅源诸诠集都序》卷二①中所说，此三宗分别是指：

第一，息妄修心宗。此宗主张众生本有佛性，由于无明覆盖才不知不见，所以必须在静处坐禅，跏趺宴默，心注一境，息灭妄念，才能无不照显，呈现佛性。如南侁（智侁）、北秀（神秀）、保唐（益州保唐寺无住）、宣什（南山的念佛禅门）等的门下，都归属此宗。

第二，泯绝无寄宗。此宗主张一切凡圣等法，如同梦幻一般，都无所有，本来空寂，非今始无，无法可执，无佛可作，凡有所作，皆是虚妄。如此了达本来无事，心无所寄，才免于颠倒，得以解脱。石头（希迁）、牛头（法融）以及径山（道钦）等，都归属此宗。

第三，直显心性宗。此宗主张自心本有佛性，众生当下即佛，强调真性不空，真性是万法的主体，一切诸法都是真性的直接显露。若以无念为宗，领悟与空寂相应的"无念知见"，即可断除烦恼，臻于佛境。洪州、荷泽等宗，都归属此宗。

宗密主张的经论可分三教，如《禅源诸诠集都序》卷二中所说，此三教分别是指：

第一，密意依性说相教。"密意"者，即密显真性的作用；"依性"者，即依于绝对的真性；"说相"者，即说明客观的境相。本教认为，真性抽象无形，钝根众生不能直接体认，所以只有随顺客观境相，间接透显真性的作用。此教分为三类：一、人天因果教，谓如来为众生说善恶业报，令知因果不差；二、断惑灭苦教，谓如来为众生说三界皆苦，令断集、修道、证灭；三、将识破境教，谓如来为众生开示，凡夫众生所见一切境相，皆是众生无始以来、法尔具有的藏识等八识所变现。如是了知外境皆空，是故息我法之妄，修唯识之心。此将识破境教所说与禅之三宗的"息妄修心宗"主张相合。

第二，密意破相显性教。"破相"者，即破除境相，"显性"者，即透显真性。本教认为，由于众生以幻为实，以假为真，所以必须扫其执迷，破其执相，间接开显缘起万法的真性。此教认为"心""境"俱空，一切皆空，空亦是空，不住一法。这一类的教法，包括印度大乘中观学派，以及中国佛教三论宗的义理。此教所说与禅之三宗的"泯绝无寄宗"主张相合。

第三，显示真心即性教。本教认为，一切众生都有空寂真心，只是因为被妄想、烦恼所覆盖，所以众生不能觉知，以致流转生死，受诸痛苦。因此，须由大觉之人开显灵觉真心，令其返本还源，觉悟自己本来是佛。这一类的教法，包括华严宗和天台宗的义理。此教与禅之三宗中"直显心性宗"相合。

———————

① （唐）宗密述《禅源诸诠集都序》卷二，《大正藏》第48册，第402页。

宗密认为，虽然各教各宗差别互异，但是它们都是佛法，因此，"教"与"宗"可以相辅相成，彼此印证：

> 三教三宗是一味法。故须先约三种佛教，证三宗禅心。然后禅教双忘，心佛俱寂。俱寂即念念皆佛，无一念而非佛心；双忘即句句皆禅，无一句而非禅教。如此则自然闻泯绝无寄之说，知是破我执情；闻息妄修心之言，知是断我习气。执情破而真性显，即泯绝是显性之宗……故先德云：执则字字疮疣，通则文文妙药。通者，了三宗不相违也。[①]

依据上面这一段文字，可知宗密之主张"三教三宗是一味法""约三种佛教证三宗禅心"。

宗密强调禅教一致。在其思想传承上，依宗门而论，他以荷泽宗为正统，认为荷泽禅法最为精妙；依教下而论，其力主华严一乘法义。他会通禅教，并最终以"佛性""真心"来会通荷泽宗与华严宗，以佛性或真心为指归，并以此来统摄所有的禅与教。就思想系统而言，其运用华严教理与《起信论》思想来会通禅与教，具有以教解禅、以教融禅的倾向。这应该是其对神秀、神会等人禅宗传统思想的继承，也与宗密出禅入教的修学历程和精通华严教理的思想素养密切相关。

第三节 华严学与禅宗的融合

自法藏之后，有澄观提出诸宗融合，有宗密提出禅教一致。而宗密之后，虽弟子众多，但多以禅宗为主，而研习华严和弘扬华严者不见经传。再经会昌法难，华严思想自此沉寂。但在同时，由于禅宗与各教派思想的交渗融合，华严思想亦为诸多禅师所容纳吸收，在唐末和五代的禅法弘扬中，多见禅师对于华严思想的运用和发挥，较为突出的有唐代希迁禅师的《参同契》对于华严理事无碍、事事无碍思想的吸收和运用。

一 唐末五代华严学的沉寂

在华严宗思想的传承中，自五祖宗密之后，华严宗传承法脉就不甚明确，只有《佛祖统纪》卷二十九中提到，宗密之后尚有长水子璿、慧因净源、能仁义和等人的名字，除此之外，并无其他记载。以华严宗的传承而言，从宗密到长水子璿之间

---

① （唐）宗密述《禅源诸诠集都序》卷二，《大正藏》第48册，第403页。

的晚唐至五代那个时段，是华严学的沉寂时期。

有关宗密的弟子，诸传记中皆言其数甚多，《宋高僧传》卷六《宗密传》中，谓宗密圆寂后"持服执弟子礼，四众数千百人也"。此中很明显地显示宗密的弟子有数千之众。另外，在唐朝中晚期名相裴休撰《圭峰禅师碑铭并序》上也有"终身而守护者，僧尼四众数千百人"的说法。其数虽多，只是不见于华严学上有大成就之人。

裴休在撰写《圭峰禅师碑铭并序》中，对于宗密的弟子，有一段评说：

> 门人达者甚众，皆明如来知见，而善说法要。或岩空而息念，或都会而传教，或断臂以酬德，或白衣以沦迹，其余一礼而悟道，终身而守护者，僧尼四众数千百人，得其氏族道行可传于后世者，纪于别传。休于大师于法为昆仲，于义为交友，于恩为善知识，于教为内外护。故得详而叙之。①

依《序》中所说，裴休是宗密之友人，亦以弟子自称。在引文中说"或岩空而息念"等，即显现出宗密的弟子们的情况，数千位弟子，有在岩穴精进修习，有在大都市弘法传教，有断臂以报答宗密的恩德，有现居士身混迹于人群。或有顶礼而悟道者，或有终身守护宗密身前者，这些弟子中，除少数几位颇具影响之外，大多数人名事迹皆不可考。

宗密的弟子，大多数皆不见于经传，著名的有圭峰温等六人，只是在诸传记中，皆以禅师称之。如《景德传灯录》卷十三中说：

> 曹溪别出第六世，圭峰宗密禅师法嗣：圭峰温禅师、慈恩寺太恭禅师、兴善寺太锡禅师、万乘寺宗禅师、瑞圣寺觉禅师、化度寺仁瑜禅师。②

在《传法正宗记》卷七中，亦说其所出法嗣有圭峰温等六人：

> 大鉴之六世，曰圭峰宗密禅师，其所出法嗣六人：一曰圭峰温禅师者，一曰慈恩太恭者，一曰兴善太锡者，一曰万乘宗禅师者，一曰瑞圣觉禅师者，一曰化度仁瑜者。③

① 《圭峰禅师碑铭并序》全称"唐故圭峰定慧师传法碑并序"，又名《圭峰定慧禅师碑》，简称《圭峰碑》。855 年立，唐代裴休撰并书，柳公权篆额，碑现存陕西鄠邑区草堂寺。
② （宋）道原编《景德传灯录》卷十三，《大正藏》第 51 册，第 301 页。
③ （宋）契嵩编《传法正宗记》卷七，《大正藏》第 51 册，第 754 页。

此六人中，生平皆不见于传记，只有在《祖庭事苑》卷六中有慈恩寺太恭"从师闻法，断臂酬恩"句，于《遥禀清凉国师书》中有宗密向澄观禀明"太恭断臂明志"一事。

除上文所说六人外，在《遥禀清凉国师书》文中有玄珪、智辉二人名，谓玄珪、智辉二人奉师命将书信送至清凉国师大和尚处，此二人亦曾任澄观的侍者，除此之外，有关玄珪、智辉的其他事迹，皆不太明确。

宗密的弟子，于诸传记中，不见彼等于华严思想上有什么成就，也不见有传记中说彼等在弘扬华严上有着成就。前六人中，最著名的慈恩太恭也是因听闻宗密的《圆觉经讲义》之后"自庆所逢之法，玄妙难思议"[1] 而断臂明志。

宗密之后，华严学自此沉寂，一直到五代，方有性光、守真讲《华严法界观门》，亦有惟劲以"镜灯"讲华严法界无碍之境。

守真，五代僧人，依《宋高僧传》卷二十五[2]记载，其先依从朗师学习《起信论》，后从性光学《法界观》，宣畅妙典四十余年无有怠倦，开讲《起信论》和《法界观》七十余遍。开宝四年（971）八月九日圆寂。其生卒年应是 893～971 年。

惟劲，五代僧人，生卒年不详。依《宋高僧传》卷十七[3]记载，惟劲得见法藏的《鉴灯章》，顿悟华严"广大法界重重帝网之门"。而作"五字颂"，以明华严的理事相融，显现光影含容的华严性海。同时，其在南岳也注意到，在会昌法难之后，挂在寺院的镜灯皆被破坏，有些镜灯被悄然地移置到道观的仙坛中。在义天《新编诸宗教藏总录》中有"《释漩澓颂》一卷，惟劲述"的记载。

二 禅宗对华严思想的运用

在唐代，各大宗派思想基本成熟，华严宗、禅宗、唯识宗等各宗思想盛行，又有华严宗四祖澄观和五祖宗密，先后提出诸宗融合和禅教合一，各宗派思想相互交渗影响，禅宗从弘忍再传弟子开始，受华严宗理论的影响日益加深。

禅宗对华严思想的运用，最有影响的应该是希迁（700～790）的《参同契》，《参同契》是禅宗全面吸收华严学说的代表作，奠定了此系禅学的理论基础。"参"者，是指万殊诸法各守其位，互不相犯；"同"者，是谓诸法虽万殊而统于一元，以见个别之非孤立地存在。其在《参同契》中以"回互不回互"之语，明示万殊诸法间的互不相犯而又相涉相入的关系。修禅者领会此旨，于日用行事上着着证验，灵照不昧，是谓之"契"。

---

① （唐）宗密撰《遥禀清凉国师书》文，《大正藏》第 39 册，第 576 页。
② （宋）赞宁撰《宋高僧传》卷二十五，《大正藏》第 50 册，第 871 页。
③ （宋）赞宁撰《宋高僧传》卷十七，《大正藏》第 50 册，第 818 页。

《参同契》系由五言四十四句二百二十字组成之古诗，诠明万法交参无穷，镕融涉会义。其中用"执事原是迷，契理亦非悟""门门一切境，回互不回互"等句解释理事、事事之间的关系。特别强调事事之间"回互不回互"的关系。"回互"者，即指事事之间，具有相互依存、相互联系、相互融通之理；"不回互"者，即指事事之间，虽相互含摄，而亦各住本位不坏其相。

《参同契》吸收华严宗世界观和方法论确立的运用禅语的原则，在晚唐五代一直受到重视，至五代末，仍被视为衡量禅僧酬对问答是否确当的标准，适应参禅实践的需要，是促进禅宗吸引华严理论的一个重要原因。

在晚唐时代形成的禅宗五家中，程度不同地重视运用理事范畴。其中，沩仰宗以倡导"事理不二"为特点，并把理事不二视为真佛境界。此可见于《仰山慧寂禅师语录》中沩山灵祐（771～853）启悟仰山慧寂（814～890）的问答：

> 师（指慧寂）问："如何是真佛住处？"沩山云："以思无思之妙，返思灵焰之无穷，思尽还源，性相常住，事理不二，真佛如如"。师于言下顿悟。自此执侍前后，盘桓十五载。

"理事不二"是沩仰宗学说的一个中心内容，是指导修行实践的原则，并且直接与解脱证悟相联系。灵祐在回答有僧问"顿悟之人更有修否"时，总结说："凡圣情尽，体露真常，理事不二，即如如佛"。这是要求把所悟之"理"体、所明之"本心"两者相彻，把体悟的真理贯彻到一切修行活动（事）中去，如是，认识与实践的统一，就是"理事不二"，也就是解脱证悟的具体表现。

曹洞宗的独特学说由洞山良价（807～869）和其弟子曹山本寂（841～901）共同建立，曹洞系学说的核心内容是五位说，如《人天眼目》卷三"五位君臣"中说：

> 正位即属空界（理），本来无物；偏位即色界，有万形像；偏中至者，舍事入理；正中来者，背理就事；兼带者，冥应众缘，不堕诸有，非染非净，非正非偏。故曰：虚玄要道，无著真宗。①

本寂在《五位君臣旨诀》中，分别从偏正、功勋、君臣和王子四个方面明正位、偏位、偏中正、正中偏、兼带者等五位。通过五位说明理事之间存在的五种关系，力求达到理事兼带的境界。在曹洞宗人的作品和语录中，"理"可以用正、君、

---

① （宋）智昭集《人天眼目》卷三，《大正藏》第48册，第313页。

空、体、真、主、寂等概念表示，"事"可以用偏、臣、色、用、俗、宾、动等概念表示，这样就充分拓宽了理事范畴的运用范围，使理事关系成为其全部学说讨论的基本问题，成为其概括一切关系的总纲，这是曹洞宗运用理事范畴的重要特点之一。

法眼宗的文益（885～958）主张禅教合一，在《宗门十规论》卷一中指出"诸方宗匠，任情直吐，多类野谈，率意便成，绝肖俗语"①。多读经论而明理，以救治当时禅宗流于空疏之弊，将《华严经》列为禅宗行人应读的经典之一，更在总结各派参禅理论时，把华严理论作为评判标准之一。

文益又说："大凡祖佛之宗，具理具事，事依理立，理假事明，理事相资，还同目足。若有事而无理，则滞泥不通，若有理而无事，则汗漫无归。欲其不二，贵在圆融。"文益完全照搬华严宗的理事关系说，华严宗的理事关系说实际成了文益要辨明的禅宗"宗眼"（宗旨），在他看来，禅宗主要派别即是在理事关系上立论。

文益对"理""事"的界定完全同于华严宗，对于理事关系的解释也是直接采用杜顺《法界观》中所说："又如《法界观》具谈理事，断自色空，海性无边，摄在一毫之上。须弥至大，藏归一芥之中。故非圣量使然，真猷合尔。又非神通变现，诞生推称。不着它求，尽由心造。"

文益对"事""理"关系的总结，在一定程度上反映了唐末五代禅宗运用理事范畴的真实情况。

思考与练习题

一 名词解析

1. 十门释经，2. 华严五教，3. 四法界，4. 三观，5. 古十玄，6. 诸宗融合，7. 禅教一致。

二 简答题

1. 请依据《华严疏钞》卷八文，说明澄观主张于华严五教中建立顿教之理由。

2. 请依据《华严经疏钞》卷二文，说明澄观对当时教派和宗门修行者的看法。

3. 宗密主张"三教三宗是一味法"。请问：宗密是如何会通三宗与三教的？

4. 请简略介绍：唐末会昌法难后，华严学的弘传情况。

5. 请简略介绍：唐中后期，禅宗对华严思想的运用情况。

---

① （唐）文益撰《宗门十规论》卷一，《卍新纂续藏经》第63册，第38页。

第五章　华严学在宋元明清时的发展

【本章导读】

本章主要围绕华严学在宋元明清时的发展进行阐述。即自唐之后，华严僧人对华严宗学的传承和弘扬情况。文分四节。

第一节，宋代华严学的复兴与弘传。本节中，介绍了华严典籍的整理、华严典籍的入藏、宋代华严思想研究、华严学对净土信仰的影响、华严礼忏仪轨的创建等方面的内容。

第二节，元代华严学的传播与弘扬。本节中，介绍了元朝廷尊教抑禅的佛教政策、华严教僧的分布与传播、元代华严思想研究等几个方面的内容。

第三节，明代华严学的弘扬与禅化。本节中，介绍了明朝廷的佛教政策、明中后期华严学的弘扬、禅宗对华严学说的运用以及四大高僧对华严的理解等几个方面的内容。

第四节，清代华严学的传承与弘扬。本节中，介绍了清代华严学的传承与体系、清代华严学研习的几个方向以及清代士大夫对华严的运用等几个方面的内容。

第一节 宋代华严学的复兴与弘传

历经唐末五代的动乱，以及唐武宗和周世宗的灭佛政策，佛教义学受到严重的打击。宋代建立后不久，即开始印刷刊行佛教大藏经，佛教义学开始复兴。经过净源和高丽义天的努力，华严学的许多文献也被收到佛教大藏经中。华严学的弘传也由此展开，在这一时期，更多的是对祖师著作的研究，以及对华严经义的发挥。

一 宋代华严思想的复兴

自圭峰宗密（780～841）圆寂后，虽说其弟子数量众多，但见于经传的并不多，弘扬华严思想的也不多。其弟子中，大多以禅学思想显著于世。再加上唐末五代动乱频发，以及唐代武宗和后周世宗的灭佛政策，华严思想自此沉寂。这种状况一直持续到宋代，宋代建立不久，即开始刊行佛教大藏经，华严学的许多典籍文献亦被收录其中，一些地方寺院也成为研习弘扬华严学的道场，华严思想自此复兴。

在宋代，佛教大藏经的印刷刊行，并不是仅仅对原有的经录进行复制，更在原来的基础上增加了新的内容。如《开宝藏》，雍熙元年（984）太宗敕许译经院新翻译的印度经典入藏；宋真宗咸平六年（1003），朝廷准许将智者的撰述编入作为大藏经目录底本的《开元录》；宋真宗景德元年（1004），《景德传灯录》上呈朝廷，后被准许入藏；宋皇祐年间（1049～1054），契嵩撰写的《传法正宗记》和《禅宗定祖图》被准许入藏。

宋神宗元丰八年（1085），高丽义天来华，在杭州慧因寺师从净源（1011～1088）学华严宗教义，翌年携佛典归国。据义天编纂的《新编诸宗教藏总录》等资料记载，义天从宋回国携带的宋朝佛典章疏多达三千多卷。另外，义天同样也携带了大量佛教典籍来中国。大量在中国已经散佚的典籍，特别是唐代华严学匠智俨、法藏等人的著作通过义天重新回到了中国。

义天来中国后，净源从义天处得到高丽所传的华严文献，马上进行整理工作。对于中国已有的文献，他比较宋版和高丽版进行校勘；对于中国没有的，他刊定出版。由于这些文献卷帙浩繁，所费人力、物力也较大，再加上义天来华时，净源年事已高，在义天归国后不久，净源即辞世，所以净源并未来得及完成全部工作。净源圆寂之年（1088）五月，杭州慧因院被认定为以华严为宗的十方教院。

净源圆寂之后，义和先后在平江府能仁院和临安府南山慧因讲院等处以高丽版本为底本校订华严典籍，先后校订了宗密的《圆觉经大疏释义钞》、法藏的《华严旨归》、智俨的《孔目章》、澄观的《贞元新译华严经疏》《华严经行愿品疏》等。

依《高山寺经藏典籍文书目录第二》圣教类第四中所说，南宋绍兴十五年（1145），义和作为临安府南山慧因讲院的住持，校订开版了高丽传来的华严类典籍，并向朝廷请准，获得允许把它们编入大藏经，"近于绍兴乙丑，于慧因教院住持僧义和，请以贤首华严宗教，乞编行入藏，已获指挥许令入藏。符下诸路运司，牒州郡有藏经板籍处镂刻流通。"

华严典籍的入藏，意味着华严宗的教义和华严宗的宗派地位都获得了官方的正式认可，加上杭州慧因寺成为华严宗的中心道场，再加上其他一些寺院对华严教理的研习和弘扬（如东塔广福教院和密印寺宝阁院等），大大地推进了华严教理研究发展。至此，华严思想于宋代得以复兴。

二　宋代华严宗学的弘传

在宋代华严学的弘传过程中，法藏的《华严五教章》受到华严学者的极大关注，他们纷纷注解此书，并围绕其中涉及的某些概念展开论战。道亭、师会、观复、希迪等四人之所以被后人称为"华严四大家"，其主要原因也就是他们为《华严五教章》的注疏，他们对《华严五教章》的不同理解和所争论的主要问题，直接反映了当时华严义学的发展状况及特点。

在华严四大家中，除道亭之外，其余三人实际上是师徒关系，观复、希迪二人为师会之弟子。他们分别对《华严五教章》进行注释，阐发自己的观点。

道亭最早为《华严五教章》注疏，撰有《华严一乘教义分齐章义苑疏》（简称《义苑疏》）十卷，对于《华严五教章》，道亭称"考其笺释，古今未闻"，表明他是第一个为该书作注者。

师会的现存著作有三种：一、《华严一乘教义分齐章复古记》（简称《复古记》）六卷，此书为师会和其弟子善熹合著；二、《华严一乘教义章焚薪》（简称《焚薪》），是师会为批判其弟子笑庵观复而作；三、《华严同教一乘策》（又称《同教策》《同教问答》）是师会为弟子答疑所作。

观复著有《华严一乘教义章析薪记》五卷，与师会的华严思想多有冲突，据传师会于绍兴十一年（1141）见到此书，逐条批驳，而成《焚薪》。

希迪著有《五教章集成记》六卷（今存一卷），具有总结研究《华严五教章》成果的性质；又作《注一乘同教策》，注解师会的《同教策》；此外，还有《评复古记》（又名《扶焚薪》）一卷，在批判观复的同时对善熹续补《复古记》的有些提法也表示了不满，认为他的观点背离了师会的原义。

师会与观复所争论的主要问题，即围绕如何理解《华严五教章》中所说的"同教"与"别教"而展开。有关同教与别教说，如法藏在《华严五教章》卷一开篇所说"初明建立一乘者，然此一乘教义分齐，开为二门：一、别教，二、同教"。法藏将"一乘"分为两部分，即"别教一乘"和"同教一乘"。"别教一乘"是有别于三乘教义的华严独特理论；"同教一乘"指与三乘教义有相同处的一乘教义。

对于同教与别教的讨论，最初是师会在《同教策》中所提出，后来其他学者亦加入讨论，围绕这个问题的争论延续了几十年。同教与别教之辩，是在研习《华严五教章》过程中，在一些见解上不同而产生的分歧，主要即是在判教时如何看待《华严经》和《法华经》所处的地位。

关于"同教"，师会之弟子善熹在《明宗记》中有一个总结性的说明：

> 言同教者，以同字一言立教，总名通目，一代诸眷属经，皆名同教也。于中虽有偏圆、顿实、始权、愚小等教之殊，而各教下所诠教义、理事、境智、行位十法义门，皆从《华严》圆别根本法轮所流所目故，派本垂末故，即末同本故，故名圆教也。①

善熹认为，同教是一个总名，包括了《华严经》以外的所有经典（诸眷属经），并不是单指《法华经》。他认为《华严经》是"本"，包括《法华经》在内的一切经典都是"末"。

在《析薪记》中，观复对于"同教"和"别教"的名义又是一番解释：

> 今此一乘，具同、别二教，教义之分齐也。以下列十门释此教义，不出三乘、一乘。若别教一乘，则三乘等本来不异；若同教一乘，则三一合明。故今虽标一乘，摄三乘等俱尽，所以统收，不异故曰一，运载含融故曰乘。会三归一，即是同教。若知彼三乘等法本是一乘，即是别教。此约法以明也，故云：一切三乘等，本来悉是一乘也。②

很明显，在《析薪记》中，观复首先严格按照《华严五教章》的论述来理解，认为"一乘"中包括同教和别教，并援引《法华经》中关于三乘与一乘的关系论述同教与别教的关系。

对于观复的观点，师会在《焚薪》卷上进行驳斥：

> 今说一乘，不知一乘乃缘起圆融无尽普法，而云不出三乘，一乘岂不妄乎……夫别教一乘，圆融具德，卓绝独立，余如虚空，纵收诸教，一一同圆，

---

① （宋）善熹撰《明宗记》卷一，《卍新纂续藏经》第 58 册，第 88 页。
② （宋）观复撰《析薪记》卷一，《卍新纂续藏经》第 58 册，第 257 页。

故曰：唯有一乘更无余也。①

师会认为："一乘"专指华严教义，这种教义是"三乘"所不能概括和包含的。如果说一乘"不出三乘"，那么"一乘"岂不成了"妄言"。因此，"别教""一乘""圆教"均特指华严教义，除此之外，统属"同教"。此后的善熹和希迪，都以此为立论的基点。

在宋代四大家之外，研习弘扬华严学说的还有被后世称为"二水"的长水子璿、晋水净源二人，倡导"华严净土说"的义和等。

长水子璿以传弘宗密之学为主，著有《首楞严义疏注经》《大乘起信论笔削记》等，《塔亭记》中谓其"于《楞严》尤明隐赜，厥后登法席，开绣缬褐，无虑三十余会"②。此外，他还"又讲法界观、圆觉十六观等，亦无虑数十会"。而晋水净源，其一生积极印造教藏，还设置祖堂以供奉华严祖师，弘扬华严教义学。据传，净源曾师从长水子璿的门人缙云仲希学习。

三 华严经学与净土信仰

净土信仰是宋代佛教的一大特色，净土修行不仅渗透到各个宗派，也普及到社会各界，获得了上自王公大臣下到黎民百姓的广泛支持。其中，省常是宋代倡导净土修行的代表人物，依据华严经文，结"净行社"，倡导往生西方净土；南操结"华严经社"，倡导往生华藏世界；义和撰《华严念佛三昧无尽灯》，汇集《华严经》中的念佛法门，倡导"华严圆融念佛法门"。

省常的净土思想，实际上是净土信仰和华严信仰的结合体。他依据《华严经·净行品》之经义，结"净行社"，引众求生西方净土，此如《佛祖统纪》卷二十七和《结社碑刻》中所说。

据《佛祖统纪》卷二十七③中所载，宋太宗淳化年中（990～994）省常住杭州南昭庆寺，仿效东晋慧远庐山莲社故事，在西湖边刻无量寿佛像，联络僧俗结莲社。不久，他看到《华严经·净行品》为"感圣之宗要"，即将莲社改名为"净行社"，其时参加净行社的僧人千余名，士大夫123人，以王旦为社首。此后，净行社规模扩大，影响南北各地。

在《大宋杭州西湖昭庆寺结社碑铭并序》（简称《结社碑刻》）中，对省常倡导的净土信仰的具体内容有详细的记述。谓省常先"刺血为墨，书写真经（即《华

---

① （宋）师会录《焚薪》卷上，《卍新纂续藏经》第58册，第257页。
② （宋）章衡撰《塔亭记》，《卍新纂续藏经》第10册，第841页。
③ （宋）志磐撰《佛祖统纪》卷二十七，《大正藏》第49册，第265页。

严经·净行品》)"，然后将书写成的"净行品"印 1000 册，分发僧俗。又以栴檀香造毗卢像，结八十僧同为一社。等到"经像成"，即对经和像发愿："我与八十比丘，一千大众，始从今日，发菩提心，穷未来际，行菩萨行愿，尽此报已，生安养国，顿入法界，……若身若土，如阿弥陀。"

在省常的华严结社之前，早在唐代杭州就出现了崇奉《华严经》并依此修行的结社。根据白居易撰写的《华严经社石记》，唐穆宗长庆二年（822），杭州龙兴寺僧南操请灵隐寺僧道峰讲《华严经》，讲至"华藏世界品"时，南操欢喜发愿"劝十万人转华严经一部"。并且"每岁四季月其众大聚会，于是摄之以社，斋之以斋"。每斋南操捧香胡跪，启于佛曰："愿我来世，生华藏世界大香水海上，宝莲金轮中，毗卢遮那如来前，与十万人俱。"

省常的"净行社"与南操的"华严经社"都属于华严系统的结社，只是省常的净行社持西方净土信仰，而南操的华严经社则祈愿往生华藏世界。

与省常依《华严经·净行品》建立净行社倡导往生西方不同，义和撰《华严念佛三昧无尽灯》，倡导华严净土信仰，是华严学僧对社会上普遍流行的净土信仰的回应。

义和撰《华严念佛三昧无尽灯》的原因是："某晚年退席平江能仁，遍搜净土传录与诸论赞，未尝有华严圆融念佛法门。"按照义和的说法，在诸多传录和论赞中，均没有记录华严圆融念佛法门，而《华严经》中并不是没有念佛法门，《无尽灯序》就是要汇集其中的念佛法门，以阐述与西方净土说不相同的"华严圆融念佛法门"。

在《无尽灯·序》中，义和分别从《华严经》和华严诸祖著作中寻找念佛法门，他指出：

> 善财证入法界，参诸知识，最初吉祥云比丘，教以无碍智慧念佛法门；又解脱长者，教以唯心念佛门；又普遍吉净光夜神，教以德相念佛门。其后华严诸祖虑念佛者莫得其要，于善知识解脱门中复说诸门。[1]

义和从《入法界品》中找到三种念佛法门，也对华严诸祖没有大力宣扬净土法门的缘由做出解释，是因为华严宗的历代祖师担心念佛者不能把握这些法门的要领。义和在此虽然提到几种念佛法门的名称，却没有详细说明它们的内容。

义和强调，华严的圆融念佛法门比其他任何念佛法门都优越。他在《无尽灯·序》中说：

---

[1] （宋）义和撰《无尽灯·序》，《大正藏》第 47 册，第 169 页。

> 意使诸佛与众生交彻，净土与秽土融通，法法彼此该收，尘尘悉包遍法界，无碍圆融；徜得其门，则等诸佛于一刻；不得其门，则徒修因于旷野。①

也就是说，圆融念佛法门的实质就是诸佛与众生不二，极乐与现实世界等同，达到圆融无碍的境界，若能领悟了这种圆融念佛法门，则与诸佛等同，而相反则缘木求鱼，徒劳无益。

然则，面对僧俗各界普遍接受西方净土信仰的形势，义和在倡导华严净土时感叹：

> 虽然诸佛拔苦救乐之心一也，不思议力一也，唯西方弥陀世尊，接引娑婆众生愿力偏重，即本师故。是以流通经中，普贤行愿独指弥陀，极为至切。②

在这里，义和也不得不承认，华严圆融念佛法门之难行，求生西方念佛法门之易行。由于弥陀世尊偏重愿力，在《华严经》之"流通分"中，普贤菩萨亦为众生独指弥陀，令彼等往生西方极乐，而不为根浅众生说华严圆融念佛法门。

四　华严礼忏仪轨的创建

在宋代，对华严宗忏法的完善当首推晋水净源。净源的华严忏法代表作即是《华严普贤行愿修证仪》，除此之外，净源还创作了《首楞严经道场修证仪》一卷、《贤首国师礼赞文》（现不存）一卷等有关忏法的著作。净源的这些著作，可分为两类：一类是基于宋代华严宗秉持的几种经典编订的忏仪，一类是纪念华严祖师的礼赞文。

净源的《首楞严经道场修证仪》一卷，是依圭峰宗密的《圆觉经道场修证仪》基础上而作，宗密的《圆觉经道场修证仪》计有十八卷，是参考了天台宗等既往的忏文、忏仪和有关经典创作而成。但是由于卷帙浩繁，使用不便。是故，净源在其基础上删繁就简，编辑了此忏法，以便广大行者学人使用。净源与宗密二人所作也就相应地被称为《广本修证仪》和《略本修证仪》，后人在具体实践修行中大都使用略本。

净源的《华严普贤行愿修证仪》，是对宗密的十八卷《圆觉经道场修证仪》重新删定，如其在本忏法卷一"通叙缘起"中所说：

---

① （宋）义和撰《无尽灯·序》，《大正藏》第47册，第169页。
② （宋）义和撰《无尽灯·序》，《大正藏》第47册，第169页。

熙宁二季冬，因再治圆觉忏法，遂得熏毫涤砚，删集斯文，求诸同志，以习以修。既而推寄有本，故用经名品目，而题其首。贵使来者，究定慧之宏功，振清凉之茂德，立言更济，而垂诸无穷者也。①

依上所说，《华严普贤行愿修证仪》虽依宗密的《广本修证仪》而重新删定，但此中最重要的经典依据是《普贤行愿品》，所以直接以《普贤行愿修证仪》命名。

在净源之前，没有纯粹的华严宗忏法。如其在《华严普贤行愿修证仪》中所说：

净源常患近世传吾祖教观者，反习他宗诸忏之文，又何异乎其先祖有善而不知者，亦君子之所耻也。②

净源之所以创建《华严普贤行愿修证仪》，是因为华严宗本有教观，却无礼忏之文。净源以之为耻。

此《普贤行愿修证仪》在《卍新纂续藏经》七十四册中收有两种版本，经王颂《宋代华严思想研究》中考证，《卍新纂续藏经》中编号为"NO. 1472"的《普贤行愿仪》不是净源所作。

另外，在宋代，除净源所创建的华严忏法之外，还有唐慧觉依经录、宋普瑞补注的《大方广佛华严经海印道场十重行愿常遍礼忏仪》四十二卷，子璿的法孙智肱所撰的《清凉国师礼赞文》一卷。

第二节　元代华严学的传播与弘扬

在元代初期，由于元世祖对藏传佛教的重视，藏传佛教得到社会各阶层的尊崇，到了忽必烈时期，确定了崇奉喇嘛教和尊教抑禅两大政策，天台、华严和唯识等三派，受到当时教僧的普遍重视。华严学说亦由斯兴起，弘扬华严思想的遍布全国各地，或承继祖说宣说教理，或宗承华严主修禅观，或借用华严论述禅法，主张禅教合一。

一　元政策对华严学的影响

元世祖忽必烈在即位后，即邀请西藏地区的名僧帕思巴东来，奉其为帝师，命

---

① （宋）净源集《华严普贤行愿修证仪》，《卍新纂续藏经》第 74 册，第 370 页。
② （宋）净源集《华严普贤行愿修证仪》，《卍新纂续藏经》第 74 册，第 370 页。

掌理全国佛教，兼统领藏族地区的政教，藏传佛教获得皇室信仰，得到社会各阶层的尊崇，成了占统治地位的宗教。同时，在忽必烈时期确定的崇奉喇嘛教和尊教抑禅两大政策，直到元末也没有根本改变。

蒙元王朝初期，对禅宗还比较重视，但到了忽必烈时，元王朝对于佛教的态度从禅宗转向教门，据《佛祖统纪》卷四十八中载，至元二十五年（1288），忽必烈召集禅、律、教三宗问佛教法义：

> 集江南教、禅、律三宗诸山至燕京问法，禅宗举云门公案，上不悦；云梦泽说法称旨，命讲僧披红袈裟右边立者。于是赐斋香殿，授红金襕法衣，锡以佛慧玄辩大师之号，使教冠于禅之上者自此。①

此一段记载可以说明忽必烈王朝尊教抑禅之始。另外，元王朝不断地向江南禅宗兴盛地区派遣讲经僧人，以实施其尊教抑禅之佛教政策，据《佛祖历代通载》卷二十二说：

> 帝平宋已，彼境教不流通，天下拣选教僧三十员，往彼说法利生，由是直南教道大兴。②

并且，对于所派遣的讲经僧人，也有着一定的要求。所选僧人，无论是出自佛教哪一派，都必须是精通佛教典籍、严格按佛教规定修行之人，如《大明高僧传》卷二《志德传》中所载：

> 至元二十五年，诏江淮诸路立御讲三十六所。务求其宗正行修者分主之。德被选，世祖召见，赐宴并紫方袍。命主天禧、旌忠二刹。日讲《法华》《华严》《金刚》《唯识》等疏三十一年。特赐佛光大师之号……建康流俗尚醵醴好结官吏，德独以律绳自。徒众谨饰出止，若互用常住物者，误一罚百，故犯者摈之。居天禧三十余年，一衲一履终身不易。③

元王朝的"尊教抑禅"政策，其中"禅"即是指"禅宗"，而"教"具体则是指天台、华严和唯识三派，而并非笼统地指佛教的所有教派，元代念常所集的《佛

---

① （宋）志磐撰《佛祖统纪》卷四十八，《大正藏》第49册，第435页。
② （元）念常集《佛祖历代通载》卷二十二，《大正藏》第49册，第723页。
③ （明）如惺撰《大明高僧传》卷二，《大正藏》第50册，第907页。

祖历代通载》卷二十二中曾对其时教派的主要思想来源及特点有过简明的归纳。

> 教自隋唐之后，传者各宗其说，派而为三：由止观之门，观假而悟空，观
> 空而趣中，以入于实相者，为天台宗；会缘入实，即俗而明真者，为贤首宗；
> 穷万有之数，昭一性之玄，有空殊致而同归乎中道者，为慈恩宗。[①]

依念常所说，元代佛教教派主要可以分为三类：第一类，天台宗兼重"止观"修行，通过认识"空""假""中"三者的统一关系，而体悟世界真实之体相（实相）；第二类，贤首宗依"俗"而明"真"，明"真俗不二"之理；第三类，慈恩宗则是通过一切现象（万有）的虚假不实，而领悟诸法之本源（一性），空有不碍，达到唯识无境，最后归趣于中道。

元代教僧按照唐代各宗注疏讲经，使唐代诸派学说持续流传，华严宗、天台宗、慈恩宗三派受到当时教僧的普遍重视。其中《华严经》也是元世祖忽世烈较为重视的一部经，据《佛祖历代通载》卷二十二中所载：

> 帝诏讲《华严》大德，于京城大寺开演，彰显如来之富贵。帝设大会，七
> 处放光，显示华严七处之玄旨。[②]

元世祖忽必烈不但诏请华严大德于京城大寺开演华严妙法，亦设建华严法会。由是可知，受到元王朝重视的华严宗，在当时尊教抑禅的佛教政策的背景下，对华严经教弘扬，有着极其重要的影响力。

二　华严教僧的分布与传播

元代宣讲《华严经》的教僧遍布全国各地，北方以五台山为中心，聚集了一批有影响的华严学僧，元大都也有兼通或弘扬华严的僧人；另外，南方华严僧人主要集中于江浙一带，或宣讲华严教理，或依经修行；云南地区亦有以普瑞为代表的一批华严学僧。

第一，五台山地区华严学僧。

五台山是元朝统治者做佛事功德的首选地点，经常建寺造塔，举办各种法会，诏僧人讲经等。这里聚集的兼通或专弘华严的僧人较多，且与外界有广泛联系。

据《大明高僧传》卷二中所载，至大年间（1308～1311），元朝廷在五台山建

---

① （元）念常集《佛祖历代通载》卷二十二，《大正藏》第49册，第730页。
② （元）念常集《佛祖历代通载》卷二十二，《大正藏》第49册，第723页。

普宁寺，并诏请华严学僧了性为第一代住持：

> 释讳了性号大林，以贤首之学著称一时。优游江海之上，与世若将相忘，成宗征居万宁，声价振荡内外。至大间，太后创寺台山，曰普宁，延居为第一代。①

在五台山，除了元朝廷建造寺院并延请华严学僧住持讲学外，亦有华严学僧自建寺院，于五台山及元大都间弘扬华严教理，如《补续高僧传》卷四《定演传》中所说：

> 崇国席虚，众恳补处，学徒大集，日以《杂华》为讲课，训释孜孜。曾无厌斁惮烦意。世祖闻而嘉之，赐号佛性圆融崇教大师。至元丁亥，别赐地大都，乃与门人协力兴建，化块砾为宝坊，幻蒿莱为金界，凡丛林所宜有，以次成之，故崇福有南北寺焉。②

定演不但在五台山崇福寺敷讲《华严经》，使学者云集，亦在元大都与门人又建崇福寺，与其五台山所住寺同名，成南北二寺，沟通了五台山与元京城的佛教交流，促使华严经学的流通。

在元代，五台山华严僧人除了建寺讲经之外，亦开设华严法会，在《补续高僧传》卷四中就有"善柔"奉诏于五台山开设"清凉大会"的说法。

第二，元大都地区华严学僧。

在北方，除了五台山之外，元大都亦是华严教僧弘扬华严经教的重地。元京城兼通华严教理的有达益巴、妙文、德谦、拣坛主等。

达益巴（1246～1318）早年曾从学于帝师帕思巴，《大明高僧传》卷二③中谓其"兼通贤首之教，于是名誉四表，道重三朝"，武宗曾听其讲经，赐其"弘法普济三藏"之号。

妙文（1237～1319）兼通诸教，但他亦主扶振兴"圆宗"（即华严宗），依《佛祖历代通载》中卷二十二中所说，谓其"师独大弘方等，振以圆宗，使守株于文字者，有以荡涤情尘，融通寂照"④。妙文希望以华严教理清除义学之弊，反对义学僧们的"株守文字"，其思想中带有禅的特色。

---

①　（明）如惺撰《大明高僧传》卷二，《大正藏》第 50 册，第 907 页。
②　（明）明河撰《补续高僧传》卷四，《卍新纂续藏经》第 77 册，第 388 页。
③　（明）如惺撰《大明高僧传》卷二，《大正藏》第 50 册，第 906 页。
④　（元）念常集《佛祖历代通载》卷二十二，《大正藏》第 49 册，第 732 页。

德谦（1267～1317）以博学多能著称。依《佛祖历代通载》卷二十二①及《大明高僧传》卷二②中所载，德谦早期游学各地，咨访先德，后至京城，就学于万安拣坛主，专习华严教义。

拣坛主侧重弘扬华严，并且重视五台山地区，常与元世祖忽必烈论辩佛学义理。依《佛祖历代通载》中卷二十二③中所说，忽必烈曾问："何处为最上福田？"拣坛主回奏："清凉。"忽必烈欣然首肯，谓是"真佛境界"，于是"建五大寺为世福田"。

第三，江南地区华严学僧。

杭州慧因寺自宋元祐三年（1088）五月被认定为以华严为宗的十方教院以来，一直成为华严教僧聚集以及敷讲《华严经》之处。据《大明高僧传》卷一中载，元世祖的驸马高丽王子王璋曾请丽水盘谷于慧因寺讲《华严》大意，师展四无碍辩，宣讲华严玄义，令使僧俗七众，尽皆信服。

另据《补续高僧传》卷四中所载，以"杂华道人"自称的浦尚（1290～1362），早年随景岩福习华严宗，后随师住于慧因寺，并代师讲授华严观法。宋文宗天历元年（1328）后，虽受宣政院命历住多处寺院，其晚年亦居于慧因寺弘扬华严大教，其自誉一生"宗华严，志不忘也"：

> 闻景岩福公，住崇德之尝乐，因往参焉。昼夜究华严观。公悦其颖悟曰：异日树教东南者，必尚也。及侍公于杭之高丽，代公教授……④

此中所说的"杭之高丽"，即是杭州慧因寺，依《佛祖历代通载》卷十九、《佛祖统纪》卷二十九等中所说，慧因寺又名"高丽寺"。宋朝时，义天从中国回高丽之后，以金书《华严经》的三种译本（四十华严、八十华严、六十华严）总计一百八十卷，寄到慧因寺净源处，为宋文宗祝寿，时净源于慧因寺中建大阁以供奉，由于慧因寺中供奉有高丽所寄之金书经故，是故慧因寺又名"高丽寺"。

另外，大同是元末明初知名度较高的华严学僧，依《大明高僧传》卷三⑤中所载，早期于会稽崇胜寺随春谷习华严教义，后随古怀肇习"四法界观"，又随钱塘晦机、中峰明本习禅数年。后还春谷处，为僧俗敷讲《华严经》。元延祐年间（1314～1320），先后住持萧山净土寺、景德寺、嘉禾东塔寺、绍兴宝林寺等，终生

---

① （元）念常集《佛祖历代通载》卷二十二，《大正藏》第49册，第731页。
② （明）如惺撰《大明高僧传》卷二，《大正藏》第50册，第906页。
③ （元）念常集《佛祖历代通载》卷二十二，《大正藏》第49册，第724页。
④ （明）明河撰《补续高僧传》卷四，《卍新纂续藏经》第77册，第388页。
⑤ （明）如惺撰《大明高僧传》卷三，《大正藏》第50册，第909页。

弘传华严宗。由于宝林寺被视为澄观肆业之处，大同也被看作是华严正宗传人，从学者甚众。

第四，云南地区华严学僧。

云南地区弘传华严教义的代表人物是宋末元初的普瑞。依《新续高僧传》卷三中所载，普瑞少年出家，喜读《华严经》，早年住于水月山，元朝统一后，住于苍山再光寺，以讲《华严经》为主，著有《华严心镜》《华严玄谈会玄记》等。另外，在《卍新纂续藏经》第七十四册中，收录有慧觉录、普瑞注《华严经海印道场忏仪》（或称《大方广佛华严经海印道场十重行愿常遍礼忏仪》），计有四十二卷。其在弘扬华严教义时，均以澄观的《华严经疏》为准。

三　元代华严宗学僧的研习

元代对华严经教研修的华严学僧在研修方向上具有多种类型，他们在对《华严经》的宣扬及研究华严宗教理等方面各有偏重，在宣讲《华严经》的教僧中，也不是全都主修华严。在这些华严学僧中，可以分成以下几种类型：第一，诸教并通，弘扬华严者；第二，承继祖说，宣说教理者；第三，宗承华严，主修禅观者；第四，天台华严，融为一体者；第五，借用华严，论述禅法者。

第一，诸教并通，弘扬华严者。在元代讲经僧人中，有很多的教僧都属于这一类。他们按照唐代祖师的注疏讲经，使唐代诸派学说持续流传。如前文所说的帕思巴弟子达益巴，其"凡大小乘律论及秘密部皆得乎理之所归"而又"兼通贤首之教"；前之所说的德谦亦是初学《般若》《唯识》《俱舍》《首楞严》《四分律》等，最后方就学于万安拣坛主，专习华严教义。

第二，承继祖说，宣说教理者。这一类华严学僧以传承祖师之说为主。如五台地区的文才，著有《华严悬谈详略》详细介绍澄观以来的华严教义，并著有《慧灯集》释解《贤首疏》；亦有云南地区的普瑞著《华严悬谈会玄记》四十卷，依据澄观的《华严经疏》《华严经随疏演义钞》来释解《华严经》；亦有元末明初的大同，特重《五教仪》和《玄谈》二书（见《补续高僧传》卷四）。

第三，宗承华严，主修禅观者。这一类华严学僧以五台地区正顺为代表，依《华严经》修禅观。依《补续高僧传》卷四[①]中所说，谓其"于岭头，建大阁，阁下为海水，出大莲华，华上坐毗卢遮那佛满月像。每对佛入观，五七日方起，故人以华严菩萨称之"，并由华严观而悟得"行住坐卧，了无一物为障碍，无一念而起灭，身心荡然，与法界合"。其由华严观契悟后："为了演说，言如涌泉，皆契法界深义。"

---

① （明）明河撰《补续高僧传》卷四，《卍新纂续藏经》第77册，第395页。

第四，天台华严，融为一体者。提出者是古庭善学，在宋景濂所撰《华严古庭学公塔铭》中谓其自承："吾早通法华，虽累入法华三昧。然长水璿问道于琅玡觉，又从灵光敏传华严教。灵光，天台之人也。古人为法如此，吾徒可专守一门乎。"①他所倡导的天台与华严的融合，特指天台禅定体验与华严禅定体验的融合，属于实践问题而不是理论问题。

第五，借用华严，论述禅法者。在元代，除了少数以振兴禅宗为己任的僧人外，元代禅僧大多倡导禅教一致，接受教门各派理论，并努力将其与禅学相等同。在当时禅僧语录中，引用《华严经》及华严宗义理的内容很多，借用《华严经》论述禅法的同时，往往亦与其他较流行的经典相联系，如元初禅僧高峰原妙（1238～1295）在《高峰原妙禅师禅要》卷一中讲树立"信"时所说："大抵参禅不分缁素，但只要一个决定信字……岂不见华严会上善财童子，历一百一十城，参五十三善知识，获无上果，亦不出遮一个信字。法华会上八岁龙女，直往南方无垢世界，献珠成佛，亦不出遮一个信字……"②此中只是借用《华严经》论述禅法，但并没有把华严宗的教理融合进去。元代传播华严学的主要力量不是禅僧，而是讲经传教的华严教僧。

第三节　明代华严学的弘扬与禅化

在明代，由于朝廷对佛教的管制，除禅宗外，佛教各大教派的专宗研习弘扬并不突出，明代讲经僧人所注重的是佛教经籍，不再是各宗的传承。在华严学方面，华严学者们也不再是以传承华严祖师思想为主，更多的是注重对华严经义的理解，唐朝李通玄长者的华严思想也引起一些士大夫的关注；而禅宗诸家，也从不同的角度，对华严学说加以运用。明后期较为著名的四大高僧，则继承了宋以来禅教并重、三教合一的主张，对于华严教理教义的运用，也各有偏重。

一　明政策对华严学的影响

明朝初期，朝廷即加强了对佛教的管理与整顿，对僧人进行统一管理，严禁僧人私作佛事。明代的讲经僧，也不再专弘某一派或某一经，他们多以融合诸宗学说为特色。华严学也只是作为整体佛学中影响不大的一支流传。

明朝建立不久，即加强了对佛教寺院的整合，将佛教寺院分为禅、讲、教三类，僧人也相应分为三宗，如《释鉴稽古略续集》卷二所载：

---

① （明）宋景濂撰《华严古庭学公塔铭》，《卍新纂续藏经》第 77 册，第 395 页。
② （宋）高峰原妙述《高峰原妙禅师禅要》卷一，《卍新纂续藏经》第 70 册，第 688 页。

壬戌洪武十五年（1382）五月二十一日，礼部照得佛寺之设，历代分为三等：曰禅，曰讲，曰教。其禅不立文字，必见性者方是本宗；讲者，务明诸经旨义；教者，演佛利济之法，消一切现造之业，涤死者宿作之愆，以训世人。①

明代对佛教的划分，"禅"所指与元代相同，即是禅宗；"讲"即是指宣讲佛教经典的僧人，与元代的"教"近似，指宣讲佛教典籍的僧人，应该说，明代讲经僧人所注重的是佛教经籍，而并不是各宗的传承；"教"指祈福弥灾、追荐亡灵等各种法事，从事这些活动的僧人也称"瑜伽僧"或"赴应僧"。

明朝廷制定的各项宗教政策，严密而且针对性强。制定了各项措施对佛教进行整顿，依《释鉴稽古略续集》卷二中所说，官府对佛教僧人进行了统一管理，要求他们"各承宗派，集众为寺"：

辛未洪武二十四年（1391）六月初一日，今天下之僧多与俗混淆，尤不如俗者甚多，是等其教而败其行，理当清其事而成其宗。令一出，禅者禅、讲者讲、瑜伽者瑜伽，各承宗派，集众为寺。有妻室愿还俗者听，愿弃离者听，僧录司一如朕命，行下诸山。振扬佛法，以善世仍条于后。②

明代对僧人进行统一管理，一切佛教活动都在明朝廷的控制之下，提倡经忏佛事等做功德、得福报等各种佛教活动，而且这些活动也是在官方允许的范围之内，不允许有私自举办佛事的活动，如《释鉴稽古略续集》卷二中说：

凡京城内外大小应付寺院僧，许入能仁寺。会住看经，作一切佛事。若不缘此另起名色，私作佛事者，就仰能仁寺官问罪。若远方云游看经抄化，及百姓自原用者，不拘是限。钦此出榜晓谕，应赴寺院僧人钦遵施行。③

在明代，《华严经》《般若经》《宝积经》《涅槃经》四大部为朝廷所认可，并为士大夫和僧众所看重。但他们对这四部经的重视，其主旨并不是宣讲弘扬这四部经的经义，依据《补续高僧传》卷四《慧进传》中所说，有"多官并僧众"用"金字"书写这"四大部经"，而不见有人于此四大部经，专一研究其经义、义理。"四大部

---

① （明）幻轮编《释鉴稽古略续集》卷二，《大正藏》第49册，第932页。
② （明）幻轮编《释鉴稽古略续集》卷二，《大正藏》第49册，第936页。
③ （明）幻轮编《释鉴稽古略续集》卷二，《大正藏》第49册，第932页。

经"受重视的原因，如举办佛事活动一样，其最终的目的是做功德、得福报。

明代虽说对讲习佛教经典非常重视，但明代对佛教经籍讲习，不是特别强调华严、天台和唯识三宗，不再专弘某一派或某一经，他们多以融合诸宗学说为特色。如《补续高僧传》卷十四《宗泐传》中所说，明太祖曾诏其于殿中讲经：

> 洪武十年，诏集，幽爽引入殿，致三佛之礼，命师升座说法。上临幸，赐膳无虚日，每和其诗，称为泐翁。十年冬，诏师笺释《心经》《金刚》《楞伽》三经。制赞佛乐章。①

总之，在明代前中期，华严学的研习与弘扬已与元代时不同，不再受到士大夫和僧众的重视，《华严经》也并没有什么特殊的地位，华严学只是作为整体佛学中影响不大的一支流传。

二　明中后期华严学的弘扬

在明中期，虽说也有一些弘扬华严学的僧人，但他们并不是专宗华严。如《大明高僧传》卷三中《圆镜传》，其中说圆镜早年"游心贤首讲肆，得悟诸经密旨"。又如《补续高僧传》卷四《慧进传》中，说慧进"究通华严宗旨，傍达唯识百法诸论"。他们虽说习学华严宗教义，但在弘传华严宗教理方面并无突出事迹。

在明后期，禅宗与净土极受重视，倾心于华严教义者为数不多。在修学华严的学者之中，有依李通玄华严思想而明禅学，有依华严经义而明禅学，有依澄观华严思想而禅教融合，有融合华严诸家之说而明禅学。可以说，在这一时期，专弘华严学者难见经传，大多数者或是将华严与禅融合，或是讲习诸经，兼弘华严。

李通玄的华严思想，在这一时期引起了士大夫的关注。其中，明朝方泽著《华严经合论纂要》三卷，明代思想家李贽著《华严经合论简要》四卷，均为节要摘录李通玄的《新华严经论》。李贽把李通玄的学说视为最权威的华严理论，他认为"善说华严，无如长者"。他将李通玄的《新华严经论》进行归纳、整理、节录，认为其所选的内容是"华严无尽藏之法界也"。据此可以"乘如来乘直至道场"，是真正的解脱之路。

按照李贽对李通玄华严思想的归纳，他认为，李通玄的"华严无尽藏之法界"的核心内容是：

> 自心是毗卢遮那佛智，自眼是佛文殊根本智，自身是佛普贤差别万行智，

---

① （明）明河撰《补续高僧传》卷四，《卍新纂续藏经》第 77 册，第 392 页。

自诵是佛音声，自听是佛观世音力，自语是佛开不二之门，自念是佛不思议神通，自在功德皆佛也。吾何幸身亲见之。①

李贽所归纳的李通玄的华严思想，与其说他归纳的是华严学，不如说他归纳的是禅学，是在华严词句下包裹的禅学。

在这一时期，华严经义亦为许多禅僧所应用，依《补续高僧传》卷五②中所载，遍融真圆早年在京城"遍游讲席，深入华严法界，心念中演，不离此经"。其与张文肃曾有一段问答。张文肃问："如何是文殊智？"回答："不随心外境。"再问："如何是普贤行？"回答："调理一切心。"真圆用自我调节代替"文殊智"和"普贤行"，代替了一切佛教修行，实际上并不是完整意义的华严思想，而是有特色的禅学，并将此作为禅与华严的契合点。

另外，亦有禅僧在敷讲《华严经》时以传承澄观的《华严经疏》为主，如月川镇澄，据《补续高僧传》卷五③中说："醉心华严圆顿法门，如是者十余年。复从小山笑岩二老，究西来密意。"他的主要方向，是在禅与华严的融合，他在五台山时，众人请他讲经，他指出："学者以究心为要，多说何为？"德清在"澄塔铭"中评价其讲经"提纲挈要，时出新义，北方法席之盛，稽之前辈，无出师右者"。这里的"时出新义"也应包括他在华严方面的创新。

另据《大明高僧传》卷四所载，明末高僧素庵真节早期习学华严"深得贤首之印"，后返归金陵，住摄山栖霞寺，讲《华严大钞》及《法华经》、《楞严经》等大乘经论。他在讲习《华严经》时，所依据的是澄观的疏钞。依传中记载，他在讲《华严经》时，多有神异出现。

在《大明高僧传》卷四中，还有对明末高僧明得弘扬华严的介绍，其先后讲过《华严悬谈》、《大疏钞》以及《圆觉疏钞》等，继承了李通玄、澄观、宗密的华严学，其最早接触华严学是因为诵读李通玄的《华严经合论》而可以"登座阐华严奥旨"④。而他的生平经历是：早习瑜伽教、次参禅、究楞严、后参华严。并依华严经义作偈：从本已来无，今日何曾有，一毛头上现，虚空笑开口。于传中，多有其依华严经教，行棒喝之事，由此可见，明得亦是明末华严学禅化的代表。

三　禅宗对华严学说的运用

明代末期，禅宗的复兴以临济和曹洞两派为主。相对来说，曹洞禅师在运用华

---

① （明）李贽节录《华严经合论简要》，《卍新纂续藏经》第4册，第832页。
② （明）明河撰《补续高僧传》卷五，《卍新纂续藏经》第77册，第400页。
③ （明）明河撰《补续高僧传》卷五，《卍新纂续藏经》第77册，第400页。
④ （明）如惺撰《大明高僧传》卷四，《大正藏》第50册，第912页。

严方面更具特色。而禅宗内部，对于佛教传承方面的论战也非常激烈，对于华严的态度和评论，也各自不同。依魏道儒先生《中国华严宗通史》中所说，禅僧们在他们各自的《语录》中，提及《华严经》或华严宗教义之处很多。归纳起来，主要有三方面的内容。

第一，全面接受唐宋以来华严学的成果，把华严宗人及其教外居士的华严学说等同看待，发掘其中的共性。

主张这一观点的有元贤禅师，他在《重刻华严要解序》中说：

> 《华严》为世尊成道最初所说，实称性之直谈，非逐机之曲说，他经不可得而并拟者也。昔杜顺大师首为发端，贤首继之，颇畅厥旨，至于清凉，而表里发挥，罄无余蕴矣。然其旨幽，其理圆，其文富，其义丰，非浅薄之机所敢窥，故学者多望洋而退。至方山李长者，则别为《合论》，约繁就简，独明大旨，盖是大圣方便，用接此方好略之机，非二师之有轩轾也。①

此中，元贤禅师先论说华严诸祖华严学说之次第，后论说李通玄之教外华严学。对于李通玄和华严诸祖，元贤禅师放到了同等的地位，依据历史，将李通玄学说与华严宗人学说合流并行，将华严内部各支派的学说糅合混同，寻求其共性，而不论其差别。

第二，在倡导禅教融合中，始终坚持禅统诸教的原则。这一主张为明代曹洞宗元来禅师所提倡。

在华严家的判教理论中，依澄观的判教理论，禅宗属于顿教范围，而《华严经》属于圆教。而元来禅师认为，华严教理可以说是"教家极则"，在教门中最高，但是比不上禅宗的悟门。在他看来：

> 世尊印定以教外别传之旨，付嘱摩诃迦叶。以此则知，五教所不能摄，唯禅门能摄五教。如净因禅师，一喝中能分五教，岂但一喝，即一语、一偈、一动、一静，皆纯圆之旨。非悟入者，可能仿佛万一也。或禅宗称顿者，是顿悟之顿。非判教之顿也。②

在这里，元来禅师彻底推翻华严及其他教门诸派的所有判教主张，认为那些判教理论只属于教门之内的事，与禅宗无关。那些力图把禅宗纳入教门判教范围的一

---

① （明）元贤禅师撰《重刻华严要解序》，《卍新纂续藏经》第72册，第457页。
② （明）元来禅师撰《示壁如禅人》，《卍新纂续藏经》第72册，第346页。

切观点，都不被元来禅师所承认。元来禅师认为"唯禅门能摄五教"，此是禅僧处理宗与教关系的不可更改的总原则，禅门高于教门，并且容纳教门的一切。

第三，接受包括《华严》在内的诸多经典及诸派教义，最终目的是实用。此一主张亦为元来禅师为提倡，其在《示道揆禅人》中说：

> 夫为学者，圆顿之教，了义之诠，广博精研。穷源极数，一一得其实用。慎勿执名相阶级，并遮表文字，障诸佛之光明，瞖众生之慧目。①

元来禅师认为，精研各类经典及其注疏的目的，只是"得其实用"，不包括记诵文字语句，这些与解脱无缘。

而对于华严学，元来禅师也完全是将华严义理，落实与切实的修行之中：

> 若达平等实相，一微细众生，与毗卢遮那佛，等无有异。华严疏谓：遮那如来入一微细众生身中入定，全身不散，此众生不觉不知。谓佛生同体故，理无分齐故……以此观，人有贵贱，位有尊卑，而心无高下也。是故当发大心，以愿力维持，直成佛道，似不可须臾有间然也。②

元来禅师接受了华严宗"佛与众生，等无有异"的思想，而得出"心无高下"的理念，并依此提出"当发大心"，由此发大心之愿力维持，最终得成佛道。这是对华严经义、教理的切实运用。通过华严宗思想哲学的运用，而产生最直接的动力，形成禅宗开发自我能力的修行体验。

四　四大高僧对华严的理解

明代后期的佛教，其中最有影响的应是被后人称为"明末四大高僧"的袾宏、真可、德清、智旭四人。四大高僧的主要思想是继承宋以来禅教并重、三教合一的主张：既重禅学，也重义学，更重净土。他们从实践到理论，都在当时的佛教界有着极其重要的影响。

四大高僧都有不同程度的接触过华严学，对于华严教理教义的运用，则各有偏重，在理解上也互有差别不同。

云栖袾宏（1535～1615）在对《华严经》和华严宗教义的运用上，与其重视忏法法事、灵异神迹以及净土信仰有关。他曾辑录《大方广佛华严经感应传记》一

---

① （明）元来禅师撰《示道揆禅人》，《卍新纂续藏经》第72册，第322页。
② （明）弘裕集《无异元来禅师广录》卷二十二，《卍新纂续藏经》第72册，第321页。

卷，记述汉地从晋至元以及古印度有关奉持《华严经》的神异事迹。此书面向社会宣传崇奉《华严经》的种种神秘功能。另外，由于其信仰西方净土，所以，在判教上，运用法藏的判教说，将《阿弥陀经》判为顿教，且兼通终教与圆教。

紫柏真可（1543～1603）的主要言行著述收于《紫柏尊者全集》（30卷）中，其曾游历五台，并作有《文殊师子菩萨赞》《礼北台文殊菩萨赞》《蚤春谒李长者著论处》《华严岭寺》等，赞颂圣地、崇拜对象及经典，将圣地灵迹、华严典籍和佛菩萨崇拜结合起来。其对血书或金书《华严经》以求取功德的传统大加赞赏，他认为，书经之类的活动有助于个人的解脱，但其所肯定的乃是诚心而为，不以书经本身为目的功德活动。对于华严宗教理，真可最为重视的是"法界说"。他认为"夫华严大典，虽文丰义博，实雄他经，然其大义，不过四分、四法界而已"，认为四法界已不是认识问题，而是实践问题，他特别重视四法界中的"事事无碍法界"，并将之落实到实践运用上，他主张"事事无碍"理论，归根到底体现个人于或逆或顺的境遇中都能自由自在，若能信仰、理解、实践和体悟这种理论，就是全部《华严经》的要义。

憨山德清（1546～1628）在对《华严经》及华严宗教义的运用上，鼓励僧俗读诵、书写、礼拜《华严经》，并将之作为祈福消灾、获得个人解脱的有效手段。其对华严义学也非常重视，针对佛教界只重视李通玄著作，轻视澄观著作的现象，编著《大方广佛华严经纲要》八十卷，节要录取澄观的《华严经疏》并附以自己的解释（补义），具有通俗讲解的性质，但没有发挥独到见解。

蕅益智旭（1599～1655）是袾宏、真可、德清思想的继承者，主张儒佛一致。在佛教理论上提倡性相融合，实践上主张禅、教、律三学统一。宣称禅是佛心，教是佛语，律是佛行，同归一念。其在华严思想上没有什么特色，而对华严学方面的重视，主要是对在华严学义理的运用上。如其所著的《大乘起信论裂网疏》中，有运用华严理论来说明问题。

四大高僧在华严学的理解和运用上，或是主张读诵、书写《华严经》，或是主张礼拜《华严经》，或是主张将华严义理运用到实践修行中。但是，他们并不是专宗弘扬华严教理、教义，对华严经的义理也都只是简单的理解和运用，这也应该是明末佛教界在华严弘扬上的不足体现。

第四节　清代华严学的传承与弘扬

在清代，除了少数几个以专弘华严为己任者，出现的一些弘扬华严方面的学者均是兼弘华严的，讲解研习《华严经》者甚少，承继祖师弘扬华严教理者更少。另外，受禅宗影响，一些华严学者亦注重贤首传承体系，如宝通贤首一系，制《宝通贤首传灯录》一书，但相关华严思想著书立说者较少，宝通一系的通理，现存有关华严方面的著作《五教仪增注》，是对续法的《贤首五教仪》的注解，非是宝通一系的华严传承。

一 清代华严学的传承与体系

清代华严宗的传承与体系，极为分歧。依据《法华经科拾》卷七之"后跋"①等所说，其时华严传承体系可分三家：第一，苏州地区以苍雪为代表的雪浪一系；第二，杭州地区以伯亭续法为代表的慈云一系；第三，北方地区宝通贤首一派，也出有知名学者多人。在这一时期，除了以上三家华严传承体系之外，亦有众多学者兼弘华严，或有融合李通玄与澄观华严思想者，或有注重华严礼忏仪规者。

在苏州地区，雪浪一系以明末诗僧苍雪读彻（1587～1656）为代表，苍雪读彻为雪浪之弟子，曾于宝华山、慧庆寺、昭庆寺、锡山等处，宣讲贤首法藏、清凉澄观所著诸书，以及《楞严》《唯识》《法华》《三论》等诸经论。其时，佛教徒非常注重经忏佛事，对修功德得福这一方面非常重视。苍雪读彻亦比较重视法事仪规，是故，在宋普瑞补注的《华严礼忏仪》的基础上，与人合作补修，成《华严海印忏仪》四十二卷。

在杭州地区，慈云一系以伯亭续法（1641～1728）为代表，续法为慈云寺明源之弟子，是云栖袾宏五世之法孙。师遍研诸经，融会众说，不拘泥一端。后每讲说，四众云集，盛极一时。他在杭州弘扬《华严经》五十多年。依《伯亭大师传记》中②所说，其著书二十余种，达六百余卷。所著经典，有《华严别行经圆谈疏钞记》十二本、《贤首五教仪》六卷、《贤首五教仪科注》四十八卷、《华严宗佛祖传》十四卷等。

在北方地区，有宝通贤首一派，有知名学者多人。依《宝通贤首传灯录》中所说，印颗（1633～1726）于康熙十三年（1674）继席宝通，为贤首第二十八世。他的弟子耀宗圆亮、滨如性洪、波然海旺、有章元焕等，分别传法于河北，称为宝通四支。元焕的法嗣通理，是清代中期有名华严学者。

依黄忏华所著《中国佛教史》和喻谦所编《新续高僧传》中所说，通理（1701～1782），通净土教、《法华经》《楞严经》、南山律等，尤其通晓《华严经》，为清代华严宗中兴之祖，曾在万善、嘉兴等地讲经三十余会，曾在五台山讲《报恩经》，感得文殊现身，著有《法华指掌疏》《楞严指掌疏》《五教仪增注》等。

---

① （清）海印了惠题《法华经科拾》卷七之"后跋"，《卍新纂续藏经》第33册，第432页。
② （清）证文录《伯亭大师传记》卷一，《卍新纂续藏经》第88册，第397页。

另外，在明末清初，鉴于李通玄的著作特别流行，其影响甚至超过华严诸祖的著作，佛教界倡导融合李通玄与澄观学说的不乏其人。其中福建鼓山曹洞系僧人道霈（1615～1688）编有《华严疏论纂要》一百二十卷，把李通玄的《新华严经论》与澄观的《华严经疏钞》摘要汇编，配于经文之下。他认为，"《疏钞》则穷源极委，章句分析，不唯是此经标准，实乃如来世尊一代时教之标准也；《论》则广论佛意，会归自心，不唯是此经闻奥，实乃宗门之闻奥也。禅者喜读《论》而不知《疏钞》之广大精微，讲者喜读《疏钞》而不知《论》之直接痛快，两者皆失之"①。道霈所编《纂要》的目的，依其所说，是纠正禅者与讲者各有偏重的过失。

二 清代华严研习的几个方向

清代对华严经教研习的学者不少，但专弘华严者不多，有成就者更少。相对来说，清代弘扬华严义学方面较有影响的应是续法与通理二人。他们在华严的研习包含着以下几个方面。

第一，坚持正统，编纂祖传。续法曾依据《续高僧传》《佛祖统纪》等传记，对华严五祖的生平、思想进行总括，编成有关华严宗的史书《法界宗五祖略记》一卷。另外，续法还编有《华严宗佛祖传》十四卷，依传中所说，此《传》甫脱稿，续法即圆寂。

第二，总说华严，阐述经义。永光因《华严经》"望之者莫测其津，即之者莫睨其际"，先后著《华严经三十九品大意》一卷、《华严经纲目贯摄》一卷，分别总述《华严经》各品大意及从不同角度分说《华严经》七处九会之总纲。

第三，承继祖说，宣说教理。续法为总结华严教理，先后著《贤首五教仪》六卷、《贤首五教仪科注》四十八卷，此两书基本上包括了他的华严学的全部内容，为便于学僧理解，他还著有《贤首五教仪》开蒙，简要概述华严教义。

第四，维护华严，有教有观。针对《佛祖统纪》所斥华严宗"有教无观，无断无证"的说法，续法在其所著《贤首五教仪》中指出"初集录也，知教观之创于华严诸祖；次阅藏也，知教观本于经论；后精纯也，知教观之从于自心流出，不从遮那佛口所宣"。续法认为，华严宗不仅有教有观，而且这种教观为华严诸祖所揭示，有佛教经典的依据。

第五，融合华严，综合疏钞。如前所说，有曹洞系僧人道霈著《华严经疏论纂要》，对李通玄《新华严经论》与澄观的《华严经疏钞》摘要汇编。虽然道霈本人并不独宗华严，但因为当时佛教界倡导融合华严诸家的人较多，道霈也就成为融合华严思想这一批人的代表。

---

① （清）道霈编《华严疏论纂要》序文，《大藏经补编选录》第 3 册，第 1 页。

第六，弘扬华严，创办僧学。清末的华严学者，以月霞（1858～1917）为代表人物，初学天台、继参禅宗，后隐终南山，始专究《华严》。他弘法数十年，足迹远至日本、暹罗（今泰国）诸国。晚年于上海创办"华严大学"，后迁至杭州海潮寺，造就了不少佛教人才。

综观清代的华严学的弘扬与研习，除一批兼弘华严学者之外，余者讲经者少，研习者少，形成影响者少。而有关华严思想、义理的弘传，受当时义学僧不受重视的大趋势的影响，华严宗教理不能完全为义学佛教徒为理解接受，续法初著《贤首五教仪》六卷，后亦为华严学开蒙者，著《贤首五教仪开蒙》一卷。续法指出"非略本不能开蒙童，便记诵；非详本不能训久学，施化导。"可见，当时能为义学僧所接受的也只有这种"开蒙童便记诵"的简略本，而稍为烦琐一点的详本就难以流行，清代华严学的衰落由此可见一斑。

三　清代士大夫对华严的运用

清代士大夫群中，热衷于将华严作为树立信仰和从事修行主要依据者不少。在清代士大夫群中，对华严经学的实际运用趋向，包括了三个方面：第一，崇奉华严经文，谓持诵《华严经》能得种种功德感应；第二，融会华严学说，倡导华严最终导归极乐；第三，倡导儒释融合，以华严无尽圆融理解儒释关系。

第一，崇奉华严经文，谓持诵《华严经》能得种种功德感应。此理论主张以周克复为代表。周克复，佛教居士，著有《金刚持验记》《法华持验记》《华严经持验记》等。其中，《华严经持验记》又名《历朝华严经持验记》，计一卷，书前题有"男周石校，吴郡陈济生皇士参"，可见，士大夫对持验之道的热衷。此书中，宣扬以各种方式崇奉《华严经》所具有的神秘功能，将《华严经》作为一种灵验的护身符。周克复认为，《华严经》"一品之持，已得净戒，一偈之诵，能破地狱""夫书写读诵，讲说思修，冥通幽感，殊绝人天"。此书收录了自龙树菩萨到明谭工部贞默之母四十九人有关《华严经》的神异灵迹，大多数人物事迹之后附所引书名，多取自唐惠英的《华严经感应传》和明袾宏的《华严经感应略记》等。

第二，融会华严学说，倡导华严最终导归极乐，此观点为彭际清所主张。彭际清，佛教居士，出身于士大夫家庭，早年研究宋明理学。于乾隆年间，曾进士及第，得授县官，辞而不就。先从道士学修炼之术，三年无验。后归佛教，深信净土法门，誓愿往生净土。著有《华严念佛三昧论》，主张融会华严学说与净土信仰，把华严纳入鼓励念佛往生的轨道。他的这种主张与明袾宏（明末四大高僧之一）所倡导的念佛名号往生西方净土法门相一致。但是，他讲的"念佛"又并非仅为念诵佛名号一种，而是具有吸收包括华严信仰在内的多种念佛法门，彭际清所述"念佛三昧"的具体内容，没有超出前代僧人的学说范围，但他不仅认为《华严经》宣扬念佛法门，而且要以念佛法门概括《华严经》和华严宗的主要教义。

第三，倡导儒释融合，以华严无尽圆融理解儒释关系。彭际清作有《一乘决疑论》一卷，倡导儒释融合。彭际清指出："予读孔氏书，得其密意，以易系无方，中庸无倚之旨，游于华严藏海，世出世间，圆融无碍。"他认为，儒释的圆融无碍，是儒家经典与佛家经典的共同主张。其在文中总结："孔子为千百亿化身中之一身可也，所谓现长者、居士身而说法也。张三纲，纪五常，范围天地，曲成万物，胥大千而经纶之，曾不满普贤一毛孔中亿万分之一。何则？理无尽，事亦无尽；事无尽，行亦无尽。唯其无尽，是以无碍，何厌之有？何恶之有？"此中，彭际清将孔子喻为《华严经·入法界品》中善财童子所参访的五十三参善知识中的长者、居士，将孔子与诸善知识等同。运用华严经义说明释儒相互无有障碍，以华严宗的无尽圆融来化解儒释理念之间的一切矛盾。

清代的士大夫们，或热衷于持奉《华严经》的诸种神秘功能，或醉心于把华严作为倡导净土信仰的手段，或倾心于用无尽圆融理解儒释关系，反映了清代末期华严学的境况，也反映了佛教进入封建社会末期的实况。

思考与练习题

一 名词解析

1. 尊教抑禅，2. 华严四大家，3. 净行社。

二 简答题

1. 请简略介绍华严典籍入藏的前后进展情况。

2. 请简要介绍宋代省常的华严净土思想，及其结社情况。

3. 请简要介绍忽必烈王朝尊教抑禅的前后情形。

4. 请简要介绍明朝廷即对佛教的管理与整顿情况。

5. 请简要介绍明中后期华严学的弘传情况。

6. 依魏道儒《中国华严宗通史》中所说，明代末期，禅宗行人对华严学说的运用，主要有三方面的内容，请简要说明。

7. 明朝末期，被后人称为"四大高僧"的是哪几位？他们在华严学的理解和运用上，主要体现在哪些方面？

8. 在清代士大夫群中，对华严经学的运用，包含着哪几个方面？有什么特点？请简要说明。

第六章 近现代华严学的研习与弘扬

【本章导读】

本章主要围绕近现代华严学的研习与弘扬进行阐述，即针对民国时期华严弘扬状况和当代华严学术研究方向进行讨论。

本章计分两节。

第一节，民国时期华严弘扬状况。本节中，介绍了在民国时期，以月霞为始，办起了众多的华严类大学、学堂，以大学授课的方式教授华严类典籍。更有利用现代科技手段，通过广播电台宣讲华严经典。在全国各地，众多的刻经处大量印制刊行华严类经典论著。这一时期，更有对华严宗典籍的整理和研究。

第二节，当代华严学术研究方向。本节中，介绍了新中国成立后，学术界有关《华严经》研究的六个方面，即：文献学与历史学研究，哲学与比较哲学研究，宗教与比较宗教学研究，华严教主及诸祖研究，华严学与文学研究，华严学与教育学研究。学术界从这六个方面，以不同的视角，从不同的角度，对华严经义和华严宗教理教义进行诠释。

第一节　民国时期华严弘扬状况

在民国时期，华严学的弘扬具有独有的时代特色，与历朝历代都不相同。这一时期，非常重视对华严学人才培养，以月霞为始，办起了众多的华严类大学、学堂；更有利用现代科技手段，通过广播电台宣讲华严经典；在全国各地，成立有众多的刻经处，大量印制刊行华严类经典论著；这一时期，华严学者除了对华严经义的研究外，更多的是对华严宗教理教义研究。

一　民国时华严大学的创办

民国时期华严学的弘扬应是自月霞为始，其特色与历朝历代均不相同。在民国时期，办起了众多的华严类的大学、学堂。其中最有名的应是上海华严大学、杭州海潮寺华严大学、常熟兴福寺华严学堂、汉口九莲寺华严学校等。

上海华严大学，创办者月霞。依真禅的《华严经与华严宗》所说，月霞于1914年，经狄楚青（葆贤）的荐举，在上海爱全俪园首创华严大学，专弘华严一宗教义。创办之初，曾拟定"华严大学简章"十四则，其中规定："本校以提倡佛教，研究华严，兼学方等经论，自利利他为宗旨。"学习期限为正班三年，预班一年。课程分为读经、讲经、讲论、讲戒、修观、作文、习字等七科。学习内容有华严教义、《普贤行愿品》等。《简章》还规定，学员所有学费、膳宿费，经书纸墨等费以及医药费，全部由学校供给。学员僧俗兼收，但出家人须"住过禅堂，品行端严，无诸嗜好"，在家人须"具有居士资格，文理通达，能阅经疏"（真禅谓其所说是依据1914年3月15日出版的《佛学丛报》第十期）。是年9月，华严大学正式开学，有学员八十余人。持松、戒尘、妙阔、慈舟、了法、智光、霭亭、惠宗、体宗、海山、性彻、常惺等，都是该校学生。

杭州海潮寺华严大学，由原上海华严大学迁移而来。依真禅《华严经与华严宗》中的说法，华严大学开办不久，即遭到异教徒的破坏，当时爱俪园主人哈同举办六十寿辰，异教徒唆使哈同亲信姬觉弥提出，要华严大学师生向哈同行三跪九叩首礼，遭到月霞及全体学员的拒绝，华严大学有夭折的危险。常州天宁寺住持冶开老和尚闻讯后，乃邀请沪上热心办学的居士，与杭州海潮寺应乾共同协商，决定将华严大学迁往海潮寺续办。于是，月霞带领全体师生到杭州，在海潮寺新校址继续讲授华严教义二年多才结束。尽管海潮寺华严大学只办了一期，但培养出全国最优秀的学僧，造就了一批日后中兴佛教的人才，后来分灯四方，弘法传教，先后在全国办起各种各样的法界学院，推动了僧人办学在全国的发展，影响十分深远。

常熟兴福寺华严学堂（又名法界学院、华严预备学校），依周建生在《一代宗师，千秋表范》中所说，1917 年 7 月 1 日，月霞在常熟虞山兴福寺升座，于兴福寺筹办华严学堂，应慈辅佐。11 月，月霞圆寂，临终时谆谆嘱咐应慈："应弟，善弘华严，莫作方丈。"1919 年，应慈推荐华严大学的毕业生持松继任兴福寺的住持和法界学院院长的职位，自己则退任监院，专心致力于规划恢复兴福寺旧貌和弘传华严的教学工作。

汉口九莲寺华严学校，1920 年秋，慈舟与同为上海华严大学毕业的了尘、戒尘二位，继承月霞遗教，携手在汉口汉中街的九莲寺内创办"汉口九莲寺华严学校"。该校招收僧俗学生 30 多人，专弘华严教义，到 1923 年春夏之交毕业时，该校亦即结束。

二　民国时期华严学的弘扬

民国时期华严学的弘扬，其最主要的体现即是华严大学的创办，培养了一大批华严学弘扬、研究人才，在这一个时间段，《华严经》的讲习成为佛教传播的主流，另外，华严经籍的印刷流通也是这一时期华严弘扬的一大特色。

第一，华严弘扬人才的培养。

在民国时期，由于月霞等在全国各地创办华严大学（学院），培养了一大批华严弘法人才。尤其是最初举办的上海华严大学，依周建生在《一代宗师，千秋表范》中所说，上海华严大学毕业的学生，分赴全国各地，或研究华严，或弘扬华严，或举办僧学。

其中有到常熟兴福寺设立华严预备学校，讲授华严经论，并撰成《华严宗教义始末记》的持松；有和持松一起在兴福寺协办法界学院，后到镇江筹建竹林佛学院，到福州法海寺创立法界学院的慈舟；有发起创办镇江竹林佛学院后去港、澳等地创办佛教义学，开港澳佛教教育之先河的霭亭；有到安徽安庆迎江寺兴办佛学院，培植僧才，后辅佐太虚在厦门南普陀寺创办闽南佛学院和"世界佛学苑"的常惺；有创设焦山佛学院，礼聘教师，改进教材，在抗战期间先在大陆创办佛学院，后去台湾地区弘法办学，为弘扬华严而不遗余力的智光，以及到汉口九莲寺设立华严大学的戒尘和了尘等 60 余人。

第二，华严学的弘扬与讲习。

民国时期，《华严经》的讲习与弘扬尤为兴盛，我国第一所华严大学即是在上海举办。依觉醒《华严宗在近代上海的弘传》中所说，月霞在上海举办佛教大学，即是受其师冶开老和尚的影响。冶开老和尚常为上海佛教界的四众弟子宣扬华严宗义，加速了华严宗在上海地区的流传，其晚年还常以礼诵《华严经》为日课。

民国时期的上海佛教界，有月霞、应慈等高僧大力弘传华严学。与此同时，上海的一些电台也经常播送《华严经》和《普贤行愿品》等，以弘扬华严教义。如：1928 年，佛音电台曾播送佛教徒所诵读的《华严经》和《普贤行愿品》；1937 年，华光电台播送了由越情主讲的《华严经》，还播送了由傅敬忠居士播讲的《普贤行愿品》等。这些电台对《华严经》的播送，为《华严经》在上海的弘传起到了极其重要的作用。

在民国时期，全国各地掀起了讲习《华严经》及华严论著的潮流，其中最著名的则是自号"华严座主"的应慈，他于 1919 年，于南京第一次讲《华严经》，到 1957 年，在上海玉佛寺最后一次讲《华严经》。数十年如一日，往返南京、上海、杭州、宁波、常熟、镇江等地，讲演晋唐三译《华严经》及《华严经探玄记》、《华严悬谈》、《普贤行愿品》等，前后有数十次。其遍历一生，弘扬华严，不遗余力。真禅于《华严经与华严宗》中，谓其"以弘扬华严为己任，数十年如一日，直至圆寂，从未停辍"。

第三，华严经籍的印刷流通。

在民国年间，全国各地的刻经处为弘扬华严起到了非常积极的推动作用，其中较为有名的有金陵刻经处、北京刻经处、天津刻经处等。

金陵刻经处由杨仁山先生所创办，对清末民初佛教经论的流通贡献极大，推动了当时学佛研修的风气，为近代佛教的复兴做出了基础性的贡献。1878 年杨仁山随曾纪泽出使英国，在伦敦博物馆中见到一些在国内久已失传的中国古本佛经，深为感慨。后来，他通过日本佛教净土真宗大谷派佛教学者南条文雄，从日本购回许多国内久已散佚的隋唐古德著作，还有日本、朝鲜的一些佛教著述，多达二百八十种一千余册。其中就包括《华严略策》等众多的华严类珍贵典籍。杨仁山得到这些典籍后，精心挑选，择其善者雕版印刷，流通于世。这对近代佛教华严教义、教理，重兴华严义学起了非常积极的推动作用。

北京刻经处、天津刻经处由徐蔚如（1878～1937）所创办，徐蔚如积极搜寻华严经籍，校勘刻印，使之流通。如《华严经探玄记》（二十卷）于唐末五代战乱之际佚传，民国初年徐蔚如搜得孤本，于民国七年（1918）开始刻版。徐蔚如在书中题记云："奉母命，先自认刻三卷，二三同志分任刻资，合而计之，才二十卷。"后有赵周蕙芳居士捐助 3000 银圆，才使这部书的刻印竟其全功。此书前后刻了 8 年，至民国十五年（1926）才刻印完成，徐蔚如在题记中续称："千载佚编，一朝复显，实为法门无上胜缘，刻竣谨记其缘起，丙寅十二月。"另外，徐蔚如亦在 1921 年刻印明代憨山的《华严纲要》，从 1924 年至 1928 年历时 5 年，刻印完成《华严经搜玄记》（五卷）。又徐蔚如晚年于海外得《华严经疏科文》（十卷）完本，交予上海李圆净居士，嘱其代为整理。民国二十六年（1937）四月，李圆净居士以所编的科文表解就正于蔚如，蔚如有所改订，又经过黄幼希居士的校订，徐蔚如为之命名曰

《华严经疏科文表解》。后于民国二十七年（1938）出版（此时徐蔚如居士已去世）。

依真禅所说，应慈非常热心倡导刻印各种版本的《华严经》及其疏释，如 1933 年曾募刻《行愿品疏》贞元经文，1938 年集资刊印《增刊普贤行愿品别行本》和唐译四十《华严》，1939 年又主持刊刻晋译《华严》，1944 年则嘱其弟子刘大照居士等勘刻《华严经探玄记》等。

三 民国时期华严学的研究

民国时期华严学的研究，主要集中在对华严宗祖师注疏的整理和注解方面。华严注疏的整理方面，以上海的"华严大疏钞编印会"为代表。华严祖师著作的注解，以持松的《华严宗教义始末记》与霭亭的《华严一乘教义章集解》为代表。

华严大疏钞编印会，依真禅说，早年徐蔚如居士得《嘉兴续藏》别行本《清凉疏钞》对勘，始辨其误，于是决心进行重编。1912 年间，徐蔚如与上海佛教界人士蒋维乔、黄幼希等商议，拟重编《华严经疏钞》，当时因种种原因，未及着手进行。1928 年，应慈在上海，亦曾与蒋维乔居士等计议，提出重编《华严经疏钞》，也因预算甚巨，未能实现。徐蔚如居士去世后，蒋维乔、黄幼希、李圆净等居士，本着徐蔚如之遗志，于 1939 年 5 月 18 日在上海成立《华严经疏钞》编印会，会上讨论通过了会章，推举应慈为理事长，由黄幼希主持编印会，当时汇集了中、日藏本及其他流通本共计 10 多种，进行参校，考订异同，补正缺少，经过近三年的努力，于 1941 年冬，全稿编辑完成。同时，又将《普贤行愿品别行疏钞》附入，1944 年春，全书校印完成。新编的《华严经疏钞》，从 1939 年成立编印会起，至 1944 年全书校印完成，前后历时 6 年方才圆满，使重编的《华严经疏钞》恢复了清凉澄观原来面貌。

持松（1894～1972），早期于上海华严大学随月霞学贤首教义，毕业后随月霞听讲学法，后至常熟兴福寺担任住持，并于法界学院授课。1937 年 7 月，日寇侵华战争全面爆发，是年持松 44 岁，上海沦陷后，他驻锡圣仙寺，闭门谢客，在寺中从事著作，前后 10 年之久。在此期间，他编撰出《华严宗教义始末记》《密教通关》等，并应李圆净居士之促请，整理及校雠历年著述，分为显密二辑。所著《华严宗教义始末记》一书，乃是依据法藏的《华严五教章》中的"所诠差别第九"中十门，针对种性、行位、时分、依身、断惑、佛身、化境七项，复加观行及前言。而总分此书为四篇，第一篇总论，第二篇明华严判教，第三篇明华严所判教五教之差别，第四篇明华严家所判五教之行持。实是总说贤首一家判教之义理。

霭亭（1893～1947），与持松同为上海华严大学学僧，学贤首教义。后月霞于宜兴磐山开讲《华严五教章》（四卷），霭亭与智光二人随侍月霞左右，精勤研究。此后，霭亭创办竹林佛学院，主讲香港东莲觉苑，深感《复古记》等文字艰深，初学不易了解，乃于弘化之余，将自己听讲之心得，参阅有关《华严一乘教义分齐章》的注疏，而成《华严一乘教义章集解》一书。去世后由香港九龙诸佛教居士发心印行。此书文风简约，对于学习理解法藏的《华严一乘教义分齐章》能起到很好的帮助作用。智光在序中对此书作如是评价："使艰涩者通顺之，深隐者浅显之，繁琐者删除之，不足者被充之。"

第二节　当代华严学术研究方向

依据武汉大学桑大鹏教授在《五十年来华严经研究综述》一文中的总结，近五十年来，学术界有关《华严经》的研究主要体现在六个方面，即：文献学与历史学研究，哲学与比较哲学研究，宗教与比较宗教学研究，华严教主及诸祖研究，华严学与文学研究，华严学与教育学研究。这六个方向各有力作问世，构筑了华严研究的深度和广度。

一　文献学与历史学研究

在"文献学与历史学研究"这一方面，可资参考的著述有：一、中国社科院魏道儒教授著《中国华严宗通史》一书，这是目前学术界第一部研究中国华严宗兴起与流变历程的专著，填补了学术界有关华严宗通史专题研究的空白。系统介绍自东汉末年迄清代中叶，其间约 1500 年的中国华严宗的发展历史轨迹，是一部有关华严宗发展的准确"时间地图"。二、北京大学王颂教授著《宋代华严思想研究》一书，全面阐述与华严宗相关的宋代佛教界的思想与实践特点，内容包括宋代华严祖师的传记研究、华严宗传承谱系的确立、教团的展开、修行方式、教理著作的解读、华严与净土的结合、三教融合、礼忏仪轨等。三、上海玉佛寺真禅法师著《华严经与华严宗》一书，全书共分《华严经》译本、《华严经》注疏、《华严经》基本思想、华严宗传法世系、华严宗基本思想、华严宗的判教与观法等六章。该书对华严宗的历史文献进行梳理，对华严传法世系亦非常关注。在"华严宗的传法世系"一章中，对初祖杜顺直至民国月霞、应慈的法脉的承继叙述，虽然简要，但也是华严宗系不可多得的文献。

二　哲学与比较哲学研究

在"哲学与比较哲学研究"这一方面，可资参考的著述有：一、现代著名哲学家方东美先生（1899～1977）著《华严宗哲学》一书，提出了华严哲学乃是最能彰显佛教圆融特色和广大和谐精神的佛教哲学体系，是一种树立于宗教基础上的超越哲学体系。书中对杜顺的"法界观""五教止观"非常重视，并提出要想认识华严宗哲学应先了解杜顺的思想。二、台湾大学杨政河教授著《华严哲学研究》一书，本书不仅从信、解、行、证的角度对八十《华严》义理结构进行梳理。还对华严五祖各自的思想体系以及传承发展脉络进行深入剖析，认为其间贯穿着"法界缘起观"的创发、展开、演变与结归（结归于法藏的"十玄缘起"）之路。三、复旦大学吴可为博士著《华严哲学研究》一书，本书是对华严宗哲学的现代诠释。作者认为华严宗作为汉传佛教最后成立的宗派之一，其哲学思想是印度大乘中观、唯识和如来藏教佛教思想的集大成者，代表着大乘佛教思想的一个巅峰。对华严哲学的现代诠释，正适合于为佛教思想研究提供一种整体性的佛教本位的诠释。

三　宗教与比较宗教学研究

在"宗教与比较宗教学研究"这一方面，可资参考的著述有：一、香港大学赖品超教授撰《三一论、基督论与华严佛学》一文，从华严视角观照基督教。依据华严宗的相即相入及事事无碍等观念，从九个方面对基督教的父子圣灵互渗等思想理念进行了阐释。此文以华严义理解析基督教理的范例，显示了两种宗教和哲学体系互相阐释的可能。二、浙江工商大学王仲尧教授撰《论南北朝地论师的判教思想》一文，从地论师南北二道的判教结构和有关思想出发，重在对地论宗南北二道的判教思想进行比较。文中认为双方分歧的焦点在于佛性是"当有"还是"现有"。地论南道持"真性缘起"，有强调理性主义；地论北道持"法界缘起"，较偏重实践。

四　华严教主及诸祖研究

在"华严教主及诸祖研究"这一方面，可资参考的著述有：一、中国人民大学方立天教授著《法藏评传》一书，共立一代华严大师、创立华严宗、五教十宗、三性同异与因门六义、六相圆融与十玄无碍、一切唯心造、三种观照方法、修行成佛、源远流长等九章。全面而深刻地展示了法藏的生平、学术与修行成就，重点放在对其学术思想的探讨上。二、台湾黄连忠教授著《宗密的禅学思想》一书，主要研究宗密禅教一致的禅学思想，涵摄了佛教传入中国以后，在佛教义理与宗派教法的总和。作者认为宗密调和禅教相资互证的和合精神，形成团结佛教内部之间的文化融合哲学，由此可以建构现代的和会思想。三、华严莲社编《华严宗五祖论著精华》一书，主要是对华严宗五位祖师的主要著作收集整理。每位祖师皆从三个方面进行介绍。一者，简介祖师的生平；二者，收集整理诸传记中，有关祖师的生平传记记述；三者，收集整理祖师的主要著作。

五 华严学与文学研究

在"华严学与文学研究"这一方面，可资参考的著述有：一、青岛大学侯传文教授撰《〈华严经〉与中印启悟文学母题》一文，认为《华严经》是一部具有启悟小说性质的经典，经中所述善财童子五十三参的故事，不同于一般佛经，具有启悟小说的性质。作者认为《西游记》与《华严经》也有许多相通之处。唐僧发愿西天取经与善财童子发菩提心一样表现了求道精神。二、陕西师范大学吴言生教授撰《华严帝网印禅心》一文，认为《华严经》蕴含着深邃灵动的禅悟思维。圆融既是华严的至境，也是禅的至境。作者提出具体探讨《华严经》、华严宗的禅悟思维对禅诗、禅思的影响，对构建 21 世纪的中国禅诗研究学，有着极其重要的意义。

六 华严学与教育学研究

在"华严学与教育学研究"这一方面，有北京师范大学沈立教授的《中国佛教〈华严经〉的终生学习观》一文，围绕《华严经》中"普贤十愿之常随佛学愿""净行品""善财童子五十三参"等文，总结提出"华严终生学习观"。作者认为：佛教本来就是一种教育，而《华严经》中包含了十分积极健康的生命观、生活观、学习观。如何将这些积极健康的因素化入我们的生活实践，以帮助我们确立正确的信仰与价值观，正是当今时代的我们需要深入思考的，该文对此做了有效的尝试。

思考与练习题

1. 请简要介绍月霞于上海创办华严大学的情况。
2. 请简要介绍应慈一生弘扬华严之历程。
3. 请简要介绍徐蔚如居士创办刻经处校勘刻印华严经籍之经过。
4. 请简要介绍华严大疏钞编印会重编《华严经疏钞》之经过。
5. 请问：在民国年间，华严学的弘扬主要体现在哪几个方面？

第二篇

华严宗祖师及相关人物介绍

第七章 三部《华严经》传译者

【本章导读】

本章主要是对三部《华严经》的传译者进行介绍，即在六十《华严》、八十《华严》、四十《华严》等三种版本的译传中，有关取经、译经、助译及对檀越等人物进行介绍。

本章计分三节。

第一节，六十《华严》的传译者。本节中，对六十《华严》的传译过程中，西域取经者支法领、经文的主译者佛驮跋陀罗、经文的助译者法业等、译场的檀越褚叔度等相关人物进行介绍。

第二节，八十《华严》的传译者。本节中，对八十《华严》的传译过程中，带来梵本并主译的实叉难陀、参加译场助译的菩提流志、义净等相关人物进行介绍。

第三节，四十《华严》的传译者。本节中，对四十《华严》的传译过程中，在译场中担当主译的般若、担当助译的圆照等相关人物进行介绍。

第一节　六十《华严》的传译者

六十《华严》又名晋译《华严》，是最早传入中国的完本《华严经》。依据诸多传记所载，六十《华严》的传译与以下数人有关：一、西域取经者支法领，二、《华严经》翻译者佛驮跋陀罗，三、《华严经》译场助译者法业等人，四、《华严经》译场檀越孟顗与褚叔度二人。

一　西域取经者支法领

支法领，东晋僧，生卒年不详。六十卷《华严经》取经者。依诸传记所载，支法领乃是庐山慧远的弟子，奉师命前往西域求取律典，在于阗寻得诸经，其中即有六十《华严》。回汉地后即参加律典的翻译。

支法领为慧远之弟子，是受慧远之命而前往西域寻取众经，这一说法为诸多传记所共许，如在文才所述的《肇论新疏》卷中所说，"领公者，支法领也。据远公传似远公弟子，亦远公使之令去西域，华严梵本等皆此师寻至，恨无正传。"① 后人多依此说。

支法领奉慧远之命前往西域取经，其目的乃是求律典。其去往西域的时间是东晋孝武帝太元十七年（392），如《四分律》之序文中所说：

> 自大教东流，几五百载。虽蒙余晖，然律经未备。先进明哲，多以戒学为心。然方殊音隔，文义未融，推步圣踪，难以致尽，所以快快终身，西望叹息。暨至壬辰之年，有晋国沙门支法领，感边土之乖圣、慨正化之未夷，乃亡身以徂险、庶弘道于无闻，西越流沙，远期天竺。路经于阗，会遇昙无德部，体大乘三藏沙门佛陀耶舍，才体博闻，明炼经律，三藏方等，皆讽诵通利。即于其国广集诸经于精舍。还，以岁在戊申，始达秦国。②

依上所说，支法领于壬辰之年（392）前往西域，于戊申（408）携带诸经回到后秦。此中诸经自然包括华严梵本。

支法领从西域取回诸经，即集众翻译律典。诸传记中但说支法领翻译律典，未有其译《华严经》之说，如《四分律》之序文中所说：

---

① （元）文才述《肇论新疏》卷中，《大正藏》第45册，第223页。
② （东晋）竺佛念译《四分律》"序文"，《大正藏》第22册，第567页。

即以其年重请出律藏。时集持律沙门三百余人，于长安中寺出，即以领弟子慧辩为译校定，陶炼反覆，务存无朴，本末精悉，若睹初制。此土先所出戒，差互不同，每以为惑。以今律藏检之，方知所以。①

此中所说"即以其年重请出律藏"者，即指佛陀耶舍已先至后秦，并翻译律部经典。而支法领回来后，将前人所译，与所取回律藏，重新对照，查漏补缺。

二　主译者佛驮跋陀罗

佛驮跋陀罗（359～429），东晋僧，六十卷《华严经》翻译者。受智严之请，于后秦弘始年间来华；在长安时，因与罗什门下不合，遂离长安；离开长安后，带弟子慧观等人，在庐山慧远处从事译经；后又至扬州道场寺，译出六十《华严》等经。

佛驮跋陀罗，又名佛驮跋陀罗，意译为觉贤。古印度迦毗罗卫国（今尼泊尔境内）人，族姓释迦。17岁出家，修业精勤，博学群经，特精禅、律。如《高僧传》卷二中所说：

> 佛驮跋陀罗，此云觉贤，本姓释氏，迦维罗卫人，甘露饭王之苗裔也……从祖鸠婆利，闻其聪敏，兼悼其孤露，乃迎还度为沙弥。至年十七，与同学数人，俱以习诵为业。众皆一月，贤一日诵毕。其师叹曰：贤一日敌三十夫也。及受具戒，修业精勤，博学群经多所通达，少以禅律驰名。②

佛驮跋陀罗来华，是由智严所请，如《高僧传》卷二中所说：

> 有秦沙门智严，西至罽宾，睹法众清胜。乃慨然东顾曰：我诸同辈，斯有道志，而不遇真匠，发悟莫由。即诸讯国众：孰能流化东土……乃谓严曰：可以振维僧徒，宣授禅法者，佛驮跋陀其人也。严既要请苦至，贤遂愍而许焉，于是舍众辞师裹粮东逝。③

佛驮跋陀罗到达长安之后，与三藏鸠摩罗什共论佛法要义，如传中所说"什大欣悦，共论法相"，又说"什每有疑义，必共谘决"。依《高僧传》卷二所说，其在

---

①　（东晋）竺佛念译《四分律》"序文"，《大正藏》第22册，第567页。
②　（梁）慧皎撰《高僧传》卷二，《大正藏》第50册，第334页。
③　（梁）慧皎撰《高僧传》卷二，《大正藏》第50册，第334页。

长安大弘禅业"四方乐靖者并闻风而至",但因佛驮跋陀罗屡现神通法术,多有神异,再加上对其弟子疏于管束,有弟子自言得上人法,导致在罗什的译场中流言四起,由此众多因缘,佛驮跋陀罗被摈出罗什译场。于是与弟子慧观等"率侣宵征,南指庐岳"。

佛驮跋陀罗到庐山后,受到慧远的隆重接待,并受慧远之请,翻译禅数诸经,如《佛祖统纪》卷三十六中说:

> 九年,迦维卫国沙门佛驮跋陀罗（此云觉贤）,至庐山入社,远请译禅数诸经,自是江东始耽禅悦。[1]

此中说,佛驮跋陀罗是于弘始九年（407）到江西庐山,其时支法领还未从西域归来。也许正是这一因缘,待支法领归来（408）后,佛驮跋陀罗得获六十《华严》梵本。

佛驮跋陀罗在庐山慧远处一年多,即四方游化,居无定所,后受吴郡内史孟顗、右卫将军褚叔度所请,开始翻译六十《华严》,如《高僧传》卷二中所说:

> 贤志在游化居无求安,停止岁许,复西适江陵。……沙门支法领,于于阗得华严前分三万六千偈,未有宣译。至义熙十四年,吴郡内史孟顗、右卫将军褚叔度,即请贤为译匠,乃手执梵文,共沙门法业、慧严等百有余人,于道场译出。[2]

佛驮跋陀罗所译经论众多,除《华严经》外,亦有《观佛三海经》《泥洹经》等,依《高僧传》卷二中说,计有 15 部 117 卷。《历代三宝纪》卷七[3]中,收录有佛驮跋陀罗所译经论 15 部 115 卷名录。

三 助译者法业等

六十《华严》的翻译,在诸传记中,皆说"共沙门法业、慧严等译出"。对于"法业等人"的解说,在诸传记中各不相同,或说法业一人为笔受,或说法业、慧严二人为笔受,或说法业、慧严、慧义等同为笔受,说法业、慧义、惠严、慧观等同为笔受。这四人中,有为《华严经》注释的中国第一人法业,有罗什门下的"什

① （宋）志磐撰《佛祖统纪》卷三十六,《大正藏》第 49 册,第 343 页。
② （梁）慧皎撰《高僧传》卷二,《大正藏》第 50 册,第 335 页。
③ （隋）费长房撰《历代三宝纪》卷七,《大正藏》第 50 册,第 71 页。

公八俊"中的慧严和慧观二人。

法业，长安人，在法藏《华严经传记》卷二①中，有法业生平的简略记载。说其是少年出家，学无常师，为同辈所推重。其"遍阅群部，每以为照极探微，快然未足"。佛驮跋陀罗翻译华严，其为笔受。在这几年的译经过程中："既躬受梵文，又陶冶精至，推宗扣问，日有其伦。遂敷弘幽旨，郁为宗匠。"法业参加华严译场后，著有《花严旨归》二卷，是最早注释《华严经》的论著。对此法藏赞道："大教滥觞，业之始也。"依传记中说，有沙门昙斌等计数百人"伏膺北面，钦承雅训"。从时间上来说，法业应该是研究、弘扬《华严经》的先驱。

慧严，俗姓范，豫州人，什公八俊之一。依《高僧传》卷七中②所说，其十六岁时辞亲出家。对佛理非常精通，听闻罗什在关中译经后，即前往依从受学。后来居住于东安寺，为刘宋高祖所知重。其于译经史上最重要的二件事：一是参加了晋译华严的译场；另一即是与慧观、谢灵运等，依据泥洹本，重新梳理《大涅槃经》之品目。

慧观，俗姓崔，清河人，什公八俊之一。依《高僧传》卷七中③所说，其十岁就已经学识渊博而闻名于乡里。弱年出家后即四处游方求道。后来到了庐山后就师从慧远学习。听说罗什入关译经后。又从南方来到北方，参加罗什的译场。另有一说，谓其是佛驮跋陀罗之弟子，如《高僧传》卷二中说，佛驮跋陀罗被摈时，慧观等弟子随从佛驮跋陀罗离开长安。著有《法华宗要序》《辩宗论》《十喻序》《赞诸经序》等。

慧义，俗姓梁，北方人。依《高僧传》卷七中④所说，其年少时出家。初游学于彭宋之间，对经义非常精通。刘宋永初元年（420），车骑范泰立祇洹寺，慧义为其指授仪则。在《高僧传》中虽有其传记，却未记载其参加华严译场之事。诸传记中讲述《华严经》翻译之史实时，虽录有慧义之名，却无有慧义之生平叙说。

四 译场檀越褚叔度等

诸传记中，在论及晋译《华严》的译经情形时，均提及会稽太守孟颛、右卫将军褚叔度二人，或谓其请佛驮跋陀罗译《华严经》，如《华严经传记》《高僧传》卷二中说；或谓其为华严译场之檀越，如《探玄记》卷一、《华严经感应传》卷一、《华严经》后记等说。在佛教诸传记中，对此二人的论及并不多。

会稽太守孟颛，在诸传记中，皆评价说"事佛精恳"。如《高僧传》卷三中说：

---

① （唐）法藏撰《华严经传记》卷二，《大正藏》第51册，第158页。
② （梁）慧皎撰《高僧传》卷七，《大正藏》第50册，第368页。
③ （梁）慧皎撰《高僧传》卷七，《大正藏》第50册，第368页。
④ （梁）慧皎撰《高僧传》卷七，《大正藏》第50册，第368页。

"会稽太守平昌孟颉，深信正法。以三宝为己任，素好禅味敬心殷重。"① 在《高僧传》中，多有其建寺请僧安住的说法，如《高僧传》卷七中《僧诠传》中说孟颉曾在余杭建方显寺，请僧诠居住；又如《高僧传》卷第十二中《弘明传》中，说其于济阳江永兴邑建立昭玄寺，请弘明前往住持。另外，在传记中，有其与谢灵运在佛法上见解不同的说法，如《佛祖统纪》卷三十六中说："会稽太守孟颉事佛精恳，灵运所轻。尝谓颉曰：得道应须慧业，丈夫生天当在灵运前，成佛必居灵运后。颉憾之。"②

右卫将军褚叔度，在佛教诸传记中，不见有关其生平介绍，唯有其参加华严译场一说。其生平事迹，可参见《宋书》卷五十二之"列传第十二"。依"传"中所说，褚叔度，河南阳翟人，其妹为晋恭帝之后。宋武帝时，褚叔度先后担任骑参军事、司徒左西属、中军咨议参军、右卫将军等职，先后参加伐鲜卑、平桓玄族人乱等战，南朝宋武帝赞其"叔度南北征讨，常管戎要，西夏不虔，诚著岭表，可封番禺县男，食邑四百户"。刘宋景平二年（424）卒，时年四十四岁。

有关会稽太守孟颉、右卫将军褚叔度二人，与华严译场的关系，还有另外一种说法，即是说此二人也曾参加了此华严译场的翻译，如陈舜俞撰《庐山记》卷第三中说：

> 安帝义熙十四年，先有沙门从于阗国，得华严经前分三万六千偈，未有宣译。乃迎师，赴道场寺为译主。与吴郡内史孟颉、右卫将军褚叔度、沙门法业等。诠定文旨，会通华梵，妙得经意。③

陈舜俞曾活动于宋熙宁年间（1068～1077）时人，与晋译《华严》的翻译时间相隔有数百年之久。且他的这种说法不见于其他的传记，所以无法对之进行证实。

第二节　八十《华严》的传译者

八十《华严》又名唐译《华严》，是现今汉地《华严经》最完整之版本。依诸传记中所说，八十《华严》的梵本是由实叉难陀携带而来，后在东都大内遍空寺与菩提流志、义净等人译成汉本。

---

① （梁）慧皎撰《高僧传》卷三，《大正藏》第50册，第343页。
② （宋）志磐撰《佛祖统纪》卷三十六，《大正藏》第49册，第343页。
③ （宋）陈舜俞撰《庐山记》卷三，《大正藏》第51册，第1041页。

一　主译者实叉难陀

实叉难陀（652～710），唐代僧人，八十卷《华严经》的翻译者，佛经翻译家。于阗人，应武后使者所请，携广本《华严经》来洛阳。随后在大遍空寺同菩提流志、义净等人译出新本《华严经》；并先后在颍川三阳宫、长安清禅寺和洛阳佛授记寺等处翻译佛经，则天武后长安四年（704）时回归于阗。四年后应唐中宗所邀，再来长安，但尚未翻译即患病，越二年卒于长安。

实叉难陀，华言学喜，本是葱岭北于阗人也，善大小乘旁通异学，后应武则天使者所请，携带广本《华严经》来洛阳，如《宋高僧传》卷二中所说：

> 天后明扬佛日，崇重大乘，以华严旧经处会未备，远闻于阗，有斯梵本。发使求访，并请译人。叉与经夹，同臻帝阙。[①]

实叉难陀到洛阳后，于证圣元年（695）在大遍空寺，同菩提流志、义净、复礼、法藏等人翻译广本《华严经》，圣历二年（699）在佛授记寺译毕，如《宋高僧传》卷二中所说：

> 以证圣元年乙未，于东都大内大遍空寺翻译。天后亲临法座，焕发序文。自运仙毫，首题名品。南印度沙门菩提流志、沙门义净同宣梵本，后付沙门复礼、法藏等，于佛授记寺译成八十卷，圣历二年功毕。[②]

实叉难陀在翻译《华严经》之后，亦有翻译其他经典，如《宋高僧传》卷二中所说，先后在颍川三阳宫、长安清禅寺和洛阳佛授记寺等处翻译佛经：

> 至久视庚子（700），驾幸颍川三阳宫，诏叉译《大乘入楞伽经》，天后复制序焉。又于京师清禅寺及东都佛授记寺，译《文殊授记》等经，前后总出一十九部。[③]

依《宋高僧传》卷二、《华严经传记》卷一等传记中说，长安四年（704），以母年老求归，由御史霍嗣光护送回于阗。景龙二年（708）应唐中宗所邀再度来长

---

① （宋）赞宁撰《宋高僧传》卷二，《大正藏》第50册，第718页。
② （宋）赞宁撰《宋高僧传》卷二，《大正藏》第50册，第718页。
③ （宋）赞宁撰《宋高僧传》卷二，《大正藏》第50册，第719页。

安，住大荐福寺，尚未从事翻译即患病，越二年卒于长安。遗体火化后由其门人悲智和唐使者哥舒道元将骨灰送回于阗。有说"薪尽火灭，其舌犹存"，后人在长安火化处建造七层塔，称为华严三藏塔。

二 同译者菩提流志等

在诸多传记中，对于八十《华严》的翻译，皆说是由实叉难陀主译，由菩提流志和义净两人同宣梵本，最后交由复礼、法藏二人在佛授记寺译成。也有传记中说由复礼缀文，法藏笔受。

第一，宣梵本者菩提流志。

菩提流志（572～727），八十卷《华严经》翻译之宣梵本者，佛经翻译家。应唐高宗使者所请，到达洛阳后，住佛授记寺开始译经。在其所译的《佛说宝雨经》中，有东方月光天子受记在中国现女人身统治世间一段，为武后则天所喜。实叉难陀来华后，参加八十《华严》译场，宣读梵本。后专事翻译，译完《宝积经》之后，不再从事译经，专事禅观，直至圆寂。

菩提流志，原名达摩流支，唐言法希，南印度人。出身婆罗门，姓迦叶。先依外道学法，后转学佛，随耶舍瞿沙三藏学诸经论，悉皆了达，遍临诸讲肆。唐高宗遥闻其雅誉，遣使迎之，如《宋高僧传》卷三中说：

> 初依耶舍瞿沙三藏，学诸经论；其后游历五天，遍亲讲肆。高宗大帝，闻其远誉，挹彼高风，永淳二年，遣使迎接。①

在《宋高僧传》中，只说高宗于永淳二年（683）遣使，在《佛祖统纪》卷三十九中有"垂拱三年，南天竺三藏菩提流志来"② 句。则菩提流志应是687年至。

菩提流志到洛阳后，住在佛授记寺，开始译经。所译之《佛说宝雨经》，为武后喜，以经序分中，有天子化女人身统治世间一段：

> 天子，由汝曾种无量善根因缘，今得如是光明照耀。天子，以是缘故，我涅槃后，最后时分，第四五百年中，法欲灭时，汝于此赡部洲东北方摩诃支那国，位居阿鞞跋致，实是菩萨，故现女身，为自在主。经于多岁正法治化，养育众生犹如赤子。③

---

① （宋）赞宁撰《宋高僧传》卷二，《大正藏》第50册，第720页。
② （宋）志磐撰《佛祖统纪》卷三十九，《大正藏》第49册，第369页。
③ （唐）达摩流支译《佛说宝雨经》卷一，《大正藏》第16册，第284页。

实叉难陀携带广本《华严经》来华，菩提流志参加译场，与义净同宣梵本。其后，菩提流志在佛授记寺、西崇福寺等地译经，如《释氏稽古略》卷三中所说：

> 敕于佛授记寺，译经一十九部，凡二十八卷；中宗神龙二年，志遂驾还京，敕于西崇福寺，译《宝积经》，帝亲笔受；睿宗景云元年，帝复于北苑白莲花亭，别开宝积会首……御笔制序标于经首；玄宗开元元年，志以所译《宝积经》，并旧译合成一部百二十卷，功毕。①

依诸传记，菩提流志译完《宝积经》之后，就不再译经，专门修持，十分精进，又经十几年，在玄宗开元十五年（727）圆寂，寿 156 岁。菩提流志所译的经本流通的，依《开元释教录》卷八中记载，共 53 部，101 卷。

第二，宣梵本者义净。

义净（635～713），八十卷《华严经》翻译之宣梵本者，唐代译经僧。年少时即仰慕法显、玄奘之西游，37 岁时，经由广州，取道海路，去往印度；朝礼圣迹，四处游学；25 年后，携梵本经论回国，得武后亲迎；回国后，参与八十《华严》译场，后又翻译与戒律、唯识、密教等相关典籍；在译经之余，亦教授后学，著书立说。

义净，俗姓张，字文明，河北涿县（今涿州市）人。幼年出家，天性颖慧，遍访名德，仰慕法显、玄奘之西游，欲游西域，三十七岁时终遂其志，如《宋高僧传》卷一中说：

> 咸亨二年，年三十有七，方遂发足。初至番禺，得同志数十人，及将登舶，余皆退罢。净奋励孤行，备历艰险；所至之境，皆洞言音；凡遇酋长，俱加礼重；鹫峰鸡足，咸遂周游；鹿苑祇林，并皆瞻瞩；诸有圣迹，毕得追寻。经二十五年，历三十余国。②

义净西游印度，一一巡礼鹫峰、鸡足山、鹿野苑、祇园精舍等佛教圣迹后，前后经 25 年，终携带梵本经论回国，得天后亲迎，如传中所说：

> 天后证圣元年乙未仲夏，还至河洛。得梵本经律论，近四百部，合五十万颂。金刚座真容一铺，舍利三百粒。天后亲迎于上东门外。诸寺缁伍具幡盖，

---

① （元）觉岸撰《释氏稽古略》卷三，《大正藏》第 49 册，第 820 页。
② （宋）赞宁撰《宋高僧传》卷一，《大正藏》第 50 册，第 710 页。

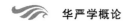

歌乐前导。敕于佛授记寺安置焉。①

义净于证圣元年（695）回国，恰逢八十《华严》翻译，随即参加译场，与菩提流志同宣梵本。其后专于译经，先后于雍京西明寺、洛阳道场寺、大福先寺、长安大荐福寺等处译经，如《宋高僧传》卷一中说：

> 久视之后，乃自专译。起庚子岁至长安癸卯，于福先寺及雍京西明寺，译《金光明最胜王》……神龙元年乙巳，于东洛内道场，译《孔雀王经》。又于大福先寺，出《胜光天子香王菩萨咒》……永隆元年庚戌，于大荐福寺，出《浴像功德经》……②

依《宋高僧传》卷一所说，义净前后所译经典，计有 56 部 230 卷。其于译述之余，亦教授后学，著书立说。其著有《南海寄归内法传》四卷、《大唐西域求法高僧传》二卷等，著作中备载印度南海诸国僧人之生活、风俗、习惯等，系了解当时印度之重要资料。

第三，缀文者复礼。

在八十《华严》译场，诸传记中，或说复礼担任缀文，或说复礼担任笔受。而《华严经传记》中则说，复礼与法藏两位最后在佛授记寺完成《华严经》的定稿。

复礼，唐代僧。京兆（陕西）人，俗姓皇甫。生卒年不详。依传记中说，复礼性虚静，寡嗜欲，游心内典，兼博玄儒，尤工赋咏，善于著述。先后参加日照和实叉难陀所主持的译场，皆为缀文，如《宋高僧传》卷十七中说：

> 尤工赋咏，善于著述，俗流名士，皆仰慕之。三藏地婆诃罗、实叉难陀等，译《大庄严》《华严》等经，皆敕召礼，令同翻译。缀文裁义，实属斯人。③

高宗永隆二年（681），太子文学（唐代管理经籍之官吏）权无二对佛教提出二十条质疑，复礼就此撰著《十门辩惑论》以答之，如传中所云：

> 天皇永隆二年辛巳，因太子文学权无二，述释典稽疑十条，用以问礼，请令释滞。遂为答之，撰成三卷，名曰《十门辩惑论》。④

① （宋）赞宁撰《宋高僧传》卷一，《大正藏》第 50 册，第 710 页。
② （宋）赞宁撰《宋高僧传》卷一，《大正藏》第 50 册，第 710 页。
③ （宋）赞宁撰《宋高僧传》卷十七，《大正藏》第 50 册，第 812 页。
④ （宋）赞宁撰《宋高僧传》卷十七，《大正藏》第 50 册，第 812 页。

复礼《十门辩惑论》三卷释解权无二之疑惑，令权无二为之折服，寄书于复礼，执弟子礼师之。（《十门辩惑论》三卷，见于《大正藏》卷五十二。权无二答书，见于论之后记。）另外，复礼著有《真妄颂》，讨论真心与妄心之间的关系，并征请当代诸师作解答。

第三节　四十《华严》的传译者

四十《华严》又名《贞元经》，此经乃是新旧两译《华严经》最后一品"入法界品"之别译。依传记中说，本经是在贞元年间，由唐朝般若于长安崇福寺所译出。在四十《华严》之后记中，有参加四十《华严》译场名单，其中谓：宣梵文者般若，译语者广济，笔受者圆照。

一　主译者般若

般若，唐代译经僧，四十卷《华严经》的主译者。北印度人，受具戒后，随三大论师学习唯识五明等。后听闻五台文殊之名，东赴大唐誓弘佛法。至长安后，欲翻译佛经，但不谙胡语，不解唐言，故所译经未能流通。贞元六年（790）奉敕出使迦湿弥罗国。未久，受赐"般若三藏"之名及紫衣。贞元十二年（796）奉诏于长安崇福寺译四十《华严》。

般若，梵名般剌若，唐言智慧。7岁发心归依三宝，依大德调伏军学习四阿含等小乘诸法。23岁时诣中天竺那烂陀寺，受学大乘，依智护、进友、智友三大论师学习唯识、瑜伽、中边等论，后游双林八塔，往来瞻礼18年。

般若听闻大唐五台文殊之名，遂起心东赴大唐誓弘佛法，乘船渡海东来，历经波折，于建中三年（782）至达，如《续开元释教录》卷一所说：

> 汎海东迈，驾险乘航，垂至广州，风飘却至执师子国之东隅；又集资粮，坚修航舶，备历南海，路次国中二十二年，垂至广府。风吹舶破，平没数船，始从五更泊平日出，或漂或溺，赖遇顺风，所持资财，梵夹经论，遭此厄难，不知所之……东行半月方达广州，泊建中三年届于上国矣。①

般若至长安后，与波斯僧景净一起，依胡本《六波罗蜜》译成七卷，但般若不

---

① （唐）圆照集《续开元释教录》卷一，《大正藏》第55册，第756页。

谙胡语，不通唐言。景净又不识梵文，所译经典未能流行，如《续开元释教录》卷一中说：

> 与大秦寺波斯僧景净，依胡本六波罗蜜译成七卷。时为般若不闲胡语，复未解唐言。景净不识梵文，复未明释教。虽称传译，未获半珠。图窃虚名，匪为福利。录表闻奏，意望流行。圣上睿哲文明，允恭释典，察其所译，理昧词疏。且夫释氏伽蓝，大秦僧寺，居止既别，行法全乖。①

由于般若与景净所译《六波罗蜜经》理昧词疏。是故，后来又于西明寺重译该经。贞元六年（790）奉敕出使迦湿弥罗国，考察《六波罗蜜经》等诸经本源，并受赐"般若三藏"之名及紫衣。如《续开元释教录》卷一中说：

> 皇帝批曰：此经出代以来，未传中夏，须因梵本至自西方，详考宗源，克符觉义。遂令翻译，俾可流行。师等虔奉法门，住持斯久，今加缮写，锡在伽蓝，庶此真文，摅之不朽。……又敕罽宾国进梵夹六波罗蜜沙门般若。宜赐名般若三藏。仍赐紫衣。②

贞元十二年（796）六月，般若奉命于崇福寺宣译《华严经》，十四年二月完成，得40卷，即所谓《四十华严》。另译有《守护国界主陀罗尼经》10卷、《大乘本生心地观经》8卷等。后寂于洛阳，遗骸葬于龙门西冈，年寿不详。

二　助译者圆照等

在四十《华严》的后记，详细记录了四十《华严》译场名单，其中译语者广济，笔受者圆照，缀文者有智柔、智通，润文者是道弘与鉴虚，详定经文者有澄观、虚邃。此中诸人除华严四祖澄观及笔受者圆照二人，其余几位，诸传记中皆不见其生平记载，未录有彼有参于四十《华严》译场。

圆照，唐代僧。生卒年不详。京兆蓝田人，俗姓张。十岁，依西明寺景云律师出家，研钻《维摩经》《法华经》《华严经》等经，通晓因明、唯识、中观等论，旁究儒典，特精律藏。

代宗大历十三年（778），帝诏两京律师十四人，定新旧两疏之律条。以圆照为首与京城诸大德共议，写成敕金，定四分律疏，如《宋高僧传》卷五中所说。

---

① （唐）圆照集《续开元释教录》卷一，《大正藏》第55册，第756页。
② （唐）圆照集《续开元释教录》卷一，《大正藏》第55册，第757页。

共议篇题云：敕佥定《四分律疏》卷第一，京城临坛大德，某等奉诏定，以此为题也。照为首唱，诸公和之。其间，厥义非长，若农夫之去草；其义合理，犹海客之采珠。可谓，名解毗尼，不看他面。①

贞元十二年（796）六月，般若奉命于崇福寺宣译《华严经》，圆照与澄观、广济等共同助译，圆照为笔受。

依诸传记中记载，圆照著作颇多，有《贞元新定释教目录》三十卷、《续开元释教录》三卷、《般若三藏续古今翻译图记》三卷、《大乘理趣六波罗蜜多经音义》二卷、《五部律翻译传授记》一卷等。

另，今依四十《华严》之后记，将参加四十《华严》译场人员之名录列示：1. 宣梵文者，罽宾国三藏赐紫沙门般若；2. 译语者，东都天宫寺沙门广济；3. 笔受者，西明寺赐紫沙门圆照；4. 回缀者，保寿寺沙门智柔、智通；5. 润文者，成都府正觉寺沙门道弘、章敬寺沙门鉴虚；6. 证义者，大觉寺沙门道章、千福寺沙门大通；7. 详定者，太原府崇福寺沙门澄观、千福寺沙门虚邃。

思考与练习题

1. 请简要介绍涉及六十《华严》翻译的相关人等。
2. 请简要介绍涉及八十《华严》翻译的相关人等。
3. 请简要介绍涉及四十《华严》翻译的相关人等。
4. 请简略介绍支法领前往西域取经的情况。
5. 请简略介绍佛驮跋陀罗来华及译经的情况。
6. 请简略介绍实叉难陀来华及译经的情况。
7. 请简略介绍菩提流志来华及译经的情况。
8. 请简略介绍义净前往西域取经及回国译经情况。
9. 请简略介绍般若来华及译经的情况。

---

① （宋）赞宁撰《宋高僧传》卷五，《大正藏》第 50 册，第 804 页。

第八章　华严五祖生平思想事迹

【本章导读】

本章主要围绕华严五祖生平思想事迹进行介绍。即分别对杜顺、智俨、法藏、澄观、宗密等五位祖师的生平、思想、著作等进行介绍。

本章计分五节。

第一节，华严宗初祖杜顺。本节中，介绍了杜顺的生平事迹、著作及主要思想。杜顺的一生充满了神异，本节亦介绍了杜顺作为文殊菩萨化身这一传说。

第二节，华严宗二祖智俨。本节中，介绍了智俨的师承、行化、弟子传承、主要著作、华严思想等方面的内容。

第三节，华严宗三祖法藏。本节中，介绍了法藏的生平事迹、著作及主要思想等方面的内容。

第四节，华严宗四祖澄观。本节中，介绍了澄观的生平事迹、著作及主要思想等方面的内容。

第五节，华严宗五祖宗密。本节中，介绍了宗密的生平事迹、著作及主要思想等方面的内容。

第一节　华严宗初祖杜顺

杜顺是华严宗初祖，其一生都是充满了神异，而诸传记中对杜顺的生平交代得也都比较模糊，基本上都是以其种种神异为主；而其所著的《华严五教止观》与《华严法界观门》，历来争论不少，有学者认为非杜顺所作；有关他的生平事迹，道宣的《续高僧传》、法藏的《华严经传记》、续法的《法界宗五祖略记》中都有详略不同的记载。道宣生活年代略迟于杜顺，与智俨是同时代的人，比法藏稍早，所以其所著的《续高僧传》中的记载是今人研究杜顺最宝贵的资料。

一　杜顺生平简介

杜顺，又名法顺，唐代雍州万年（今陕西临潼）人。其生卒年月，依《续高僧传》卷二十五[①]中所载，"以贞观十四年，都无疾苦，告累门人，生来行法，令使承用。言讫如常坐定，卒于南郊义善寺，春秋八十有四"，可知，杜顺应是生于557年，圆寂于640年（唐贞观十四年）。另外，对于圆寂的具体时间，续法《初祖杜顺和尚传》中谓"贞观十四年十月二十五日"，志磐《佛祖统纪》中谓"贞观十四年十一月十五日"。

依诸传记中所说，杜顺于18岁时归投因圣寺僧珍禅师出家，受持定业，而对于杜顺的生平介绍很少，基本上都是在说的种种神异之事，有说法冢、德伏龙虫、地神托盘等典故。

第一，说法冢者，此说出自续法的《法界宗五祖略记》。此谓，杜顺在孩提时的时候，就能言善辩，常常在家宅后冢上为大众说法，凡听闻者无有不信服的，信众从他的说法中得到不少启示。后来常常说法的地方就被称为说法冢。

第二，德伏龙虫者，此说出自道宣的《续高僧传》。此谓，在武功县有一僧为毒龙所缠，无人能有救治之法，杜顺闻之，乃与之对坐。毒龙即托此病僧口而说："禅师既然，义无久住，极相劳娆。"于是一会儿此僧人就告病愈。又带领众人前往骊山栖静，将要种菜的时候，发现地方有许多虫蚁，于是就划定了地域，由此虫蚁全部迁移，在耕种时一点也没有伤害到虫蚁。

第三，地神托盘者，此说出自续法的《法界宗五祖略记》。此谓，杜顺投因圣寺僧珍禅师出家之时，僧珍禅师亲自为其剃度。此一出家因缘感得地为之动，地神出来为其托盘承发。

在诸多传记中，杜顺被称为帝心尊者。依续法《法界宗五祖略记》中说，唐太

---

① （唐）道宣撰《续高僧传》卷二十五，《大正藏》第50册，第654页。

宗特意诏请其入内宫，亲自相迎。并向杜顺请教脱苦之法，杜顺劝其大赦天下，则病疾自除，太宗准之，果得痊愈。由此原因故，唐太宗赐号"帝心"。另外，在《佛祖统纪》卷三十九中也有记载："六年，诏以东都（洛阳）龙潜旧宅为天宫寺，诏杜顺和上入见。赐号帝心。"① 《续高僧传》中虽未记载此事，但也有"上奉其德，仰其神，引入内禁，降礼崇敬。储宫王族，懿戚重臣，戒约是投"等语。

二　杜顺著作概说

在关杜顺的著作，在诸传记中记录很少，从道宣的《续高僧传》来看，杜顺是属于有感通一类的神僧，而对有关杜顺的论著只字未提。其他的一些传记，只是零碎地有一些记录。

在《佛祖统纪》卷二十七② 中，有记载杜顺每游历一处，皆劝人念阿弥陀佛求生净土。曾撰有《五悔文》一卷；在高丽义天编写的《新编诸宗教藏总录》卷一中，记录有《十门实相观》为杜顺所述；在日僧永超的《东域传灯目录》卷一和日僧圆超的《华严宗章疏并因明录》卷一中，以及日僧空海《上来请来经目录表》中都有记载，谓杜顺撰有《会诸宗别见颂》一文。

杜顺现存的主要著作有《华严法界观门》和《华严五教止观》，其中《华严法界观门》不见单独流通，其原文可见于澄观《华严法界玄镜》和宗密《注华严法界观门》中。对于此二书，现今有学者考证研究，谓非是杜顺所著。

有学者认为，谓《华严五教止观》是法藏之后澄观以前的作品。此种种说法如前文"华严宗判教体系之初现"中论述，此不再多叙。

另外，有学者认为，《华严法界观门》内容与法藏的《发菩提心章》内容相近，是故有人提出属法藏《发菩提心章》的一部分，日本学者高峰了州的《华严思想史》中认为："这乃不承认法顺为华严宗的祖师的学者们，强调为澄观从法藏的著作中，拔抄归摄于法顺，以资法顺为华严开祖的顺理传统说。"③

三　杜顺主要思想

有关杜顺的华严思想，由于其现传著作不多，诸多传记中，大多记录其神异感应。但从现存的杜顺的著作来看，杜顺尤其注重华严观法，对于《华严经》中所示的一乘境界尤为重视。此中，对于杜顺的思想方面，做一个简单的介绍。

依智俨《华严一乘十玄门》之撰号"承杜顺和尚说"来看，在杜顺时期，就有

---

① （宋）志磐撰《佛祖统纪》卷三十九，《大正藏》第49册，第364页。
② （宋）志磐撰《佛祖统纪》卷二十七，《大正藏》第49册，第276页。
③ 〔日〕高峰了州：《华严思想史》，中华佛教文献编撰社，1999，第107页。

华严十玄门思想。此十玄门思想，或是杜顺为诸弟子所说，而后智俨承其之说，整理而出；或是杜顺思想中虽有十玄之义，但是比较散乱，但智俨综理其说，总结而出。其事实如何，现不得而知。

依杜顺《华严法界观门》中所说，杜顺立有"法界观"。在此《观门》中，杜顺依真空观、理事无碍观、周遍含容观之次第而明华严观法。依后来澄观及宗密二位的解释，此三观分别对应"理法界""理事无碍法界""事事无碍法界"三门，再加"事法界"，则成"四法界"。是故，若依观门而论，则成"华严法界观"；若依华严义理而论，则成"四无碍法界"说，是华严宗的法界圆融思想的体现。

依杜顺《华严五教止观》中所说，杜顺以五门明行人修道简邪入正的止观法门。五门者，即：一、法有我无门，二、生即无生门，三、事理圆融门，四、语观双绝门，五、华严三昧门。观文中，在五门之后，分别用小字将五教与五门相对，如"一、法有我无门（小乘教），二、生即无生门（大乘始教）"等。（疑为后人所加）。虽说杜顺是在明华严观法，实际上，在此观法中，杜顺已对的如来应机说法有了基本的分类，对如来教法的次第做出了说明。应该说，此一部观法，亦是杜顺判教思想的体现。

若依观门而论，不论是《华严五教止观》，还是《华严法界观门》，其目的都只有一个，希望学人能够通过观法观照《华严经》中所示的一乘法界之境，让行者有门可入。如《华严法界观门》中，先示真空观，断情妄以显理；再说理事无碍观，理事圆融以显用；后说周遍含容观，明事事无碍之境界，示一真之法界。而在华严十玄门中，亦是展现华藏世界之无尽玄妙之境。

四　文殊菩萨化身之说

杜顺的一生充满了神异，诸传记中记载了很多，而最神奇的莫过于杜顺是文殊菩萨化身的这一说法了。这一说法在许多传记中都有记载，如志磐的《佛祖统纪》、宗密的《注华严法界观门》、永明延寿的《宗镜录》。除了这些传记之外，还有《终南山杜顺缘起》一文见行于世。

在志磐的《佛祖统纪》卷二十九中，作如是说：

> 正观十四年十一月十五日，坐亡于南郊义善寺。双乌入房异香留室，塔肉身于樊川北原。有弟子谒五台，抵山麓见老人。语曰：文殊今往终南山，杜顺和上是也。弟子趋归，师已长往。至今关中以是日作文殊忌斋。师著法界观门一卷，妄尽还源观一卷，专弘华严。①

---

① （宋）志磐撰《佛祖统纪》卷二十九，《大正藏》第49册，第292页。

《佛祖统纪》是南宋时志磐所著，由此可以说明，杜顺是文殊菩萨化身的说法一直到南宋时都非常流行。谓杜顺有一弟子欲去五台朝觐文殊。在五台山遇一老人告知，文殊现在终南山，即杜顺和上是也，弟子急归，却错过时间，城门已关，待第二日赶至时，和尚已去矣。

在宗密的《注华严法界观门》卷一中，亦有杜顺为文殊菩萨化身的说法，其文如下：

> 法顺，唐初时行化，神异极多。传中有证，验知是文殊菩萨应现身也，是华严新旧二疏之初祖。①

澄观的《华严经疏钞》卷十五中亦云："今全身塔，在长安南华严寺，事迹颇多。别传云，是文殊化身。"②

另外，在禅宗经籍中也记载有杜顺的禅偈。而其中有一偈与杜顺为文殊化身的传说不无关系，此偈见于《宗镜录》卷十一，此中说："杜顺和尚偈云：游子漫波波，巡山礼土坡。文殊只者是，何处觅弥陀。"③

第二节　华严宗二祖智俨

智俨是华严宗二祖，其随从杜顺出家未久，即被送到至相寺达处。是故，有学者质疑其与杜顺的师承关系。智俨著有《华严经搜玄记》五卷，为现今保存完整的最早六十《华严》的注疏。其承杜顺和尚说撰写《华严一乘十玄门》，是华严宗最重要的思想之一。其有弟子法藏、义湘等，一者成为中国华严宗三祖，一者成为海东华严宗初祖。其提出了一乘缘起思想，将华严教法与三乘教法区别开来。

一　智俨生平简介

智俨，俗姓赵，唐代天水（今甘肃天水）人。又号至相大师、云华尊者。有关智俨的生平，史料中记载的并不是太多，在道宣的《续高僧传》中只用了几句话就统而概之。对于智俨的生平事迹的记载，记载较为详细的是法藏的《华严经传记》，另外，续法的《法界宗五祖略记》中亦有介绍。

---

① （唐）宗密注《注华严法界观门》卷一，《大正藏》第 45 册，第 684 页。
② （唐）澄观述《华严经随疏演义钞》卷十五，《大正藏》第 36 册，第 116 页。
③ （宋）延寿集《宗镜录》卷十一，《大正藏》第 48 册，第 477 页。

有关智俨的生卒年有两个说法。第一，法藏说，生于602年，卒于668年，寿六十七岁；第二，续法说，生于600年，卒于668年，寿七十二岁（？）。这两种说法，不同的是出生时间。

依法藏的《华严经传记》卷三①中记载，智俨于唐高宗总章元年（668）梦见本寺般若台倒塌，知时日无多，故告晓门人，其将往生西方，至十月二十九日夜，于清净寺圆寂，是年春秋六十有七。若依此说，则智俨应是：生于隋文帝仁寿二年（602），卒于唐高宗总章元年（668）。

依续法的《法界宗五祖略记》卷一②所说，生于隋文帝开皇二十年（600年），至唐高宗总章元年（668年），于法座上说法而逝。而续法又说其寿年七十二。若依上续法所说之生卒年与寿年比较，并不相符：如果说续法所记智俨生卒年代均无有错误的话，那么，智俨的寿年就不应该是七十二岁，而应是寿年六十九岁；如果说续法所记的智俨的寿年与圆寂年无误的话，那么智俨应是生于隋文帝开皇十七年（597），卒于唐高宗总章元年（668）。

《法界宗五祖略记》对诸位祖师的生平叙述都只是交代性的阐述，无有过多的说明，其所说应都是根据前人所传而记。而且续法所记的智俨的出生年、圆寂年、寿年这三者之间也有所冲突，续法应是在参照前人记载时存有一定的疏漏。而对于智俨弟子的法藏，其所记载的智俨的寿年与圆寂年的记载应该不会有错。

有关智俨的师承，在《华严经传记》卷三中，法藏对于智俨的师承做了如下描述：

> 年十二，有神僧杜顺，无何而辄入其舍，抚俨顶谓景曰："此我儿，可还我来。"父母知其有道，欣然不吝。顺即以俨付上足达，令其顺诲，晓夜诵持，曾无再问。后属二梵僧来游至相，见俨精爽非常，遂授以梵文。不日便熟。……后依常听摄大乘论，未盈数岁，词解精微……后于琳所，广学征心，索隐探微，时称得意……于当寺智正下，听受此经，虽阅旧闻，常怀新致……讨寻众释，传光统律师文疏，稍开殊轸，谓别教一乘无尽缘起……后遇异僧来，谓曰："汝欲得解一乘义者，其十地中六相之义，慎勿轻也。可一两月间，摄静思之，当自知耳。"言讫忽然不现。俨惊愕良久。因则陶研。不盈累朔。于焉大启。遂立教分宗。制此经疏。时年二十七。③

---

① （唐）法藏撰《华严经传记》卷三，《大正藏》第51册，第163页。
② （清）续法辑《法界宗五祖略记》卷一，《卍新纂续藏经》第77册，第620页。
③ （唐）法藏撰《华严经传记》卷三，《大正藏》第51册，第163页。

在法藏这一段对智俨的师承的描述中，智俨的师承按其所从学的时间先后有九位：一、杜顺，其于智俨十二岁时带智俨出家；二、达法师，杜顺的弟子，为智俨出家后的依止师；三、二梵僧，此二人教导智俨梵文；四、常法师，智俨随其学习《摄大乘论》；五、琳法师，此中未明具体从其学习何种经论，只说是"广学征心"；六、智正，智俨随其学习《华严经》；七、光统律师，因两人所处年代不同，所以未曾亲自教导智俨，但智俨从其所撰《华严经疏》中得解华严"别教一乘无尽缘起"的义理；八、一异僧，教导智俨如果欲解华严一乘义的旨趣，需了知《十地经论》中所明的"六相"义。

有关智俨的行化，依据《续高僧传》卷二十五、《法界宗五祖略记》卷一、《华严经传记》卷三、《法藏和尚传》之"第二科"等诸多传记中所说，智俨先后于终南山至相寺、长安华严寺、长安云华寺、长安清净寺等处弘扬佛法。

依诸传记中所说，出家后不久，就被杜顺带到至相寺交付给其上座弟子达法师训诲，又在本寺的智正处学习《华严经》，是故，智俨最初学佛、修习、弘化即是在至相寺。

依《续高僧传》卷二十五中所述，智俨在杜顺圆寂后，曾在其"龛所"化导乡川。杜顺圆寂于贞观十四年（640），也即是说，智俨在杜顺"龛所"化导乡川的时间应是在640年之后，杜顺的"龛所"，即今西安华严寺（又名开福寺），杜顺塔即在其内。是故，智俨在四十岁之后的一段时期，曾在唐时的长安华严寺行化。

依《法藏和尚传》中所说，早年，法藏入大白山修道，后于夜半见到有神光照耀庭院，知有异人在云华寺弘扬大法，故往从之，依智俨学法。法藏于十七岁（659）入太白山求法，数年后因慈亲示疾而返，即法藏二十岁（662）左右，随后从智俨学法。而智俨圆寂于668年，是故，智俨在云华寺行化应是其生命的晚期。

依诸传记中所说，智俨"终于清净寺"，则可知，智俨在其生命的最后阶段并非在云华寺弘化，而是在清净寺。有关"清净寺"一说，唯见于《华严经传记》，此寺处于长安何处亦不可知。

智俨早年在至相寺修道，四处参学，后还至相寺宣说华严义旨，因此后人称其为"至相大师"；唐太宗贞观十四年（640）后的一段时间，即智俨四十岁之后一段时间，在长安华严寺宣说《华严经》，化导乡川；唐高宗龙朔二年（662）前后，智俨于云华寺弘化一方，在这一时间，被人们称为"云华尊者"；最后，智俨来到了清净寺，于此弘法，并于该寺中圆寂。

在有关智俨的传记中，对智俨的传承弟子行文不多，就智俨的弟子中，有资可考的也不多。但在这不多的弟子中，有两位弟子对中国华严宗及海东高丽（今朝鲜半岛，935年合并新罗，936年灭后百济，实现了"三韩一统"）华严宗有着极其重要的影响。这两位弟子，其中之一即是华严三祖法藏，就华严学者的观点看，法藏实是中国华严宗的集大成者；另一位弟子义湘，从智俨学习后回到新罗（今朝鲜半岛古代国家之一），弘扬《华严经》，被新罗佛教徒尊称为华严宗初祖。

二　智俨著作概说

有关智俨的著作，在《华严经传记》中，法藏并没有搜集整理，只是在《华严经传记》中，分别于卷三、卷五等各有数语。如在卷三中云"其精炼庶事，藻思多能，造莲华藏世界图一铺""俨所撰义疏，解诸经论凡二十余部，皆简略章句，剖曜新奇"；在卷五中云"供养十门仪式，右沙门智俨撰"。另外，在高丽义天的《新编诸宗教藏总录》卷一、卷三，日本圆超的《华严宗章疏并因明录》卷一，日本永超的《东域传灯目录》卷一等中，都有一些较为散乱的记载。

依据诸传记中所说，智俨的著作名目可寻者有十七部左右：1.《华严经疏》，或云《搜玄记》（五卷），或云《华严方轨》（五卷）；2.《华严经供养十门仪式》（一卷）；3.《莲华藏世界图》；4.《华严经内章门杂孔目章》，亦名《华严孔目章》（四卷）；5.《华严五十要问答》（二卷）；6.《华严经十玄章》（一卷）；7.《六相章》（一卷），内附《三性章》；9.《入法界品钞》（一卷）；10.《楞伽经注》（七卷）；11.《金刚般若经疏》（一卷）；12.《大乘起信论义记》（一卷）；13.《大乘起信论疏》（一卷）；14.《摄大乘论·无性释论疏》（四卷）；15.《入道禅门秘要》（一卷）；16.《华严玄明要诀》（一卷）；17.《华严疏》（十三卷）。

在这些著作中，现存且比较有影响的著作有：第一，《华严经搜玄记》五卷，此是现存的完整的最早注释晋译《华严》的论著；第二，《华严孔目章》四卷，此是解释经中诸多难解之处，对经内的名数法相有着非常详尽的讲解；第三，《华严五十要问答》二卷，此是以问答的方式，论述华严教一乘法界无碍之要义；第四，《华严一乘十玄门》一卷，此书系就如来海印三昧之所现而立十门，发挥其玄旨，以此十玄明一乘法界缘起之义。

三　智俨主要思想

在智俨的华严思想里，其比较重视的有六相、十玄、法界缘起。另外，他对唯识思想也非常重视，在其多篇论著里对唯识思想进行讨论。对于判教思想，虽然他在多篇论著里提及，但其判教思想还没有形成固定的模式。

智俨的六相思想，虽然在《华严经搜玄记》卷三、《五十要问答》卷上、《华严孔目章》卷三等书中对六相的说明都极为简略。但是在智俨的传记里有一说，谓智俨曾遇一异僧，教导智俨欲得解一乘之义，当深究十地中六相之义，智俨经过数月研习，得六相之深义。另外，依高丽义天著《新编诸宗教藏总录》中所说，智俨曾作《六相章》。此书现已不存，而义天乃是在宋时渡海来华，可见在宋代智俨的

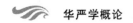

《六相章》尚存于世。

在智俨的著作中，没有专门论述教判思想的著作传世。在他的著作中，可以看到有好几种判教的说法。在《搜玄记》卷一中，有渐、顿、圆三教说；在《华严五十要问答》卷二中，有共、不共说；在《华严孔目章》卷一中，提出了"依教有五位差别不同"的说法。如是等等，如前文"华严判教的体系完善"中所说。由是可知，智俨的判教思想，没有一种固定的模式，其主要目的，即是要将《华严经》与其他诸经区别开来，即是要突出《华严经》在诸经中的地位。

智俨的十玄思想，建立的目的如其在《搜玄记》卷一中所说"释文分齐有二，一、对邪显正明其分齐……二、约所诠明其分齐者，略有十门"①，其建立十玄是为了显经中之义理分齐；建立的方法则是如其在《华严一乘十玄门》中所说"明约法以会理者凡十门"，此中谓十门是从相应、喻、缘、相、世、行、理、用、心、智等十门来诠表《华严经》所含一乘圆教之义理。十玄思想的具体内容如后文"华严一乘十玄门思想"中所说，此处不表。

智俨的法界缘起思想，在《华严一乘十玄门》中，智俨谓"一乘缘起，不同大乘、二乘缘起""一部经宗，通明法界缘起，不过自体因之与果"，如前文"法界缘起的思想建立"中所说。

智俨在《搜玄记》卷三中，从染、净两方面，对法界缘起思想进行了论述：

> 法界缘起乃有众多，今以要门略摄为二：一约凡夫染法以辨缘起，二约菩提净分以明缘起。②

在《搜玄记》中，智俨明"净分缘起"时，从本有、本有修生、修生、修生本有四个方面来进行说明——"本有"者，即指本来固有，即不论有情非情，其本性万德圆满，在圣不增，在凡不减；"修生"者，即指由修行之功渐显本有之性德；"修生本有"者，即指修生即从本有，同性而发；"本有修生"者，谓如来藏性隐在诸缠之中，凡夫在迷处而不能觉知，若对迷而言则不名为有。

此上"净分缘起"与"染分缘起"二种，实际上就是从真如（如来藏）有力、无力两方面而说。染法缘起，是就凡夫而言，系说明迷界之缘起，乃真如无力而无明（迷）有力之状况；净法缘起，是就觉者而言，是说明悟界之缘起，即真如有力而无明无力之状况。

另外，智俨依"宝王如来性起品"立"性起"义，谓从佛的果智上来谈，法界

---

① （唐）智俨述《华严经搜玄记》卷一，《大正藏》第 35 册，第 15 页。
② （唐）智俨述《华严经搜玄记》卷三，《大正藏》第 35 册，第 62 页。

森罗诸法，都是毗卢遮那如来果满的本性所起。如《孔目章》卷四中所说：

> 性起者，明一乘法界缘起之际，本来究竟，离于修造。何以故？以离相故。起在大解大行，离分别菩提心中，名为起也；由是缘起性故，说为起，起即不起，不起者是性起。①

智俨认为，性起的意义是从体性生起。具体地说，即是不等待其他因缘，但依自体本具的性德生起，离于一切相，离于分别心，不起而起，是名性起。

依上引文所说，"性起"者，是在明"一乘"的"法界缘起"之际，本来究竟，离于修造。性起不离缘起，但有"离相"之说，即是"离菩提分别心中"，是因为"由缘起性故，说为起"。归结到底，是"起即不起""不起者是性起"。从这几点上来讲，与"法界缘起"中的"净分缘起"义相同。

智俨唯识思想的阐述，主要有《华严经孔目章》中的"明难品初立唯识章"，《华严五十要问答》中的"十九、转四识成四智义""二十五、心意识义""三十五、三性三无性义""三十六、心数及心所有法义"等。在《华严五十要问答》中，智俨主要是依诸经论对小乘、三乘、一乘所说心意识义进行了分别，对大、小乘所立的心数、心所有法进行了比较。

在智俨的唯识想中，有一点值得注意，即是真妄唯识，在《明难品初立唯识章》中，有十门对唯识义进行论述，而专立一门来辩"真妄"之义。智俨认为，阿赖耶识有真妄不同，如来为无智者所说阿赖耶识即是其妄，如来为菩萨所说即是其真。另外，智俨又从声闻教、初教、熟教不同角度论说唯识之真妄，谓从初教的角度看，如来为声闻教所说唯识义即是妄；而从熟教的角度看，如来为初教所说唯识义亦是妄。

最后，智俨在《孔目章》卷一②中，将唯识义统归成"第一义无性性"，智俨认为，唯识门摄尽一切法，诸法不离唯识。识外无有一切诸法，若"知尘无所有"，即是通达真，若"知唯有识"，即是通达俗。如是，但起心见法，并皆非有。于圣教中所显的道理是：诸法非有，唯一真如，此即是"清净心"，即是如来藏体。

第三节　华严宗三祖法藏

法藏是华严宗三祖，其师从智俨学习华严，在前人的基础上，撰《探玄记》，

---

① （唐）智俨集《华严孔目章》卷四，《大正藏》第 45 册，第 580 页。
② （唐）智俨集《华严孔目章》卷一，《大正藏》第 45 册，第 543 页。

注解《华严经》，并先后讲习《华严经》三十余遍；法藏一生致力于对佛教经典的研究，写下了几十部阐释佛典的著作。在这些著作中，大部分是对华严经学方面的研究与体悟；法藏的华严思想，是在继承前人对《华严经》研究的基础上，加以归纳，加以完善，而形成系统的华严思想体系，亦有后人将之称为华严宗实际开创者。

一　法藏生平简介

有关法藏的生平事迹，有不少人都曾经做过研究总结。其中最准确者，莫过于与法藏同时代的阎朝隐，在法藏圆寂后所制《大唐大荐福寺故大德康藏之碑》；其中最详尽者，莫过于崔致远（857～904）所撰的《唐大荐福寺故寺主翻经大德法藏和尚传》，其时距法藏圆寂不过一百多年；在此之后，又陆续有了《宋高僧传》卷五、《佛祖统纪》卷二十九、卷三十九、《佛祖历代通载》卷十二、《释氏稽古略》卷三等的记载；到后来，清代续法《法界宗五祖略记》之《法藏传》则可以说是对前人的一个小小的总结。

法藏，字贤首，以俗姓康氏故，是人亦称其康藏。其生平事迹较多，或说其母梦中吞食日光而孕，或说见神光耀庭而拜师智俨，或说有京城十大德为其剃度，或说其见六十《华严》有缺漏而补经文，或说其参加八十《华严》译场而为笔受，或说其为武则天讲经而得赞叹，如是种种，不可尽说。

法藏之生卒年月，即是643年至712年。依诸传记所说，法藏幼年就胸怀大志，他在十六岁时（658）就曾到阿育王舍利塔前燃指供佛，并立誓学习华严。第二年，法藏十七岁时，他辞别亲人进入太白山求法，学习方等经典。

法藏拜师智俨，依《法藏和尚传》卷一①说，法藏在太白山修道数年后，因慈亲有疾，遂离开山谷进京回家。恰逢智俨在云华寺讲解《华严经》，法藏于中夜时分见有神光照耀庭院，知道有异人在弘扬大教，第二天就前往智俨处顶礼膜拜请教。数番问答"皆出乎意表"，法藏从智俨处得到精辟的见解，认为找到了真师，智俨也庆喜自己得到传承法脉之人。

法藏的剃度时间，依《法藏和尚传》中所说，智俨圆寂后，法藏仍未剃度。到了咸亨元年（670），法藏二十八岁，荣国夫人去世，则天皇后为了广树福田，于是舍宅、建寺、度僧，由是太原寺建成，又有道成与薄尘等大德，因受智俨所托，故向上推荐，法藏由此而得为僧。

有关法藏为《华严经》补缺一事，在《法藏和尚传》和《华严经传记》中皆有记载，法藏在研习华严的时候，常常慨叹华严"百城之说"中亏欠一道文字。往往手捧香轴徒自悲叹。直至唐高宗调露（679～680）时际，有中天竺三藏地婆诃罗

---

① （唐）崔致远撰《法藏和尚传》卷一，《大正藏》第45册，第281页。

所持梵本来华。法藏亲自校对，查出"入法界品"内有两处地方脱文，法藏对照梵文，拾遗补阙，从此历经 260 年左右的六十《华严》终于得以完善。

依《华严经传记》等中所说，法藏为则天武后所器重，诏入大遍空寺译场。时实叉难陀于东都大内大遍空寺翻译《华严经》，则天后亲临法座，为之撰写序文。后付于法藏与沙门复礼等，在佛授记寺译成，计有八十卷。译后，法藏又以宋、唐两种翻译对勘梵本，用日照带来的梵本中的补文补充八十《华严》的遗漏处。

依诸多传记中所说，八十《华严》译后，法藏又奉诏于佛授记寺开讲大经，讲至"华藏世界品"，讲堂及寺中地皆震动，当日即被召到长生殿为则天后讲经。法藏乃指殿隅金狮子开示大经玄理，以金狮子作喻为武则天开示华严经中的六相、十玄等华严一乘教义，此也即是后来所流传最广的《金师子章》的由来。

二　法藏著作概说

法藏一生致力于对佛教经典的研究，写下了几十部阐释佛典的著作。在这些著作中，大部分是对华严经学方面的研究与体悟。除华严类著作之作，亦曾对《起信论》《法华经》等经论作疏。他的这些著作，除部分佚失外，大多数被保存了下来，成为现今研究华严学的重要依据。

现代著名佛教学者汤用彤曾对法藏的著作目录进行过考证，并将其考证记入他的著作《隋唐佛教史稿》中，依照《隋唐佛教史稿》的记载，法藏所撰知名已佚的著作有十九部，现摘录如下：1.《华严经略疏》（十二卷），2.《华严经翻梵语》，3.《华严梵语及音义》（一卷），4.《华严三昧观》（一卷），5.《华藏世界观》（一卷），6.《华藏玄义章》（一卷），7.《华严唯识章》（一卷），8.《华严佛名经》（二卷），9.《华严菩萨名》（一卷），10.《华严三宝礼》（一卷），11.《华严赞礼》，12.《华严三教对辨悬谈》（一卷），13.《华严色空图》，14.《华严七处九会颂》（一卷），15.《华严一乘法界图》（一卷），16.《菩萨戒经疏》（见碑文），17.《因明入正理论疏》（三卷），18.《无常经疏》（一卷），19.《法华经疏》（崔传云：《法华》或云有疏）。

法藏现存的著作，可参见于《大正藏》，其中基本上囊括了法藏现存的所有著作。在《大正藏》中，法藏的华严类著作基本上都收录在卷三十五、卷四十五中，另外，有《华严经传记》收录在卷五十一中。而法藏非华严类的著作则散见于《大正藏》之卷三十三、卷三十九、卷四十、卷四十二、卷四十四。

对于法藏现存的华严类著作，魏道儒先生在《中国华严宗通史》中做过分类，谓法藏现存与《华严》有关的十五部著作，从内容上看，大致可分为五类。

第一类，系统注解《华严经》的著作，有一部，即：《华严经探玄记》（二十卷）。

第二类，概括论述《华严经》的主要内容、特点及各方面情况的著作，有四部，即：1.《华严经文义纲目》（一卷），2.《华严经旨归》（一卷），3.《华严关脉义记》（一卷），4.《华严经明法品内立三宝章》（二卷）。

第三类，用举例或比喻说明华严宗的教义，属于普及华严宗基本知识的著作，有二部，即：1.《华严经义海百门》（一卷），2.《大方广佛华严经金师子章》（一卷）。

第四类，侧重论述某些方面问题的著作，有七部，即：1.《华严策林》（一卷），2.《华严经问答》（二卷），3.《华严五教章》（四卷），4.《华严经普贤观行法门》（一卷），5.《华严游心法界记》（一卷），6.《华严发菩提心章》（一卷），7.《修华严奥旨妄尽还源观》（一卷）。

第五类，系统记述《华严经》翻译、传播的史实和传说的著作，有一部，即：《华严经传记》（五卷）。

魏道儒先生说：上述十五部著作中的大部分，是从不同方面论述华严教义，重复内容很多，大体说来，能反映法藏思想概况，形成脉络和主要特色的著作有《华严经探玄记》《华严一乘教义分齐章》《华严经问答》《华严经旨归》《修华严奥旨妄尽还源观》。

三 法藏主要思想

法藏的华严思想，是在继承前人对《华严经》研究的基础上，加以归纳，加以完善，而形成系统的华严思想体系。法藏继承了智俨的"六相圆融"思想理论并加以发挥；他继承了智俨的"十玄"思想，并从另一个角度将十玄名目稍加变动，对华严义理进行透析；他在历代大德对如来一代教法判释的基础上，取长补短，形成华严家独特的五教十宗教判思想；他以华严经文"三界虚妄，但一心作"为依据，提出了"一心法界"的理念，而建立了"十重唯识观"。

第一，六相圆融思想。在法藏的著作中，十分注重对"六相"的说明。在《华严五教章》卷四"六相圆融义"中，以舍宅为喻，分说诸法之六相，明华严一乘法界无碍缘起之义；在《金师子章》中，法藏以金狮子为喻，用六相来说明法界缘起事事无碍之义。则天后亦是由此而豁然领解。此六相诸义，如前文"六相圆融的思想完善"中所明。

第二，十玄无碍法门。在法藏的著作中，对"十玄门"的研习，也占据了相当大的篇幅，在《华严五教章》《花严经文义纲目》《金师子章》《华严经探玄记》等著作中，法藏对"十玄门"做了非常详尽的阐述，但是，在这些著作中，关于十玄门的阐述，其名目、次第等，皆不尽相同。

此下将法藏著作中所列十玄名目、次第与智俨《华严一乘十玄门》中的十玄名目、次第列表，以做比较（详见表2）。

表 2 法藏著作与智俨《华严一乘十玄门》中的十玄名目、次第

一乘十玄门	文义纲目	五教章	探玄记	金师子章
1 同时具足相应门	1 同时具足相应门	1 同时具足相应门	1 同时具足相应门	1 同时具足相应门
2 因陀罗网境界门	2 因陀罗网法界门	2 一多兼容不同门	2 广狭自在无碍门	2 一多兼容不同门
3 秘密隐显俱成门	3 秘密隐显俱成门	3 诸法相即自在门	3 一多兼容不同门	3 秘密隐显俱成门
4 微细兼容安立门	4 微细兼容安立门	4 因陀罗网境界门	4 诸法相即自在门	4 因陀罗网境界门
5 十世隔法异成门	6 诸藏纯杂具德门	5 微细兼容安立门	5 隐密显了俱成门	5 诸藏纯杂具德门
6 诸藏纯杂具德门	5 十世隔法异成门	6 秘密隐显俱成门	6 微细兼容安立门	6 诸法相即自在门
7 一多兼容不同门	7 一多兼容不同门	7 诸藏纯杂具德门	7 因陀罗网法界门	7 微细兼容安立门
8 诸法相即自在门	8 诸法相即自在门	8 十世隔法异成门	8 托事显法生解门	8 十世隔法异成门
9 唯心回转善成门	9 唯心回转善成门	9 唯心回转善成门	9 十世隔法异成门	9 由心回转善成门
10 托事显法生解门	10 托事显法生解门	10 托事显法生解门	10 主伴圆明具德门	10 托事显法生解门

从表 2 中可以看出，法藏在《华严五教章》《华严经文义纲目》二书承袭智俨的十玄名目，只是在十玄次第上略有变动。在《探玄记》中，法藏所立十玄名目，不但与智俨所立的十玄次第不同，就是十玄名目亦做了相应的改动。而在《金师子章》中，其十玄的名目又与智俨所立相同（《金师子章》原著现已不存，在现存的几种注疏中，所立十玄的次第也不尽相同，此中所列，乃是依承迁所述《华严经金师子章注》中所列）。

从时间上来说，在法藏的四部著作中，《金师子章》是所有著作中最晚的一部。前三部，不论是《文义纲目》，还是《华严五教章》《探玄记》，皆是八十《华严》翻译之前的作品，是依据于六十《华严》而作；而《金师子章》则是法藏参加八十《华严》译场后的华严思想发露，是唐译《华严》译出后他为武则天讲述华严奥旨的著作。是故可以得出结论，在法藏生前，并没有以哪一种十玄作为定论。对于几部著作所列的十玄，法藏都同样重视。

第三，五教十宗教判。在法藏的判教体系中，从两个方面对如来一代教法进行分判，如其在《华严五教章》中所说"初就法分教，教乃有五；后以理开宗，宗乃有十"。"五教"者，即是从教法上对于如来一代圣教进行判别。法藏将如来一代圣教进行分类，依其所说法之浅深，依其所对应根机之不同，谓有五种差别不同，是为五教；"十宗"者，即是根据佛教各派所依、所宗尚不同而进行的分类。法藏又依佛教各派所依、所宗分为十种，而立十宗。而十宗者，实际上就是对五教的展开。此五教十宗诸义，如前文"华严判教的体系完善"中所明。

第四，唯识思想理念。法藏对唯识思想论述，可见于《探玄记》卷十三"十重唯识"和《华严五教章》卷三"所诠心识差别"。另外，依据汤用彤《隋唐佛教史》考证，法藏曾著有《华严唯识章》，只是现已不存。

在《探玄记》卷十三中，法藏依据《华严经》中经文"三界虚妄，但是心作"而立十重唯识。法藏认为，一切诸法皆由一自性清净心所现。是故，法藏综合古来大德所立诸唯识观，依诸唯识观深浅次第，说十重唯识，或称十重唯心。

"十重唯识"者，又作十门唯识，乃是唯识的十种层次。其名目次第如下：一、相见俱存故说唯识；二、摄相归见故说唯识，三、摄数归王故说唯识；四、以末归本故说唯识；五、摄相归性故说唯识；六、转真成事故说唯识；七、理事俱融故说唯识；八、融事相入故说唯识；九、全事相即故说唯识；十、帝网无碍故说唯识。

在《探玄记》中，法藏谓此"十重唯识"是"约教就解"。法藏将诸经论中唯识道理分列出来并加以判别。将前三门判别为初教，将第四门至第七门判别为终教、顿教，后三门判为圆教、别教，若能总具十门即是同教。而之所以说此十门，其目的即是为了明"三界虚妄，但一心作"的道理。此中虽说十重唯识，实际上是对如来藏真如心的一个认识次第，从浅至深，而令众生渐渐趣入《华严经》中所说的"三界所有，但一心作"的唯识境界。

在《华严五教章》卷三"所诠心识差别"中，法藏分别解说小乘教、始教、终教、顿教、圆教对心识上的认知，由五教对心识上的认知不同，而明五教在所诠义理上的差别。而此五种心识差别，乃是如来依据众生的根机不同，而说浅深不同之教法。

在"所诠心识差别"中，法藏重点强调了大乘始教和大乘终教在阿赖耶识上的不同认知。法藏认为，始教人于阿赖耶识上但得一分生灭之义，于真理未能融通，是就缘起生灭义上建立赖耶；而终教人于阿赖耶识上得理事融通二分义，此阿赖耶识即是藏识，是如来藏无始以来为恶习所熏，是真如随熏和合所成就。

第四节　华严宗四祖澄观

澄观是华严宗四祖，早年四处参学，融会各家宗说。后大力研习、弘扬华严，以法藏华严正统思想传承者自居。其大力批驳慧苑学说，继承法藏的五教判释与十玄缘起说，并加以发挥；其著《大方广佛华严经疏》对八十《华严》进行注疏；其力主法藏《探玄记》中所列十玄有次第故，与智俨十玄进行分隔，而成新古十玄之说；其在杜顺《华严法界观门》所立三观基础上加以延伸，而成四法界说；其主张心外传心，无异于教，会通南北二宗，统归顿教之下。澄观的著作，都是在法藏的华严思想理论基础上，做更进一步的阐述，使华严宗思想体系更加完善。

一　澄观生平简介

澄观，俗姓夏侯，越州山阴（今浙江绍兴）人，少时依宝林寺霈禅师出家后，即四处游学。先后参访律宗、三论宗、天台宗、禅宗等诸家大德，其后住五台山华严寺讲经著述，后又参加般若的四十《华严》译场。其一生颇具传奇，身历九朝，先后为帝王讲经，世所尊奉，一生备极尊荣。其生平事迹，在《宋高僧传》卷五、《释门正统》卷八、《佛祖统纪》卷二十九、《佛祖历代通载》卷十八至卷二十、《释氏稽古略》卷三、《广清凉传》卷三等传记中，都有非常详细的介绍。

有关澄观的生卒年代，依诸传记，有三种说法：第一，生于738年，寂于838年，寿101岁，此如《佛祖历代通载》卷十四中所说[①]；第二，生于737年，寂于838年，寿102岁，此如《释门正统》卷八、《佛祖统纪》卷二十九[②]、《释氏通鉴》卷十中说；第三，依《宋高僧传》卷五中说"以元和年卒，春秋七十余"[③]，即谓约于806年至820年中圆寂，寿70余岁，此中未明生年。

依诸传记中所说，澄观出家后，即四处参学，其先后参访的诸宗大德有：一、润州栖霞寺体律师，学相部律；二、越州开元寺昙一律师，习南山律；三、金陵玄璧，学习三论；四、钱塘天竺寺法诜，学习《华严经》；五、天台荆溪湛然，学天台止观及《法华经》等经；六、牛头慧忠、径山道钦，习南宗禅；七、从禅僧慧云，习北宗禅。如是等等，不一而足。如《释氏稽古略续集》卷三中说，"以至翻习经传子史，小学苍雅，天竺悉昙，诸部异执，四韦五明，秘咒仪轨，篇颂书踪，一皆博综"[④]。

依《宋高僧传》卷五中说，唐代宗大历十一年（776），澄观居五台山大华严寺，应寺主贤林之请，开讲《华严经》，后来"因慨华严旧疏文繁义约"，遂于唐德宗兴元元年（784）正月，为《华严经》注疏，到唐德宗贞元三年（787）十二月功毕，历时四年，撰成《华严经疏》20轴。后分别在大华严寺和太原崇福寺讲解《华严经疏》，并完成《华严经疏钞》等著作。

在《宋高僧传》卷五[⑤]中又说，唐德宗贞元十二年（796），德宗诏令澄观入京师长安，在崇福寺参加由罽宾国沙门般若三藏主持的译场，翻译南印度乌荼国国王所进献的《华严经》后分梵本。历时三年，于贞元十四年（798），此《华严经》后分，即"入法界品"异本译成，共四十卷，世称四十《华严》。德宗又诏令澄观

①　（元）念常集《佛祖历代通载》卷十四，《大正藏》第49册，第609页。
②　（宋）志磐撰《佛祖统纪》卷二十九，《大正藏》第49册，第293页。
③　（宋）赞宁撰《宋高僧传》卷五，《大正藏》第50册，第737页。
④　（明）幻轮编《释鉴稽古略续集》卷三，《大正藏》第49册，第812页。
⑤　（宋）赞宁撰《宋高僧传》卷五，《大正藏》第50册，第737页。

为此经作疏解释，后在终南山草堂寺撰成《贞元新译华严经疏》十卷。

依《佛祖历代通载》卷十四①中说，贞元十五年（799），德宗诏旨授予澄观"镇国大师"号，并进天下大僧录；依《释门正统》卷八②中说，是年德宗生日，从终南山云华寺迎入宫内讲《华严经》，赐澄观"清凉国师"号。如是等等，诸传记中多有所说。依诸传记，澄观一生身历九朝，先后为七帝（代宗、德宗、顺宗、宪宗、穆宗、敬宗、文宗）讲经，并为七帝门师，先后受赐的封号有"教授和尚""镇国大师""清凉国师""僧统清凉国师""大统国师"等，一生备极尊荣。

二　澄观著作概说

有关澄观的著作，依《释门正统》卷八中所说，澄观"著疏记流传者四百余卷，讲贯大经殆五十遍"。因其著作颇丰，而有"华严疏主"之誉。在《佛祖历代通载》卷十四中，有一段文字对澄观的部分著作及其著作缘由进行了介绍，涵盖了澄观的大多数著作，但并不全面；另外一些传记中，对澄观的著作虽然也有所述，但比较散乱。

日人高峰了州在其所著的《华严思想史》中，曾依诸传记，对澄观的著作名目进行收集整理：

> 澄观的著作颇多，由诸传录中，结集如次：1.《华严经疏》二十卷，2.《随疏演义钞》四十卷，3.《随文手镜》一百卷，4.《华严纲要》三卷，5.《三圣圆融观》……《华严》《圆觉》《中观》等经律论关脉三十余部，6.《七处九会》，7.《花藏世界图》，8.《心镜说文》十卷，9.《大经了义备要》三卷（塔记），10.《了义》一卷，11.《心要》一卷，12.《食肉得罪因缘》……《华严》《法华》《楞伽》《中观论》等别行小钞疏共三十卷，13.《法界玄鉴》（宋传五），14.《镜灯说文》一卷，15.《正要》一卷，16.《四十华严疏》十卷，17.《行愿品别灯疏》一卷（五祖略说），18.《华严受菩萨心戒》一卷（东域录），19.《五蕴观》一卷，20.《十二因缘观》一卷，21.《略策》一卷（义天录），22.《观经疏》一卷（往生西方略传序），23.《华严刹海变相赞》，24.《真妄偈》，25.《证道颂》（圆宗文类三），26.《四分律搜玄录序》（卍续·精95 - 4，宋传15志鸿传）。其他还有：为德宗帝讲华严奥旨，宪宗帝问答"法界妙义"，及示寂前和遗徒海岸等训言。③

在澄观的这些著作中，现存的、有关华严方面的并具有特色的有以下几部：一、

---

① （元）念常集《佛祖历代通载》卷十四，《大正藏》第49册，第609页。
② （宋）宗鉴纂《释门正统》卷八，《卍新纂续藏经》第75册，第358页。
③ 〔日〕高峰了州：《华严思想史》，中华佛教文献编撰社，1999，第198页。

《大方广佛华严经疏》（六十卷），是唐译《华严经》的注释书，是澄观在五台山大华严寺讲经集成；二、《大方广佛华严经随疏演义钞》（九十卷），是《华严经疏》的注释书，是对唐译《华严经》的更进一步的注释；三、《新译华严经七处九会颂释章》（一卷），是对唐译《华严经》的主要内容的概括；四、《大华严经略策》（一卷），是通过问答的方式，对有关唐译《华严经》方面的内容进行解说；五、《华严法界玄镜》（二卷），是对杜顺《华严法界观门》的注释，也是澄观四法界思想理念的体现；六、《三圣圆融观门》（一卷），是对《华严经》中三位重要人物（毗卢遮那佛、普贤、文殊）之间的关系进行解说，明三圣一体而无障碍。

纵观澄观的著作，可以发现一个特点，即是澄观的著作，大多数都是在八十《华严》的基础上而作；而华严三祖法藏的著作，大多数都是在六十《华严》的基础上而作。尤其是有关《华严经》的注疏，虽然法藏也曾为八十《华严》作疏，但未能竟功。其后虽或有人对八十《华严》注疏，但依澄观自己的说法："晋译幽秘，贤首颇得其门；唐翻灵编，后哲未窥其奥。"可以看出，澄观对于前人对八十《华严》的注释并不满意，也表明了他继承法藏学说的意图。

三　澄观主要思想

华严三祖法藏圆寂之后，其上首弟子慧苑对法藏的学说做了一些变动，比如在判教和十玄义等问题上，都与法藏所说相违。澄观在其著作中对慧苑所说加以反驳，从而恢复了法藏时的十玄说，并加以发挥；力彰法藏的"五教"义，恢复了华严宗的正统思想。同时，更依杜顺《华严法界观门》所说，立四法界无碍说；并根据时下禅宗与教下学人的偏颇，极力融会禅教，主张诸宗融合、禅教一致，这一思想，对中唐以后的佛教界影响很大。

第一，澄观对慧苑的评判。

慧苑乃是法藏之弟子，法藏在参加八十《华严》译场后，曾对八十《华严》进行注疏，然而才写了四分之一就圆寂，据说慧苑和同门宗一曾分别续写。慧苑所写即是现存的《续华严经略疏刊定记》。

在这部著作中，慧苑的一些思想理论不同于法藏。其中最主要的有两个方面：第一，在《刊定记》内，慧苑将智俨和法藏两代相承的"十玄缘起说"，改作了十种德相和十种业用两重；第二，慧苑认为法藏的五教判只不过是在天台宗化法四教（藏、通、别、圆）基础上形成，仅加上一个顿教而已。如前文"慧苑的判教与十玄说"中所说。

对于慧苑所立的"两重十玄"，澄观在其所著的《华严经随疏演义钞》等著作中，对之多次进行批判，认为其"笔格文词不继先古，致令后学轻夫大经，使遮那心源道流莫挹""今明德相、业用虽异，不妨同一十玄，无不该摄"。澄观认为，慧苑的十重德相与十重业用所说义理于十玄门中已全部摄尽无余。

在判教说上,慧苑不同意法藏的五教判,最主要是认为,不可将顿教与其他四教并立。澄观不同意慧苑的这一说法。澄观认为,禅宗虽是"以心传心",实际上不离于教。虽说是"教外别传",只是相对而说,亦归于"教"也。如其所言:"若不指一言以直说即心是佛,何由可传?故寄无言以言,直诠绝言之理,教亦明矣。故南北宗禅,不出顿教也。"

第二,澄观法界无碍思想。

在《华严法界玄镜》中,澄观对《华严法界观门》进行注释,谓其中所说真空观、理事无碍观、周遍含容观分别与理法界、理事无碍法界、事事无碍法界等三法界相对应,若再加上"事法界",则成四法界之名。又,澄观在《华严经随疏演义钞》中,为明法界无碍思想理念,说有三类法界。

第一类,"三法界"说。如《演义钞》卷一中所说:"一者,约三法界,初句事法界,次句理法界,第三句无障碍法界。"① 此中说三法界之名,初句事法界者,即是含摄法界一切诸法,所有事相,尽皆融摄;次句理法界者,即是法界诸法所依之理体;第三句无障碍法界者,应是具足理事无碍和事事无碍两重无碍之义。

第二类,"四法界"说。其在《演义钞》卷一中说"二者约四法界",即指事法界,理法界,理事无碍法界,事事无碍法界。四法界的名目于澄观的著作中出现较为频繁。此四法界之名义,如其文中所说"动即是事;静即是理;动静一源,即事理无碍法界也;含众妙而有余,事事无碍法界也"②。所谓理者,诸法之体;所谓事者,诸法之相;所谓事理无碍者,体相一如;所谓事事无碍者,即是众妙之门。

第三类,"五法界"说。其在《华严经疏》卷五十四中说:"总唯一真无碍法界,语其性相不出事理。随义别显,略有五门:一、有为法界,二、无为法界,三、俱是,四、俱非,五、无障碍。"③ 此五法界中,或说有为,或说无为,或俱是俱非,总是为显第五无障碍法界。而此无障碍法界,即是一真无碍法界,所谓一真法界,本无内外。所谓心境无二,离一切分别,心则诸佛证之以为法身,境则诸佛证之以为净土。

第三,澄观新古十玄之说。

如前文所说,法藏弟子慧苑没有继承智俨、法藏二师相传承之十玄门之说,而立两种十玄。澄观对之加以批判,谓慧苑"背师另说"。而在澄观的著作中,基本上沿用的是法藏《探玄记》中所列十玄,又将智俨《华严一乘十玄门》中所立的十玄称为古十玄,是故后人有了新古十玄之说。如前文"十玄无碍思想的完善"中所说。

---

① (唐)澄观述《华严经随疏演义钞》卷一,《大正藏》第36册,第2页。
② (唐)澄观述《华严经随疏演义钞》卷一,《大正藏》第36册,第2页。
③ (唐)澄观撰《华严经疏》卷五十四,《大正藏》第35册,第908页。

第四，澄观诸宗融合说。

澄观在承继法藏思想，恢复华严正统思想的同时，把注意力主要集中各宗思想的融合上。在解释法藏的判教理论时，将禅宗也归之为教门，认为若言绝之理不显，则"即心是佛"之旨亦未能彰。认为法藏判教理念之所以不同于天台之处，正是为了彰显如来"以心传心"之幽旨，是故，法藏立顿教以囊括绝言之旨，如是顿教既立，则达摩心要可得以传，南北宗禅无越于教可为共摄。由是，澄观在宗主华严的同时又融会了禅学，从而成为禅教合一之说的最早提倡。如前文"澄观提出诸宗融合"中所说。

第五节　华严宗五祖宗密

宗密是华严宗五祖，其少年习儒，青年于禅门出家；后得澄观所著的《华严经疏》等论著，遂以澄观为师，随学华严；同时，宗密十分注重对《圆觉经》《金刚经》的研修，并著有大量注疏。宗密主张融会教禅，著《禅源诸诠集》，盛倡禅教一致；又因早年学儒，也主张佛儒一源，著《原人论》，会通儒道二教，悉为华严一乘之方便。

一　宗密生平简介

宗密，又称圭峰禅师，果州西充（今四川西充）人。少年即精通儒学，后依禅宗出家。而在得澄观弟子灵峰所赠《华严经疏》后，遂北上长安，师从澄观。在佛教史上，宗密既被奉为禅宗祖师，又被奉为华严宗祖师。宗密禅律经论兼弘，会通禅教诸家，倡导禅教一致论，以振兴佛教为己任。其著作所涉及范围，更是遍及禅、律、经、论等各个方面。

宗密的生平事迹，可参考的资料有《圭峰定慧禅师遥禀清凉国师书》（简称《遥禀清凉书》），宗密的《圆觉经大疏》（简称《大疏》）、《圆觉经大疏钞》（简称《大钞》）、《禅源诸诠集都序》（简称《都序》），以及裴休撰写的《圭峰禅师碑铭并序》（简称《圭峰碑》），赞宁的《宋高僧传》卷六，续法的《法界宗五祖略记》之《圭峰传》，道原的《景德传灯录》卷十三等。

宗密的生卒年月，即是780年至841年。依诸传记中所说，宗密俗家本是豪盛家族，受家庭熏陶，其自小即精通儒学，身负济世之才，亦曾准备参加贡举考试。如在《宋高僧传》卷五中即有"家本豪盛少通儒书，欲干世以活生灵，负俊才而随计吏"[1] 等语；在《景德传灯录》卷十三中亦有"髫龀通儒书，冠岁探释典，唐元

---

[1] （宋）赞宁撰《宋高僧传》卷五，《大正藏》第50册，第741页。

和二年将赴贡举"① 等语。

依诸传记中所说,宗密最初是依禅宗出家,是遂州圆禅师为其披剃。后依道圆之劝,参谒荆南忠禅师,再谒洛阳照禅师。是故,宗密与禅宗之渊源颇深。其不但是华严宗祖师,亦被禅宗学人称为祖师。宗密与禅宗传承之关系,依《景德传灯录》卷十三②和《圭峰禅师塔铭并序》中所说,是由荷泽神会次第传予法如、惟忠、道圆、宗密等。

宗密与澄观之渊源,如传记中说,唐宪宗元和五年(810),在宗密游方到湖北襄阳,在襄阳恢觉寺,遇病重卧床数月的华严宗僧灵峰,得澄观所著的《华严经疏》20 卷、《华严经疏钞》40 卷,并依之修学;唐宪宗元和六年(811)九月十三日,宗密在东都洛阳写信给上都长安的澄观,叙门人之礼,表达归宗华严、从师澄观的意愿,并派弟子送上;后,澄观给宗密回信,认可其法子的地位;十月二十三日,再次写信给澄观,表达自己欣喜的心情。后往澄观处待从,不离左右。

宗密十分注重对《圆觉经》《金刚经》的研修。依《法界宗五祖略记》等所说,自唐宪宗元和十年(815)始,宗密于终南山智炬寺通阅藏经,研习《圆觉经》,撰成《圆觉经科文》和《圆觉经纂要》2 卷。其后十数年间,其先后于上都兴福寺、终南山圭峰草堂寺、南山丰德寺等地,写成《金刚般若经疏》1 卷、《华严纶贯》5 卷、《圆觉经道场修证仪》18 卷等。

宗密一生,勤于讲学著作,多次开讲《华严经疏》《圆觉经疏》等。唐文宗大和二年(828),唐文宗诏宗密进宫,垂问佛法,赐紫方袍,赐号"大德"。宗密此次在京居留三年,其间与京都名流交往。其中裴休宰相深入堂奥成为外护,宗密几篇重要著作如《禅源诸诠集都序》《圆觉经略疏》《注华严法界观门》等,皆由裴休为其作序。

二 宗密著作概说

有关宗密的著作名目,日人高峰了州在其所著的《华严思想史》中,曾依诸传记,进行过收集整理,计收录有 31 部论著名目,现依据高峰了州所收录之著作名,将宗密著述做如下分类。

第一类,是研究和发挥《圆觉经》的,计七部。即:《圆觉经科文及纂要》(二卷),《圆觉经大疏》(三卷),《同略疏》(圆觉经大疏钞一之下,同略疏钞二),《圆觉经大疏科》(二卷),《大钞》(二十六卷)或(十三卷),《略疏科》(二卷),《略钞》(十二卷)。

---

① (宋)道原编《景德传灯录》卷十三,《大正藏》第 50 册,第 305 页。
② (宋)道原编《景德传灯录》卷十三,《大正藏》第 50 册,第 305 页。

第二类，是华严经义及义学方面的，计六部。即：《华严纶贯》（五卷），《注法界观门》（一卷）及《科文》（一卷），《行愿品随疏义记》（六卷）及《同科》（一卷），《随疏记义》3卷及《科》（一卷），《记义》（二卷）及《科》（一卷），《行愿品疏释义钞》（四卷）及《科》（二卷）。

第三类，是关于禅学理论及禅宗传承的，计六部。即：《圭峰兰若禅藏》（禅源诸诠集）（一百卷），《同都序》（二卷），《一心修证始末图》（一卷），《心要法门注》（一卷），《答真妄颂》（一卷），《中华传心地禅门师资承袭图》（一卷）。

第四类，是关于礼忏仪规方面的，计三部。即：《道场修证仪》（十八卷），《礼忏略本》（四卷），《道场六时礼》（一卷）。

第五类，是主张佛儒一源方面的，计一部。即《原人论》（一卷）。

第六类，是劝导弟子发心修学的，计二部。即：《修门人书》（一卷），《劝发菩提心文序》。

第七类，其他类经论注疏释解的，计六部。即：《金刚般若经论纂要疏》（一卷），《同钞》（一卷），《唯识三十颂疏》（二卷），《四分律疏》（三卷），《盂兰盆经疏》（一卷），《起信论疏》（四卷）。

从以上所列著作名录及其分类来看，宗密在研究禅籍方面要比澄观广博，尤其是对《圆觉经》的研究讲解；而在对华严典籍研究和华严理论发挥方面，则要比澄观少得多。

宗密有关华严的这几部著作，其中《注华严法界观门》是承继澄观《华严法界玄镜》而来，是对杜顺《华严法界观门》的注解；另外，则是较为注重对对于"行愿品"的讲习著作。可以看出，宗密对行持和观行方面的重视。

三　宗密主要思想

从宗密的生平和著作中可以看出，宗密在华严上的成就，主要是对澄观的著作进行讲解，对《行愿品》进行注释，并没有太多的发挥。而其少小习儒，后来又依禅门出家，可见儒学和禅宗思想对其影响颇深。有关宗密的华严思想，主要体现在以下几方面。

第一，禅教一致思想。

在宗密时期，由于教内徒众相互诤论，或以经律为依归，或以经律为障道，各家所执不同，于是宗密积极提倡禅教一致。其所提倡的"禅教一致"的代表作是《禅源诸诠集》。

《禅源诸诠集》原书已佚失，仅存其《都序》四卷和裴休的叙文一卷。在《都序》一文中，宗密提出了三禅三教之说，三禅是指禅家三宗，即：息妄修心宗、泯绝无寄宗、直显心性宗。三教是指教下三派，即：密意依性说相教、密意破相显性

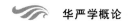

教、显示真心即性教。

宗密认为"三教三禅是一味法"，即是说禅家三宗和教下三派，虽有深浅、顿渐和权实的不同，但可会通一味，禅与教之间，本质是一致的，没有不可逾越的鸿沟。如前文"宗密会通三教三宗"中所说。

第二，三教和会思想。

"三教和会"思想，是宗密在《原人论》中所提出。三教者，是指佛教、道教、儒教；和会者，是指三教虽然在根本思想上有差别，但会通本末，穷理尽性，悉皆归趣于一乘方便之教。

在《原人论》中①，宗密并不否定儒、道二家的修身养德，反而肯定其经世致用的教化，认为"孔老释迦，皆是至圣；内外相资，共利群庶"，具备"策万行，惩恶劝善，同归于治"的功能。最后"推究万法，彰生起本末。虽皆圣意而有实有权，二教唯权，佛兼权实"。宗密认为，如来说法，有权有实；如儒道二教，实为权教所摄，是方便之教。

在《原人论》中，宗密以破邪显正的方法，破除儒道二教之妄执，究寻人类之本原。计有四篇：第一篇，斥迷执，破斥儒道二教元气剖判说及虚无大道说；第二篇，斥偏浅，就佛教中人天教、小乘教、大乘法相教、大乘破相教之所说，破斥彼等所主张的业为本说、色心相续说、赖耶缘起说、万法皆空说；第三篇，直显真源，依华严一乘显性教之旨，以本觉之真心，为天地万有之本原，显示一切有情本来是佛；第四篇，会通本末，会通前所破之诸教，儒道二教，皆归于末。而佛教中有权有实，唯华严一乘教是根本法门。

第三，《原人论》中所立五教。

在《原人论》一文中，宗密会通内外各教，调解当时儒、释、道之间的矛盾。另外，宗密依内外理理，推穷万法，从浅至深，会偏令圆，而成与华严原始判教小、始、终、顿、圆完全不同的新五教判。此五教即是：人天乘、小乘教、大乘法相教、大乘破相教、一乘显性教。

人天教者，是指"佛为初心人，且说三世业报，善恶因果，谓造上品十恶，死堕地狱，中品饿鬼，下品畜生。故佛且类世五常之教，令持五戒，得免三途，生人道中。修上品十善及施，戒等，生六欲天，修四禅八定，生色界，无色界天，故名人天教也"。在这里，宗密将印度少数外道和中国本土的儒道二家，以及佛教内修人天福报者，都包含在这个范畴之中。

小乘教者，即指以求自我解脱为主的声闻和缘觉等小乘行人。

大乘法相教者，即指大乘有宗，亦即唯识宗。此宗主张"一切有情无始以来，

---

① （唐）宗密述《原人论》卷一，《大正藏》第45册，第708页。

法尔有八种识，于中第八识阿赖耶是其根本，顿变根、身、器界种子，转生七识、皆能变现。自分所缘，都无实法"。宗密认为此教属不了义教。

大乘破相教者，即指大乘空宗，包括印度的中观系和中国的三论宗等。其基本理论是主张心境皆空，空是根本，空是究竟，其立论风格是以破为主，破而不立。

一乘显性教者，即指主张菩提自性人人本具的华严经教。宗密认为，这是如来最圆满最究竟的教法。此宗的所依经典，主要是《华严经》。

第四，性起思想的阐发。

宗密继承智俨以后的性起学说。他在《华严经行愿品疏钞》卷一中，根据《起信论》一心二门的学说，认为一真法界有性起、缘起二门。

"性起"者，宗密认为：性起即是一真法界，即是宇宙人生的本性；性起在圣不增，在凡不减，其体是一；此性起非是凝然不变，世间出世间一切诸法全是性起，法性之外更无别法；此性起含摄一切，法法皆彼此互收，尘尘悉包含法界，所谓诸佛和众生交彻，净土和秽土融通。如《钞》中所云"一真法界即是一心""无有一法不是真界缘起，无有一法先于法界""但唯一真法界，即诸佛众生本源清净心"。

"缘起"者，宗密认为，缘起有染污缘起与清净缘起之分。染污缘起又分为两个部分，即：无始根本和展转枝末。"无始根本"是说独头无明，有迷真和执妄；"展转枝末"也有惑、业、苦分别，是依独头无明而起，是无明熏习真如的结果。

清净缘起也分为两个部分，即分别清净和圆满清净。"分别清净"者，即包括声闻、独觉和权教菩萨；"圆满清净"者是指实教菩萨与佛境。圆满清净也有顿悟和渐修之分。顿悟是说圆机听闻圆教，了知一切众生皆如来藏，烦恼生死即是菩提涅槃；渐修是说已然了悟，更为断尽多劫颠倒妄执的习气而修行。顿悟对治无始根本，渐修对治展转枝末，并最终与性起相合，同归一真法界。如宗密所说"统而言之，则净缘起门翻前染缘起门，以合前性起门也"。

依宗密所说，其所说性起与缘起二门，乃是站在华严圆宗的角度而说，如《疏钞》卷一中说："此华严圆宗，具别教一乘、同教一乘二义。上性起门即别教义。迥异诸教故；上缘起门，即同教义普摄诸教故。"①

思考与练习题

一　名词解析

1. 三教和会，2. 帝心尊者，3. 文殊化身，4. 说法冢。

---

① （唐）宗密述《华严经行愿品疏钞》卷一，《卍新纂续藏经》第 5 册，第 223 页。

二 简答题

1. 请简要介绍杜顺的生平、思想及著作情况。

2. 请简要介绍智俨的生平、思想及著作情况。

3. 请简要介绍法藏的生平、思想及著作情况。

4. 请简要介绍澄观的生平、思想及著作情况。

5. 请简要介绍宗密的生平、思想及著作情况。

第九章　祖师谱系之外华严名家

【本章导读】

本章主要围绕华严宗正统一脉之外诸家华严学者进行介绍，即华严宗成立前后，在杜顺、智俨、法藏、澄观、宗密这一系华严传承之外，专注于华严学研修的诸家华严学者。

本章计分四节。

第一节，地论宗的创立传承者。本节介绍了华严宗成立之前，地论学派的两位创立者（菩提流支与勒那摩提）与地论学派的两位传承者（慧光与道宠）。

第二节，教外华严学的李通玄。本节中，介绍了与华严三祖法藏同时代的，李通玄的生平、著作及其主要思想等方面的内容。

第三节，背师立说的慧苑。本节中，介绍了被称为华严三祖法藏上首弟子的慧苑的生平、著作及其主要思想等方面的内容。

第四节，留学汉地的义湘。本节中，介绍了作为华严二祖智俨之弟子、华严三祖法藏之同学、海东华严初祖，义湘的生平、著作及其主要思想等方面的内容。

第一节　地论宗的创立传承者

在华严宗成立之前，中国早期的华严学弘扬，地论宗或者说地论学派发挥了非常重要的作用。而地论宗的创立，源自《十地经论》的两位翻译者菩提流支与勒那摩提，正是由于他们对《十地经论》的见解不同，才有了后来的地论南北道的分离。而他们的两位弟子慧光和道宠，在相州南北两道，弘扬《十地经论》，弘扬华严学，对后来华严宗思想体系，或多或少，都有着一些影响。

一　地论宗两位创立者

《十地经论》的翻译，在诸多传记中，或说菩提流支与勒那摩提同处同译，或说二人别处别译，此姑且不论。但是在教义上，对《十地经论》的见解上，他们二人有着不同，却是事实。因此，师从他们两人传习"地论"的，也就发生异解，而形成南北两道。此中且对二人略做介绍。

第一，菩提流支其人。

菩提流支，北魏僧，生卒年不详。又作菩提留支，意译为道希，佛经翻译家。依《续高僧传》卷一[1]所说，菩提流支于北魏永平初年（508）携大量梵本来华，受到帝慰劳礼遇，请其于灵太后所建的永宁寺居住译经；依《古今译经图记》卷四中说，菩提流支来华后20余年间，翻译的经典计有39部127卷，梵本万甲，笔受草本满一间屋。

据传，菩提流支在密咒法术上，独树一帜。依《续高僧传》卷一中所说，其尝于井边澡浴，以密咒法术令井水满至井栏，用钵㪺水盥洗，旁有僧人赞叹不已，菩提流支告之，此乃外国法术，为不令世人为神通法术所惑，是故此方不传也。

在判教方面，菩提流支有二时教和一音教两种判教。依智𫖮《法华玄义》卷十[2]中说，菩提流支将如来一代时教以"二时教"进行分类，"二时教"者，即谓：佛陀成道以后12年，说有相小乘教义，皆属半字教；12年以后，为大乘人说五时般若无相空理，则属满字教。

依法藏的《华严五教章》卷一[3]中说，菩提流支依《维摩经》等，立"一音教"，谓一切圣教，皆归属于一音、一味、一雨所润等。但以众生根行不同，而随机异解，遂有多种。从诸教之根本义，唯是如来一圆音教。即如经中所云"佛以一

---

① （唐）道宣撰《续高僧传》卷一，《大正藏》第50册，第428页。
② （隋）智𫖮说《法华玄义》卷十，《大正藏》第33册，第801页。
③ （唐）法藏述《华严五教章》卷一，《大正藏》第45册，第480页。

音演说法，众生随类各得解"即是其意。

菩提流支对中国净土宗的形成也有着影响。依《往生集》卷一①中说，中国净土宗的祖师昙鸾，早年曾到江南向道士陶隐君求得仙经十卷，回途中得遇菩提流支，流支告之佛道中自有解脱之道，并授予他《十六观经》（《观无量寿佛经》）及自己译出的《无量寿经论》（《往生论》）。昙鸾遂从此专业净土，行化各地，为创建净土宗奠定了基础。

第二，勒那摩提其人。

勒那摩提，此言宝意，北魏僧，生卒年不详，佛经翻译家。依《续高僧传》卷一②所说，勒那摩提于北魏宣武帝正始五年（508）至洛阳，即开始译经。其记忆力惊人，能熟记以32字为一偈数的佛偈10亿偈。其所译经典，依《大唐内典录》卷四中说，有6部24卷；而依《古今译经图纪》卷四中说，有5部23卷。

勒那摩提除译经外，亦常讲《华严经》，魏宣武帝对之非常敬重。澄观在《华严经随疏演义钞》卷十五中，谓其"慧悟绝伦，领受华音，妙穷清切，帝每令讲华严经，精义频发"③。法藏在《华严经传记》卷二中，谓其"帝每令讲华严经，披释开悟，精义每发"。

在诸传记中，所载典故最为神奇的当是"天宫请讲"。即天帝请勒那摩提入天宫讲演华严。如《华严经传记》卷二中所载：

> 一日正处高座，忽有持笏执名者，形如太宫。云：天帝命来请，讲华严经。意曰：今此法席，尚未停辍，待讫经文，当从来命。……，既而法事将了，又见前使者。云：奉天帝命，故来下迎。意乃含笑，熙怡告众，辞诀奄然，卒于法座。④

诸传记皆说，勒那摩提为宣武帝讲经后即被请往天宫。然，勒那摩提被天帝使者请往天宫之后，是否再现人间。诸传记中均无有记载。

二　南道派之慧光

慧光（484~553），北魏时僧人，地论师南道派的开创者。先从佛陀扇多出家，后随勒那摩提学习《十地经论》，其弟子众多，如前文"《十地经论》的译传与地论宗"之"地论南北两道的分流"中所说。其弟子道凭的再传弟子智正（其师为灵裕

---

① （明）袾宏辑《往生集》卷一，《大正藏》第51册，第129页。
② （唐）道宣撰《续高僧传》卷一，《大正藏》第50册，第429页。
③ （唐）澄观述《华严经随疏演义钞》卷十五，《大正藏》第36册，第115页。
④ （唐）法藏撰《华严经传记》卷二，《大正藏》第51册，第159页。

弟子静渊），常住至相寺，曾为华严二祖智俨讲授《华严经》。可见地论南道派对后来华严宗的影响。

依《华严经传记》卷二①中所说，慧光除弘扬《十地经论》外，亦常讲《华严经》，如传中所云："更听华严，深悟精致，研微积虑，……恒亲讲授。光以为，正教之本，莫过斯典。凡有敷扬，备申恭肃。"

慧光不但开创了地论南道派，在律宗中亦具有非常崇高的地位。依《佛祖统纪》卷二十九中所说，慧光为南山律学第五祖（依四祖道覆律师学律）。另外，依《续高僧传》卷二十一所说，慧光著有《四分律疏》一百二十纸，并删定《羯磨戒本》，为法侣所传诵。

慧光在判教上，有三教、四宗两种教判说。"三教"者，即是渐教、顿教和圆教。慧光将华严判归为圆教，法藏在《华严经传记》卷二中说"以华严为圆教，自其始也"；"四宗"者，即是指因缘宗、假名宗、诳相宗、常宗。此四宗判，可参见《法华玄义》卷十中所说，是慧光对当时盛行的经典和学说所做的判断。

三　北道派之道宠

道宠，北魏时僧人，地论师北道派的开创者。年轻时投国学大儒雄安生的门下学习，出家受戒后，入西山研究经典。时逢魏宣武帝崇信佛法，菩提流支及勒那摩提各译出《十地经论》。师听说后，就前往参访菩提流支，受持《十地经论》，听其教诲。

在诸传记中，有关道宠的寂年、世寿，皆无有记载。依传中所说，其著有《十地疏》。而后广宣佛法于相州道北，其弟子较多，依《续高僧传》卷七中称"堪可传道，千有余人"。但其众弟子在华严学上的成就，则少见于传记。地论学派北道派诸多情形，如前文"《十地经论》的译传与地论宗"之"地论南北两道的分流"中所说。

第二节　教外华严学的李通玄

李通玄长者是与华严三祖法藏同时期的人，青年时钻研易理，40 岁后，方从事佛教典籍的研究。其一生最重要的贡献，即是对唐译《华严经》研究，并以易学释解佛经。他在智俨、法藏一系以外，别树一帜，于华严一宗传统的学说，有不少的变更。其生平事迹，可参见《李长者事迹》《唐李长者通玄行迹记》《隆兴佛教编年

---

① （唐）法藏撰《华严经传记》卷二，《大正藏》第 51 册，第 159 页。

通论》卷十六、《佛祖历代通载》卷十三、《居士传》卷十五等。

一　李通玄之生平简介

李通玄，世称李长者，又称枣柏大士，是唐代的华严学者，沧州人。他在年轻时，熟读中国传统文化典籍，精通易学；四十岁游五台时，得异僧授以华严大旨，从此"绝于外道"；其探究华严义理，前人注疏皆不能释怀；时逢八十《华严》译出，遂参究新译华严，造论阐明经义，前后历经 10 年左右，终完成《新华严经论》《决疑论》等论著。

李通玄之生卒年月，依诸传记中有两种说法：第一，依《华严经决疑论序》中所载："开元十八年三月二十八日卒"；第二，依《隆兴佛教编年通论》卷十六中所载："二十八年三月。长者李通玄卒，寿九十有五"。此两种说法，应是第一种说法较为准确，因为《华严经决疑论序》之作者照明曾"亲承训授，屡得旨蒙"。若以长者世寿 95 岁计，其生卒年应是：635 ～730 年。另外，亦有传记说长者世寿 96岁，如《居士传》卷十三中说。

李通玄的年轻时代，熟读中国传统文化典籍，照明称其"学非常师，事不可测，留情《易》道，妙尽精微"。李通玄对易学的研究功底，为他以后以《易》解释《华严经》提供了基础。他在 40 岁之前，一直过着游荡求学的生活，"放旷林泉，远于城市"，"年过四十，绝于外道"。他在 40 岁之后，开始从注重儒家经典转向研习佛教典籍。

李通玄最初接触华严经典，依《居士传》卷十五中所载"尝游五台，入善住院，逢异僧授以华严大旨"。应该说，在其游学的过程中，路经五台，得异僧教授以华严奥旨，也自是从此之后"绝于外道"。其中或是神异事迹（见《居士传》），但其最初所接触的是晋译《华严》应是事实，照明"序"中称"寻诸古德义疏"，当时他所能看到的"古德义疏"，也唯有晋译《华严经》的注疏之作。

李通玄对《华严经》的研究，应当是建立在其对以往的注疏并不满意的基础上，其"每掩卷叹曰：经文浩博，义疏多家，惜哉后学，寻文不暇，岂更修行"。应该说，这是李通玄在研习华严时的困惑，也是其更进一步研究《华严》的原因。"幸会《华严》新译，义理圆备"，李通玄即以注解唐译《华严》建立自己的理论。新经于圣历二年（699）译出，在李通玄之前还没有系统注释此经的著作。新译经与旧译经的差别，对他提出独到见解无疑有启发作用。

李通玄对唐译《华严经》的著述，依《宋高僧传》卷二十二[①]中所说，始于开元七年（719）。他携带新译《华严经》，到太原盂县西南同颖乡大贤村高山（一作

---

① （宋）赞宁撰《宋高僧传》卷二十二，《大正藏》第 50 册，第 853 页。

仙）奴家，止于陋室，造论阐明经义，三年足不出户，食枣十颗、柏叶饼一枚，由此世称"枣柏大士"；后来他又携带论稿，移居南谷马家古佛堂侧，立小土屋，继续撰述，五年告成。相继完成《新华严经论》四十卷、《略释新华严经修行次第决疑论》四卷等论著的撰写。

二 李通玄之著作概说

李通玄的著作，主要以研习八十《华严》为主。有关著作名目，日人高峰了州在其所著的《华严思想史》中，曾进行过收集整理，谓计有十二部：1.《新华严经论》（四十卷），2.《决疑论》（四卷），3.《略释》（一卷），4.《释解迷显智成悲十明论》（一卷），5.《十玄六相》，6.《百门义海》，7.《普贤行门》，8.《华严观及诸诗赋》，9.《会释》（二卷），10.《十门玄义排科释略》（一卷），11.《眼目论》（一卷），12.《华严会释论》（十四卷）。

对于这 12 部著作，高峰了州认为：第三部《略释》（一卷），疑为现存的《华严经中卷卷大意略叙》（一卷）；第十二部《华严会释论》（十四卷）和第九部《会释》（二卷）是与《新华严经论》同本。待考察。

在上面所列的著作名目，其中现存的著作主要有四部：第一，《新华严经论》（四十卷）；第二，《华严决疑论》（四卷）；第三，《华严经大意》（四卷）；第四，《华严十明论》（二卷）。

《新华严经论》（四十卷），是对唐译《华严经》的注疏。他在本论卷首，同样立十门解释华严一经的义旨：一、明依教分宗，二、明依宗教别，三、明教义差别，四、明成佛同别，五、明见佛差别，六、明说教时分，七、明净土权实，八、明摄化境界，九、明因果延促，十、明会教始终。

《华严决疑论》（四卷），全称《略释新华严经修行次第决疑论》，是对《新华严经论》的补充说明。主要是对《华严经》中所说之十行位、十回向位、十地位等进行补充讨论决疑。

《华严经大意》（一卷），全称《大方广佛华严经中卷卷大意略叙》，介绍本经各卷的大意、主要内容或特点，每卷一般仅用二十余字概括。内容简单明了。

《华严十明论》（二卷），全称《十二缘生解迷显智成悲十明论》，此是以十门明十二因缘义，观照此十二因缘之本来。对十二缘生之有无、对佛智慧之有无、对十二缘生与佛智慧等进行观照。李通玄认为，十二缘生是一切众生逐妄迷真，随生死流转波浪不息之大苦海，若以止观力照之，心境总忘，智日自然明白。

在李通玄的所有著作中，以《新华严经论》和《决疑论》流通较广。唐代宗大历九年（774），僧人广超见到上述两书，请人抄写；唐宣宗时期，福州开元寺志宁将《新华严经论》的注疏部分附于经文之下，合成《新华严经论》120 卷；明代李赞提纲挈要，成《华严经合论简要》4 卷；明代方泽再次纂其纲要，成《华严经合论纂要》3 卷。

从唐代开始，李通玄的著作与华严诸祖的著作并行于佛教界，历宋元明清而不变。特别在明末清初，重视李通玄著作的人尤多，既有佛教界的宗师，也有信仰佛教的著名士大夫，出现了李通玄的著作比华严诸祖著作更流行的现象。这种情况反映了李通玄学说的历史价值，其中也有许多值得研究和探索的问题。

三　李通玄之主要思想

李通玄的华严思想，不同于华严一宗传统的学说，如唐代僧人志宁在《华严经合论序》中说："其论所明，与诸家疏义稍有差别。"他在说明《华严经》的内容结构时，提出应是十处十会四十品；他在判释如来一代圣教时，提出了十宗十教说；他在注释华严经义时，常以易理来代替，以易释华严；他在树立菩萨信仰方面，提出了三圣一体的崇拜对象格局。

第一，十处十会四十品。

晋译经有七处八会三十四品，唐译经有七处九会三十九品。李通玄认为两经都不完备，两部《华严经》都有缺文，应用《璎珞本业经》来补充，认为《璎珞本业经》所讲也是华严教义。他把《璎珞本业经》作为最重要的一品纳入《华严经》，使该经成了四十品，然后又对如来说法处所和场次重新划分，使原经的七处九会变成十处十会。

依据李通玄的重新划分，华严说法的十处十会分别是：一、菩提场会，二、普光明殿会，三、升须弥山顶会，四、升夜摩天会，五、升兜率天会，六、升他化自在天会，七、升三禅天会，八、给孤独园会，九、觉城东大塔庙处会，十、于一切国刹及尘中一切虚空法界会。

对于如来说法之会所的划分，李通玄在原经七处的基础上，增加了三处：升三禅天会、觉城东大塔庙会、于一切国刹及尘中一切虚空法界会。前一会所依《璎珞本业经》加，谓如来升三禅天宫说法；后二会所是将第九会的"入法界品"分为两处。如是则成如来十处说法。

对于如来说法之场次（十会）的划分，李通玄将其中"普光明殿"的三"会"合为一，也即是原有的"七处"，再加新分的"三处"，如是总成十处，如来分别于此十处各说法要，就形成处、会相当的"十处十会"。

依据李通玄的重新划分，此十处十会说法如下：第一菩提场会，明始成正觉；第二普光明殿会，明举果劝修；第三升须弥山顶会，明信心成备；第四升夜摩天会，明入真实证；第五升兜率天会，明发心修行；第六升他化自在天会，明理事相入；第七升三禅天会，明蕴修成德；第八给孤独园会，明随缘无碍；第九觉城东大塔庙处会，明诸贤寄位；第十于一切国刹及尘中一切虚空法界会，明令凡实证。

第二，十宗十教之说。

在判教思想上，李通玄不同于华严家所立的五教十宗说，而别立十教十宗说。李通玄在其所著的《新华严经论》卷一和卷三中，分别对其所立"十宗"和"十教"说作了非常详尽的解释。此十宗十教说，如前文"李通玄的判教与三圣一体"中所说。

第三，三圣一体之说。

在《新华严经论》卷八、卷三十一、卷三十二中，以及《华严经决疑论》卷一中，李通玄提出三圣圆融说。他认为，文殊、普贤、佛等三圣，体用主伴无碍。

李通玄认为：一、文殊以理会行，普贤以行会理，体用相彻，成一真法界；二、文殊为法身的妙慧，普贤为万行的盛德，二圣合体，体用自在，即名为佛；三、文殊为法界体，普贤为法界用，二圣互为体用；四、文殊为因，普贤为果，二圣互为因果；四、一一位次、一一法门，互相成就，如帝释网，互相切入，诸佛菩萨，体用相成，因果相入，同时无二。

此三圣一体说，如前文"李通玄的判教与三圣一体"中所说。

第四，以易解《华严》。

在李通玄的著作中，以《周易》（包括经和传）释解华严义理，是其注释《华严经》最显著的特点，李通玄以《易》解释《华严经》，主要应用了《易》象数学说。其中既有牵强附会的内容，也为改造华严经学提供的新依据。

在《华严经》中，常以"十方"指代所有空间。而在《新华严经论》中，李通玄则以八卦及上、下二方位构成的十个方位。如其在释解《华严经·入法界品》中所说：

> 主方神随方回转者，震、巽、离、坤、兑、乾、坎、艮、上、下二方为十方，皆有神随逐回转而行……十方之法难量，一方之法具有十方，互体参差，卒申难明，但随世法及出世法，随事回转……以明法无定体，随事变通。①

此外，李通玄还直接对一些佛教概念进行易学的解释、比附，例如"三昧"，意译为正定、正受等。李通玄在《新华严经论》卷二十六中以易理解释三昧：

> 三昧者，此云正定。三者，正也；昧者，定也。何故以三为正？凡为作法，以三度为正。昧者，情识不现，名之为昧；正智现前，名之为三。又，三者，

---

① （唐）李通玄撰《新华严经论》，《大正藏》第36册，第1031页。

正也。何以故？以三为阳故正也。如十一月一阳生，十二月二阳生，正月三阳
生为正月。①

李通玄以《易》来解释《华严经》，对佛教在中国的流传起到了促进作用。
《易》的八卦方位等思想是中国传统思想的一部分，特别是象数学说在注经及占卜
问卦的民间术中更有重要的地位。李通玄吸收这种思想来解释佛经，为后人理解
佛教经典提供了一个新的参照系。

第三节　背师立说的慧苑

慧苑是华严三祖法藏的上首弟子，法藏在八十《华严》译成后曾为之注疏，但
才写了四分之一就去世了，慧苑和同门宗一分别续写。慧苑所续名为《续华严经略
疏刊定记》，但其中所说，往往和法藏的宗旨大异其趣。其中主要是改五教为四教、
改十玄为十种德相和十种业用的两重十玄，因此后来正统的华严宗人都以他为异系。

一　慧苑生平简介

慧苑之生卒年，于诸传记中均未提及。日本坂本幸男在其所著的《华严教学之
研究》中曾对慧苑的生卒做过考证：

> 他的出生及示寂年寿，虽不能详，可是他是法藏（643～712）的门下，且
> 在他的著作《华严经音义》自序说："苑不涯菲薄，少玩兹经，索隐从师，十
> 有九载"。又如后所述，法诜（718～778）是他的门下等事，大概可以推定他
> 的生卒年代。他的出生应该上溯法藏的寂年（712），而加增从学于法藏的十九
> 年及进具必需的二十年，共计为三十九年才对，即是西元 673 年出生的。又他
> 的寂年，应该降下法诜的生年（718），及法诜的进具必需的二十年，加上受学
> 《华严经菩萨戒》及《起信论》等必要的最少年限约五年，共为二十五年，即
> 西元 743 年。因此，慧苑的住世年代，推定为 673～743，世寿应为七十岁前
> 后，也许没有很大的错误。②

坂本幸男从两个方面来推定慧苑之生卒年：第一，是依据其师法藏之卒年来推
定苑师之生年；第二，是依据其弟子法诜之生年来推定苑师之卒年。

---

① （唐）李通玄撰《新华严经论》卷二十六，《大正藏》第 36 册，第 898 页。
② 〔日〕坂本幸男：《华严教学之研究》，华佛教文献编撰社，1999，第 6 页。

慧苑为法藏之上首弟子，诸传记中皆有此说，此说无有疑难。而说法诜为慧苑之弟子，于诸传记中并无明文标示。《宋高僧传》卷五《法诜传》中，有"故地恩贞大师，嘱之以《华严经》《菩萨戒》《起信论》"①。此中的恩贞大师是指何人，现今却无法考证。此中日本华严学者坂本幸男所谓"法诜是慧苑门人"的说法，其所依据的是凝然的《华严法界义镜》之《澄观传》中所说"诜是慧苑大师门人"，是故，坂本幸男先生推定法诜是慧苑（故地恩贞大师）的弟子，现代学者，也多采用日本华严宗僧凝然之说。

在诸传记中，记载慧苑生平经历者较少，几近于无。一般所称慧苑为"静法寺慧苑"，这应该是依据他的著作《刊定记》及《一切经音义》中，载有"唐京兆静法寺沙门慧苑述"而来的。另外，在《宋高僧传》卷六中记为"周洛京佛授记寺慧苑"。依此为据，慧苑研习、弘扬华严的场所应是以佛授记寺与静法寺二处为主了。

在《宋高僧传》卷六中所记"周洛京佛授记寺慧苑"②，应是说明慧苑早年常住之处所。依《一切经音义》中所说"索隐从师，十有九载"。即慧苑从学于法藏前后时间为十九年，即 693 ~ 712 年。而在这一时段，初期（695 ~ 699）法藏奉诏于佛授记寺参加八十《华严》的译场，译讫旋即奉诏于佛授记寺开讲新译大经。慧苑这一个时段应是从学于法藏并住于佛授记寺。

慧苑的《刊定记》及《一切经音义》等著作皆谓"唐京兆静法寺沙门慧苑述"。众所周知，慧苑的《刊定记》乃是继承法藏的遗稿《新华严经略疏》而续成为完整本，即法藏圆寂（712）之后而作，由是可知，慧苑在 712 年之后，讲习、注疏华严的处所应是以静法寺为主。

二 慧苑著作概说

有关慧苑的著作，在《开元释教录》卷第九、《贞元释教目录》卷十四、《宋高僧传》卷六，都只举有《华严经音义》二卷，而不论其他。

日人坂本幸男先生搜集中日诸经录，并于《华严教学之研究》中整理合成，对慧苑的著作，做了如下记录③。

第一，在《新编诸宗教藏总录》（义天录）卷第一，列举有：1.《刊定记》（二十卷）；2.《刊定别章》（二卷）；3.《九会章》（一卷）；4.《纂灵记》（五卷）。

第二，在《奈良朝现在一切经疏目录》（奈良朝目录）中列举有：1.（1863）《新译花严音义》（二卷）；2.（1874）《华严经音义》（慧远）（二卷）；3.（1875）《新华

---

① （宋）赞宁撰《宋高僧传》卷五，《大正藏》第 50 册，第 736 页。
② （宋）赞宁撰《宋高僧传》卷六，《大正藏》第 50 册，第 739 页。
③ 〔日〕坂本幸男：《华严教学之研究》，华佛教文献编撰社，1999，第 15 ~ 17 页。

严音义》（二卷），不详；4.（1876）《续花严略疏刊定记》（十二卷）；5.（1877）《续花严刊定记》（十二卷）；6.（1878）《华严经慧菀疏》（十六卷）；7.（1879）《华严经慧菀师疏》（二十四卷）；8.（1880）《华严经疏》（慧苑二十四卷）。

第三，在《华严宗疏并因明录》（圆超录）中列举有：1.《华严刊定记》（十六卷）；2.《华严旋复章》（一部）；3.《大乘权实义》（二卷）；4.《新华严经音义》（二卷）。

第四，在《东域传灯目录》（永超录）中列举有：1.《华严刊定记》（十六卷）；2.《华严旋复章》（十卷）；3.《华严音义》（二卷）；4.《大乘权实义》（二卷）。

第五，在《华严宗经论章疏目录》（凝然录）中列举有：1.《华严经略疏刊定记》（十六卷）；2.《同经音义》（二卷）；3.《同经纂灵记》（五卷），贤首创集，慧苑治定。

第六，在《佛典疏钞目录》（兴隆录）中列举有：1.《续刊定记》（三十卷）；2.《纂灵记》（十卷）；3.《音义》（二卷）。

此上是坂本幸男于《华严教学之研究》中所收集整理慧苑之著作名目。上之所列，现存的只在《音义》二卷和《刊定记》十五卷计两部而已。其中《华严经音义》（二卷），是慧苑在其师法藏对于《华严经》的梵语及难字的注释《华严梵语及音义》（一卷）的基础上更进一步的整理；《刊定记》则是慧苑承继法藏的八十《华严》之注疏。

三　慧苑主要思想

慧苑作为法藏的上首弟子，承继法藏的华严教法，并接续法藏的《华严经略疏》而作《续华严经略疏刊定记》，但其在著作时，自谓"鸠集广略之文，会撮旧新之说；再勘梵本，雠校异同；顺宗和教，存之以折衷；简言通义，笺之以笔削"①。对古今之教判加以批判，重立四宗教判；并对杜顺、智俨、法藏一脉相承的"十玄"义加以改造，重立两重十玄。于华严正宗之外，另立新说，构成华严学的一个分支。

第一，对古今判教的评判。

慧苑的学说和华严宗的传统说法分歧最大的是他的判教说。他在《刊定记》卷一的"立教差别"中，分别列举了古来菩提留支等十九家的教判说，然后进行评判。此等诸家判教，包括法藏所立五教说，无有一种判教能被慧苑所认同。

对于菩提流支等所立的一音教。慧苑评云："依本质教立说也，若依唯识教，分为本与影，则非唯一音。影像多故，随闻者之识而聚集故。若依无碍法界，则说

---

① （唐）慧苑述《华严经刊定记》卷一，《卍新纂续藏经》第 3 册，第 579 页。

与听即圆融互为相摄，使一多无碍也。"①

对于古来诸家所立的渐顿二教，慧苑评云："随说乖妨，大都此人未识佛法，谓不知如来本质色声，闻同时异，应一切时处，但与诸机作增上缘。非目前后说大小法故，不识佛也"②。谓不可谓如来说大小乘法有前后渐次，亦不可说诸法有渐顿差别，谓《法华》《涅槃》《楞伽》等经，亦说如来藏性实相法界；《华严经》中亦说"随诸众生所应调伏"等语。

对于昙隐所立有因缘宗、假名宗、不真宗、真宗等四宗教，慧苑批判说："何教之内，不说因缘，不真之与假名，难表差别"③。

对于智者立有三藏教、通教、别教、圆教等四教，慧苑批判说："务存诡异，误制教名"。谓不可以三藏教立名，因大、小乘中俱有三藏，此中慧苑列举以"三藏教"为名的四种过失。又说："华严为是别教？为是圆耶？若别非圆，则应说因缘假名，不说不可思议因缘。"④

对于法藏所立小乘教、初教、终教、顿教、圆教等五教。慧苑主要相对所立顿教进行批判："当知此并亡诠显理，何复将此立为能诠？若此是教，更诠何理？"⑤

如是等等，慧苑一一给予评判，连同法藏所立五教亦不为慧苑所接受，认为法藏所立五教说是受了天台宗"化法四教"的影响而作。是故才有慧苑建立四宗教判，也才有后来澄观对其的破斥。

第二，判教说及两种十玄说。

在慧苑的著作中，引起注意并受到批判的内容有两部分：一是关于判教问题，否定法藏的五教判，重立四宗教判；二是对杜顺、智俨、法藏一脉相承的"十玄"义加以改造，重立两重十玄。此四宗教判和两重十玄义，如前文"慧苑的判教与十玄说"中所说。

第三，对华严经经文的分科。

慧苑继法藏《华严经略疏》的基础上而成《刊定记》，在对《华严经》的分科释解上与法藏略有不同。

法藏将一部华严分为五分及五周因果，五分是为：教起因缘分、举果劝乐生信分、修因契果生解分、托法进修成行分、依人入证成德分。五周因果是为：所信因果周、差别因果周、平等因果周、成行因果周、证入因果周。

慧苑亦说五分五周因果，其中五周因果与法藏所说相同，但"五分"不同。将

---

① （唐）慧苑述《华严经刊定记》卷一，《卍新纂续藏经》第 3 册，第 579 页。
② （唐）慧苑述《华严经刊定记》卷一，《卍新纂续藏经》第 3 册，第 579 页。
③ （唐）慧苑述《华严经刊定记》卷一，《卍新纂续藏经》第 3 册，第 580 页。
④ （唐）慧苑述《华严经刊定记》卷一，《卍新纂续藏经》第 3 册，第 580 页。
⑤ （唐）慧苑述《华严经刊定记》卷一，《卍新纂续藏经》第 3 册，第 581 页。

前二分"教起因缘起分"和"举果劝乐生信分",总合为一分,即"举果劝乐生信分"。将最后一分"依人入德成德分"拆分为二分,即"大众顿证法界分""一人历位渐证分"。后来的澄观亦同于此说。

慧苑在将《华严经》分为五分五周因果之外,亦依品目及会所分别将《华严经》以十分划分。

依品目科为十分者:一、"世主妙严品"是证信发起分;二、"如来现相品"等四品是依果殊胜分;三、"毗卢遮那品"是正果因修分;四、"如来名号品"等三品是三业应机分;五、"菩萨问明品"至"菩萨住处品"是生解修因分;六、"佛不思议法品"等三品是生解成果分;七、"普贤行品"是出现成因分;八、"如来出现品"是出现成宗分;九、"离世间品"是顿摄因果分;十、"入法界品"是证入法界分。

依会所科为十分者:初"世主妙严品"是为序分,余九会各一分故,总为十分。九会九分者,谓:第一会,举果生信分;第二会,生解之信分;第三会,解修十住分;第四会,解修十行分;第五会,解修十向分;第六会,解修十地分;第七会,解修因圆果满分;第八会,进修成行分;第九会,证入法界分。

此两种依"品目""会所"科为十分法,或因八十《华严》在品目及会所等皆不同于六十《华严》,为法藏所无。后一种依"会所"科为十分法为后来澄观所继承,唯于"十分"名目上略有不同。

第四节　留学汉地的义湘

义湘是华严二祖智俨之弟子,是华严三祖法藏之同学,后回国传教,大弘华严一宗,建立华严道场,创海东华严宗,为高丽华严宗之初祖。其生平事迹,可参考的资料有:《宋高僧传》卷四之《义湘传》、元昙噩撰《新修科分六学僧传》之《义湘传》、崔致远撰《义湘传》、一然著《三国遗事》卷四之《义湘传教》、义天集《圆宗文类》之《贤首国师寄海东书》等。

一　义湘生平简介

义湘(625~702),号浮石尊者,新罗国鸡林府人,有说俗姓金,有说俗姓朴。二十九岁京师皇福寺落发;唐高宗时来唐,先至扬州,后往终南山,师从于智俨修学华严教法;智俨圆寂后,义湘返回新罗,于新罗国四处弘化,有"令十刹传教"之说。义湘回国后,亦常与法藏书信往来,探讨华严要义。

有关义湘的入唐时间和经过,在诸传记中有几种不同的说法,其中一些说法颇有矛盾之处。依《宋高僧传》卷四①中说，义湘与元晓二人同来中土，中途元晓返回，义湘独身一人，于唐高宗总章二年（669）到达山东登州。此说法不妥，668年时智俨已然圆寂；依《三国遗事》卷四"义湘传教"中②说，义湘有两次入唐，第一次"年二十九依京师皇福寺落发"后与元晓半途而返，第二次是在唐高宗永徽初年（650）得以"会唐使船寓载入中国"。若第一次是29岁时，则应约在653年，两次入唐前后时间有明显冲突；依《三国遗事》卷三中③说，义湘亦有两次入唐，第一次义湘在唐高宗永徽元年（650）与元晓同伴第一次入唐，中途而返；第二次，义湘在唐高宗龙朔元年（661）入唐，就学于智俨。此种说法较为可信。

义湘随从智俨学习华严，于诸多传记中皆有记载，有些记载非常神异，在《三国遗事》卷四中有一段记述：

> 寻往终南山至相寺谒智俨。俨前夕梦一大树生海东，枝叶溥布，来荫神州。上有凤巢，登视之，有一摩尼宝珠，光明属远。觉而惊异，洒扫而待。湘乃至，殊礼迎际。从容谓曰：吾昨者之梦，子来投我之兆。许为入室。④

此中说法虽然有些神异，但也反映了义湘在智俨处学有所成，深得智俨的赏识这一事实。有关义湘在智俨处的活动情况，各种史料记载得都非常简略，且均含糊其词。

对于义湘回国的具体时间，在《宋高僧传》中没有明确说明，只是记载了回国的经过"乃议回程，传法开诱，复至文登旧檀越家，谢其数稔供施，便募商船，逡巡解缆"。在《三国遗事》中一共出现了三种不同的归国时间，每一种时间都有一个归国的理由。在卷二之"文虎王法敏"条⑤，说义湘于674年归国，时唐高宗欲于第二年发兵50万，同伐新罗，时在唐的金仁问想请义湘带信回国，于时义湘东还；在卷四之"义湘传教"条⑥，说义湘于670年归国，理由同上；在卷三"前后所将舍利"条⑦，说义湘于671年归国，说智俨入寂，则义湘也结束了留学生活，准备回国传教。

义湘回国后，一直与华严宗祖庭保持着密切的关系，与其同学，即中国华严宗三祖法藏一直有着书信往来，相互交流，探讨华严要义。如《贤首国师寄海东书》

---

① （宋）赞宁撰《宋高僧传》卷四，《大正藏》第50册，第729页。
② 〔高丽〕一然撰《三国遗事》卷四，《大正藏》第49册，第1006页。
③ 〔高丽〕一然撰《三国遗事》卷三，《大正藏》第49册，第993页。
④ 〔高丽〕一然撰《三国遗事》卷四，《大正藏》第49册，第1006页。
⑤ 〔高丽〕一然撰《三国遗事》卷二，《大正藏》第49册，第972页。
⑥ 〔高丽〕一然撰《三国遗事》卷四，《大正藏》第49册，第1006页。
⑦ 〔高丽〕一然撰《三国遗事》卷三，《大正藏》第49册，第993页。

中所云：

> 一从分别二十余年，倾望之诚，岂离心首，加以烟云万里，海陆千里，限此一生不复再面，抱恨怀恋，夫何可言？……但以和尚章疏义丰文简，致令后人多难趣入，是以具录和尚微言妙旨，勒成义记。谨因胜诠抄写还乡，传之彼土，请上人详捡臧否，幸示箴诲。①

法藏在其书信末后说：

> 《华严探玄记》二十卷，两卷未成。《一乘教分记》三卷，《玄义章》等杂义一卷，《别翻华严经中梵语》一卷，《起信疏》两卷，《十二门论疏》一卷，《新翻法界无差别论疏》一卷。已上并因胜诠抄写将归，今月二十三日新罗僧孝忠师遗金九分，云是上人所寄，虽不得书，顶荷无尽。今附西国君持澡罐一口，用表微诚，幸请捡，谨宣。②

在书信中，法藏表达了对于义湘的同门之谊和别后的思念之情。依崔致远的《法藏和尚传》中所说，义湘接到法藏的书信后"自阅藏文，如耳聆俨训，掩室探讨，涉旬方出"③。后又召其弟子中"可器泻者四英（真定、相圆、亮元、表训）"分别讲解《探玄记》。

有关义湘回国后的传教情况，《三国遗事》卷四之"义湘传教"④中说，唐高宗仪凤元年（676），义湘于太伯山，奉旨创建浮石寺，敷演大乘；依朝鲜李能和所著《朝鲜佛教通史》下编中说，唐高宗仪凤二年（677），义湘承王命，于智异山华严寺，以石版刻《华严经》留于该寺；则天武后天授二年（691），义湘于华严寺之海藏殿，以唐贤首所述《探玄记》，讲解《华严经》。

又依《三国遗事》卷四"义湘传教"中说"湘乃令十刹传教。太伯山浮石寺，原州毗摩罗伽耶之海印，毗瑟之玉泉，金井之梵鱼，南岳华严寺等是也。"此中所说"十刹传教"之十刹，在崔致远的《法藏和尚传》中有详细的介绍：

> 海东华严大学之所有十山焉：中岳公山美理寺，南岳知异山华严寺，北岳浮石寺，康州迦耶山海印寺、普光寺，熊州迦耶峡普愿寺，鸡龙山岫寺。《括

---

① （唐）法藏撰《贤首国师寄海东书》，《卍新纂续藏经》第58册，第559页。
② （唐）法藏撰《贤首国师寄海东书》，《卍新纂续藏经》第58册，第559页。
③ （唐）崔致远撰《法藏和尚传》卷一，《大正藏》第50册，第284页。
④ 〔高丽〕一然撰《三国遗事》卷四，《大正藏》第49册，第1006页。

地志》所云鸡蓝山是朔州华山寺，良州金井山梵语寺，毗瑟山玉泉寺，全州母山国神寺，更有如汉州负儿山青潭寺也。此十余所。①

依上所说，义湘令十刹传教，可知其时高丽华严教学之兴盛，亦可知义湘传教之成就。

二　义湘著作概说

有关义湘的著作，在《新编诸宗教藏总录》卷一中录有四部：《十门看法观》（一卷），《法界图》（一卷），《入法界品钞记》（一卷），《阿弥陀经义记》（一卷）；《宋高僧传》卷四记有两部：《道身章》《云锥穴问答》，或云此二为一，即《道章身云锥穴问答》。另外，韩国天台宗总务院编辑的《韩国天台宗圣典》中，录有义湘的《白花道场发愿文》（残本）。

义湘现存的著作并不多，只有《华严一乘法界图》和《白花道场发愿文》（残本）。

《华严一乘法界图》又称《华严一乘法界图章》《一乘法界图》《法界图章》《法性图》《海印图》等，文中先以七言诗偈，共30句210字，曲折回环盘成一个印章；后围绕着这首盘诗，撰有说明性文字。义湘在文末说："一乘法界图合诗一印，依《华严经》及《十地论》，表圆宗要，总章元年七月十五日记。"同年十月二十九日其师智俨入寂，说明《法界图》乃是在智俨去世前3个月写成的，也即是在义湘回国之前写成，可以说是义湘在智俨门下学习的毕业论文。

《白花道场发愿文》（残本）其文可见于韩国天台宗总务院编辑的《韩国天台宗圣典》中，乃是宗奉礼拜观音之文。由此可知，义湘除了修习华严教法之外，对观音信仰亦非常重视。

三　义湘主要思想

有关义湘的华严思想，由于现有资料的缺乏，对其思想内容所能了解的并不太多。今依《华严一乘法界图》略说义湘之华严思想。

第一，三乘皆是一乘之方便。

依《华严一乘法界图》之说明文字可知，义湘主张，如来以一音说法，随逐众生根机，而有三乘等教。然此三乘等教，皆不离于一乘方便，是故以三乘，彰显一乘之殊胜。

> 问：何故印文唯有一道？

---

① （唐）崔致远撰《法藏和尚传》卷一，《大正藏》第50册，第285页。

答：表如来一音故。所谓一善巧方便；何故多有繁回屈曲？以随众生机欲不同故，即是当三乘教；何故一道无有始终？显示善巧无方，应称法界。十世相应，圆融满足故，即是义当圆教；何故有四面四角？彰四摄、四无量故。此义依三乘，显一乘。印相如是。

第二，承继智俨六相思想。

义湘亦同于智俨一样，非常重视"六相"义，而且其受地论宗的影响颇大，将一部华严要义，归于"十地"一品：

问：六相者为显何义？

答：显缘起无分别理故。以此六相义故，当知虽一部经七处八会及品类不同，而唯在地品。所以者何？是根本摄法尽故。地品中虽十地不同，而唯在初地。何以故？不起一地，普摄一切诸地功德故。

第三，承继智俨十玄思想。

义湘亦继承了智俨的十玄门思想，并以此十玄门来辨明一乘与三乘教义上的区别：

问：一乘三乘分齐别义，因何得知？

答：且依十门，即知也。一、同时具足相应门。于中有十相，谓人、法、理、事、教、义、解、行、因、果。此等十门相应，无有前后；二、因陀罗网境界门。此中具前十门俱义，从喻异耳，余可准之……

义湘的十玄门思想，其名目和次第完全等同于智俨于《搜玄记》卷一。甚至在此中对于十玄门义理的文字解释亦基本与《搜玄记》卷一中相同。

思考与练习题

一　名词解析

1. 枣柏大士，2. 一音教，3. 三圣一体，4. 天宫请讲，5. 十处十会，6. 十宗十教。

二　简答题

1. 请简略介绍菩提流支的生平及其对净土宗的影响。

2. 请简略介绍勒那摩提的生平情况。

3. 请简略介绍慧光的生平及其判教思想。

4. 请简略介绍道宠的生平情况。

5. 请简略介绍李通玄的生平及研习华严之经过。

6. 李通玄认为华严法会应是十处十会，请列举十处十会之名目。

7. 请简略介绍慧苑的生平及其判教思想。

8. 慧苑将《华严经》依品目及会所分别科以十分，请分别说明。

9. 请简略介绍义湘生平及其来唐学法之经过。

第十章　宋代至清代的华严学者

【本章导读】

本章主要围绕宋代至清代的华严学者进行介绍。

本章计分五节。

第一节，子璿与净源。子璿，有人称，有宋以来，华严宗之中兴，师为先导者；净源，收集整理刊行华严典籍，建立华严宗传承体系。

第二节，省常与义和。省常，依"净行品"结社，宣扬净土法门；义和，提倡华严圆融念佛法门，主持华严典籍入藏。

第三节，文才与普瑞。文才，一生专弘华严，宗承祖说，并以华严学解释《肇论》；普瑞，读《华严经》而开悟，宗承祖说，犹重华严忏法。

第四节，善学与大同。善学，提倡天台与华严融合，主张不可专守一门；大同，提出华严与禅法并无分别，主张万法本乎一心。

第五节，续法与通理。续法，融会众说，注重华严科判、教观、断证等方面；通理，讲经三十余会，造就新学不可胜计。

第一节 子璿与净源

华严宗在圭峰宗密圆寂后不久，即遭遇会昌法难，经论散佚，和其他各宗一同衰落。宋初，子璿起而兴复，以贤首宗旨作《楞严经疏》十卷行于世，华严宗之再振，师厥功甚伟；其后，子璿之弟子净源，盛弘华严宗，从高丽义天处得到华严文献，并进行整理工作，许多华严文献也被收到佛教大藏经中。宋代华严学的研习由此展开。

一 子璿之生平思想

子璿（965～1038），北宋华严宗僧，又称长水大师。自幼出家，先依普慧寺契宗学《楞严经》，乃依秀州洪敏学华严教，后参琅琊慧觉而有悟；住长水寺，讲解《华严经》《楞严经》，教导弟子；以贤首之宗旨释解《楞严经》《起信论义记》等，自宋代，华严宗从此再振。

子璿，杭州钱塘人，俗姓郑，号东平。其出家后先学《楞严经》，后依华严教。如《起信论疏记会阅卷首》之"长水大师略录"中所说：

> 九岁礼普慧寺契宗为师，便诵楞严不辍；十二进沙弥，十三度具戒；太平兴国中，诣秀州灵光寺，依洪敏听讲。至动静二相，了然不生有省……敏抚而证之，遂传华严教观。①

子璿参琅琊慧觉而有悟，后住长水寺，禅教兼弘，教导弟子，为所时人所推崇，称其为"秀州长水大师"。如"长水大师略录"中说：

> 闻滁州琅琊山慧觉禅师，道重当世，趋往参见……琅琊曰：汝宗不振久矣，宜励志扶持，报佛恩德，勿以殊宗为介意也。乃如教拜辞。后住长水，会下徒众千余。语曰：道非言象得，禅非拟议知。会意通玄，曾无别致。由是二宗皆仰慕之，称为秀州长水大师。②

子璿为《楞严经》《起信论》等经论注疏释义，并弘传华严经教、观法，为朝野所尊崇，获赐紫衣，并被册封为"长水疏主楞严大师"，如"长水大师略录"

---

① （清）续法编《起信论疏记会阅》卷首之"长水大师略录"，《卍新纂续藏经》第 45 册，第 541 页。
② （清）续法编《起信论疏记会阅》卷首之"长水大师略录"，《卍新纂续藏经》第 45 册，第 541 页。

中说：

> 仁宗天圣年间，撰《楞严义疏》十卷，并《科旨》二篇，丞相王公，序以冠首；次又出《金刚经刊定记》，并《起信论疏笔削记》，并盛传于世；又讲《行愿钞》《法界观》《圆觉经》《十六观》等，亦无虑数十会。大中祥符六年，翰林学士钱公易，奏赐紫衣，署号长水疏主楞严大师。①

子璿的华严思想多依从于宗密，其在宗密的《起信论注疏》的基础上，作《大乘起信论笔削记》；在宗密《金刚般若经疏论纂要》的基础上，作《金刚经纂要刊定记》。另外，子璿的《首楞严义疏注疏》中，也承继了宗密在《圆觉经略疏注》中十门释义——

> 将释此经，十门分别：一、教起因缘，二、藏乘分摄，三、教义分齐，四、所被机宜，五、能诠体性，六、所诠宗趣，七、教迹前后，八、传译时年，九、通释名题，十、别解文义。②

此上十门，除了个别名目略有改动外，基本上与宗密所说相同。在子璿的著作中，处处可见他的华严思想理念，他是以华严教义来释解《楞严经》《金刚经》《起信论》等，如其在《起信论疏笔削记》卷二中所说：

> 圆教者，谓此教中该收前四，圆满具足性相俱融，刹海尘毛交遍互入，即华严宗也；一真法界，谓所说理事、心境、人法、圣凡、染净等法。以要言之，未有一法离于法界，故云所说唯是法界；性海圆融者，理法界，谓理性深广故如海也，理体周遍，无有一法而不融摄，故云圆融。③

宗密禅教兼弘，注疏《圆觉经》等而阐扬华严教义；子璿禅教兼弘，注疏《楞严经》等而阐扬华严教义。是故后人有称，有宋以来，华严宗之中兴，师为先导者也。

二 净源之生平思想

净源（1011～1088），北宋华严宗僧，又称晋水大师。年幼出家；具戒后，四

---

① （清）续法编《起信论疏记会阅》卷首之"长水大师略录"，《卍新纂续藏经》第45册，第541页。
② （宋）子璿集《首楞严义疏注疏》卷一，《大正藏》第39册，第823页。
③ （宋）子璿录《起信论疏笔削记》卷二，《大正藏》第44册，第307页。

方游学，先后从学于多位；高丽义天来华后，带来华严典籍，净源与义天共同整理刊行；净源一生住持寺院较多，弘扬华严教法；其厘清了华严宗的道统，正本清源，树立了华严正法的传承体系；净源著作较多，不但有对华严祖师论著的注解，亦非常注重华严的忏法仪规。

净源，福建晋江人，俗姓杨，字伯长，号潜叟。年幼出家，具戒后，四方游学，先后从学于五台承迁、长水子璿等多位。如《补续高僧传》卷二中所说：

> 生而敏慧，依东京报慈寺海达大师得度，奋志参寻。初受华严于五台承迁，次见横海明覃，后谒长水璿，尽得华严奥旨。①

宋神宗元丰八年（1085），高丽义天来华，在杭州慧因寺师从净源学习华严教义，并带来了大量佛教典籍，其中即有智俨、法藏等人的著作，净源加以校订和整理，如《晋水碑》中所说：

> ……其恢祖训也，《法界观》则有《助修记》，《还源观》则有《补解》，《金师子章》则有《云间类解》，《原人论》则有《发微录》。《肇论》则有《中吴集解》及《令模钞》，皆其手述也。余如《百门义海》《一乘分齐》《禅源诠序》等，皆与之定科刊误。②

净源一生住持寺院较多，依《晋水碑》中所说，净源曾应请开法于泉州清凉寺、苏州观音寺、杭州祥符寺、湖州宝阁寺及秀州善住院，屡坐大道场，阐扬圆顿极旨。最终主持于杭州慧因院，易禅为教，道风大振。

对于净源的弘法成就，如《晋水碑》中所说：

> 自唐之季，道运亦否，学于此宗者，或得少分，莫究大全，法统散离，二百年矣。道之将肖，必有所启，惟以高明之才，精微之学，兴于既坠，合于已裂，以为己任，殁而后已，自非夙受记属，盖于此不能与也。③

依据《晋水碑》中记载，净源追源溯始，谓以马鸣大士为始祖，而立华严七祖，建立华严传承之体系，谓"以马鸣大士为始祖，龙树、帝心、云华、贤首、清

---

① （明）明河撰《补续高僧传》卷二，《卍新纂续藏经》第77册，第380页。
② 李翥编《慧因寺志》卷八"晋水碑"，杭州出版社，2007，第52页。
③ 李翥编《慧因寺志》卷八"晋水碑"，杭州出版社，2007，第52页。

凉、圭峰，以次列之"。

净源的著作颇多，在高丽义天所编《新编诸宗教藏总录》《圆宗文类》中，以及义天与净源的通信中，都有分别提及净源的一些著作名目。另外，在《晋水碑》中亦有对净源的著作介绍。

净源的著作，可以从三个方面来说：第一，净源为了复兴华严宗诸祖的学说，系统刊定了诸祖的作品，并对其中一些作品进行注释；第二，在华严类著作之外，净源还对《法华经》《仁王经》《盂兰盆经》《佛遗教经》做了注释；第三，净源承继宗密华严思想，制《首楞严坛场修证仪》《圆觉经道场略本修证仪》。并在此基础上，制《华严普贤行愿修证仪》，为华严类第一部礼忏仪规。

第二节　省常与义和

宋代的华严思想，不仅仅是对华严祖师思想的阐发，更有许多是对华严经义的发挥。由于其时净土思潮的兴起，亦有学者将华严与净土结合起来，提出新的净土法门。其中比较突出的有省常和义和。省常依《华严经》之"净行品"以结社的方式，宣扬净土法门；义和则更提倡华严的圆融念佛法门。

一　省常之生平思想

省常（959~1020），宋代净土宗僧。自幼出家，先结白莲社，专修净业；后结净行社，集众修行。天禧四年入寂，世称钱塘白莲社主，又号昭庆圆净，为莲宗第七祖。

省常，钱塘（浙江）人，俗姓颜，字造微。其最初住杭州西湖昭庆寺，以净土行为业，如彭际清所编《净土圣贤录》卷三中所说：

> 省常，字造微，姓颜，钱塘人。七岁出家，十七受具戒，宋淳化中，住南昭庆，慕庐山之风，谋结莲社，刻无量寿佛像。①

省常所修净业，最初是礼念无量寿佛，求生净土；后依据华严经义，结"净行社"，倡导往生西方净土，此净行社之建立，如"净行社集总序"中所说：

> 社建于钱唐昭庆寺主于比丘省常上人，上人生钱唐，住昭庆寺。无碍之心，

① （清）彭际清编《净土圣贤录》卷三，《卍新纂续藏经》第78册，第245页。

依古佛之行，精进圆满，诸戒具足，立大誓愿，而作是念，刺指取血，以血和墨，写模法式，书华严净行一品，一字三作礼，一礼一围绕，一围绕一念佛名号。然后始刻之方板，毕一千本，以一本施一人，又以栴檀香林造毗卢圣像。①

省常所结净行社其盛况一时，可谓是再现往昔庐山白莲社之盛况，其情景如《佛祖统纪》卷二十六中所说：

> 易莲社为净行之名，士夫预会者，皆称净行社弟子。而王文正公，且为之社首；一时公卿伯牧，三十余年预此社者，至一百二十三人，其化成也若此；比丘同志，复千大众。有以见西湖之拟于庐山者。②

天禧四年（1020），省常入寂，世寿六十二。全身葬于灵隐山鸟窠禅师之坟侧。世称钱塘白莲社主，又号昭庆圆净，为莲宗第七祖。如袾宏辑《往生集》卷一中说——

> 赞曰：始远公，次善导，既而南岳、五会，永明、台岩，终于，号莲社七祖。劝化之盛，盖耀古弥今矣。③

此莲宗七祖，自慧远始，次第善导、承远、法照、少康、智觉、省常。省常从最初的兼修到专修，进而转为自修与弘传并行，数十年如一日，为净土宗在宋代的盛行，奠定了基础。

二 义和之生平思想

义和，宋代僧，生卒年不详，籍贯不详。先后住平江能仁寺和临安府慧因院。提倡华严圆融念佛法门。诸传记对其思想和生平涉及不多。在魏道儒先生的《中国华严宗通史》中，有"义和的华严净土说"，详说义和的华严净土思想。另外，王颂《宋代华严思想研究》中，有"圆证义和的传记研究"，详说义和对华严祖师著作的整理和刊刻。

义和的华严圆融念佛法门，不同于其他人的往生西方净土思想，义和主张，诸佛与众生交彻，净土与秽土融通。而历代大德，皆没有倡导华严净土法门者，如他

---

① 〔高丽〕义天辑《圆宗文类》卷二十二，"西湖昭庆寺净行社集总序"，《卍新纂续藏经》第 58 册，第562 页。
② （宋）志磐撰《佛祖统纪》卷二十六，《大正藏》第 49 册，第 265 页。
③ （明）袾宏辑《往生集》卷一，《大正藏》第 51 册，第 133 页。

在《无尽灯·序》中说：

> 晚年退席平江能仁，遍搜净土传录与诸论赞，未尝有华严圆融念佛法门。盖巴歌和众，雪曲应稀，无足道者。呜呼！不思议法门，散乎大经与疏记之中，无闻于世。离此别求，何异北辕而之楚耶？于是备录法门，著为一编。使见闻者，不动步而归净土；安俟阶梯，非思量而证弥陀。①

义和因为搜遍传录，未见有华严圆融念佛法门，故作此《华严念佛三昧无尽灯》。依《无尽灯·序》中说，义和从《入法界品》中找到三种念佛法门，也对华严诸祖没有大力宣扬净土法门的缘由做出解释。此三种念佛法门分别是：吉祥云比丘之"无碍智慧念佛法门"，解脱长者之"唯心念佛门"，普遍吉净光夜神之"德相念佛门"。

此三种念佛法门皆可见于《华严经》之"入法界品"中，如前文"华严经学与净土信仰"中所说，义和在序中并没有做详细的解释。而《无尽灯》正文现今不存，故亦无法知晓此念佛法门之具体行持，只能依《华严经》义而解。

义和在倡导华严圆融念佛法门的同时，非常注重对华严宗祖师著作的搜集整理。在王颂先生的《宋代华严思想研究》之"圆证义和的传记研究"中，依时间之次第，非常详细地记录了义和搜集、整理、刊刻华严祖师著作的一些活动情况，如下所说：

第一，绍兴八年（1138），义和在平江府昆山能仁院颖脱轩，以高丽的版本为底本校订了宗密的《圆觉经大疏释义钞》。

第二，绍兴九年（1139），义和开版宗密的《圆觉经大疏释义钞》。

第三，绍兴十二年（1142），义和已经担任了临安府南山慧因讲院的住持，并且与辩才思彦和圆常道仙一起刊勒了《华严旨归》。

第四，绍兴十五年（1145），义和作为临安府南山慧因讲院的住持，校订开版了高丽传来的华严类典籍，并且获得了朝廷的许可，把它们编入大藏经。

第五，绍兴十六年（1146），慧因教院住持义和与辩才思彦和圆常道仙一起开版了智俨的《孔目章》。

第六，绍兴十九年（1149），义和在平江府吴江县华严宝塔教院讲课期间，复刻了崔致远撰写的《唐大荐福寺主翻经大德法藏和尚传》。

第七，同年，义和得到了缺佚很久的澄观著《贞元新译华严经疏》（《华严经行愿品疏》），立刻携来吴江县华严宝塔教院开版，完成了其中的 12 卷。知府良中对

---

① （宋）义和撰《无尽灯·序》，《大正藏》第 47 册，第 169 页。

此书甚为欣赏，叮嘱义和刊印全书。不久良中辞世，薄潚等人于宋高宗绍兴二十五年（1155）完成了全书的刊行工作。

第八，宋孝宗乾道元年（1165），义和撰写了《华严念佛三昧无尽灯序》。《无尽灯》大概成书于此年。

第九，宋孝宗乾道三年（1167），著名士大夫参政范成大（1154～1193）为《无尽灯》题写了《跋》。

第十，宋孝宗乾道五年（1169），担任宝幢教院的如宝开版了由义和从高丽人手中所搜寻的智俨的《金刚般若经略疏》。

从上面义和的活动情况可以看出，义和在宋高宗绍兴十二年（1142）至绍兴十六年（1146），这几年间担任了临安府慧因寺的住持，并在这期间主持了华严典籍的入藏事业。而早在净源圆寂之年（1088）五月，杭州慧因院已被认定为以华严为宗的十方教院。而义和也是在自净源不久之后，成为华严宗慧因寺派的领袖人物。

第三节　文才与普瑞

元代的华严思想，可说是百家争鸣。华严学僧们在对华严宗学的宣扬及研究上具有多种类型，或诸教兼通，或主张融合。亦有许多主张依承祖说。其中五台山文才与云南普瑞，在演讲华严经义的时候，坚持依承祖师，传承华严传统思想，并对华严祖师的著作加以论释。

一　文才之生平思想

文才（1241～1302），元代华严僧，是元代少数几个专弘华严的名僧之一。其先住洛阳白马寺，后住五台万圣祐国寺。一生以弘扬华严学为己任，讲解《华严经》，传承祖师的华严思想。其更以华严学解释《肇论》，用华严学来统摄整部《肇论》。

文才，俗姓杨，字仲华，早年遍览经史，尤精理学。好古作，善吟咏。如《佛祖历代通载》卷二十二中所说：

> 于书无所不读，性理之学，尤其邃也。故，约而为守，蔚而成文；辞气雅健，如古作者；为人沈厚，若素不读书者。至与士君子谈，接其辞，辩其事，详其理尽。出入经史，滔滔然若河汉之决。[1]

---

① （元）念常集《佛祖历代通载》卷二十二，《大正藏》第49册，第725页。

文才出家受戒后,遍游讲肆,专究华严。曾隐于成纪,筑室植松,人称松堂和尚,如《大明高僧传》卷二中所说:

> 自受具后,遍游讲肆,尽得贤首之学。……初隐成纪,筑室树松,将欲终焉,故人称曰松堂和尚。

元成宗时,文才受元世祖诏命主持白马寺,由于中国佛教兴起于白马寺,故人皆称其为"释源宗主"。后成宗建万圣祐国寺于五台,经帝师迦罗斯巴推荐,诏为开山第一代主持,如《大明高僧传》卷二中所说:

> 成宗建大万圣祐国寺于五台,诏求开山第一代住持。帝师迦罗斯巴荐之成宗,即铸金印署师,为真觉国师。师辞曰:越分以居不祥,不肖而行不明。帝师曰:此上命也。于是,不得已而行。大弘清凉之道,至老无怠。①

文才反对拘泥于经书文句,背诵经典,主张"会意"和"宗通",把握思想精髓,如《佛祖历代通载》卷二十二中所说:

> 其讲授经论,得旨言外,不屑于名数。尝曰:学贵宗通,言欲会意,以意逆志,为得之矣。语言文字,糟粕之余也,岂有余味哉。彼狃于文字,味其糟粕,徒骋知见,以记问自多。殊不知支离其知,穿凿其见,愈惑多歧,不能冥昝于道。②

文才传承祖师的华严思想,讲解贤首法藏、清凉澄观二位祖师的著作,并为之注释,如《补续高僧传》卷四中所说:

> 博学能文,作《慧灯集》,释贤首疏;又著《悬谈详略》五卷,《肇论略疏》三卷,皆内据佛经,外援儒老,曲尽弘扬之妙。③

此中《慧灯集》者,是论述法藏所著《心经略疏》之要义;此中《悬谈详略》者,是介绍澄观以来的华严教义。

---

① (明)如惺撰《大明高僧传》卷二,《大正藏》第50册,第906页。
② (元)念常集《佛祖历代通载》卷二十二,《大正藏》第49册,第725页。
③ (明)明河撰《补续高僧传》卷四,《卍新纂续藏经》第77册,第395页。

另外，文才还著有《肇论新疏》三卷和《肇论新疏游刃》三卷。此二部著作，文才皆是以华严学解释其中要义。如其在《肇论新疏》卷一中在明"本无、实相、法性、性空、缘会"等五个概念时说：

> 此五名诸经通有，义虽差殊，不越理事。今始终相蹑，略而释之。初谓缘会之事，缘前元无，故云本无；无相之相，复云实相；即此实相，是诸法性，故云法性；此性真空，故复云性空；复由性空之理，不离于事，以理从事，复名缘会；谓因缘会集，而有诸法，或名缘集缘生等，皆意在法也。杜顺和尚云：离真理外，无片事可得。①

在这里，文才以理事关系来说明僧肇的般若学，坚持华严宗的理事关系说，认为理事不可分，并把理作为诸法的本源。

二 普瑞之生平思想

普瑞，元代华严僧，生卒年不详，榆城（云南）人。自幼聪颖，能日记万言；读《华严经》而开悟，得皎渊禅师印可；住水目山再光寺，以华严为业；继承华严诸祖思想，著书立说，依澄观的疏钞来释解《华严经》；另外，普瑞亦十分注重华严忏法的行持。

普瑞，字雪庭，号妙观。以读诵修学《华严经》为业，为皎渊禅师所印可。如《新续高僧传》卷三中所说：

> 因读《华严经》至"若有如是如是思维，则有如是如是显现"处，豁然开心地，后见皎渊为之印可。②

依《新续高僧传》卷三中所说，普瑞得皎渊禅师认可后，其时皎渊禅师在水目山化导诸方，朝野尊仰。遂付嘱南诏信徒为普瑞建再光寺，师住持再光寺，以华严为业。

> 瑞既承渊付嘱南诏信徒为建再光寺以居之，瑞澂心妙悟，深入玄理，闭户著书，兀坐终日，积诚相感，常梦于清凉贤首华严诸祖共语。……瑞虽印心南

---

① （元）文才撰《肇论新疏》卷一，《大正藏》第45册，第201页。
② 喻谦等编《新续高僧传》卷三，《历代佛教传记文献集成》第26册，国家图书馆出版社，2015，第88页。

宗而恒阐华严为业，尝于水目讲经感金甲神人示像。①

普瑞继承华严诸祖思想，著书立说。依《新续高僧传》卷三中所载，其著有《华严悬谈会玄记》四十卷、《楞严纂要》十卷、《金刚方语》一卷、《华严心镜》、《元谈辅翼》。另外还补注唐慧觉的《华严经海印道场十重行愿常遍礼忏仪》四十二卷。

在这些著作中，《华严悬谈会玄记》是他弘扬华严教理的代表作。本书依据澄观的《华严经疏》《华严经疏钞》来释解《华严经》，现存于《卍新纂续藏经》第八册。

普瑞在《会玄记》卷一中，谓此书依科分、经文、疏释、钞解等四个步骤次第论述：

> 欲知经疏大纲，非科不能，故先科释；虽知大纲，在文难晓，故次举正经；正文虽见，非疏何知，故次解疏释；疏释虽明，而多总略，故以钞文，补而备之。如是四种，理应尔故。若约生起次第，佛先说经，依经造疏，依疏有科，随科钞释。②

"科分"者，即是先从整体进行分科，分类，以明纲领；"经文"者，即是依《华严经》文次第释义；"疏释"者，即是明澄观之《华严经疏》中所述其义；"钞解"者，即是明澄观之《华严经疏钞》中所说华严旨趣。

此《会玄记》一书，并非逐句解释《华严经》本文，而是依据澄观的《华严经疏》所概述的主要问题选配经文，书中间或也引宗密等人的著作，再加上普瑞自己的理解。主要还是传承澄观的华严思想，全书主体皆是依据澄观的《华严经疏》，再辅以《华严经疏钞》进行论述。

普瑞亦十分注重华严忏法的行持，他对唐代僧人慧觉的《华严经海印道场十重行愿常遍礼忏仪》进行了补注。此忏法涵摄了整部《华严经》的内容。在第一卷中以普贤十大愿王开篇，依十大愿一一礼忏；从第二卷至第十六卷，亦以普贤十大愿王为始，后以菩提道场会之海会众出现次第一一礼忏；第十七卷至第十九卷，或普光明殿会之品数为分，一一礼忏。或以本会中所说法门一一礼忏；第二十卷至第二十四卷，总括第三会至第七会，或以品数为分一一礼忏，或以所说法门一一礼忏；第二十五卷，依普光明会"离世间品"而行礼忏；第二十六卷，依逝多林会之"入

---

① 喻谦等编《新续高僧传》卷三，《历代佛教传记文献集成》第26册，第88页。
② （元）普瑞撰《会玄记》卷一，《卍新纂续藏经》第8册，第90页。

法界品"中"本会"而行礼忏；第二十七卷至第四十二卷，分依末会中诸比丘和善财，以及善财所访诸善知识，一一而行礼忏。在忏文中，亦依澄观《华严经疏》中所说，将诸善知识依十信、十住、十行、十回向、十地、等觉、妙觉等一一分类，而行礼忏。其中以文殊一人表十信，余者皆一一比类。

从普瑞的著作来看，不论是四十卷的《华严悬谈会玄记》，还是他补注的四十二卷的《华严经海印道场十重行愿常遍礼忏仪》，其主旨思想，皆是承继于华严四祖澄观。

第四节　善学与大同

在元末明初，在华严学的弘扬上，有许多主张将华严思想与其他宗派融合，谓华严一乘教中，含摄一切法门，亦可依其他法门而得入此华严一乘教法，此中以善学和大同为代表。其中善学提倡天台与华严融合，主张不可专守一门；大同提出华严与禅法并无分别，主张万法本乎一心。

一　善学之生平思想

善学（1307～1370），元末明初华严僧，自幼离俗，习学华严；具戒后，四方游学，后依宝觉简公修学华严；明初，应浒溪人士所请，大弘贤首之教；洪武庚戌（1370）四月二十日，示疾而化，年六十有四。善学认为，不可专守一门，提倡天台与华严融合，于诸教义，皆依华严教而融通。

善学，字古庭，俗姓马。稚幼时即出家，初习华严即能了其义，如《新续高僧传》卷三中所说：

> 释善学，字古庭，姓马氏，吴人也，自幼离俗，往大觉院初习华严经，能知大义。亭亭物表如青莲出水，不杂泥滓。[1]

善学于17岁时具戒，后四方游学，得宝觉简公传华严宗旨，亦为简公所赞叹，如传中所说：

> 元至治癸亥年，十七岁，始受度为大僧，投华严诸师而穷其说，久之未有所入。时宝觉讲经曹溪，亟往从之，慧解濬发，领悟敏捷，闻响心通，势如析

---

[1]　喻谦等编《新续高僧传》卷三，《历代佛教传记文献集成》第 26 册，第 142 页。

竹，迎刃而解。宝觉誉之。

明朝初期，加强了对佛教的管理，对讲经僧也有专门要求，善学应浒溪人士所请，于彼处大弘贤首之教，如传中所说：

> 明室龙兴，庶改革，浒溪人士，恋慕尤笃，具疏币杂以香华，请学居之，学亦欲大弘贤首之教，续佛慧命。

传中又说：

> 其开悟始罢，初传华严于宝觉简，时凡清凉大疏钞及圆觉楞严、起信诸部，虽妙义深微，皆能融会，遐迩学子，冀获听睹为快。因造《十玄门赋》以示圆宗大旨，丛林传诵，谓能发越贤首诸祖之意。

善学弘扬华严，并不专守于一门。他认为，华严教之修学弘扬，不可拘守于一隅。他提倡天台与华严融合，如传中所说——

> 每升堂示众曰：吾宗法界还源，非徒事空言，能于禅定而获证入者，乃为有得耳。既而又曰：吾虽通法华，虽累入法华三昧，然长水濬问道于琅邪觉，又从灵光敏传贤首教，灵光天台人也，古人为法乃尔，吾徒可拘守一隅乎。

华严教宗，历来有同教和别教之说，华严学人对于《华严经》《法华经》，或说别教，或说同教。谁者为尊，天台华严各有所说。善学亦曾对此解答，如传中所说：

> 又尝与同学原澄以一乘同别之义，更质叠难，为《法华问答》若干篇。复因主修法华期忏，撰《法华随品赞》三十篇，《辩正教门关键录》若干卷，及时文并行于世。

明洪武庚戌（1370）四月二十日，善学示疾而化，明代名家宋濂为其书写塔铭，在《新续高僧传》卷三和《补续高僧传》卷五中皆有部分铭词，对于善学融会天台华严，作如是语：

> 濂，于诸宗之文，颇尝习读，每病台衡贤首二家，不能相通。欲和会而融贯之，恨鲜有可言斯事者，不知世上乃复有师乎？

卓哉，学师所见绝伦，剪剔其末枝，融通其根本，谈诸法之相即，含性具之缘因，庶几，森罗万象于寸心，合千江于一源。①

善学的著作，依据传记中所载，有《十玄门赋》、《辩正教门关键录》、《法华随品赞》三十篇、《法华问答》若干篇。此四部中，《十玄门赋》乃是为明华严圆宗大旨而作；其余三部，皆是为明《华严经》《法华经》之一乘同别疑难而作，亦即是为了和会天台、贤首二家而作。

二 大同之生平思想

大同（1289～1370），元末明初华严僧，出家后，四处参学，先后依多位学习华严；弘传华严宗，曾住持数家寺院讲解华严要义，从学者甚众；在华严思想上，主张万法本乎一心，华严与禅法并无分别；在弘扬华严时，并不排斥他宗，多有相助之事；持律严谨，为朝廷所敬重；一生专弘华严，嗣法弟子有大衍、善现等多人。

大同，上虞人，俗姓王，字一云，号别峰。其出生时，有庞眉异僧来入，其父母以为是再来人，遂自小便得入寺院修学，如《释鉴稽古略续集》卷二中所说：

上虞王氏子，母陈氏临诞。父见庞眉异僧振锡而入，揖问曰：和尚何来？曰：昆仑山。竟排闼趋内室，俄而师生。因知其再来人也，舍入崇胜寺。②

大同出家后，四处参学，先后师从数位修学华严，如《释鉴稽古略续集》卷二中说：

究清凉宗旨，于春谷；精四法界观，于古怀肇公；见晦机熙公，深有悟入；见中峰禅师，托以弘扬贤首之教，特书偈赞清凉像付之。③

大同游学后，先回春谷处，从师命讲《华严经》；后又在萧山净土寺等处，以弘扬华严为业。如《补续高僧传》卷四中说：

师自念，圭峰以来，累叶相承。其间或绝或续，系执法者之贤否。遂发弘誓，力持大法，晨讲夕演。虽至于劳勚，弗敢少懈。④

---

① （明）明河撰《补续高僧传》卷五，《卍新纂续藏经》第77册，第395页。
② （明）幻轮编《释鉴稽古略续集》卷二，《大正藏》第49册，第923页。
③ （明）幻轮编《释鉴稽古略续集》卷二，《大正藏》第49册，第923页。
④ （明）明河撰《补续高僧传》卷四，《卍新纂续藏经》第77册，第394页。

大同先后住持萧山净土寺、景德寺、嘉禾东塔寺、绍兴宝林寺等诸寺，弘扬华严教。由于宝林寺被视为澄观肆业之地，大同也被认同为华严正宗传人，从学者甚众，所谓"浙水东西，莫不担簦蹑屐，争集轮下"。

在华严思想上，主张万法本乎一心，华严与禅法并无分别。如《释鉴稽古略续集》卷二中所说：

> 中峰一日召而勉曰：贤首一宗，日远而日微矣，子之器量，足以张之，毋久滞此。特书偈赞清凉像，付以遣之。师大喜曰：吾今始知，万法本乎一心，不识孰为禅又孰为教也。①

洪武三年（1370），大同示寂，端坐而化，世寿八十二。其著有《天柱稿》《宝林类编》各若干卷。其从学者甚众，得其嗣法之弟子亦有多人，如《大明高僧传》卷三中所说：

> 嗣法弟子：妙心之大衍、皋亭之善现、高丽之若兰、景德之仁静、姜山之明善、延寿之师颐、南塔之国琛、福城之大慧、景福之性澄、妙相之道你、法云之道悦、净土之梵翱、宝林之日益等。②

另外，大同虽然以振兴华严宗为己任，但并不排斥他宗，曾多次举荐禅宗和天台宗僧人主持名刹，所谓"扶植他宗，毫无猜忌"。持律严谨，相继为元明朝廷为敬重。如《大明高僧传》卷三中所说，元惠宗至正初年，元惠宗"赐佛心慈济妙辨之号并金襕法服"；明太祖洪武初年，太祖设无遮大会，分别于武楼和禁中请师赴宴。

第五节　续法与通理

清代的华严教学，由于各宗思想传承界限已不是十分明显，诸家思想理论相互融合。其时专弘华严教之学僧已然不多，于华严一宗有成就者更少。其中宗承祖说宣说华严之杰出者，有续法和通理二人。续法虽融会众说，但其更注重华严教的科判、教观、断证方面；通理虽然有关华严方面的著作较少，然其于诸山讲经30余

---

① （明）幻轮编《释鉴稽古略续集》卷二，《大正藏》第49册，第923页。
② （明）如惺撰《大明高僧传》卷三，《大正藏》第50册，第909页。

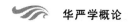

会，造就新学不可胜计。

一　续法之生平思想

续法（1641～1728），清代僧，自幼出家，礼杭县慈云寺明源为师；26岁时，受明源咐嘱，为云栖袾宏五世之法孙；续法遍研诸经，融会众说，不拘泥一端；其历主慈云、崇寿、上天竺诸刹，每讲法要，四众云集，盛极一时；雍正六年示寂，世寿八十八，传法弟子二十余人；其著作颇多，撰有《贤首五教仪》《圆觉析义疏》等六百余卷。其生平经历，在《伯亭大师传记总帙》中有详细记录。

续法，浙江仁和（今杭州市）人，俗姓沈。字伯亭，号灌顶。其自幼出家，礼杭县慈云寺明源为师。如《伯亭大师传记总帙》中说：

> 己丑九岁辞亲，投礼杭城慈云祖源尊宿为师也。讳续法，字百亭。十一二岁，习朝暮课诵，大小经忏，旁及四书诗易。①

续法在十七八岁时，即当家理事，处理常住事务。同时亦从诸多处学习律学、贤首、唯识、起信等，二十六岁时，受明源付嘱，为云栖袾宏五世之法孙：

> 重治《五教仪》成六卷，请正先师。肯之曰：贤宗教观，今方备矣。复立愿，每月施食六坛，夜夜变食出生。本年康熙丙午，腊月八日，受老师衣法，于云栖属五世孙也。②

依《伯亭大师传记总帙》中所载，续法遍研诸经，融会众说，不拘泥一端：

> 二十七岁，……，早晚课之不缺，更自号为灌顶。忆昔先师熟诵本文之嘱，又将楞严、法华、圆觉、梵网、金刚、药师，华严名号、问明、净行、梵行、僧祇、随好、行愿等品，四分律、起信论、唯识颂、法界观，一日五叶，细细记背。三昼一转，练为常行。
>
> 三十九岁，就于本寺慈云，开为丛林；厨库浴圊，充拓广大；禅堂安众，濬池放生；春讲法华，夏论起信。中元启兰盆期，设无遮会；秋演楞严。③

---

① （清）证文录《伯亭大师传记总帙》，《卍新纂续藏经》第88册，第393页。
② （清）证文录《伯亭大师传记总帙》，《卍新纂续藏经》第88册，第394页。
③ （清）证文录《伯亭大师传记总帙》，《卍新纂续藏经》第88册，第394页。

续法的华严思想在《贤首五教仪》中有集中体现。而续法撰著《贤首五教仪》之因缘，依《五教仪》之序文中说：

> 继圭峰而起者，虽代有哲人，而兼综条贯，洵蓂以加，莫能更赞一词。乃味者不察，读一不读一，废目而任耳，伐异以党同。或讥其伏断皆无，或指为教观两失。在台衡从上诸师，或虑两家末裔，滥以贤首之旨，混入己宗。①

此谓圭峰宗密之后，虽有讲说华严者，然大多是诸教兼说，不解华严诸祖所说之深义，或谓华严教无所断证，或说华严说教观两失，以是缘故，续法作《贤首五教仪》六卷。而此书中主要内容亦如序文中所说：

> 彻委穷源，而汇聚之，录成一书。首分时、次叙仪、次立教、又次判宗、终以明观。"时"则有先后通别。"仪"有本末显密；"教"有始终顿圆；"宗"有小大性相；"观"则有方便，有因缘，有对法，有观门，有六相，有十玄。言简义详，理融旨显，信解行证，了然眉列。②

续法初作《贤首五教仪》六卷，为众弟子讲说。然听众茫然，不知始终。是故续法作《贤首五教仪开蒙》一卷，普令录之，昼夜研诵，如《贤首五教仪开蒙》之序文中说：

> 初集录也，知教观之创于华严诸祖；次阅藏也，知教观之本于经论；后精纯也，知教观之从于自心流出。……乙卯秋，讲全本教仪一遍，听众茫然；辛酉再讲，落堂考之，众亦不知教观义之终始。此皆不熟究之故也。遂于箧中，出是略本，普令录之，昼夜研诵。③

依据史料记载，续法著述甚多。不唯是华严教，如《梵网经》《楞严经》《法华经》《般若经》《圆觉经》诸经，无不研习，亦皆注疏，总计有600多卷，其中与华严有关的如下：《华严别行经圆谈疏钞记》（十二卷）、《贤首五教仪》（六卷）、《五教仪开蒙》（一卷）、《贤首五教断证图》（一卷）、《贤首五教仪科注》（四十八

①　（清）续法集《贤首五教仪》之"序文"，《卍新纂续藏经》第 58 册，第 625 页。
②　（清）续法集《贤首五教仪》之"序文"，《卍新纂续藏经》第 58 册，第 626 页。
③　（清）续法集《贤首五教仪开蒙》之"序文"，《卍新纂续藏经》第 58 册，第 688 页。

卷)、《法界颂释》(一卷)、《法界观镜纂注》(二卷)、《法界宗莲花章》(一卷)、《华严镜灯章》(一卷)、《五祖略记》(一卷)。

另外，在《伯亭大师塔记铭》中①记载了一件事，续法著述众多，并未全部刊刻流通，如文"其未付梓者，统计一百二十六本，皆师历年手辑，余所目击。惜乎！辛丑云房失火，化为灰烬"，此126本也不知有多少是华严方面的著作。

二 通理之生平思想

通理（1701～1782），清代僧，幼年出家，跟随显如珍学习经论；具戒后，参访诸师，学净土、法华、楞严、律部等；通晓华严教，有说其是华严中兴之祖，于多所寺院讲经弘戒；曾于五台山讲经并感得文殊现身；通理曾与六世班禅论佛法大义，并先后被乾隆赐紫衣、敕封；通晓《法华经》《圆觉经》《楞严经》等，并为之注疏。

通理，河北新河县人。俗姓赵。字达天。其生平传记可见于《新续高僧传》卷十，其中有说：

> 释通理，字达天，姓赵氏，新河人也，父士公，母白氏，生性端慧，不随俗流，方在齿龄，便解超善，投妙音铎师薙染，依显如始始肄经论。②

通理具戒后，即四处参访，分别参访德彰、善应、衍法、不二老人等，学净土、法华、楞严、律部，如《新续高僧传》中所说：

> 年二十礼潭柘山岫云寺德彰受具，研精律部；初听弥陀于善应，微有开省；复依衍法听楞严，别见会心；雍正三年甲辰，不二老人于京北香岩寺讲法华，理参之，每于难解释处，辄有新悟。③

通理通晓华严教义，为清代华严宗中兴之祖。曾在万善、嘉兴、善应、香界、拈花诸山讲经三十余会，弘戒十四期，如传中所说：

> 又入京师参永祥有祖，深得秘要，遂发明十宗五教之旨，不遗余力，为清代中兴贤首一人。后为万善，教授二载……移主嘉兴、善应、香界、拈花，诸

---

① （清）徐自浽撰《伯亭大师塔记铭》，《卍新纂续藏经》第58册，第397页。
② 喻谦等编《新续高僧传》卷十，《历代佛教传记文献集成》第27册，第285～289页。
③ 喻谦等编《新续高僧传》卷十，《历代佛教传记文献集成》第27册，第101页。

山讲经三十余会，每逢举拂，万指环绕。弘戒十四期，造就新学不可胜计。①

通理阅澄观之经疏，知五台山为文殊菩萨之道场，遂往礼拜供养，止于五台山万缘庵讲《报恩经》，感得文殊现身，如传中所说：

> 止万缘庵讲《报恩经》，为台山供养一日。至北台，霁日光风，攸忽白云暧暧，山谷中有光芒，若一道银汉，但天色向晚，罔识归途，因默祝曰：菩萨示我，遂拜而起，俄顷之间，已及庵门，欢喜而入。②

通理曾与六世班禅论佛法大义，并先后被乾隆赐紫衣、敕封，通晓《法华经》《圆觉经》《楞严经》等，并为之注疏。

乾隆癸酉（1753），通理奉命管理僧录司务，于圆明园佛楼行走，并赐紫衣；庚子（1780）秋，乾隆皇帝七旬寿辰，西藏班禅额尔德尼来京祝贺，通理与其相会，并与畅论佛法大义奥旨，为班禅所称善，并赠送礼品，亦蒙乾隆皇帝敕封，尊为阐教禅师。

乾隆四十七年（1782），通理示寂，世寿八十二。通理著作，依《新续高僧传》中所载，有"翠微三要"（《山居撰要》《五经会要》《八识规矩摘要》）各三卷。有《楞严指掌疏》（十一卷），《法华指掌疏》（十卷），《心经合释》（一卷），《金刚新眼》（二卷），《盂兰摘要》（一卷），《圆觉新义疏》（四卷），《普门品别行疏》（一卷），《五教仪增注》（五卷）。

通理的这些著作，除了《五教仪增注》五卷外，与华严教相关的并不多。然如上所引传记中文，通理明十宗五教之旨，诸山讲经30余会，亦可知其弘扬华严教法之不遗余力。

表3　华严宗祖师及相关人物

类别	三部《华严》		人物			备注
	所译经典	译经时间	身份	姓名	生卒年	
经典传译	六十《华严》	418～421	取经者	支法领	不详	庐山慧远弟子
			主译者	佛驮跋陀罗	359～429	后秦弘始年间来华
			助译者	法业	不详	撰《花严旨归》二卷，法藏赞："大教滥觞，业之始也"

---

① 喻谦等编《新续高僧传》卷十，《历代佛教传记文献集成》第27册，第101页。
② 喻谦等编《新续高僧传》卷十，《历代佛教传记文献集成》第27册，第101页。

类别	三部《华严》		人物			备注
	所译经典	译经时间	身份	姓名	生卒年	
经典传译	六十《华严》	418～421	助译者	慧严	不详	二人与谢灵运等，重新梳理《大涅槃经》品目
				慧观	不详	
				慧义	不详	
			檀越	孟顗	不详	会稽太守
				褚叔度	不详	右卫将军
	八十《华严》	695～699	主译者	实叉难陀	652～710	薪尽火灭，其舌犹存。
			宣梵本者	菩提流志	572～727	译经53部101卷
				义净	635～713	译经56部230卷
			缀文者	复礼	不详	或说与华严三祖法藏共同担任笔授
	四十《华严》	796～798	主译者	般若	不详	782年来华
			助译者	圆照等	不详	助译者，除澄观、圆照二人，其余几位生平，诸传记中皆不见记载
			四十《华严》后记：1. 宣梵文，般若；2. 译语，广济；3. 笔受，圆照；4. 回缀，智柔、智通；5. 润文，道弘、鉴虚；6. 证义，道章、大通；7. 详定，澄观、虚邃			

类别	人物			主要著作	思想主张	备注
	身份	姓名	生卒年			
祖师谱系	初祖	杜顺	557～640	《华严法界观门》《华严五教止观》	立法界观，说十玄门	有说其是文殊菩萨化身
	二祖	智俨	602～668	《华严经搜玄记》《华严一乘十玄门》	明十玄门，说六相、法界缘起	初祖杜顺弟子，又称至相大师，云华尊者。
	三祖	法藏	643～712	《华严经探玄记》《华严五教章》	承六相十玄义，立五教十宗，十重唯识	二祖智俨弟子，又称贤首国师。曾参加华严译场，为《华严经》补缺
	四祖	澄观	738～839	《华严经疏》《华严经随疏演义钞》	承五教十宗，立四法界说和新古十玄，倡诸宗融合	又称清凉国师，承三祖法藏思想，恢复华严宗正统
	五祖	宗密	780～841	《注华严法界观门》《禅源诸诠集都序》	立人天五教判，倡三教和会说、禅教一致说	四祖澄观弟子，又称圭峰大师

续表

类别	人物			主要著作	思想主张	备注
	身份	姓名	生卒年			
谱系之外	地论学者	菩提流支	不详	译经 39 部 127 卷	擅密咒法术，立二时教和一音教	《十地经论》译者
		勒那摩提	不详	译经，有说 6 部 24 卷，有说 5 部 23 卷	常讲《华严》	《十地经论》译者，有传说被天宫请讲
		慧光	484～553	《四分律疏》《羯磨戒本》	立三教四宗。法藏称：以华严为圆教，自其始也	承勒那摩提，创立地论南道。亦是南山律学第五祖
		道宠	不详	《十地疏》	承菩提流支，创立地论北道。《续高僧传》称"堪可传道，千有余人"	
	法藏同期	李通玄	635～730	《新华严经论》《华严决疑论》	立十宗十教，倡三圣一体	以易解《华严》，变七处九会，成七处十会
	法藏弟子	慧苑	673～743	《华严刊定记》《华严经音义》	立四宗教判，说两重十玄	生卒年依（日）坂本幸男推定
	法藏同学	义湘	625～702	《华严一乘法界图》《白花道场发愿文》	承继智俨华严思想，重视观音信仰	二祖智俨弟子，海东华严宗初祖
历代学者	宋代学者	子璿	965～1038	《大乘起信论笔削记》《首楞严义疏注疏》	禅教并弘，以华严教义释解《楞严经》《起信论》等	又称长水大师，承宗密华严思想
		净源	1011～1088	《首楞严坛场修证仪》《普贤行愿修证仪》	立五祖说，制华严忏仪	高丽义天来华，带来华严典籍，净源与之共同整理刊行
		省常	959～1020	不详	依"净行品"，结"净行社"，倡往生西方	净土宗第七祖
		义和	不详	《华严念佛三昧无尽灯》	依"入法界品"，倡华严圆融念佛	主持华严典籍入藏
	元代学者	文才	1241～1302	《肇论新疏》《慧灯集》	以华严学解释《肇论》	大弘清凉之道，至老无息
		普瑞	不详	《华严悬谈会玄记》《华严经海印道场十重行愿常遍礼忏仪》	注重华严忏法行持	传承澄观华严思想
	元末明初	善学	1307～1370	《十玄门赋》《法华问答》	提倡天台与华严融合	主张不可专守于一门
		大同	1289～1370	《天柱稿》《宝林类编》	主张万法本乎一心，华严与禅法并无分别	有称其"扶植他宗，毫无猜忌"

续表

类别	人物			主要著作	思想主张	备注
	身份	姓名	生卒年			
历代学者	清代学者	续法	1641～1728	《贤首五教仪》《华严镜灯章》	融会众说，注重华严科判、教观、断证等	又称伯亭大师、灌顶大师
		通理	1701～1782	《五教仪增注》《楞严指掌疏》	明十宗五教之旨，广学多闻	讲经三十余会，造就新学不可胜计

思考与练习题

1. 请简略述说子璿的生平及思想。

2. 请简略述说净源的生平及思想。

3. 请简略述说省常的生平及思想。

4. 请简略述说义和的生平及思想。

5. 请简略述说文才的生平及思想。

6. 请简略述说普瑞的生平及思想。

7. 请简略述说善学的生平及思想。

8. 请简略述说大同的生平及思想。

9. 请简略述说续法的生平及思想。

10. 请简略述说通理的生平及思想。

第三篇

华严宗所依典籍及华严论著

第十一章　华严宗依据的主要经论

【本章导读】

本章主要围绕华严宗依据的主要经论进行介绍，即三部《华严经》以及对华严宗的发展和华严宗的思想体系有着影响的《十地经论》和《起信论》。

本章计分五节。

第一节，六十《华严》主体结构内容。此经是华严宗成立最初所依据的经典，有七处八会三十四品；在内容上，法藏依其文义分为五分五周因果。

第二节，八十《华严》主体结构内容。此经相对完整，有七处九会三十九品；在内容上，澄观依其文义分为四分五周因果。

第三节，四十《华严》主体结构内容。此经是前两种版本中"入法界品"，有本末二会，有善财童子五十三参，有普贤十大行愿。

第四节，《十地经论》主体结构内容。此论是对"十地品"之单行本《十地经》的注释。对十地中，地地进行科分，并解释。

第五节，《起信论》的主体结构内容。本书阐明如来藏缘起之旨，及菩萨、凡夫等发心修行之相。论中所阐述的如来藏思想为法藏所重视。

第一节　六十《华严》主体结构内容

六十《华严》系东晋佛驮跋陀罗所翻译。华严宗的成立最初所依据的即是该经。其不及后来所译的八十《华严》完整，但却是华严宗成立所依据的最重要典籍。六十《华严》的主体结构，即是七处八会三十四品。在法藏对其判别时，依华严经义，谓法门无尽故，此经无流通分；六十《华严》之内容，或可依文义分为"教起因缘分"等五分；或可依因果分为"所信因果"等五周因果；亦可依八会分别说，八会各有一法。另外，法藏《华严经文义纲目》中，对此经纲目有一个整理归纳。

一　六十《华严》主体结构

六十《华严》的主体结构，若按品目分，则有三十四品；若按会所分，则有七处八会；若按科分，则有二分之说。

第一，按品目分，有三十四品。

在六十《华严》中，按经文内容之品目分，计有三十四品，即：1. 世间净眼品，卷一至二；2. 卢舍那佛品，卷二至四；3. 如来名号品，卷四；4. 四谛品，卷四至五；5. 如来光明觉品，卷五；6. 菩萨明难品，卷五；7. 净行品，卷六；8. 贤首菩萨品，卷六至七；9. 佛升须弥顶品，卷七；10. 菩萨云集妙胜殿上说偈品，卷七至八；11. 菩萨十住品，卷八；12. 梵行品，卷八；13. 初发心菩萨功德品，卷九；14. 明法品，卷十；15. 佛升夜摩天宫自在品，卷十；16. 夜摩天宫菩萨说偈品，卷十；17. 功德花聚菩萨十行品，卷十一至十二；18. 菩萨十无尽藏品，卷十二；19. 如来升兜率天宫一切宝殿品，卷十三；20. 兜率天宫菩萨云集赞佛品，卷十四；21. 金刚幢菩萨十回向品，卷十四至二十二；22. 十地品，卷二十三至二十七；23. 十明品，卷二十八；24. 十忍品，卷二十八；25. 心王菩萨问阿僧祇品，卷二十九；26. 寿命品，卷二十九；27. 菩萨住处品，卷二十九；28. 佛不思议法品，卷三十至三十一；29. 如来相海品，卷三十二；30. 佛小相光明功德品，卷三十二；31. 普贤菩萨行品，卷三十三；32. 宝王如来性起品，卷三十三至三十六；33. 离世间品，卷三十六至四十三；34. 入法界品，卷四十四至六十。

第二，按会所分，有七处八会。

七处八会者，即谓如来敷演华严一乘教法，总计在七个处所开演八场法会。第一会，在摩竭提国寂灭道场菩提树下；第二会，在摩竭提国普光法堂；第三会，在须弥山顶帝释宫中妙胜殿；第四会，在夜摩天宫宝庄严殿；第五会，在兜率陀天宫一切宝庄严殿；第六会，在他化自在天宫摩尼宝藏殿；第七会，在摩竭提国普光法堂；第八会，在舍卫国祇树给孤独园重阁讲堂。此中第二会和第七会，都是在摩竭提国普光法堂。是故八会总计有七个说法处。

华严法会之说法所在七处，其中人间有三处，即第一会所在地"摩竭提国寂灭道场"，第二会和第七会所在地"摩竭提国普光法堂"，第八会所在地"舍卫国祇树给孤独园重阁讲堂"。

对于第一会所在地"摩竭提国寂灭道场"者，法藏在《华严经文义纲目上》中作如是解释：

> 寂灭道场菩提树下，此一会处，亦总亦别。贯通余会，得称为总。故下文云：菩提树下、须弥山顶等，是故此初，则为总处。如下所说，一切十句中，皆初句为总，余九为别，此之谓也。总门表法，如前已显；别示此会，说果德法，是故托此得果之处，用以表示。[1]

此谓，寂灭道场菩提树下，是如来说华严一乘法之总归处。以余七会说法，皆不离此菩提树下故；又此菩提树下，乃是如来证果之处，是果德之处，是故别显此处。

而"寂灭道场菩提树"之所在，依《佛祖统纪》卷二十二中说：

> 摩竭提，又名摩伽陀，中印境，王舍城在此国中。华氏城在河（殑伽河）南岸，西南度尼连禅河，即伽耶城。城西六里，至伽耶山，俗呼灵山；西南菩提树，佛成道处，树高五丈，周垣五百步，中有金刚座。[2]

对于第二会所在地"摩竭提国普光法堂"者，法藏在《华严经文义纲目》卷一中作如是解释：

> 摩竭提国普光法堂，西域相传，此堂去菩提树东南二三里许。在尼连禅河曲内，诸龙为佛所造。如来于中放相轮光，遍照十方无边世界，是故名此为普光法堂。此中表说信行普周，荫初机故也。[3]

---

① （唐）法藏述《华严经文义纲目》卷一，《大正藏》第35册，第496页。
② （宋）志磐撰《佛祖统纪》卷二十二，《大正藏》第49册，第315页。
③ （唐）法藏述《华严经文义纲目》卷一，《大正藏》第35册，第496页。

对于第八会所在地"舍卫国祇树给孤独园重阁讲堂"者，法显在其自记的《高僧法显传》中有说：

> 拘萨罗国舍卫城，即波斯匿王所治城也，大爱道故精舍处……出城南门千二百步道西，长者须达起精舍。精舍东向开门，门户两边有二石柱，左柱上作轮形，右柱上作牛形，精舍左右池流清净，树林尚茂，众华异色，蔚然可观，即所谓祇洹精舍也。①

对于此中的"重阁讲堂"，法藏在《华严经文义纲目》中作如是解释：

> 重阁讲堂，为表所显法界法门，当体希奇，功用济物。用依体起，似阁重重成，故托斯处也。②

华严法会之说法所在七处，除了人间有三处，余四处说法所在均在天上。即第三会所在地"须弥山顶帝释宫中妙胜殿"，第四会所在地"夜摩天宫宝庄严殿"，第五会所在地"兜率陀天宫一切宝庄严殿"，第六会所在地"他化自在天宫摩尼宝藏殿"。此四天即是欲界六天之中，无有四天王天和化乐天。

第三，七处八会对应品目。

依据《华严经》中所说，此七处八会所说法门不一，此下将七处八会所对应品目一一对应。第一会，菩提场，计两品，有"世间净眼品"和"卢舍那佛品"两品；第二会，普光法堂，计六品，从第三"如来名号品"至第八"贤首菩萨品"；第三会，帝释宫殿，计六品，从第九"佛升须弥顶品"至第十四"明法品"；第四会，夜摩天宫，计四品，从第十五"佛升夜摩天宫品"至第十八"菩萨十无尽藏品"；第五会，兜率陀天宫，计三品，从第十九"佛升兜率天宫品"至第二十一"金刚幢菩萨十回向品"；第六会，他化自在天宫，计十一品，从第二十二"十地品"至第三十二"宝王如来性起品"；第七会，普光法堂，计一品，即第三十三"离世间品"；第八会，重阁讲堂，计一品，即第三十四"入法界品"。

第四，若按科分，则有二分之说。

在对《华严经》的分科中，华严三祖法藏认为，《华严经》只有序分和正宗分，无有流通分。如《华严经文义纲目》中所说：

---

① （东晋）法显自记《高僧法显传》，《大正藏》第51册，第861页。
② （唐）法藏述《华严经文义纲目》卷一，《大正藏》第35册，第496页。

初品是序分，二卢舍那品下是正宗，经来不尽故无流通。

又释：此经总无流通，以前七会各无流通故。《大般若经》十六会末，各别流通。此不同彼，故知此经总无流通，表显法门无终尽故。①

法藏认为，在《华严经》中，第一品"世间净眼品"是序分，第二品到最后一品"入法界品"是正宗分。而《华严经》中处处皆显"法门无尽"之意，由法门无尽，说法无尽，如来无时无地不在宣说此华严一乘妙法，是故此经无有流通分。

二　六十《华严》主要内容

按照法藏所说，六十《华严》的主要内容，或可依文义分为"教起因缘分"等五分；或可依因果分为"所信因果"等五周因果；亦可依八会分别说，八会各有一法。

第一，依文义将经分为五分。

在《华严经文义纲目》中，法藏依《华严经》之文义，将全经分为五分：

初一品，教起因缘分；二、"卢舍那品"中一周问答，是举果劝乐生信分；三、从第二会尽第六会，有三十品，亦一周问答，是修因契果生解分；四、第七会中一周问答，是托法进修成行分；五、第八会中一周问答，是依人入证成德分。

以此经中唯有如此四翻问答，是故兼序，但得科为五分，不得异说。又四问答中，初生信，二起解，三成行，四证真故。②

"教起因缘分"者，此是第一品"世间净眼品"的内容。在此品中，说如来于菩提树下初成正觉，说菩提场有十佛世界微尘数菩萨，以及佛世界微尘数诸天、神王，诸天、神王各以偈颂赞佛。如来狮子座中，亦现微尘数菩萨众。

"举果劝乐生信分"者，此是第二品"卢舍那佛品"的内容。在此品中，显现华藏世界种种庄严，种种不可思议；说此华藏世界海是如来往昔因缘之所成就；说此华藏世界海有无量无尽佛刹微尘数世界，说世界海之起具因缘、形相、体性等十种事。如是举如来种种果德及过去因行，令众修因故。

"修因契果生解分"者，此是从第三"如来名号品"至第三十二"宝王如来性起品"的内容。此分中，有"净行品""十住品""十行品""十回向品""十地

---

① （唐）法藏述《华严经文义纲目》卷一，《大正藏》第 35 册，第 501 页。
② （唐）法藏述《华严经文义纲目》卷一，《大正藏》第 35 册，第 501 页。

品""如来相海品"等说五位圆因及圆满果。《探玄记》卷三中说:"谓从此至第六会来,辨说所修五位之圆因,成十身之满果,令诸菩萨解此义相,故以为名"①。

"托法进修成行分"者,此是第三十三品"离世间品"的内容。此品中说普贤之二千行门。此二千行门分别次第说十信行、十住行、十行行、十回向行、十地行以及因圆果满究竟位行。《探玄记》卷十六中说"即依托行法修成正行故立斯名""上明修因契果生解分,则于法起解;今明托法进修行德分,则依解起行"②。

"依人入证成德分"者,此是第三十四品"入法界品"的内容。此品中文殊菩萨从善住楼阁出,一一化导诸菩萨、诸比丘、诸童男童女。其中有善财童子,依文殊菩萨引导,往南而行,一一参访诸大善知识。《探玄记》卷十七中说:"谓广依胜友,深证法界故,名依人入证成德分"③。

第二,依因果分为五周因果。

法藏在《探玄记》卷一中,明此一部《华严经》之宗趣里说:

> 别,开摄法界以成因果。谓普贤法界为因,舍那法界为果。是故唯以法界因果而为宗趣。④

法藏将一部《华严经》的内容以五重因果来统摄。此五重因果者,依《探玄记》卷一中说:一、所信因果,二、差别因果,三、平等因果,四、成行因果,五、证入因果。

"所信因果"者,此是第一会内容。此中第二"舍那品"内,先明莲华藏世界果,后显普庄严因。"莲华藏世界果"者,如经云"莲华藏世界海中,一一境界,有世界海微尘数清净庄严"⑤ "于一微尘中,佛现自在力,一切微尘中,神变亦如是"⑥ 如是等文广多无量;"普庄严因"者,如经云"诸佛子,当知此莲华藏世界海。是卢舍那佛,本修菩萨行时,于阿僧祇世界微尘数劫之所严净。于一一劫,恭敬供养世界微尘等如来,一一佛所,净修世界海微尘数愿行。"⑦

"差别因果"者,此是第二会至第六会"佛小相光明品"的内容,计有二十八品。其中前二十五品说五位差别因,后三品说三德差别果。前二十五品含摄第二会至第六会的内容,明因位,即:第二会明十信位,第三会明十住位,第四会明十行

---

① (唐)法藏述《华严经探玄记》卷三,《大正藏》第35册,第166页。
② (唐)法藏述《华严经探玄记》卷十六,《大正藏》第35册,第418页。
③ (唐)法藏述《华严经探玄记》卷十七,《大正藏》第35册,第440页。
④ (唐)法藏述《华严经探玄记》卷一,《大正藏》第35册,第120页。
⑤ (东晋)佛驮跋陀罗译《华严经》卷三,《大正藏》第9册,第414页。
⑥ (东晋)佛驮跋陀罗译《华严经》卷三,《大正藏》第9册,第414页。
⑦ (东晋)佛驮跋陀罗译《华严经》卷三,《大正藏》第9册,第412页。

位，第五会明十回向位，第六会中第二十二"十地品"至第二十七"菩萨住处品"明十地位；后三品中，明果德，即：第二十八"佛不思议法品"总明佛德体用，第二十九"如来相海品"别显胜德相，第三十"佛小相光明功德品"别辩胜德益相。

"平等因果"者，此是第六会最后二品"普贤菩萨行品"和"宝王如来性起品"的内容。此中第三十一"普贤菩萨行品"说平等圆因，第三十二"性起品"说平等满果。

"成行因果"者，此是第七会内容。即是第三十三"离世间品"中内容。此品中说普贤菩萨二千行法。此二千行法内，先明因行，后显果行。如《探玄记》卷十七明此品"约因果"时所说——

> 有四句：一、约大位以分，前五位等，总为因行，后成佛等，总为果行；二、细克而辨二百门行，一一皆悉彻于佛果，是故诸文之末，悉皆结云"即得佛"等也，是则皆通因果二位；三、或总属因位，以普贤位中，亦现成佛摄生等故；四、或总属果，以下文多云"虽得成佛而不断菩萨所行"，是故此行皆是果行。[①]

"证入因果"者，此是第八会内容，即是第三十四"入法界品"中内容。此品可分为两部分，第一部分，先祇洹林中，如来为诸大菩萨显现自在果；第二部分，善财童子南行参访善知识，次第修证，次第得果，如是从因至果，次第证入。

第三，依八会先后各说一法。

法藏在《华严经文义纲目》卷一中，谓《华严经》中八会各说一法——

> 八会各一法：初一、所信之境，二、依境起信，三、依信生解，四、依解起行，五、随行起愿，六、行愿证实，七、练行纯熟，八、该摄法界。[②]

"所信之境"者，即是第一会。此会中，如来于菩提场始成正觉，无量大菩萨悉来与会，无量诸天子悉来与会，十方世界诸菩萨悉来与会，如来往昔无量因缘所成就之莲华藏世界海无量庄严。又，由佛神力故，莲华藏庄严世界海六相十八种振动，如是种种不可思议，悉为显现，是为所信之境。

"依境起信"者，即是第二会。此中初三品"如来名号品""四谛品""光明觉品"中，明所依之果；后三品"菩萨明难品""净行品""贤首菩萨品"明能依之

①　（唐）法藏述《华严经探玄记》卷十七，《大正藏》第 35 册，第 421 页。

②　（唐）法藏述《华严经文义纲目》卷一，《大正藏》第 35 册，第 501 页。

信行。由如来种种果德，而生起欣向心，而能起种种胜行。

"依信生解"者，即是第三会。此中明十住位。由前生信故，生心起解。此会有"十住品""梵行品""初发心菩萨功德品"。由前生起信心故，此中菩萨发心，起解种种梵行。

"依解起行"者，即是第四会。此中明十行位。由前起解故，此中起行。此会有"十行品""菩萨十无尽藏"品。于"十行品"中，明菩萨学三世诸佛所行法；于"十无尽藏品"中，明菩萨具足十种藏，三世诸佛之所演说。

"随行起愿"者，即是第五会。此会有"十回向品"明十回向位。前中菩萨学三世诸佛所行，此中谓菩萨随行有种种不可思议大愿，悉普救护一切众生。

"行愿证实"者，即是第六会。此会有"十地品""菩萨住处品""佛不思议法品""宝王如来性起品"等，由此行、愿而得成就，次第证入十地位次。知诸佛种种不可思议，知诸佛如来性起正法，知见如来应供等正觉，知见如来具足成就无量功德。

"练行纯熟"者，即是第七会，即是"离世间品"。如前文"托法进修成行分"和"成行因果"中所说。

"该摄法界"者，即是第八会。即是"入法界品"。如前文"依人入证成德分"和"证入因果"中所说。

第四，略明经中所说之法门。

六十《华严》一部经中所说法门，法藏在《华严经文义纲目》中有一个整理归纳，谓：第一会，观五海说十智；第二会，说十信法门；第三会，说十住法门；第四会，说十行法门；第五会，说十向法门；第六会，说十地法门；第七会，说普贤二千行门；第八会，如来现法界身云，善财随位修行，证入法界。

第一会，观五海说十智。五海者，谓：初、一切世界海，二、一切众生海，三、法界业海，四、欲乐诸根海，五、三世诸佛海。十智者，谓：一、一切世界海成败智，二、众生界起智，三、法界智，四、如来自在智，五、转法轮智，六、力无畏不共法智，七、光明赞叹音声智，八、三种教化众生智，九、无量三昧法门不坏智，十、如来种种自在智。

第二会，说十信法门。此中，计有六品，前三品，明如来所依之果报；后三品，显菩萨能依之信行。明"果报"中，"如来名号品"明如来身业，"四谛品"明如来身业，"光明觉品"明如来身业；显"信行"中，"菩萨明难品"明菩萨信位正解十种甚深；"净行品"明菩萨信位净行百四十愿；"贤首菩萨品"明菩萨信位德成，广摄诸位，乃至成佛。

第三会，说十住法门。十住者：一、发心住，二、持地住，三、修行住，四、生贵住，五、方便具足住，六、正心住，七、不退住，八、童真住，九、法王子住，十、灌顶住。

第四会，说十行法门。十行者：一、欢喜行，二、饶益行，三、无恚恨行，四、无尽行，五、离痴乱行，六、善现行，七、无著行，八、尊重行，九、善法行，十、真实行。

第五会，说十向法门。十向者：一、救护众生离众生相回向，二、不坏回向，三、等一切佛回向，四、至一切处回向，五、无尽功德藏回向，六、随顺平等善根回向，七、随顺平等观回向，八、如相回向，九、无缚无著解脱回向，十、法界无量回向。

第六会，说十地法门。十地者：一、欢喜地，二、离垢地，三、明地，四、炎地，五、难胜地，六、现前地，七、远行地，八、不动地，九、善惠地，十、法云地。

第七会，说普贤二千行门。此中，普慧菩萨起二百句问，普贤菩萨句别答十，故成二千法门。

第八会，如来现法界身云，善财随位修行，证入法界。此会中，亦分本末二会。"本会"中，大众起于六十句问，如来现于法界身云，令诸菩萨皆入法界，舍利弗等五百声闻虽在会中，如盲如聋，无所闻见；"末会"中，亦可分比丘会、龙王会、善财会等三会，重在善财会。善财会中，善财随位修行，先后参访五十三位善知识，大分为五：一、寄位修行相，即初四十一位善知识，分别寄显十信、十住、十行、十向、十地等法门；二、会缘入实法门，即摩耶夫人等十位善知识，说大愿智幻、菩萨幻住等法门，令善财由幻缘而得入于真实法界门；三、摄德成因相法门，即弥勒菩萨显补处德；四、智照无二相法门，即文殊师利以大智故，令善财得见三千大千世界尘数知识，不违其教；五、显因广大相法门，即普贤菩萨令善财得十不可坏智慧法门。

第二节　八十《华严》主体结构内容

八十《华严》系唐武则天时，由实叉难陀所主持翻译。与六十《华严》相比，此经相对完整。在会次和品目上有所增加，有七处九会三十九品；在内容上，澄观依其文义分为四分五周因果。澄观除了撰著《华严经疏》《华严经疏钞》对之详细注解外，亦有《华严经略策》《新华严经七处九会颂释章》对其进行纲要性的阐述。

一　八十《华严》主体结构

八十《华严》的主体结构，若按品目分，则有三十九品；若按会所分，则有七处九会，又有本会末会之分。

第一，按品目分，有三十九品。

在八十《华严》中，按经文内容之品目分，计有三十九品，即：1. 世主妙严品，卷一至五；2. 如来现相品，卷六；3. 普贤三昧品，卷七；4. 世界成就品，卷七；5. 华藏世界品，卷八至十；6. 毗卢遮那品，卷十一；7. 如来名号品，卷十二；8. 四圣谛品，卷十二；9. 光明觉品、10. 菩萨问明品，卷十三；11. 净行品，卷十四；12. 贤首品，卷十四至十五；13. 升须弥山顶品，卷十六；14. 须弥顶上说偈品，卷十六；15. 十住品，卷十六；16. 梵行品，卷十七；17. 初发心功德品，卷十七；18. 明法品，卷十八；19. 升夜摩天宫品，卷十九；20. 夜摩天宫说偈品，卷十九；21. 十行品，卷十九至二十；22. 十无尽藏品，卷二十一；23. 升兜率天宫品，卷二十二；24. 兜率天宫偈赞品，卷二十三；25. 十回向品，卷二十三至三十三；26. 十地品，卷三十四至三十九；27. 十定品，卷四十至四十三；28. 十通品，卷四十四；29. 十忍品，卷四十四；30. 阿僧祇品，卷四十五；31. 寿量品，卷四十五；32. 菩萨住处品，卷四十五；33. 佛不思议法品，卷四十六至四十品；34. 十身相海品，卷四十八；35. 随好光明品，卷四十八；36. 普贤行品，卷四十九；37. 如来出现品，卷五十至五十二；38. 离世间品，卷五十三至五十九；39. 入法界品，卷六十至八十。

第二，按会所分，有七处九会。

七处九会者，即谓如来敷演华严一乘教法，总计在七个处所开演九场法会。第一会，在摩竭提国阿兰若法菩提场；第二会，在普光明殿；第三会，在须弥山顶帝释宫中妙胜殿；第四会，在夜摩天宫宝庄严殿；第五会，在兜率陀天宫一切妙宝所庄严殿；第六会，在他化自在天宫摩尼宝藏殿；第七会，在普光明殿；第八会，在普光明殿；第九会，在室罗筏国逝多林给孤独园大庄严重阁。

在八十《华严》中，华严法会之说法所在七处，其中人间有三处，即是：第一会所在地"摩竭提国阿兰若法菩提场"，第二会、第七会和第八会所在地都是在"普光明殿"，第九会所在地"在室罗筏国逝多林给孤独园大庄严重阁"。此三处所在与六十《华严》中所列人间三处，虽然在所译名目上有稍许不同，其所指所在无有不同。只是法会场次比六十《华严》多了一会，即是在"普光明殿"中有三会。

另外，除了人间三处之外，天上四处所在，与六十《华严》中所列亦同。

第三，七处九会对应品目。

依据《华严经》中所说，此七处九会所说法门不一，此下将七处九会所对应品目一一对应。

第一会，菩提场，计六品，从第一"世主妙严品"至第六"毗卢遮那品"；第二会，普光明殿，计六品，从第七"如来名号品"至第十二"贤首品"；第三，帝释宫殿，计六品，从第十三"升须弥山顶品"至第十八"明法品"；第四会，夜摩天宫殿，计四品，从第十九"升夜摩天宫品"至第廿二"十无尽藏品"；第五会，兜率陀天宫殿，计三品，从第廿三"升兜率天宫品"至第廿五"十回向品"；第六会，他化自在天宫殿，计一品，即"十地品"；第七会，普光明殿，计十一品，从第廿七"十定品"至第三七"如来出现品"；第八会，普光明殿，计一品，即第三八"离世间品"；第九会，大庄严重阁，计一品，即第三九"入法界品"。

第四，六十《华严》、八十《华严》对照。

六十《华严》与八十《华严》相比，除了在卷册上不同之外，在品数与会次上也不相同。

在品数上，八十《华严》在第一会有六品，而六十《华严》只有两品，相差了四品。其中八十《华严》中"世主妙严品"相对应于六十《华严》的"世间净眼品"；而八十《华严》第一会"如来现相品""普贤三昧品""世界成就品""华藏世界品""毗卢遮那品"等五品，这五品的内容，有的在六十《华严》中的"卢舍那佛品"中只有少许提及。

另外，八十《华严》在"十地品"之后增加了"十定品"，这是六十《华严》中所没有的；在八十《华严》中的"十通品"相对应于六十《华严》的"十明品"；在八十《华严》中的"如来出现品"相对应于六十《华严》的"宝王如来性起品"。

表4　六十《华严》与八十《华严》品目对照

六十《华严》			八十《华严》		
会别	品目	说法处	说法处	品目	会别
第一会	一、世间净眼品	寂灭道场	菩提场	一、世主妙严品	第一会
	二、卢舍那佛品			二、如来现相品	
				三、普贤三昧品	
				四、世界成就品	
				五、华藏世界品	
				六、毗卢遮那品	
第二会	三、如来名号品	普光法堂	普光明殿	七、如来名号品	第二会
	四、四谛品			八、四圣谛品	
	五、光明觉品			九、光明觉品	
	六、菩萨明难品			十、菩萨问明品	
	七、净行品			十一、净行品	
	八、贤首菩萨品			十二、贤首品	

六十《华严》			八十《华严》		
会别	品目	说法处	说法处	品目	会别
第三会	九、佛升须弥顶品	帝释宫妙胜殿	帝释宫妙胜殿	十三、升须弥山顶品	第三会
	十、菩萨云集说偈品			十四、须弥顶上说偈品	
	十一、菩萨十住品			十五、十住品	
	十二、梵行品			十六、梵行品	
	十三、初发心菩萨功德品			十七、初发心功德品	
	十四、明法品			十八、明法品	
第四会	十五、佛升夜摩天宫品	夜摩天宫	夜摩天宫	十九、升夜摩天宫品	第四会
	十六、菩萨说偈品			二十、夜摩天宫说偈品	
	十七、十行品			廿一、十行品	
	十八、菩萨十无尽藏品			廿二、十无尽藏品	
第五会	十九、佛升兜率天宫品	兜率天宫	兜率天宫	廿三、升兜率天宫品	第五会
	二十、菩萨赞佛品			廿四、兜率天宫偈赞品	
	廿一、十回向品			廿五、十回向品	
第六会	廿二、十地品	他化自在天宫摩尼宝殿	他化天宫	廿六、十地品	第六会
	廿三、十明品		普光明殿	廿七、十定品	第七会
				廿八、十通品	
	廿四、十忍品			廿九、十忍品	
	廿五、阿僧祇品			三十、阿僧祇品	
	廿六、寿命品			卅一、寿量品	
	廿七、菩萨住处品			卅二、菩萨住处品	
	廿八、佛不思议法品			卅三、佛不思议法品	
	廿九、如来相海品			卅四、十身相海品	
	卅、佛小相光明品			卅五、随好光明品	
	卅一、普贤菩萨行品			卅六、普贤行品	
	卅二、宝王如来性起品			卅七、如来出现品	
七会	卅三、离世间品	普光法堂	普光明殿	卅八、离世间品	第八会
八会	卅四、入法界品	重阁讲堂	重阁讲堂	卅九、入法界品	第九会

二 八十《华严》主要内容

按照澄观所说，八十《华严》的主要内容，或可依文义分为"举果劝乐生信分"等四分；或可依因果分为"所信因果"等五周因果。

第一，依文义将经分为四分。

在《大华严经略策》卷一中，澄观依《华严经》之文义，将全经分为四分：

束此九会以为四分：第一会，从"世主妙严品"至"毗卢遮那品"，有十一卷经文，名举果劝乐生信分；第二，从第二会"如来名号品"至"如来出现品"，有三十一品四十一卷经文，名修因契果生解分；第三，以第八会"离世间"一品，有七卷经文，名托法进修成行分；第四，以第九会"入法界"一品，有二十一卷经文，名依人证入成德分。①

另外，在《华严经疏》卷四中，澄观将第四分"依人证入成德分"分二，而成五分：

此九会中，大位问答总有五番。第一会中，大众起四十问，或当会答尽，名举果劝乐生信分；二、从第二会初有四十问，至第七会末答尽，名修因契果生解分。中间虽有诸问，并是随说随问，非是大位问答，"不思议品"不问因故；三、第八会初起二百句问，当会答尽，名托法进修成行分；四、第九会初起六十句问，如来自入师子频申三昧，现相答，名顿证法界分；五、福城东善财求法等，别问别答，名历位渐证分。②

第二，依因果分为五周因果。

在《华严经疏》卷四中，澄观"以文从义"对一部《华严经》进行科分，总说为五周因果：

以文从义科者，此经一部有五周因果，即为五分。

初会中一周因果，谓先显舍那果德，后"遮那"一品明彼本因，名所信因果；二、从第二会至第七会中"随好品"，名差别因果，谓二十六品辩因，后三品明果，亦名生解因果；三、"普贤行品"辩因，"出现品"明果，即明平等因果，非差别显故，亦名出现因果；四、第八会初明五位因，后明八相果，名出世因果，亦名成行因果；五、第九会中。初明佛果大用，后显菩萨起用修因，名证入因果。③

第三，《颂释章》说经内容。

①（唐）澄观述《大华严经略策》卷一，《大正藏》第36册，第702页。
②（唐）澄观撰《华严经疏》卷四，《大正藏》第35册，第527页。
③（唐）澄观撰《华严经疏》卷四，《大正藏》第35册，第527页。

澄观在《新华严经七处九会颂释章》中，先偈颂后长行，对八十《华严》的内容进行概述。

在《颂释章》中，澄观如是说八十《华严》中九会法门：

> 初会十世界，二会十佛国，三会十住位，四会十行位，五会十回向，六会十地行，七会等妙位，八会二千行，九会法界境，是九会法门。[①]

对此九会法门，澄观在其后长行中作如是释解：

> 第一会宗，通明十种世界海门，别显莲华藏世界海。
> 第二会宗，通明十佛国土之相，别明佛号谛名等义。
> 第三会宗，通明菩萨十住位行，别显梵行发心德等。
> 第四会宗，通明十行位行差别，别显十种无尽藏义。
> 第五会宗，广说十种回向愿行，由广说故，不显通行。
> 第六会宗，有略有广，略明十地因分愿行，广明因果无量行位。
> 第七会宗，有略有广，略明等妙觉二位，广明十通十忍等法门。
> 第八会宗，唯广无略，广明菩萨二千行德。
> 第九会宗，唯略无广，略明如来入法界境。

在《颂释章》中，澄观对菩萨所修法门作如是总结：

> 法数虽有多种，今且随名，以显其数。菩萨所修，虽有多门，探其纲要，不过八种。何等为八？一、十住，二、十行，三、十藏，四、十向，五、十地，六、十定，七、十通，八、十忍。[②]

"十住"者，其名目如下：一、初发心住，二、治地住，三、修行住，四、生贵住，五、具足方便住，六、正心住，七、不退住，八、童真住，九、法王子住，十、灌顶住。出自"十住品"。

"十行"者，其名目如下：一、欢喜行，二、饶益行，三、无恚恨行，四、无尽行，五、无痴行，六、善现行，七、无著行，八、尊重行，九、善法行，十、真实行。出自"十行品"。

---

① （唐）澄观述《华严经七处九会颂释章》卷一，《大正藏》第35册，第712页。
② （唐）澄观述《华严经七处九会颂释章》卷一，《大正藏》第35册，第714页。

"十藏"者,其名目如下:一、信藏,二、戒藏,三、惭藏,四、愧藏,五、多闻藏,六、施藏,七、慧藏,八、念藏,九、持藏,十、辩藏。出自"十无尽藏品"。

"十向"者,其名目如下:一、救护众生离众生想回向,二、不坏回向,三、等诸佛回向,四、至一切处回向,五、无尽功德藏回向,六、随顺一切坚固善根回向,七、等心随顺一切众生回向,八、如相回向,九、无缚无著解脱心回向,十、入法界无量回向。出自"十回向品"。

"十地"者,其名目如下:一、极喜地,二、离垢地,三、发光地,四、焰慧地,五、极难胜地,六、现前地,七、远行地,八、不动地,九、善慧地,十、法云地。出自"十地品"。

"十定"者,其名目如下:一、普光大三昧,二、妙光大三昧,三、次第遍往诸佛国土大三昧,四、清净深心行大三昧,五、知过去庄严藏大三昧,六、智光明藏大三昧,七、了知一切世界佛庄严大三昧,八、众生差别身大三昧,九、法界自在大三昧,十、无碍轮大三昧。出自"十定品"。

"十通"者,其名目如下:一、他心智通,二、天眼智通,三、宿住随念智通,四、知未来际劫智通,五、成就无碍清净天耳,六、住无体性神智通,七、善分别一切众生言音智通,八、出生无量阿僧祇色身庄严智通,九、一切法智通,十、一切法灭尽三昧智通。出自"十通品"。

"十忍"者,其名目如下:一、音声忍,二、顺忍,三、无生法忍,四、如幻忍,五、如焰忍,六、如梦忍,七、如响忍,八、如影忍,九、如化忍,十、如空忍。出自"十忍品"。

第三节 四十《华严》主体结构内容

四十《华严》系般若所译,此经非是完本《华严经》,实际上相当于六十卷本和八十卷本的最后一品"入法界品"。应该说是"入法界品"的广本。此经有本末二会,有善财童子五十三参。澄观的《华严经行愿品疏》对此经作了非常详细的注释。

一 四十《华严》主体结构

四十《华严》的主体结构,或可分为序、正、流通三分,或可分为本会、末会二分,或可分为五十七分等。

依据澄观《华严经行愿品疏》卷二中所说,可分为序分、正宗分、流通分等三分：

> 初、尽列众为其序分；二、"时诸菩萨大德声闻世间诸王"下，明其正宗；第三，四十卷末"尔时世尊与诸菩萨摩诃萨演说如是不可思议解脱境界胜法门时"下，辩其流通。①

"序分"者，有证信序和发起序，具足六种成就。依经中所说，法会中有菩萨摩诃萨五千人俱，有声闻众五百人俱，有无量诸世主俱。

"正宗分"者，即本经第一卷中"时诸菩萨大德声闻世间诸王"下为正宗分。依经中所说，诸菩萨大德声闻世间诸王等，咸作是念：如来境界等，一切世间诸天及人，无能通达；佛神通力等，唯愿世尊，以方便力，随顺我等；种种依止，如来功德，随能听受……如是等法，唯垂大悲，普为开演。后如来知众生所念，住此师子频申三昧，为众说法。

"流通分"者，即本经第四十卷末"尔时世尊与诸菩萨摩诃萨演说如是不可思议解脱境界胜法门时"下，一切大众，闻佛所说，皆大欢喜。是为流通分。

在《华严经行愿品疏》卷二中，澄观又说，正宗分中，又可分为本会和末会等二分：

> 大分为二：第一，本会；第二，从"尔时文殊师利童子，从善住楼阁出"下，明其末会。②

"本会"者，即是菩萨、声闻、世主三类等众，皆念请佛，而诸大声闻却如聋如哑。

"末会"者，即是文殊师利童子从善住楼阁出已，不在本会，而善喻诱导，诸比丘等，及童男童女等众。善财为首，南行参访，次第参访五十四位善知识。

澄观在《华严经行愿品疏》卷二中，依"本末遍收"义，说此经卷或可说为五十七分：

> 若依本末遍收，分数弥多。谓：本会为一分；文殊化六千比丘，为第二分；化福城东诸乘人等，为第三分；善财历五十四会，为五十四分，足前成五十

---

① （唐）澄观述《华严经行愿品疏》卷二，《卍新纂续藏经》第5册，第71页。
② （唐）澄观述《华严经行愿品疏》卷二，《卍新纂续藏经》第5册，第75页。

七分。①

此是合本会及末会，总计有五十七会。所谓本会、化六千比丘会、化福城东诸三乘菩萨会、善财参访五十四位善知识各有一会，如是总成五十七会，是为五十七分。

二　四十《华严》主要内容

澄观在《华严经行愿品疏》中，将四十《华严》分为两个部分，即第一本会，第二末会。

"本会"者，即是如来为诸大菩萨所说，声闻二乘不能听闻。在《华严经行愿品疏》卷二中，澄观又依经中文义，将前后经文分为十个部分：

> 本会之中，长科十分：第一，大众念请分；第二，如来三昧分；第三，净土现相分；第四，远集新众分；第五，举失显德分；第六，偈颂赞德分；第七，普贤开发分；第八，毫光照益分；第九，文殊述德分；第十，大用无涯分。②

"大众念请分"者，此谓：诸菩萨声闻及世间诸王，皆作是念，如来境界等，无能遍知，唯愿诸佛，以方便力，随顺我等及诸众生，惟垂大悲，普为开演。

"如来三昧分"者，此谓：世尊知诸菩萨及诸大众一切心念，入于师子频申三昧。正显以心传心之义。

"净土现相分"者，"净土"是依，"现相"通正。此谓：如来入三昧已，一切世间普皆严净，楼阁、园林、空中等器世间，种种庄严。无论正报依报，种种不可思议。

"远集新众分"者，此谓：十方世界海外，各有菩萨摩诃萨，前来与会。此菩萨众等，来此集会，其意有三：第一，集彼同证，证明此会所说法门十方诸佛同说；第二，显三昧力，如来三昧力故，十方世界菩萨众同来听法；第三，令彼作用，如来威神力加持故，代佛宣说此一乘法。

"举失显德分"者，此谓：如来为诸菩萨等说一乘法，其时，舍利弗等声闻众如聋如哑，此一乘法非二乘人能闻能修。以一乘法甚深故，难思议故，二乘人等，耳不闻，心不信，智不知，眼不见。此一乘法，彼二乘人等，闻慧不能忆念，修慧不能观察，思慧不能思惟，证智不能证入。由无智慧，安住自乘不进修故。

---

① （唐）澄观述《华严经行愿品疏》卷二，《卍新纂续藏经》第5册，第71页。
② （唐）澄观述《华严经行愿品疏》卷二，《卍新纂续藏经》第5册，第75页。

"偈颂赞德分"者，此谓：十方世界菩萨摩诃萨，各以偈颂次第赞佛。十方菩萨赞即为十段偈颂，称赞如来种种胜德。

"普贤开发分"者，此谓：普贤菩萨欲开发如来最上师子频申大三昧故，以十种法门清净名句。开示演说师子频申广大三昧神通境界。

"毫光照益分"者，此谓：普贤菩萨从眉间白毫相中，放大光明，普照十方一切刹海，欲令众会诸菩萨等，安住如来最上师子频申大三昧故。

"文殊述德分"者，此谓：文殊菩萨欲重开示逝多林中诸神变事，观察十方，而以偈颂述德。前中普贤放光，欲令诸菩萨入证三昧；此中文殊主智，为众显法界德。以文殊权实无二之智，解普贤体用无二之理。

"大用无涯分"者，此谓：诸菩萨蒙佛三昧光明照故，一一皆得不可说佛刹极微尘数大悲门。现诸种种变化身，往诣一切诸众生所，随其所应起如幻智，行菩萨行，演说诸法。

"末会"者，即谓文殊菩萨从善住楼阁出已，化六千比丘，化福城东诸三乘人等，引导善财南行。善财依教奉行，先后参访五十四位善知识等。

此中"末会"者，澄观在《华严经行愿品疏》卷三中说：

> 言末会者，从佛本会而流出故，非微末也。是则前明不异末之本，虽卷而恒舒；此明不异本之末，虽舒而恒卷。本末无异，同入法界。或名渐证，义亦然矣。寄人历位，故称为渐，非于证中有渐顿也。①

对于末会中出现的诸多善知识，澄观在《华严经行愿品疏》卷三中进行分类，谓总有二十类：

> 法界人类者，有二十类：一、菩萨，二、比丘，三、比丘尼，四、优婆塞，五、优婆夷，六、童男，七、童女，八、天男，九、天女，十、外道，十一、婆罗门。十二、长者，十三、先生，十四、医人，十五、船师，十六、国王，十七、仙人，十八、佛母，十九、太子时妃，二十、诸类神众。此二十类，摄五十五及刹尘善友。②

对于善财童子所参访的诸多善知识，澄观在《华严经行愿品疏钞》卷三中以"五相"进行科判分别：

---

① （唐）澄观述《华严经行愿品疏》卷三，《卍新纂续藏经》第 5 册，第 90 页。
② （唐）澄观述《华严经行愿品疏》卷三，《卍新纂续藏经》第 5 册，第 90 页。

五相分别者，古德亦有随文解释。今依科判：第一寄位修行相，第二会缘入实相，第三摄德成因相，第四智照无二相，第五显因广大相。义见前文，此五亦名菩萨五行：一、高行，二、大行，三、胜行，四、深行，五广行。①

对于此中所说的"五相分别"，澄观在《华严经行愿品疏》卷二②中亦有说明：

末会五十五人，摄为五相：

初，有四十一人，名寄位修行相，人寄一位，令物修行故。

第二，摩耶夫人下，有十一人，名会缘入实相，会差别缘，令同幻智，入一实故。

第三，弥勒菩萨，名摄德成因相，摄前二相，令成补处圆满因故，故所得解脱，名三世不忘念，则摄德无遗矣。

第四，后文殊菩萨，名智照无二相。真智反照，不异初心。唯一圆智，更无前后明昧等殊故。

第五，普贤菩萨，名显因广大相。始末无二，冥同法界，法界包含。令所修因皆称法性，入一毛孔，即同法界无边际故。

在《华严经行愿品疏》卷二中，澄观亦将"五相"与前八会相对应，谓：第一"寄位修行相"者，总计四十一人。其中，文殊一人，寄十信位，摄第二会；后四十人，分别寄十住、十行、十回向、十地等位，即分别摄第三会至第六会。第二"会缘入实相"、第三"摄德成因相"、第四"智照无二相"等三相，共摄第七会。以第七会因圆果满，辩等妙觉，此三相皆明始本无二，与第七会中所说同故。第五"显因广大相"者，摄第八会托法进修成行分，彼中显普贤广大行故，此中善财才见普贤，一一因行，皆称法界，与第八会所说同故。

第四节　《十地经论》主体结构内容

《十地经论》系世亲菩萨所造，是对《华严经》中"十地品"之单行本《十地经》的注释。世亲菩萨在注释时，将《十地经》依据十地之次第，分为十个部分。并对十地中，地地进行科分，然后再进行解释。在《十地经论》中，世亲菩萨亦提

---

① （唐）澄观述《华严经行愿品疏》卷三，《卍新纂续藏经》第5册，第90页。
② （唐）澄观述《华严经行愿品疏》卷三，《卍新纂续藏经》第5册，第90页。

出了一些思想观念，如六相等。此中不对其思想进行讨论，只依其在《十地经论》中的科分，对其主要内容进行概述。

一 《十地经论》主体结构

《十地经论》计有十二卷，是解释《华严经》中的"十地品"义。是故，本论可依十地之次第分为十个部分。

依本论中说，十地之名目分别是：初，欢喜地；二、离垢地；三、明地；四、焰地；五、难胜地；六、现前地；七、远行地；八、不动地；九、善慧地；十法云地。

第一，欢喜地，本论之卷一至卷三中释。分为序分，三昧分，加分，起分，本分，请分，说分，较量胜分八分。

第二，离垢地，本论之卷四中释。分为发起净分，自体净分二分。

第三，明地，本论之卷五中释。分为起厌行分、厌行分、厌分、厌果分四分。

第四，焰地，本论之卷六中释。分为清净对治修行增长因分、清净分、对治修行增长分、彼果分四分。

第五，难胜地，本论之卷七中释。分为胜慢对治分、不住道行胜分、彼果胜分三分。

第六，现前地，本论之卷八中释。分科和五地相同，在前第四地中所说的是对治由于人我执引生的悟解法的增上慢，第五地中说对治在清净中相续不同的增上慢，而在这第六地中则说对治由于法我执所成的杂染清净分别的增上慢。

第七，远行地，本论之卷九中释。分为乐无作行对治、彼障对治、双行、前上地胜、彼果五分。

第八，不动地，本论之卷十中释。分为总明方便作集地分、得净忍分、得胜行分、净佛国土分、得自在分、大胜分、释名分七分。

第九，善慧地，本论之卷十一中释。分为方便成就、智成就、入行成就、说成就四分。

第十，法云地，本论之卷十二中释。分为方便作满足地分、得三昧满足分、得受位分、入大尽分、地释名分、神通力无上有上分、地影象分、地利益分八分。

此上依十地次第将《十地经论》分为十个部分，是依世亲菩萨所著《十地经论》中所说。观《十地经论》之前后文，若细分的话，则初欢喜地中所说八分，可分为两个部分；第十法云地中所说八分，亦应可分为两个部分。

初地欢喜地所说八分说，其说法出自《十地经论》卷一之开篇：

十地法门。初地所摄八分：一、序分，二、三昧分，三、加分，四、起分，

五、本分，六、请分，七、说分，八、校量胜分。①

此中，世亲菩萨将此八分全都归于初地。而实际上，此八分中前六分，应是整部《十地经》之教起因缘分，从第七"说分"方是初欢喜地之内容。

如第一"序分"是经首之六种成就；"三昧分"是金刚藏菩萨入菩萨大乘光明三昧；"加分"是十方诸佛同时加持金刚藏菩萨；"起分"是金刚藏菩萨从三昧中起；"本分"是金刚藏菩萨说十地名；"请分"是诸菩萨同请金刚藏菩萨为众说十地法。只有到了"说分"方是金刚藏菩萨为众说初欢喜地法门。

第十法云地所说八分说，其说法出自《十地经论》卷十二中。

此地中，有八分差别：一、方便作满足地分，二、得三昧满足分。三得受位分，四、入大尽分，五、地释名分，六、神通力无上有上分。七、地影像分，八、地利益分。②

此中，世亲菩萨净此八分全都归于第十法云地。而观《十地经论》中文，此八分中之后二"地影像分""地利益分"应归于《十地经论》之结说流通分。如第七"地影像分"中，是明菩萨修行十地法门有四种功德（一、修行功德，二、上胜功德，三、难度能度大果功德，四、转尽坚固功德）；第八"地利益分"中，是说菩萨修行十地法门有两种利益（一、生信功德，二、供养功德）。

二　《十地经论》主要内容

《十地经论》中的主要内容，即是世亲菩萨对于十地的次第解释。今依十地之次第，分别阐述。

第一欢喜地，此有二分：一者说分，二者较量胜分。在"说分"中，谓菩萨住于欢喜地，能够成就九种欢喜，有三种成就。"九种欢喜"者，即：敬欢喜、爱欢喜、庆欢喜、调柔欢喜、踊跃欢喜、堪受欢喜、不坏欢喜、不恼欢喜、不瞋欢喜；"三种成就"者：一、信心成就，二、修行成就，三、回向成就。在"较量胜分"中，谓菩萨住此地中，胜声闻辟支佛故。较量胜有三种：一、愿力殊胜，二、修行殊胜，三、果利益殊胜。

第二离垢地，此有二分：发起净分，自体净分。在"发起净分"中，谓菩萨欲得第二地，当发十种直心（一、直心，二、柔软心，三、调柔心，四、善心，

① 〔印度〕世亲造《十地经论》卷一，《大正藏》第26册，第123页。
② 〔印度〕世亲造《十地经论》卷十二，《大正藏》第26册，第193页。

五、寂灭心，六、真心，七、不杂心，八、不悕望心，九、胜心，十、大心）；在"自体净分"中，谓菩萨住第二地，能得三种戒净（一、离戒净，二、摄善法戒净，三、利益众生戒净）。

第三明地，此有四分：起厌行分、厌行分、厌分、厌果分。在"起厌行分"中，谓菩萨欲得第三地，当起十种深念心（一、净心，二、不动心，三、厌心，四、离欲心，五、不退心，六、坚心，七、明盛心，八、淳厚心，九、快心，十、大心）；在"厌行分"中，谓菩萨于第三地中，修行三种厌行（一、修行护烦恼行，二、修行护小乘行，三、修行方便摄行）；在"厌分"中，谓菩萨于第三地中，如说修行乃得佛法，入禅无色；在"厌果分"中，谓菩萨于第三地中，得四无量、五神通。

第四焰地，此有四分：清净对治修行增长因分、清净分、对治修行增长分、彼果分。在"清净对治修行增长因分"中，谓菩萨有十法明入得入第四地；在"清净分"中，谓菩萨于第四地中，以十种法智教化成熟；在"对治修行增长分"中，谓菩萨修行菩提分法，对治烦恼染。修行助菩提分法，不舍一切众生，不堕二乘；在"彼果分"中，谓菩萨住于第四地，能够得生远离果（一者，于胜功德中生增上欲心；二者，彼说法尊中起报恩行；三者，彼方便行中发勤精进；四者，彼增上欲本心界满足。）

第五难胜地，此有三分：胜慢对治分、不住道行胜分、彼果胜分。在"胜慢对治分"中，谓菩萨欲入第五地，当以十平等深净心得入第五地；在"不住道行胜分"中，谓菩萨于第五地，不住世间不住涅槃。此不住道行胜有二种观（一、所知法中智清净胜，二、利益众生勤方便胜）；在"彼果胜分"中，谓菩萨于第五地中，不住道修行胜果有四种相（一、摄功德胜，二、修行胜，三、教化众生胜，四、起随顺世间智胜）。

第六现前地，此有三分：胜慢对治分、不住道行胜分、彼果胜分。在"胜慢对治分"中，谓菩萨欲入第六地，当以十平等法得入第六地；在"不住道行胜分"中，谓菩萨于第六地中，不住道行殊胜，当随顺观因缘集法，当逆顺观因缘集法；在"彼果胜分"中，谓菩萨于第六地中，其果胜有五种相（一、得对治行胜及离障胜，二、得修行胜，三、得三昧胜，四、得不坏心胜，五、得自在力胜）。

第七远行地，此有五分：乐无作行对治差别、彼障对治差别、双行差别、前上地胜差别、彼果差别。在"乐无作行对治差别"中，谓菩萨欲入第七地者，是菩萨当以十种方便智发起殊胜行入；在"彼障对治差别"中，谓菩萨住于第七地中，此无作行治障有两种相（修行无量种、修行无功用行）；在"双行胜行差别"中，谓菩萨住第七地中，自利利他胜行，有四种相（一、二行双无间，二、信胜，三、能作大义，四、菩提分差别）；在"前上地胜差别"中，谓菩萨于此地中"起一切佛法故，方便行具足得入智慧神通行故"，胜于前六地；在"彼果差别"中，谓菩萨住此地中，其所得果殊胜有四种相（一、业清净，二、得胜三昧，三、过地，四、得胜行）。

第八不动地，此有七分：总明方便作集地分、得净忍分、得胜行分、净佛国土分、得自在分、大胜分、释名分。在"总明方便作集地分"中，总明前七地同相别相，以第七地为总相总说，前六地为别相分说；在"得净忍分"中，谓菩萨于第八地中，成就无生法忍故，得清净自然无功用行；在"得胜行分"中，谓菩萨于第八地中，得七种殊胜深行（难入深、同行深、境界深、修行深、不退深、离障深、对治现前深）；在"净佛国土分"中，谓菩萨住第八地中，有三种自在行（一、器世间自在行，二、众生世间自在行，三、智正觉自在行）；在"得自在分"中，谓菩萨住第八地中，修三种自在行，能得十自在，对治十怖畏（一、死怖畏，二、烦恼垢怖畏，三、贫穷怖畏，四、恶业怖畏，五、恶道怖畏，六、求不得怖畏，七、谤法罪业怖畏，八、追求时缚不活怖畏，九、云何云何疑怖畏，十、大众威德怖畏）；在"大功德胜分"中，谓菩萨住第八地中，其大功德胜有三种（智成就大殊胜、清净业大殊胜、彼二住大殊胜）；在"释名分"中，世亲菩萨依"地释名"和"智者释名"两个方面释"不动地"名义。"地释名"者，有六种相（染对治、得甚深、发行清净、世间出世间有作净胜、彼二无作净胜、菩萨地胜）。"智者释名"者，有二种义（一向不动、一体不动），名为得不动菩萨。

第九善慧地，此有四分：方便成就、智成就、入行成就、说成就。在"方便成就"中，谓菩萨于第九地中，行自利利他二行，得自他二益；在"智成就"中，谓菩萨于第九地中，如实知应依何等法说法，知一切法净染不二；在"入行成就"中，谓菩萨于第九地中，如实知众生种种稠林（"稠林"者，众多义故，难知义故），能随顺如是智；在"说成就"中，谓菩萨住第九地中，如实知众生诸行差别相，随其解脱而与因缘。此说法成就中有三种相（一、智成就，二、口业成就，三、成就）。

第十法云地，此有六分：方便作满足地分、得三昧满足分、得受位分、入大尽分、地释名分、神通力无上有上分。在"方便作满足地分"中，谓菩萨以无量智善观智，于初地至九地中善择智业；在"得三昧满足分"中，谓菩萨随顺行如是善择智业，得入受位地，即得菩萨名离垢三昧而现在前；在"得受位分"中，谓菩萨得受位，有六事（随何等座得受位，随何等身量得受位，随何等眷属得受位，随何等相得受位，随何等出处得受位，诸佛放光菩萨得位）应知；在"入大尽分"中，谓菩萨住第十地中，五种大成就（一、智大，二、解脱大，三、三昧大，四、陀罗尼大，五、神通大），此五种成就依五种义（一依正觉实智义，二依心自在义，三依发心即成就一切事义，四依一切世间随利益众生义，五依堪能度众生义）；在"地释名分"中，即释"法云地"名义，谓立此名者，有三种缘由（一、此地中闻法相似如虚空身遍覆故，二、此法能灭众生烦恼尘故，三、此地如大云雨生成一切卉物萌芽故）；在"神通力无上有上分"中，谓菩萨住第十地，神通力自在，有四自在（自相无上有上自在、十方三世住持自在、令诸众生欢喜自在、胜前诸地殊胜自在）。

第五节 《起信论》的主体结构内容

《起信论》全称《大乘起信论》，相传为印度马鸣菩萨所造，本书阐明如来藏缘起之旨，及菩萨、凡夫等发心修行之相，系从理论、实践两方面归结大乘佛教之中心思想，为佛教思想之重要入门书。本论有新旧二译，旧译者，全一卷，系梁真谛三藏所译；新译者，全二卷，系唐朝实叉难陀所译。现存于《大正藏》第三十二册。

一 《起信论》主体结构

在《起信论》中，依其文意，其主体结构可分为五个部分：一、因缘分，二、立义分，三、解释分，四、修行信心分，五、劝修利益分。

第一，因缘分。此中列举八种因缘，以明此《起信论》之造论缘起。

第二，立义分。此中标显大乘之义。即摩诃衍者，总有二种：一、法，二、义。依《起信论》中所说，"法"者，即众生心，此心能摄一切法，此心有"心真如相"和"心生灭因缘相"两种；"义"者，则有三种，即体大、相大、用大。其中"用大"者，论中释云"能生一切世间出世间善因果故，一切诸佛本所乘故，一切菩萨皆乘此法到如来地故"。

第三，解释分。即是对前"立义分"中所立"法义"进行解释。在《起信论》中，此解释分计有三大段：一、显示正义，二、对治邪执，三、分别发趣道相。

"显示正义"者，即显示立义分中所说的法义。论中说"依一心法，有二种门"。二种门者，即心真如门和心生灭门。是二种门，皆各总摄一切法。

"对治邪执"者，即是对治凡夫众生情计之邪执。依论中所说，一切邪执皆依我见，若离于我，则无邪执。在《起信论》中，谓我见有二种，即人我见、法我见。"人我见"者，即是凡夫所执，论中谓凡夫有五种人我见；"法我见"者，即二乘声闻所执。

"分别发趣道相"者，即指菩萨发心修行的过程。论中说"谓一切诸佛所证之道，一切菩萨发心修行趣向义故"。此发心之相，《起信论》中说有三种：一者，信成就发心；二者，解行发心；三者，证发心。"信成就发心"者，论中云"依何等人，修何等行，得信成就，堪能发心”；“解行发心”者，论中云“于真如法中，深解现前所修离相”，如是而有随顺修行六波罗蜜；“证发心”者，论中云“从净心地乃至菩萨究竟地，证何境界”。此三种发心，是信满乃至十地菩萨发心修行之相。

第四，修行信心分。是本论解说起信的部分。是就未入正定聚的众生显示修行而起信之相，要有信根本真如、信佛、信法、信僧四种信心，修施、修戒、修忍、修进、修止观五种修行。另又为修大乘法心怯弱者显示净土法门，令专念佛往生净土。

第五，劝修利益分。叙说闻持此大乘法的利益功德。在论中，此分又有三重：第一重，明信受得益；第二重，明毁谤重罪；第三重，明结劝修行。

在法藏的《大乘起信论义记》卷一中，又将此论分为序分、正宗分、流通分等三分。有二说：一者，此论最初归敬颂为序分，最后回向颂为流通分，全论文五分为正宗分；二者，在以上五分中，第一因缘分又为此论的序分，第二、第三、第四等三分又为此论的正宗分，第五劝修利益分又为此论的流通分。

二　《起信论》主要内容

《起信论》中的主要内容，法藏在《大乘起信论义记》卷一中，做如下总结：

> 示何法者，谓：一心、二门、三大、四信、五行等法。此即是大乘之中起信之法，是所示也。①

依法藏所说，《起信论》中主要内容，含摄五重：第一重，唯一心；第二重，起二门；第三重，明三大；第四重，起四信；第五重，修五行。

第一重“一心”者，依论中说，即是众生心，此心摄一切世间法、出世间法，依于此心得显摩诃衍义。在《大乘起信论义记》卷一中，法藏释云：

> 此心体相无碍，染净同依，随流返流，唯转此心。是故，若随染成于不觉，则摄世间法；不变之本觉，及返流之始觉，摄出世间法。此犹约生灭门辨。若约真如门者，则镕融含摄染净不殊，故通摄也。②

第二重“二门”者，即指“心真如门”与“心生灭门”。“心真如门”者，即指真如之本体，不生不灭，远离言说之相，毕竟平等而常恒不变。又此真如，有依

---

① （唐）法藏撰《大乘起信论义记》卷一，《大正藏》第 44 册，第 246 页。
② （唐）法藏撰《大乘起信论义记》卷一，《大正藏》第 44 册，第 246 页。

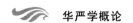

言真如和离言真如两种，如《起信论》中所说：

> 心真如者，即是一法界大总相法门体。所谓心性不生不灭，一切诸法，唯依妄念而有差别。若离妄念，则无一切境界之相。是故一切法从本已来，离言说相，离名字相，离心缘相，毕竟平等，无有变异，不可破坏，唯是一心，故名真如。以一切言说，假名无实，但随妄念不可得故。①

"心生灭门"者，谓不生不灭真如之性，因无明熏动，故有生灭之心，此即觉成不觉也。觉与不觉，复更互相熏。以不觉熏本觉故，则生诸染法，流转生死。以本觉熏不觉故，则生诸净法，反流出缠，成于本觉。如《起信论》中所说：

> 心生灭者，依如来藏故有生灭心。所谓不生不灭与生灭和合，非一非异，名为阿梨耶识。此识有二种义，能摄一切法生一切法。云何为二？一者觉义，二者不觉义。
>
> 所言觉义者，谓心体离念。离念相者，等虚空界无所不遍；法界一相，即是如来平等法身。依此法身说名本觉。
>
> 所言不觉义者，谓不如实知真如法一故。不觉心起而有其念，念无自相，不离本觉。犹如迷人依方故迷，若离于方则无有迷。众生亦尔，依觉故迷，若离觉性，则无不觉。②

第三重"三大"者，即指体大、相大、用大等。此三大者，第一为真如之体性，第二为真如之德相，第三为真如之作用，是《起论论》之"立义分"中所说：

> 一者，体大，谓一切法真如平等不增减故；二者，相大，谓如来藏具足无量性功德故；三者，用大，能生一切世间出世间善因果故，一切诸佛本所乘故，一切菩萨皆乘此法到如来地故。③

如上所述，"体大"者，谓众生心之体性，真如平等，无生无灭，无增无减，毕竟常恒也；"相大"者，谓众生心之自性，具足大智大悲常乐我净等一切功德也；"用大"者，谓众生心之体性，具足一切功德，内潜源底而熏妄心，外现报化二身

---

① （梁）真谛译《大乘起信论》卷一，《大正藏》第32册，第576页。
② （梁）真谛译《大乘起信论》卷一，《大正藏》第32册，第576页。
③ （梁）真谛译《大乘起信论》卷一，《大正藏》第32册，第575页。

教化众生，依此内外之二用，使人初修世间之善而得世间之善果，后修出世之善因而生出世之妙果也。

第四重"四信"者，是《起信论》之第四分"修行信心分"中所说，即虔信真如与佛、法、僧三宝。如论中所说：

> 信心有四种，云何为四：一者，信根本，所谓乐念真如法故；二者，信佛有无量功德，常念亲近供养恭敬，发起善根，愿求一切智故；三者，信法有大利益，常念修行诸波罗蜜故；四者，信僧能正修行，自利利他，常乐亲近诸菩萨众，求学如实行故。[①]

第五重"五行"者，亦是《起信论》之第四分"修行信心分"中所说，即笃行布施、持戒、忍辱、精进、止观等五种法门。谓修行此五种法门，能成就前四种信。

思考与练习题

1. 请次第列举六十《华严》中七处八会之名。

2. 依法藏说，六十《华严》中含摄五分五周因果，请略做解释。

3. 依法藏说，六十《华严》中八会各说一法，请列举，并略做解释。

4. 请次第列举八十《华严》中七处九会之名。

5. 六十《华严》与八十《华严》相对比，其品目上有何差别不同？

6. 依澄观说，八十《华严》中含摄四分五周因果，请略做解释。

7. 依澄观说，八十《华严》中九会各说一法，请列举，并略做解释。

8. 依澄观说，末会中善财所参访诸善知识，可以"五相"进行科判分别。请列举，并略做解释。

9. 请简略述说《十地经论》的主体结构及其内容。

10. 请简略述说《大乘起信论》主体结构的五个部分。

---

① （梁）真谛译《大乘起信论》卷一，《大正藏》第 32 册，第 581 页。

第十二章　阐释《华严经》的注疏

【本章导读】

本章主要围绕阐释《华严经》的注疏进行介绍，即祖师大德为三部《华严经》所做的相关注疏。

本章分三节。

第一节，六十《华严》的注疏。古来虽有不少大德对其进行注疏，但现今大都不存。本节中，介绍了智俨著《华严经搜玄记》和法藏著《华严经探玄记》。

第二节，八十《华严》的注疏。本节中，介绍了澄观所著《新华严经疏》《华严经疏钞》，亦介绍了慧苑所著《华严刊定记》，还介绍了李通玄长者所著《新华严经论》《决疑论》等。

第三节，四十《华严》的注疏。本节中，介绍了澄观著《贞元新译华严经疏》、宗密著《华严经行愿品疏钞》等两部著作。《华严经行愿品疏钞》是宗密对澄观《华严经普贤行愿品别行疏》的注释。

第一节　六十《华严》的注疏

六十《华严》是中国第一部完整本的华严类经典，从华严初祖杜顺到华严三祖法藏对华严经学的研习，以及华严宗思想体系的建立，皆是依据于六十《华严》。自东晋佛驮跋陀罗译成六十《华严》之后，依据诸多传记的记载，古来亦有不少大德曾对六十《华严》进行注疏，但现今大都不存。在现存的六十《华严》的注疏中，比较完善和有影响的应是智俨所著的《华严经搜玄记》以及法藏所著的《华严经探玄记》。

一　智俨《华严经搜玄记》

智俨所撰《华严经搜玄记》，全称《大方广佛华严经搜玄分齐通智方轨》，简称《搜玄记》，或称《华严经略疏》。凡五卷，每卷皆分上下，故亦说此书为十卷。收于《大正藏》第三十五册。

《华严经搜玄记》是智俨对于六十《华严》之注释。智俨在正释经文之前，立四分以明华严一乘经教之玄义，是故全书共立五门。此五门者：第一，叹圣临机，德量由致；第二，明藏摄之分齐；第三，辨教下所诠之宗趣及能诠之教体；第四，释经题目；第五，分文解释。前四门为《搜玄记》中之玄谈，第五门中，即是正释经文，依《华严经》中之品目次第，释解华严一乘之玄旨。

第一"叹圣临机，德量由致"者，即是赞叹如来大圣之德智圆通无碍。如其文中所云"澄深我净，至寂所不隐；凝迹常乐，无所而不施；生死涅槃，夷齐同观；德备圆通，大智无障碍；解脱方便，妙极然矣"。

第二"明藏摄之分齐"者，即是判别《华严经》之藏教所摄。智俨认为：若依经律论三藏而言，此《华严经》为经藏（修多罗藏）所摄；若依声闻菩萨二藏而言，此《华严经》为菩萨藏所摄；若依渐顿圆三教而言，此《华严经》为顿圆二教所摄。

第三"辨教下所诠之宗趣及能诠之教体"者，此有二门。先说此《华严经》所诠宗趣有总别二种；次释《华严经》之能诠教体有五义。所诠宗趣者，智俨说"总谓因果缘起理实为宗趣""别有教义、境行、理事、因果等四门各各相对以为宗趣"；能诠之教体者，智俨以"音声名味句"而建立实、可似、不可似、唯识、真如音声名味句等五重义，并结云"一切法皆如也"。

第四"释经题目"者，即是解释此"大方广佛华严经"之名。智俨对此"大方广佛华严经"七字，一一释解其意。所谓"大谓体相用莫过""广者理正非邪"

等等。

第五"分文解释"者，即是正释经文。在《搜玄记》中，智俨依据六十《华严》中三十四品之次第，一一进行注释。在每一品中，智俨亦分品名、来意、宗趣、释文等四科来谈其玄旨。"品名"者，即是释解各品品名之义；"来意"者，即是释解如来说此品之缘由，如其释"卢舍那佛品"来意时说"何故此品来，既众集已，次明所显法故"；"宗趣"者，即是释解如来所说各品之旨趣；"释文"者，即是解释经文。智俨在释解《华严经》之文义时，皆是撮其精要，文极简略。

二 法藏《华严经探玄记》

法藏所撰《华严经探玄记》，略称《探玄记》，或称《华严经疏》，计二十卷，收于《大正藏》第三十五册。

《华严经探玄记》是法藏对于六十《华严》的系统注释。本书乃法藏模仿其师智俨《华严经搜玄记》所作，叙述旧译华严经之大要，并解释经文之义，旨在阐述华严宗之中心教义。

在《探玄记》中，首先阐明归敬序及总序，其次分十门解释《华严经》。此十门即：（一）明教起所由，（二）约藏部所摄，（三）显立教差别，（四）简教所被机，（五）辨能诠教体，（六）明所诠宗趣，（七）释经题目，（八）明部类传译，（九）辨文义分齐，（十）随文解释。此十门中，前九门为《探玄记》第一卷所说。从《探玄记》第二卷开始，即是第十门"随文解释"，系统释解《华严经》之文义。

第一"明教起所由"者，即是阐明此《华严经》教法兴起的缘由。有总说和别显之分。总说者，法藏引用《法华经》和《华严经》中文来明，经云"如来为一大事因缘故出现于世，所谓开示悟入佛知见"者，此是《法华经》中文；经云"以十种无量无数百千阿僧祇因缘，成等正觉出兴于世。何等为十？一者发无量菩提之心不舍一切众生。如是等乃至广说应知"者，此是《华严经》中文。别显中，法藏以十义明此因缘无尽，即"法尔故，愿力故，机感故，为本故，显德故，显位故，开发故，见闻故，成行故，得果故"等十义，法藏一一作释。

第二"约藏部所摄"者，即是阐明此《华严经》在佛教圣典中所占据何种地位。在《探玄记》中，法藏谓佛教圣典，有经律论三藏，有声闻菩萨二藏等类别，并依此解说。法藏认为，若依经律论三藏而言，此《华严经》属于经藏；若依声闻菩萨藏而言，而菩萨藏有三种（小乘中菩萨藏、大乘共教中菩萨藏、不共教中菩萨藏），此《华严经》属于不共菩萨藏。

第三"显立教差别"者，即是对如来一代圣教进行分类判别。此中，法藏先举中国历代大德所立十种判教，再举西域诸师所说判教，最后再明自家所立五教十宗之判。其中五教判者，即是将如来所说教法以小乘教、大乘始教、大乘终教、顿教、一乘圆教等五教进行分类；其中十宗判者，即是对古来大德所崇尚之教理不同，而分为"法有我无宗"等十宗。此"立教差别"中所说，多同于《华严五教章》卷一"分教开宗"中所说。

第四"简教所被机"者，即是叙述此《华严经》所对应之根机。法藏认为，此经乃是为一乘圆教菩萨所说，如《探玄记》卷一中说："谓是一乘不共教中普机菩萨，正是此经所为之器。下文云：如是经典，但为乘不思议乘菩萨摩诃萨说，不为余人"①。

第五"辨能诠教体"者，谓如来说教，必有其体。若演华严之教，则以海印三昧及事事无碍为体。在《探玄记》卷一中，法藏谓"通论教体，从浅至深，略有十门：一、言诠辩体门，二、通摄所诠门，三、遍该诸法门，四、缘起唯心门，五、会缘入实门，六、理事无碍门，七、事融相摄门，八、帝网重重门，九、海印炳现门，十、主伴圆备门"② 并一一详加解释。

第六"明所诠宗趣"者，即是论述《华严经》之宗趣。在《探玄记》卷一中，法藏首先介绍江南印师敏师等五位古德之说，其次正说本经之宗趣，谓此《华严经》是以"因果缘起、理实法界"为其宗趣。并对"因果缘起""理实法界"分别作释。

第七"释经题目"者，详细解析经题"大方广佛华严经"之意趣。在《探玄记》卷一中，法藏从数名、法名、喻名、义名、德名、事名、开名、具名、合名、品名等10个方面释经题目，其中前九是释解经名，第十"品名"是释解第一品"世间净眼品"之名义。

第八"明部类传译"者，即是叙述《华严经》之种类、注释书、异本别译及翻译之始末。在《探玄记》卷一③中，法藏谓"亦有十义"。十义者：一、恒本，二、大本，三、上本，四、中本，五、下本，六、略本，七、论释，八、翻译，九、支流，十、感应。此十义中，前六明此《华严经》之部类，第七明此《华严经》之注释书，第八第九明此《华严经》之翻译及其支流，第十明修习此经之感应。此"部类传译"者，法藏在《华严经传记》中有更加详细的介绍。

第九"辨文义分齐"者，即是总说华严一部大经之玄义。在《探玄记》卷一④中，法藏谓"义海宏深，微言浩汗"。是故其"略举十门，撮其纲要"。"略举十门"者，乃是其承继于智俨所立"十玄门"，以十玄门明此《华严经》之纲要。此

---

① （唐）法藏述《华严经探玄记》卷一，《大正藏》第35册，第117页。
② （唐）法藏述《华严经探玄记》卷一，《大正藏》第35册，第117页。
③ （唐）法藏述《华严经探玄记》卷一，《大正藏》第35册，第120页。
④ （唐）法藏述《华严经探玄记》卷一，《大正藏》第35册，第123页。

十玄门在名目和次第上，与智俨所说略有不同。

第十"随文解释"者，即是注解经文。此中先对此《华严经》之结构进行分科，如序、正宗、流通等三分，亦说"举果劝乐生信分"等五分五周因果，亦说信等六种成就，亦说此经之传法之人，如是等等。随后依据六十《华严》中三十四品之次第，一一进行注释。在每一品中，法藏亦仿其师智俨的《搜玄记》中所说，以品名、来意、宗趣、释文等四科来谈各品之玄旨，只是在内容上要较智俨所说更为详细。

法藏的《华严经探玄记》与智俨的《华严经搜玄记》同为注释六十《华严》之名著。对此二书，新罗·崔致远在其所撰的《法藏和尚传》中评云："先搜则艰矣，后探则便焉"①。意谓智俨的《搜玄记》文章简略，因此文意较难索解，而法藏的《探玄记》的注释，则详细入微，对后来人学习华严学颇为方便。

第二节　八十《华严》的注疏

八十《华严》相较于六十《华严》而言，其内容及结构上要较为完整。有传中称，法藏在参加完八十《华严》译场后，曾为此经作疏，但未能完成便已圆寂，后托付给其弟子慧苑、宗一续遗。现存有慧苑所撰之《华严刊定记》，后有澄观先后著《华严经疏》及《华严经疏钞》注释八十《华严》。澄观在著作中称慧苑所著《刊定记》"苑公言续而前疏亦刊，笔格文词不继先古"。另外，亦有与法藏同时期的李通玄长者著有《新华严经论》及《决疑论》注解八十《华严》。

一　慧苑《华严刊定记》

慧苑所述《华严刊定记》，全称《续华严经略疏刊定记》，又称《华严略疏刊定记》《华严经刊定记》《续刊定记》《刊定记》，现收于《卍新纂续藏经》第三册。此书计有20卷，或说16卷。现存版本残缺不全，唯存13卷。即从第一卷至第十五卷中，缺第六卷和第七卷；从第十六卷向后，现已不存。

从现存的《刊定记》内容来看，其所缺漏释文的品目有：如来名号品第七、四圣谛品第八、升夜摩天宫品第十九至十回向品第二十五（十回向品缺前五回向）、十通品第二十八至佛不思议法品第三十三。另外，《刊定记》第十五卷中，以释解"善财参访慈行童女"文而结束，即相当于注释到八十《华严》的第六十五卷中"慈行童女"文。自卷六十五中段向后，其释文已佚。

———————————

① （唐）崔致远撰《法藏和尚传》，《大正藏》第50册，第282页。

《华严刊定记》是慧苑承继于法藏，对于八十《华严》的注疏。如慧苑于《刊定记》卷一篇首所云：

> 和上遽迁生所，制兹略疏，经才四分之一，始自妙严品，讫乎第二十行，并能造十定疏前之九定；而悬谈与中间及十定后疏，并未修葺，其已撰者不遑剪刻。今故鸠集广略之文，会撮旧新之说，再勘梵本，雠校异同，顺宗和教，存之以折衷，简言通意，戋之以笔削云尔。①

《刊定记》在篇幅结构上，亦承继于法藏，亦是以十门解释《华严经》。此十门即：一、教起所因，二、藏部所摄，三、显教差别，四、简所被机，五、能诠教体，六、所诠宗趣，七、显义分齐，八、部类传译，九、具释题目，十、依文正释。前九门为《刊定记》第一卷所说。从《刊定记》第二卷开始，即是第十门"依文正释"，系统释解《华严经》之文义。

《刊定记》中以十门释解《华严经》，此十门与法藏在《探玄记》中所说，除名目及次第上有略微之变动，其他基本相同。但是，在第三"立教差别"中，慧苑举古来大德十九家判教之说，一一加以批驳。其中即有法藏的五教判，亦为慧苑所批；在第七"显义分齐"中，慧苑没有承继智俨、法藏之说，以十玄门统摄华严一部玄义，而立十种德相和十种业用。

在第十门"依文正释"中，慧苑先以十例（一、本末部类，二、本部三分，三、问答相属，四、以文从义，五、前后摄隶，六、随品长分，七、随会次第，八、本末大位，九、本末遍收，十、主伴无尽）疏科此一部经文，并对此十例之中间八门一一释解；随后依据八十《华严》中三十九品之次第，一一进行注释。在每一品中，慧苑亦仿其师法藏的《探玄记》中所说，以辨名、来意、宗趣、释文等四科来释解各品之玄旨。

二　澄观《新华严经疏》

澄观所撰《新华严经疏》，全称《大方广佛华严经疏》，又称《华严经疏》《清凉疏》《华严大疏》《大疏》，计六十卷。收于《大正藏》第三十五册。

《华严经疏》是澄观对于八十《华严》的系统注释。在《华严经疏》中，澄观亦首先阐明归敬序及总序，其次分十门解释八十《华严》。十门者，其次第如下：一、教起因缘，二、藏教所摄，三、义理分齐，四、教所被机，五、教体浅深，六、宗趣通局，七、部类品会，八、传译感通，九、总释经题，十、别解文义。

---

① （唐）慧苑述《华严经刊定记》卷一，《卍新纂续藏经》第3册，第570页。

《华严经疏》中以十门释解八十《华严》，其中前九门有三卷，第十门"别解文义"从《华严经疏》第四卷开始。在《华严经疏》中，澄观基本上继承了法藏思想，如，在第二"藏教所摄"中，澄观先是列举菩提流支等古德之判教说，然后再重申法藏所立五教十宗判教说，对法藏所立五教说加以解释，并主张《华严经》属于圆教；在第三"义理分齐"中，澄观承继法藏于《探玄记》中所说十玄义，明华严一部大经中所说缘起法界无碍之义理；在第六"宗趣通局"中，澄观亦依法藏所说"因果缘起理实法界以为宗趣"，同时亦对法藏所说加以详释。

在第十门"别解文义"中，澄观先以十科（一、本部三分科，二、问答相属科，三、以文从义科，四、前后褶叠科，五、前后钩锁科，六、随品长分科，七、随其本会科，八、本末大位科，九、本末遍收科，十、主伴无尽科）梳理此一部经文，并对此十科一一释解；随后依据八十《华严》中三十九品之次第，一一进行注释。在每一品中，澄观亦承继法藏《探玄记》中所说，以辨名、来意、宗趣、释文等四科来释解各品之玄旨。

第一"本部三分科"者，在《华严经疏》卷四中，澄观谓：可以序分、正宗分、流通分等三分梳理此一部经典。其中对流通分之有无，澄观列举慧光律师（南北朝高僧）等七家之说，并以净影慧远所说"以法界品内善财下属流通，寄人显法故"为准。

第二"问答相属科"者，此中澄观以"问答"二字总摄此一部大经。谓八十《华严》之九会，其中总有五番问答。第一会有四十问答；第二会有四十问，至第七会答尽；第八会有二百问答；第九会初起有六十问答，后善财求法则是别问别答。

第三"以文从义科"者，此中澄观以"五周因果"义科此一部经文。谓第一会，明所信因果；第二会至第七会之"随好光明功德品"，明差别因果；第七会"普贤行品"与"如来出现品"两品，明平等因果；第八会"离世间品"，明成行因果；第九会"入法界品"，明证入因果。

第四"前后褶叠科"者，此中澄观将华严一部经典分为本末二会，谓"谓前九会是本会，亦是佛会，佛为主故；从文殊至福城东已后，并是末会，亦是菩萨会，以诸善知识为会主故"。在文中，澄观亦对本会一一分科料简。

第五"前后钩锁科"者，此中澄观将九会前后勾连，谓此九会中计有十重因果：依报因果、正报因果、依起因果、差别因果、圆融因果、平等因果、出现因果、成行因果、法界因果、证入因果。此十重因果不依会分，亦不依品分。会会勾连，品品勾连。如"成行因果"，即指"离世间品"通辩行故；如"法界因果"，即摄"离世间品"与"入法界品"二品，前因后果，由离世间而得称法界故；如"证入因果"，即指"入法界品"中，善财位位证入故。

第六"随品长分科"者，在《华严经疏》卷四中，澄观依据经中品目，将一部大经科为十分：教起因缘分、佛果无涯大用分、举彼往因证成分、大用应机普周分、诸位差别令修分、差别因圆果满分、普行因成现果分、因果超绝世间分、大众顿证法界分、一人历位渐证分。

第七"随其本会科"者，此中，澄观依据法会场次，将此一部大经科为十分：第一会，举果令信分；第二会，能信成德分；第三会，初贤十住分；第四会，中贤十行分；第五会，上贤十向分；第六会，圣位十地分；第七会，因圆果满分；第八会，普贤大行分；第九会初，行成证入分；第十善财下，善友教证分。

第八"本末大位科"者，即总说法会场次，谓本会为九会，末会有五十五会，总计为六十四分。

第九"本末遍收科"者，此中详说本末二会，澄观说合则有一百二十六分。其中：本会有九，加文殊为六千比丘说法，则为十分；再加善财在见弥勒以前历经一百一十位善知识，则为一百二十分；再加诸龙会，加三乘会，加三千大千世界微尘数善友会，加弥勒及文殊、普贤三人会，总计一百二十六分。

第十"主伴无尽科"者，此是取经中文义，依经中说，华藏世界一一微尘刹土中，皆有如来宣说此华严一乘妙法；又依经文，十方世界皆有尘数菩萨前来证明，他方世界亦说此华严一乘妙法，如是主伴无碍，无尽圆融，周遍法界。

三　澄观《华严经疏钞》

澄观所述《华严经疏钞》，全称《大方广佛华严经随疏演义钞》。略称《随疏演义钞》《华严大疏钞》《演义钞》，收于《大正藏》第三十六册。此书计有九十卷，是对其所著六十卷本《华严经疏》的注释。全书分为四部分：一、总序名意，释大疏之自序；二、归敬请加，释大疏之归敬序；三、开章释文，随疏文之次第而释解；四、谦赞回向，略解末尾之流通偈。

依传记中说，《华严经疏钞》的形成，是澄观宣讲《华严经疏》的过程中，众多听讲者不断提出问题。澄观为这些弟子答疑。此书即是为回答这些问题而作。同时，此书也对《华严经疏》做了系统解释，从一定意义上讲，此书有系统地整理、归纳澄观全部学说思想的性质。

《华严经疏》和《华严经疏钞》两部论著，原本是各自单独流通。到了宋代，净源才录疏以配经，称为《华严经疏注》；后有人收疏入钞，成《华严疏钞会本》，因原版存武林（今浙江杭州）昭庆寺，称昭庆本；后《永乐南藏》《嘉兴续藏》《龙藏》等藏经中亦皆有收录，但此本原来删节不全，会合失当，错讹较多。1939年，华严疏钞编印会开始搜集各种不同刊本进行参校，历时六年始成新编，较为完善。

1998年，台湾华严莲社在成一的倡导下，在贤度主持下，华严专宗学院研究所

10 多位师生组成"新修华严经疏钞整编会",在华严疏钞编印会"华严疏钞会本"的基础上,集体审阅编定,并加新式标点符号,分章分段,搜查引文出处,历时两年多完成《新编华严经疏钞》20 册,总 80 卷,由华严莲社出版印行。

《新编华严经疏钞》中,将澄观所著《华严经疏》和《华严随疏演义钞》二文互相配对,较为方便学者理解;重新对疏文与钞文进行了标点、分章分段,避免了学者对论典的误读;参考了《大正藏》《高丽藏》《碛砂藏》《嘉兴藏》《卍续藏经》等诸多大藏经,对疏、钞之文进行注释,对其中历史人物附注说明;依疏、钞之章段、会次、品目等次第,依疏、钞文义,对疏、钞全篇进行科目,并以目录标显,方便学者对于疏、钞全文的阅读理解,对学者在疏、钞整体结构的把握上,前后思想的贯通上,有着极大的帮助。

四 李通玄《新华严经论》

李通玄所撰《新华严经论》,计四十卷。收于《大正藏》第三十六册。本书系就实叉难陀所译之新译《华严经》明其玄旨,并随释经文而成。《新华严经论》体例仿自法藏的《探玄记》,可以分为两部分:第一部分是前八卷,具有序说概论的性质,即所说"悬谈"性质;第二部分是卷九至卷四十,逐品解释经文,属于"随文释义"性质。

第一部分,总论大经玄义,并对经文进行科解。此一部分计有八卷。

其中前七卷分十门释经,实际上是提出十个方面的问题,从总体上论述他的华严学说,并不是结合经文的注释。十门者,即:一、依教分宗,二、依宗教别,三、教义差别,四、成佛同别,五、见佛差别,六、说教时分,七、净土权实,八、摄化境界,九、因果延促,十、会教始终。

第一"依教分宗"者,此中李通玄谓"器有差殊,轨仪各异,始终渐顿,随根不同"。是故,其将历代大德所崇所尊分为情有宗等十宗,其目的是"使得学者知宗,迁权就实,不滞其行,速证菩提"。此中所说"十宗"及其下所说"十教"如前文"李通玄的判教与三圣一体"中所说。

第二"依宗教别"者,此中李通玄先列举菩提流支等古德十家教判,并详细阐述彼等判教思想,再列西域诸师所说诸种判教,最后再明自家所立"小乘纯有教"等十重教判思想,并将此《华严经》判为第十不共共教。

第三"教义差别"者,此中列举此华严教义与他宗不同,有十种殊胜,故示十种差别。十种差别者:一、佛日出兴教主别,二、光明表法现相别,三、问答所诠主伴别,四、所示因圆果满别,五、地位所行行相别,六、重令善财证法别,七、六位菩萨来众别,八、所施法门理事别,九、与诸三乘得果别,十、所付法藏流通别。

第四"成佛同别"者，李通玄于论中说"为令童蒙起信、发解除疑、识本离权、情希胜德"。是故列举十种诸佛成道差别，显此经中所说毗卢遮那佛有种种殊胜，不同于他宗所显佛果。十种差别者：一、成佛身别，二、成佛时别，三、菩提树别，四、所坐座别，五、大众别，六、示相别，七、转法轮别，八、转法轮处别，九、大会庄严别，十、所受法门别。

　　第五"见佛差别"者，李通玄于论中说，由于众生"发心之时信乐差别"故，是故如来为众生所现相好各各不同，众生所见如来相好亦各不相同。诸众生等，或见如来三十二相，或见如来八十种好，或见如来所现声闻之相，或见如来所现世界主相。而此一乘教中菩萨，则见如来所现十佛刹微尘数莲华藏世界海，所见为法界主。

　　第六"说教时分"者，此谓于佛教诸典籍中，所载如来说法时间各不相同，有一七日说法，有三七日说法，有六七日、七七日、八七日、五十七日等不同说法时间。李通玄谓，此华严一乘教，其说法时间不可依情量时分差别计。李通玄认为"古今见尽，常转法轮，无始无终，法本如是"，是故，此一乘教说法时间应是"无时分可立"。

　　第七"净土权实"者，李通玄认为：由于行者"自修业用，见境不同"；由于行人根机不定，如来说法权实不同。是故，有化仪、实报等种种差别不同，诸多经典所说净土亦有种种差别不同。在论中，李通玄举十种净土，以明权实差别。十种净土者：一、《阿弥陀经》净土，二、《无量寿观经》净土，三、《维摩经》净土，四、《梵网经》净土，五、摩醯首罗天净土，六、《涅槃经》中所指净土，七、《法华经》三变净土，八、灵山会所指净土，九、唯心净土，十、毗卢遮那所居净土。李通玄认为，此"莲华藏佛国土，总含净秽，无秽无净"。

　　第八"摄化境界"者，此谓如来说法，随应众生根机；众生根机不同，所能见佛亦复不同。或见阎浮为化境，或见四洲以济生，或见形满大千。此中，李通玄将众生所见如来摄化境界分为五类，以辨诸教之权实：一、人中见佛境界，二、诸天见佛境界，三、二乘中罗汉见佛摄化境界，四、权教菩萨见佛境界，五、实教菩萨见佛境界。并谓"《华严经》所说毗卢遮那摄化境界，且约立一大莲华藏世界海，广大无际与虚空法界"。

　　第九"因果延促"者，此中谓众生根机不同，从因至果所需时间不同；所修法门（因）不同，其所得果位亦复不同。在论中，李通玄列举十种因果延促不同：一、小乘善来得阿罗汉果，二、小乘一生得阿罗汉果，三、小乘三生得阿罗汉果，四、小乘六十劫得阿罗汉果，五、缘觉四生得缘觉果，六、缘觉迟经百劫得缘觉果，七、依权教菩萨定经三僧祇劫得成佛果，八、依《法华经》实教会三归一令龙女一刹那际成佛，九、《华严经》说兜率天子三生得十地果，十、善财童子一生成佛。

第十"会教始终"者，此谓会一部华严经教，论说其始终法门。李通玄将华严一部大经，总以十门进行分科。十门料简者：一、明毗卢遮那始成正觉，二、明示果劝修，三、明信心成备，四、明入真实证，五、明发心修行，六、明理事相入，七、明蕴修成德，八、明随缘无碍，九、明因果位终，十、明令凡实证。

此上是前七卷，以十门总结此华严一部大经之要义；第八卷至第九卷中，谓以四义来"阐教弘经"。此四义者：一、长科经意，二、明经宗趣，三、明教体，四、明总陈会数。

"长科经意"者，即是将八十《华严》全部经文分为十段，此实际是上十门中第十门"会教始终"的重复。

"明经宗趣"者，论中谓其义有六：一、明经宗趣，二、此经何藏所摄，三、分其序分，四、定其正宗，五、明此经付嘱何人，六、明此经流通所在。明经宗趣时，李通玄谓"本真自体寂用圆满。果德法报性相无碍。佛自所乘为宗"。

"明教体"者，在论中，李通玄谓依《华严经》立十种教体。并结说云"一切法无非教体。以目观知，或以闻法，或以自思惟，内薰智现，能离诸恶，及得涅槃，说与不说，皆是教体；若无烦恼，即无教体。"

"明总陈会数"者，在论中，李通玄从三个方面来明此义，即：一、总举会数，二、陈其会意，三、说佛出世所由。此中所说会数，不同于华严宗传统说法，李通玄谓此华严一部大经，总有十处十会四十品，如前文"教外华严学的李通玄"中所说。

第二部分，是注释经文，即是从第九卷中开始，逐品注释。在注释时，除少数品目外，李通玄都是按三科来释解各品之玄义。三科者，即：一、释品名目，二、释品来意，三、随文释义。在释解经文时，以"周易"来解释《华严经》，是本书的一大特色。由是，本书的不少观点引起华严宗和天台宗僧人的批评。

李通玄的华严思想，后来亦为许多华严学僧所重视，在唐大中年间（847 ~ 859），福州开元寺僧志宁将论注于经文之下，题为《大方广佛新华严经合论》，成一百二十卷；在北宋乾德五年（967），闽僧慧研重新整理，定名《华严经合论》。宋代的戒环所著《大方广佛华严经要解》一卷、明代的李贽所著《华严经合论简要》四卷、方泽所著《华严经合论纂要》三卷，均本于此书。

五　李通玄《决疑论》

李通玄所撰《决疑论》，全称《略释新华严经修行次第决疑论》又称《华严经决疑论》。凡四卷，每卷皆分上下，故亦说此书为八卷。收在《大正藏》第三十六册。此书为八十卷《华严经》之概论，全书主旨系将《华严经》一部视为实践修行之教示，拟借以发扬自己本有之佛心。

在《决疑论》中，李通玄将华严一部大经以十门分科。十科者，即：一、举佛自果，劝修生信门；二、自己发心，信解修行门；三、以定该含，古今三世门；四、入佛果位，现障成位门；五、自行佛果，所成果门；六、普贤恒行门；七、成佛果满，一切皆成法界门；八、以佛果法，利益人间门；九、说教劝修门；十、善财入位契真门。

在此十科中，从第一科"劝修生信门"至第九科"说教劝修门"为《决疑论》卷一中上下卷所说。其中：第一"举佛自果，劝修生信门"者，论说初会中"世主妙严品"向下六品内容；第二"自己发心，信解修行门"者，论说第二会中"如来名号品"向下六品内容；第三"以定该含，古今三世门"者，论说第七会（或说第八会）中"十定品"以下三品内容；第四"入佛果位，现障成位门"者，论说"心王菩萨问佛阿僧祇品"以下诸品内容；第五"自行佛果，所成果门"者；第六"普贤恒行门"者，论说第八会（或说第九会）中"离世间品"中内容。

在《决疑论》卷一中，又有"第三入位契真，会佛智慧门"者，是前所分十科为所未提及的。若加此门，则应为十一科。此科中含摄第三忉利天宫会至第六会（或说第七会）他化天宫会的内容。十住、十行、十回向、十地等阶位一切法门尽为此门所摄。

又此《决疑论》中，第七科"一切皆成法界门"至第十科"善财入位契真门"，论说"入法界品第三十九"中内容。其中：第七"成佛果满，一切皆成法界门"者，即指"入法界品"中，于给孤独园处所说法门；第八"以佛果法，利益人间门"者，即指文殊菩萨从善住楼阁出，以重重智慧，引导舍利弗等诸大声闻，引导六千比丘，南行人间觉城；第九"说教劝修门"者，即指文殊菩萨于觉城东，所从者有无量劫数四众，以善财为首，文殊化导彼等，劝叹起信，令彼南行。

第十"善财入位契真门"者，是《决疑论》中最主要的部分。此一门中，占据《决疑论》四分之三的篇幅。文中将五十三善知识中，除文殊、弥勒、普贤之外的五十善知识配于因位，各以十波罗蜜行为体，并于十住、十行、十回向、十地、等觉之五位各配以十善知识。另外将文殊等三善知识配列于果位，表征佛果理智之大用。又认为修行者于初发心见道时，总断无始以来之无明，依次得遇五位五十善知识，习气烦恼逐渐微薄，乃至成就大智、大悲，而证得佛果。要言之，本论系就一一善知识，尤其是象征修道过程的五位五十善知识，随经文加以详细解说，借以开显经文之内容。

第三节　四十《华严》的注疏

四十《华严》相对于六十卷本和八十卷本而言，并不是完本《华严经》，只是相当于后两种版本的最后一品，即"入法界品"中的内容。而与"入法界品"不同的是，在四十《华严》卷四十中，有"普贤十大愿王"的内容，也即是现今单独流通的《普贤菩萨行愿品》。现存的四十《华严》注疏，有澄观的《贞元新译华严经疏》以及宗密的《华严经行愿品疏钞》。

一　澄观《贞元新译华严经疏》

澄观所述《贞元新译华严经疏》，计十卷。又称《华严经普贤行愿品疏》《贞元华严经疏》《华严经行愿品疏》《贞元疏》《行愿品疏》《华严经疏》。收于《卍新纂续藏经》第五册。

《贞元华严经疏》是澄观对于四十《华严》的注释，总结本经之纲要并解释其文义。在疏中卷首载有其自序及归敬偈。其后澄观即谓"将释经义，略启十门"。其十门次第如下：一、教起因缘，二、教门权实，三、所诠义理，四、辩定所宗，五、修证浅深，六、彰教体性，七、部类品会，八、流传感通，九、释经名题，十、随文解释。其中——

第一"教起因缘"者，澄观于疏中列举说经因、说经缘各有十，并详加解释。说经因十者，即：一、法尔常规，二、酬昔行愿，三、遂通物感，四、明示真门，五、开物性原，六、宣说胜行，七、令知地位，八、显果德严，九、示其终归，十、广利今后；说经缘十者，即：一、依时，二、依处，三、依主，四、依三昧，五、依现相，六、依说者，七、依听者，八、依德本，九、依请者，十、依加者。

第六"彰教体性"者，澄观于疏中从浅至深，列举十种所依体，并一一作释。十种所依体者，即：一、音声语言体，二、名句文身体，三、通取四法体，四、通摄所诠体，五、诸法显义体，六、摄境唯心体，七、会缘入实体，八、理事无碍体，九、事事无碍体，十、海印炳现体。对此十种所依体，澄观于疏中说：

> 前五唯体，后五亦体亦性；又前四通小，后六唯大；前七通三乘，后三唯一乘；前八约同教，后二唯别教；华严之体，正在后二，总融前八，无有障碍。[①]

第七"部类品会"者，在疏中，澄观先总说《华严经》之部类，再依华严大经说七处九会所说法。最后再说本经所涉会次。依澄观说，此《四十华经》中，前三卷所说乃是本会，从第四卷至四十卷所说乃是末会。对本末二会，澄观在疏卷二中释云：

---

① （唐）澄观述《华严经行愿品疏》卷二，《卍新纂续藏经》第5册，第65页。

言本会者，正证法界诸本会故；言末会者，寄人进修，从如来会而流出故，其犹大江出于岷山，非微末也。亦，初名顿证法界会，如来自入师子频申三昧，令诸菩萨顿证入故；后名渐证法界会，善财历位渐次证故；亦，初名佛会，佛为会主故；后名菩萨会，菩萨为会主故。亦，初名果法界，佛自入故；后名因法界，菩萨入故。然非本无以垂末，非末无以显本，本末虽殊，不思议一也。①

第十"随文解释"中，澄观将末会中善财所参访的五十五人，摄为五相：

初有四十一人，名寄位修行相，人寄一位，令物修行故；

第二摩耶夫人下，有十一人，名会缘入实相，会差别缘，令同幻智，入一实故；

第三弥勒菩萨，名摄德成因相，摄前二相，令成补处圆满因故。故所得解脱，名三世不忘念，则摄德无遗矣。

第四后文殊菩萨，名智照无二相，真智反照，不异初心，唯一圆智，更无前后明昧等殊故。

第五普贤菩萨，名显因广大相，始末无二，冥同法界，法界包含，令所修因皆称法性。②

此《贞元华严经疏》中，澄观亦同于法藏《探玄记》中所说，将善财所参五十五位善知识分别寄显前之八会：

初，文殊一人寄十信位，摄第二会，第二会名能信成德会故；第二，从吉祥云比丘至慈行童女十人，寄十住位，摄第三会；第三，从妙见比丘至遍行外道十人，寄十行位，摄第四会；第四，从青莲华长者至自性不动地神十人，寄十回向位，摄第五会；第五，从春和主夜神至释女瞿波十人，寄十地位，摄第六会。

此上第一寄位修行相，摄前五会。其次三相摄第七会，以第七会因圆果满、辩等妙觉，今会缘入实相、摄德成因相、智照无二相，皆明始本无二，相同彼故。第五显因广大相，摄第八会托法进修成行分。③

① （唐）澄观述《华严经行愿品疏》卷二，《卍新纂续藏经》第5册，第67页。
② （唐）澄观述《华严经行愿品疏》卷二，《卍新纂续藏经》第5册，第68页。
③ （唐）澄观述《华严经行愿品疏》卷二，《卍新纂续藏经》第5册，第67页。

本书之释义与澄观《华严经大疏》中"入法界品"之释义大体雷同。另外，对新旧两经所缺。澄观有《普贤行愿品别行疏》一卷，详释四十《华严》之最后一卷"普贤十大愿"文。

二　宗密《华严经行愿品疏钞》

宗密所述《华严经行愿品疏钞》，全名《大方广佛华严经普贤行愿品别行疏钞》，略称《行愿品疏钞》计六卷，收于《卍新纂续藏经》第五册。《华严经行愿品疏钞》是宗密对澄观《普贤行愿品别行疏》的注释。

在《华严经行愿品疏钞》中，宗密以四段注释《别行疏》。四段者，即：第一总标大部名意，第二归敬请加，第三开章释文，第四庆赞回向。

第一"总标大部名意"者，为《行愿品疏钞》第一卷的内容。亦是解释《别行疏》中自序。此序文亦同于澄观《贞元新译华严经疏》中序文。宗密谓此序文中总有四意：一、通叙法界，为佛法大宗；二、别叹此经，以申旨趣；三、教起由致，庆遇希奇；四、略释总题，令知纲要。

第二"归敬请加"者，为《行愿品疏钞》第二卷之前半部分。即是解释自序后之"归敬颂"。此归敬颂亦是《贞元新译华严经疏》中所说"稽首归依真法界，光明遍照诸如来，普贤文殊海会尊，愿得冥资赞玄妙"。

第三"开章释文"者，始于《行愿品疏钞》第二卷中。依《普贤行愿品别行疏》文之次第，一一论述。即此释文中，亦有五段释文：一、教起因缘，二、辨教宗旨，三、翻译传授，四、释经名题，五、随文解释。此五段释文，第一教起因缘、第二辨教宗旨、第三翻译传授等三段，文在《行愿品疏钞》卷二；第四释经名题文在《行愿品疏钞》卷三之始；第五随文解释始于《行愿品疏钞》卷三之中。

第四"庆赞回向"者，文在《行愿品疏钞》第六卷末后一段。

思考与练习题

1. 请列举现存六十《华严》的两部注疏著作名目。

2. 请列举现存八十《华严》的三部注疏著作名目。

3. 请列举现存四十《华严》的两部注疏著作名目。

4. 请简略述说法藏《探玄记》中所明"藏部所摄"义。

5. 请依澄观《贞元华严经疏》中所说，将善财所参五十五位善知识分别寄显前之八会。

第十三章　华严宗思想方面的论著

【本章导读】

本章主要围绕华严宗思想方面的论著进行介绍。本章分四节。

第一节，概括经文主要内容的著作。本节中，介绍了《华严经文义纲目》《大华严经略策》《华严经七处九会颂释章》《华严经吞海集》《华严经三十九品大意》等录取经文纲要性著作。

第二节，譬喻说明华严思想的著作。本节中，介绍了以金师子为喻的《华严金师子章》，以一尘为喻的《华严经义海百门》，以镜灯为喻的《法界宗镜灯章》等。

第三节，侧重某些方面理论的著作。本节中著作，各有侧重。如：《华严一乘十玄门》中，明法界缘起无碍；《华严游心法界记》中，明华严判教；《三圣圆融观门》中，明三圣圆融；《原人论》中，明三教一源。

第四节，综说华严思想方面的著作。本节中著作，综合论说。如：《华严五十要问答》中，论说华严五十三种要义；《华严五教章》中，综说华严一乘教义；《华严经旨归》中，综说经文大纲要义；《贤首五教仪》中，综说诸祖教观思想。

第一节　概括经文主要内容的著作

华严一部大经，此土所传虽是略本，但亦有六十卷或八十卷之多，经义浩繁，难以具明。历代祖师大德，或总理其义，提纲挈领；或梳理经文，科以目录；或依据经文，录其纲要。如是学人得以入其门、会其义。其中，有法藏著《华严经文义纲目》，有澄观著《大华严经略策》《华严经七处九会颂释章》，有道通著《华严经吞海集》，永光录《华严经三十九品大意》。

一　法藏《华严经文义纲目》

法藏所述《华严经文义纲目》，或称《花严经文义纲目》《华严文义纲目》，计有一卷，系法藏对于六十《华严》主要内容进行纲目性的介绍。收于《大正藏》第三十五册。

在《华严经文义纲目》中，法藏别开十门，对华严一部大经进行总结。其十门者，即是：一、辨教起所因，二、释经题目，三、明经宗趣，四、说经时处，五、辨定教主，六、明众数差别，七、请说分齐，八、所入三昧，九、佛光加持，十、正说品会。

此十门中，"辨教起所因"者，即谓此《华严经》之"教传之相"和"教兴之意"；"说经时处"中，即是讨论此《华严经》之说经时，为如来成道后二七日说，更明七处八会及所说法；"辨定教主"者，即谓此《华严经》之说法主与其他经典不同；"明众数差别"者，即是讨论此一经中，七处八会上诸参加法会之众数多少；"请说分齐"者，即是诸会请问者，文中从四个方面（明有无、所问之法、能问之人、请问仪式）辨明；"所入三昧"者，法藏谓有总有别，总者，皆依如来海印三昧而入所显现，别者，则分别讨论一一会中，所入之定、入定之人等；"佛光加持"者，谓八会中，唯第七会如来不放光，余会中，如来或从足下放光，或从眉间放光，或从两膝放光，加持会首菩萨，代佛宣扬此一乘妙法；"正说品会"者，即是对此经七处八会三十四品，每一会，每一品所说法义，进行概要性的介绍。

二　澄观《大华严经略策》

澄观所述《大华严经略策》，计有一卷。是澄观对八十《华严》的经名、流传、翻译、各处会内容及华严宗主要教义的解释。全篇共分为四十二科，每科皆以四字为题，通过问答的方式，一一进行讨论说明。收于《大正藏》第三十六册。

《大华严经略策》中四十二科者，其名目次第如下：一、释经题目，二、明经宗趣，三、释佛名号，四、处会法主，五、不起升天，六、说经时节，七、经之部类，八、翻译传通，九、华藏体相，十、生佛交彻，十一、十信圆妙，十二、惑障不同，十三、如来十身，十四、圣贤位次，十五、十波罗蜜，十六、说十之由，十七、地狱顿超，十八、二乘聋瞽，十九、普贤行愿，二十、文殊祖师，二十一、悲智双流，二十二、止观双运，二十三、动寂自在，二十四、事理相融，二十五、彰其十玄，二十六、辨玄所以，二十七、法界名体，二十八、证入浅深，二十九、善财南求，三十、知识别证，三十一、圆融行布，三十二、果海离言，三十三、十定之名，三十四、十通差别，三十五、十通六通，三十六、十忍浅深，三十七、佛不思议，三十八、十身相海，三十九、功无功由，四十、教起源由，四十一、三藏二藏，四十二、十二分教。

三　澄观《七处九会颂释章》

澄观所述《七处九会颂释章》，全称《新译华严经七处九会颂释章》，计有一卷，收于《大正藏》第三十六册。全书分为偈颂和长行两部分，先以偈颂总说八十《华严》七处九会三十九品大意；次以长行对颂文进行注解。

此《七处九会颂释章》，其文风简略，内容清晰，此章篇首附有典寿之序文，评论概括了此书在内容和风格上的特点。谓：

其书仅一万三千余言，较之疏钞不及百之一，而全经要义揭示殆尽。且其文平易明白，虽初学可解，实为入华严教海之津梁矣。①

在此《七处九会颂释章》中，依其内容结构，有以下几个方面的内容：第一，有八句偈明归敬颂；第二，明七处九会之处所；第三，明华严九会所说法门；第四，明华严九会之一一会中，所摄品目及各各卷数；第五，明十佛之名义；第六，明菩萨所修八种法门义，所谓十住、十行、十藏、十向、十地、十定、十通、十忍等；第七，以十玄门总说华严一乘法义。

四　道通《华严经吞海集》

道通所述《华严经吞海集》，计有三卷（分上、中、下）。收于《卍新纂续藏经》第八册。本书依据八十《华严》之七处九会三十九品之次第，一一会，一一品，摄取经文中之要点，略明各品之要义，如卷一明"世界成就品"中要义②时说：

<hr />

① （宋）典寿作《七处九会颂释章序文》，《大正藏》第 36 册，第 709 页。
② （明）道通述《华严经吞海集》卷一，《卍新纂续藏经》第 8 册，第 471 页。

四、世界成就品，通明凡圣。

经中：且说世界海有十事，其众生海具十事，准知诸佛海等，各有起具因缘，所依所住等十事。各先长行，后偈颂。一海有十事，十海有百事。

意曰：先观无尽境，便说无尽法，一切众生本来具足。

另外，在《华严经吞海集》中，道通对于八十《华严》中三十九品，每一品皆以四字摄其要义。现依其文，节录如下：一、世主妙严品，部类区分；二、如来现相品，说法仪式；三、普贤三昧品，非证不说；四、世界成就品，通明凡圣；五、华藏世界品，别显本师；六、毗卢遮那品，往昔修因；七、如来名号品，身业周遍；八、四圣谛品，语业该周；九、光明觉品，意业该周；十、菩萨问明品，智明生信；十一、净行品，触事净愿；十二、贤首品，信心成德；十三、升须弥山顶品，不起而升；十四、须弥顶上偈赞品，说诸法空；十五、十住品，直心正念真如法；十六、梵行品，无相修因；十七、初发心功德品，校量显胜；十八、明法品，照了真俗；十九、升夜摩天宫品，不动而遍；二十、夜摩天宫偈赞品，唯心所现；二十一、十行品，深心乐修行；二十二、十藏品，称性修行；二十三、升兜率天宫品，一遍一切；二十四、兜率天宫偈赞品，见般若体；二十五、十回向品，悲心救护苦众生；二十六、十地品，寄相显实；二十七、十定品，大用深广；二十八、十通品，大用难思；二十九、十忍品，智慧深玄；三十、阿僧祇品，尽一切数；三十一、如来寿量品，竖穷三际；三十二、诸菩萨住处品，横遍十方；三十三、佛不思议法品，一念普现；三十四、如来十身相海品，深广无涯；三十五、随好光明功德品，三重十地；三十六、普贤行品，因该果海；三十七、如来出现品，果彻因源；三十八、离世间品，悲智无碍行；三十九、入法界品，流通无尽经。

五　永光《华严经三十九品大意》

永光所录《华严经三十九品大意》，计有一卷，收于《卍新纂续藏经》第九册。

此《华严经三十九品大意》一书，与上《华严经吞海集》中不同，前中主要阐明各品之要义，此中主要是对八十《华严》的经文内容进行梳理，以便学人能够对《华严经》之内容有个基本的了解。如永光于序文中所说：

（华严经）望之者莫测其津，即之者莫睨其际。所谓会沧海而为墨，聚须弥而为笔，不能尽一句之义。而况以浅近之观卑不之识，而欲探其闻奥者哉。若无头绪，条则何由贯通旨趣。①

---

① （清）永光录《华严经三十九品大意》之"序文"，《卍新纂续藏经》第9册，第313页。

在《华严经三十九品大意》中，永光依据八十《华严》之七处九会三十九品之次第，一一会，一一品，依其次第，录其纲要，释其要义。此书篇幅虽小，学人若能观读其文，对华严一部大经的主要内容，则能大体明了。

第二节 譬喻说明华严思想的著作

华严一乘缘起无碍法界，其义难思，其理难解。在华严宗祖师的著作中，常以举例、譬喻等方法，明此一乘教中相即相入、主伴圆融之理。如法藏《华严金师子章》中，即是金狮子为喻，宣说法界之构照，明华严之教观；亦有《华严经义海百门》一卷，以一尘为例，论述法界缘起，总结华严奥旨。另外，续法在《法界宗镜灯章》中，以镜灯为喻，重显华严祖师所说三时、五教、十玄等华严思想。

一 法藏《华严金师子章》

法藏所述《华严金师子章》，全称《大方广佛华严经金师子章》，略称《金师子章》，计有一卷。收于《大正藏》第四十五册。系借金狮子之譬喻，解说华严法界缘起之妙理。有传记中称，法藏为武则天宣讲《华严经》时，指殿前之金狮子为喻，为其解说法界构造，遂成此《金师子章》。

在《金师子章》中，法藏开立十门，显华严教观。十门者，即：初、明缘起，二、辨色空，三、约三性，四、显无相，五、说无生，六、论五教，七、勒十玄，八、括六相，九、成菩提，十、入涅槃。

第一"明缘起"者，谓金狮子是依缘而得显现。以金无自性，但随匠人之巧工为缘，便有狮子形相展现。

第二"辨色空"者，"色"者，狮子之相，"空"者，狮子之体性。此谓狮子体性虽空，然不碍其狮子形相之显现。

第三"约三性"者，"三性"者，即指遍计、依他、圆成等。遍计者，具情有义；依他者，具似有义；圆成者，具不变义。由吾人遍计故，妄情执计狮子之种种形相；由依他故，狮子似有，依据种种外缘而虚假展现；由圆成故，金性不变，虽有巧匠将黄金打造成狮子之形态，而金之性质永不变易。

第四"显无相"者，此谓就体性而言，一切皆金，金之外则无狮子乃至狮子之相状可言。

第五"说无生"者，此谓狮子依缘起故，有生、灭；而金体本身，无有增减，故无生。

第六"论五教"者，此中依金狮子之缘起，一一阐论华严五教（愚法声闻教、大乘始教、大乘终教、大乘顿教、一乘圆教）之旨。

第七"勒十玄"者，"勒"者，统率之意。此中借金狮子之各种本质、相状，分别喻说华严法界缘起之"十玄门"义。

第八"括六相"者，此中以金狮子之总、别、同、异、成、坏等六相，阐论"六相圆融"之理。

第九"成菩提"者，此谓由上之诸门所述，则知，彻见金狮子之时，即彻见一切有为法本来寂灭之理。如是远离取舍，入一切智。

第十"入涅槃"者，此谓若能彻见狮子与金二相俱尽，则不生烦恼，永离苦源，而证入涅槃。

二 法藏《华严经义海百门》

法藏所述《华严经义海百门》，计有一卷。收于《大正藏》第四十五册。本书以"一尘"为例，论述法界缘起，总结华严奥旨。宋净源谓此书"总十门而析百义，融万法而归一尘"。

在《华严经义海百门》中，法藏以十门论述法界缘起，每一门中，又各说十义，如是而成百义，是为"义海百门"。十门者，即：第一缘生会寂门，第二实际敛迹门，第三种智普耀门，第四镕融任运门，第五体用显露门，第六差别显现门，第七修学严成门，第八对治获益门，第九体用开合门，第十决择成就门。

第一缘生会寂门，明缘生义，有十门：一、明缘起，二、入法界，三、达无生，四、观无相，五、了成坏，六、示隐显，七、发菩提，八、开涅槃，九、推去来，十、鉴动静。

第二实际敛迹门，明性空义，有十门：初、二无我，二、明遮诠，三、如虚空，四、不生灭，五、无自他，六、无分别，七、入不二，八、无差别，九、明一味，十、归泯绝。

第三种智普耀门，明依体起用义，有十门：一、显如量，二、分六通，三、明难思，四、生佛家，五、示圆音，六、辩依正，七、会机感，八、施佛事，九、开五眼，十、分三智。

第四镕融任运门，明理事圆融义，有十门：一、会理事，二、达色空，三、通大小，四、收远近，五、明纯杂，六、融念劫，七、了一多，八、会通局，九、明卷舒，十、总圆融。

第五体用显露门，明事能显理义，有十门：一、显光明，二、了境智，三、明生了因，四、明佛境，五、辩因果，六、明佛性，七、表性德，八、自心现，九、出世间，十、托生解。

第六差别显现门，明事法融通义，有十门：一、明止观，二、开二谛，三、出入定，四、通性起，五、辨六相，六、显帝网，七、鉴微细，八、通逆顺，九、定主伴，十、登彼岸。

第七修学严成门，明解行义，有十门：一、法供养，二、弘六度，三、修解行，四、常庄严，五、明智慧，六、崇善根，七、了梦幻，八、晓镜像，九、达五蕴，十、不共法。

第八对治获益门，明去妄归真义，有十门：一、观十二因缘，二、修四威仪，三、明三性，四、显教义，五、示法轮，六、知无常，七、入真如，八、出魔网，九、消药病，十、离解缚。

第九体用开合门，明体用开合义，有十门：一、显人法，二、世流布，三、观体用，四、五分法身，五、开三藏，六、即不即，七、异不异，八、明本末，九、会三乘，十、毕竟空。

第十决择成就门，明真俗权实义，有十门：一、简正见，二、辨染净，三、显无知，四、佛出世，五、辨四依，六、除业报，七、定权实，八、明顿渐，九、入佛海，十、证佛地。

三　续法《法界宗镜灯章》

续法所集《法界宗镜灯章》，或称《镜灯章》，计一卷。收于《卍新纂续藏经》第五十八册。系以镜灯为喻，明事事无碍法界之理。如其于篇首所说：

> 昔藏和尚，为不了事事无碍法界旨者，设巧方便。于一暗室，中供五佛，像前各然一灯照之，取十圆镜，安置十方。面面相对，影影交涉。学者因此，悟入刹海涉入重重无尽之旨。今亦就此一喻，以演贤宗百门。①

此《镜灯章》中，以镜灯为喻，次第表显如下法义：（1）明说法时，（2）叙化仪十门，（3）约五教说，（4）显十宗理，（5）明法界观。

第一，明说法时。以镜灯为喻，谓有通别三时，并一一论述。别三时者，即：（1）日出先照时，（2）日升转照时，（3）日没还照时；通三时者，谓通于三时，即：（1）惟约一念时，（2）尽该一化时，（3）遍周三际时，（4）摄同类劫时，（5）摄异类劫时，（6）以念摄劫时，（7）劫念重收时，（8）异类界劫时，（9）彼此摄入时，（10）以本收末时。

第二，叙化仪。有本末、起末、归本、无碍、不定、显密、顿演、寂莫、该通、

---

① （清）续法集《法界宗镜灯章》卷一，《卍新纂续藏经》第 58 册，第 702 页。

无尽十门。章中所说十门名目较为简略，全名应为：本末差别门、依本起末门、摄末归本门、本末无碍门、随机不定门、显密同时门、一时顿演门、寂寞无言门、该通三际门、重重无尽门。可详见《华严经疏》卷二。

第三，约教；第四显宗。即华严家所立五教十宗是也。

第五，明观。此中说二门：一者，所依体事，此中说六道及佛、菩萨、声闻、缘觉等十法界，亦说教义、理事、境智等十对法。二者，能观法有三：初，即真空观、理事无碍观、周遍含容观等三观，一一观中，各有十门；次，说同时具足相应门等十玄门；后，依六相说法法圆融之义。

另外，续法著《法界宗莲华章》一卷，收于《卍新纂续藏经》第五十八册。系以莲花为喻，明事事无碍法界之理。其中所说，亦同《法界宗镜灯章》中所说大体相同。

第三节　侧重某些方面理论的著作

在诸多的华严著作中，其中有一部分著作，专门侧重论述某一方面或几方面的华严思想。如：智俨的《华严一乘十玄门》中，立十重玄门，论述华严一部大经中所明法界缘起无碍思想；法藏的《华严游心法界记》中，立有五门，与小、始、终、顿、圆五教相对应，并一一论述；澄观的《三圣圆融观门》中，以如来为果，文殊、普贤二菩萨为因，明三圣融为一体而无障碍之义；宗密的《原人论》中，讨论人类本源，统合佛教内外之说，并一一破斥，最后会通诸说，谓一切教说，皆是此一乘显性教的方便说。

一　智俨《华严一乘十玄门》

智俨所撰《华严一乘十玄门》，又称《华严经十玄门》《华严十玄章》。计有一卷，收于《大正藏》第四十五册。智俨认为，华严一部经宗，通明法界缘起。此法界缘起，不过自体因之与果。此《华严一乘十玄门》即是智俨就自体相，依因位而辨缘起义：

> 今辨此因果二门者，圆果绝于说相，所以不可以言说而辨；因即明其方便缘修，是故略辨也。[①]

---

① （唐）智俨撰《华严一乘十玄门》卷一，《大正藏》第45册，第514页。

在《华严一乘十玄门》中，智俨依因位而辨缘起义。文中分为二段：第一，举喻辨成于法；第二，辨法会通于理。

第一"举喻辨成于法"中，智俨以"十数"为喻，依同体与异体二门而辨，谓法界诸法，一中具多多中具一，一不异多多不异一，离一不成多，离多无有一。此一多者，非是情有，用由缘成。如是法法相即、相摄、相遍、相入、相融。

第二"辨法会通于理"中，智俨先立十玄名目，谓此十玄，或约譬说，或约缘说，或约相说；次说立十对所依法，谓十玄法门，一一门，皆依此十对法而建立，依彼十对法为所观；如是十玄门中各具十法，而成百门，如是称周法界成其无尽之义。

所立十对法者，即指：一、教义，二、理事，三、解行，四、因果，五、人法，六、分齐境位，七、法智师弟，八、主伴依正，九、逆顺体用，十、随生根欲性。

所立十玄门者，即指：一、同时具足相应门，二、因陀罗网境界门，三、秘密隐显俱成门，四、微细相容安立门，五、十世隔法异成门，六、诸藏纯杂具德门，七、一多相容不同门，八、诸法相即自在门，九、唯心回转善成门，十、托事显法生解门。

二 法藏《华严游心法界记》

法藏所撰《华严游心法界记》，略称《游心法界记》，计一卷，收于《大正藏》第四十五册。本书内容大同于杜顺的《华严五教止观》，系将如来所说一代教法，以五门分别之。对此五门所说法义及所摄经论，亦一一论说之。

在《华严游心法界记》中，法藏先列举五门名目，并以五教统摄之；次则分别对此五门所诠法义一一释解。所举五门者，即：第一，法是我非门；第二，缘生无性门；第三，事理混融门；第四，言尽理显门；第五，法界无碍门。以此五门，次第说明小乘教、始教、终教、顿教、圆教等五教法义之浅深相状。

第一"法是我非门"者，谓是愚法小乘教，此中摄三科法（蕴、界、处），并说总相观与别相观。总相观者，总三科法，唯色与心；别相观者，则有：色法十一、心法七种、十二入、十八界等等。

第二"缘生无性门"者，谓是大乘初教，文中谓"入诸法皆空相无不尽之方便"。此中说有无生观与无相观二门，由斯二观，而知观法无生相无不尽之理。

第三"事理混融门"者，谓是大乘终教，文中谓"入事理两门圆融一际方便"。此中说有心真如和心生灭二门。所谓心真如者，是理即真谛也；所谓心生灭者，是事即俗谛也。由此二门而知，空有无二，自在圆融，隐显俱同，竟无障碍。

第四"言尽理显门"者，谓是大乘顿教，文中谓"入言语道断心行处灭方便"。此中说于上所说之空有两门，离诸言论心行之境，唯有真如及真如智独存。谓有四种因由，所谓"圆融全夺离诸相故，随一切动念即皆如故，竟无能所为彼此故，独夺显示染不拘故"。

第五"法界无碍门"者，谓是一乘圆教，文中谓"华严三昧"。此中先释华严三昧之名义，次明入此华严三昧须依"解""行"二门。"解"中说缘起相由与理性融通二门；"行"中说于上解中审谛取之，并说"行法离见亡言""言见俱为方便"。对于如何离相、如何离言以及真妄差别等义，各各皆以数重问答来明。

三　法藏《华严经策林》

法藏所述《华严经策林》，略称《华严策林》，计一卷。收于《大正藏》第四十五册。全书分为九部分，以论述因果缘起关系为主。法藏认为：华严一部大经宗旨，其义不一。究其了说，总明因果二门。"因"即普贤行愿，"果"即舍那业用。

在《华严策林》中，法藏通过问答的方式，次第阐明华严大义。前后计有九番问答，各说一义，总为九义，即：一、征普眼，二、明理事，三、辨正因，四、融大小，五、结成坏，六、通二界，七、明隐显，八、明因果，九、达色空。其中："正因"者，即谓成佛之正因；"大小"者，依空间广狭相对而论；"成坏"者，依六相而言；"二界"者，即众生界与诸佛界之迷悟关系；"色空"者，依缘起相由而论。

四　澄观《三圣圆融观门》

澄观所述《三圣圆融观门》，略称《三圣圆融观》，计一卷，收于《大正藏》第四十五册。此书主要是论述三圣（毗卢遮那如来、普贤菩萨和文殊菩萨）的关系。谓三圣融为一体而无障碍。

在《三圣圆融观门》中，澄观分二门，明三圣之圆融相即、一体不二义。二门者，即：一、相对明表，二、相融显圆。

第一"相对明表"中，澄观谓"三圣之内，二圣为因，如来为果"。并将二圣法门以三对表显。三对者，即：一、能信所信相对，普贤表所信之法界，即在缠如来藏；文殊表能信之心，表依信发故。二、以解行相对，普贤表所起万行，文殊表能起之解。三、对理智相对，普贤表所证法界，即出缠如来藏；文殊表能证大智，本所事佛名不动智故。

第二"相融显圆"中，澄观亦分二门以明。初明二圣法门各自圆融，即：文殊所代表的信、解、智，前后相贯、相融相即；普贤所代表的法界、行、理等，能够依理起行、由行证理，相融相即；次明二圣法门互相圆融，即：能信所信不二、解行不二、理智不二。文殊所表的信、解、智三事与普贤所表的法界、行、理三事相融相即。

毗卢遮那佛为一切德之总体，象征果分不可说；普贤、文殊二菩萨为毗卢遮那佛之别德，象征因分可说。而二圣因分法门互即互融而重重无尽，如是因分是圆因，果分是圆果，佛因、佛果得以统一，三圣融为一体。

五　宗密《原人论》

宗密所述《原人论》，全称《华严原人论》，计一卷，收于《大正藏》第四十五册。本书卷首有宗密自序，总叙造论的本意及全论的大旨。认为万物都有本源，人为最灵，更应知自身所从来。是故，宗密依内外教理，从浅至深，推穷万法，破除儒道二教之妄执，究寻人类本源。

在《原人论》中，宗密讨论人类本源，最后会通诸说，会偏令圆，同归一源。文中从浅至深，分为四篇，即：第一，斥迷执；第二，斥偏浅；第三，直显真源；第四，会通本末。

第一"斥迷执"者，即是对儒、道二教所执进行破斥。依文中说，儒道二教，或谓人畜等类皆是虚无大道生成养育，或谓万物皆从虚无大道而生，或谓万物皆是自然生化非因缘，或谓皆从元气而生成，或执贫富贵贱贤愚善恶吉凶祸福皆由天命。如是等说，宗密一一进行破斥。

第二"斥偏浅"者，宗密自浅至深，将佛教分有五类：人天教、小乘教、大乘法相教、大乘破相教、一乘显性教。谓前之四教，皆是不了义教。如：人天教主张"业为本"说，小乘教主张"色心相续"说，大乘法相教主张"赖耶缘起"说，大乘破相教"万法皆空"说。宗密认为，彼等所说皆是不了义，是故一一进行破斥。

第三"直显真源"者，在佛教五教中，宗密主张，唯华严一乘显性教是了义说。此一乘显性教者，即是《华严经》。依一乘显性教之旨，说一切有情皆有本觉真心，无始以来，常住清净，昭昭不昧、了了常知。此本觉真心即是宇宙万法的本源，是故自身中，本具如来广大智慧，与佛无异。

第四"会通本末"者，"本"者，即此华严一乘显性教；"末"者，即前所破之诸教。此篇中，将前所非难的儒、道二教、人天教、声闻乘教、大乘法相教、大乘破相教等，会归一源。宗密认为，前所说诸教，皆是此一乘显性教的方便说，所谓"会前所斥，同归一源，皆为正义"是。

第四节　综说华严思想方面的著作

在诸多的华严著作中，其中有一部分著作，没有侧重于华严思想的某一方面，而是论述华严整体思想。如：智俨的《华严五十要问答》中，通过问答的方式，论说华严五十三种要义；法藏的《华严五教章》中，从教法和教义两方面对五教进行比较，并提出不同于其他家的华严一乘思想；法藏的《华严经旨归》中，从说法处、说法时等十个方面，论述《华严经》之纲要旨趣；续法的《贤首五教仪》中，从三时、五教、六宗、三观等方面，对华严诸祖之教观思想进行整理。

一　智俨《五十要问答》

智俨所集《五十要问答》，全称《华严五十要问答》，又称《要义问答》《华严问答》。计二卷，收于《大正藏》第四十五册。系以问答体的方式述说《华严经》中五十三种之要义，以显华严一乘之义理。

在《五十要问答》中，智俨依据华严经文，于《华严经》之一一品目中撮取其义，以问答的方式，明此《华严经》中所说一乘教义，与三乘、小乘教在教义及义理上的差别不同。如其在明"信满成佛义"时所说：

> 十四信满成佛义，"贤首品"释。
> 问：十信作佛与十地终心作佛，差别云何？
> 答：若但言十信作佛，不论十地终心作佛，则是三乘教。何以故？由法义道理不具故。若具五位及九位作佛，即是一乘圆教摄也。何以故？由具教义等具足说故。小乘佛、三乘佛并是阿含佛；一乘佛是义佛也。①

《五十要问答》共明五十三种要义，一一皆如上所说，先列名，次举文（即要义所出之经文处），后问答。此五十三种要义，其名目次第如下：一、十佛及名义，二、受职义，三、众生作佛义，四、成佛前后义，五、一念成佛义，六、他方佛成化义，七、佛母眷属义，八、佛情根义，九、佛菩萨因果通局义，十、诸教修道总别义，十一、成佛不成佛义，十二、佛相貌义，十三、大师小师义，十四、信满成佛义，十五、劫减佛兴义，十六、菩提树为始义，十七、佛身常无常义，十八、佛转依义，十九、转四识成四智义，二十、教相义，二十一、一乘分齐义，二十二、立一乘位义，二十三、六道成净方便义，二十四、立藏不同义，二十五、心意识义，二十六、诸经部类差别义，二十七、道品义，二十八、涅槃义，二十九、戒学义，三十、定学义，三十一、慧学义，三十二、贤圣义，三十三、色聚义，三十四、不相应义，三十五、三性三无性义，三十六、心数及心所有法义，三十七、三世不同义，三十八、障义，三十九、一乘别障义，四十、陀罗尼门，四十一、乘门数名不同义，四十二、四寻思义，四十三、如实因缘义，四十四、悔过法义，四十五、陀

---

① 智俨集《华严五十要问答》卷二，《大正藏》第45册，第521页。

罗尼用义，四十六、唯识略观义，四十七、空观义，四十八、普敬认恶义，四十九、四宗义，五十、十二部经义，五十一、翻依等义，五十二、俗谛入普贤门义，五十三、一乘得名意。

二 法藏《华严五教章》

法藏所述《华严五教章》，全称《华严一乘教义分齐章》，或称《华严一乘教分记》，略称《五教章》，计有四卷，收于《大正藏》第四十五册。系论述华严宗的判教理论，归纳华严宗的主要学说内容，全面总结华严宗理论的著作。

在《华严五教章》中，法藏将全书分为十章，从十个方面论述华严宗判教理论和华严宗思想要义。其十章名目次第如下：第一建立一乘，第二教义摄益，第三古今立教，第四分教开宗，第五乘教开合，第六起教前后，第七决择其意，第八施设异相，第九所诠差别，第十义理分齐。此十章中，从第一章到第八章，主要论述华严家所判五教在教法方面的差别分齐；第九章中，从十个方面论述华严家所判五教在教理方面的差别分齐；第十章"义理分齐"中，分四个部分，论述华严一乘教之义理。

第一"建立一乘"者，法藏认为，古来诸家，但知三乘，而不知三外有一，是故依据诸经论，揭示三乘、一乘之不同，而使学人了然，于三乘之外，犹有一乘圆顿法门。此一乘圆顿法门，即是如来于海印定中，为诸大菩萨顿所说之圆满经。

第二"教义摄益"者，"教义"者，能诠名教，所诠名义；又因分为教，果分为义；"摄益"者，"摄"为诱引，"益"为利润。本章即是诸教所摄机类，以及依之修学所能获得利益。

第三"古今立教"者，对于如来一代教法，古今大德诸家，众说纷纭，各有判摄，差别非一。此中法藏列举菩提流支等古来十家所立判教，以作龟镜。

第四"分教开宗"者，法藏从华严家的角度，从"教""宗"两个方面对如来一代教法重新做出诠释。"教"者，乃是就法上而说，即从能诠之法以分教，而分为五类，名为五教；"宗"者，乃是约所诠之理上而说，依历代行者所崇尚之教理教义不同，而分为十种，是为十宗。

第五"乘教开合"者，"乘"即是指一乘、三乘等；"教"即是指小、始、终、顿、圆等五教。如来所说诸法，或总合为一乘，以诸法皆依一乘为根本故；或开为二乘、三乘、五教等，谓如来随机应化众生故。

第六"起教前后"者，此段明如来随众生机性因缘等不同，而有说法时间及处所等差别。谓：华严一乘妙法为根本法门，是如来于第二七日先为诸大菩萨先说；余诸法等乃是如来随机众生而说，是枝末法门，故后说。彼三乘等诸法，或与一乘同时异处说，或与一乘异时异处说。

第七"决择其意"者，谓如来为众生说三乘、小乘诸法，随应机宜而有决择分齐。由于众生机性，有三乘、小乘等根机，有定与不定。若定性根机，如来分别为彼等说小乘、三乘、一乘等法；而机性不定者，如来说法有先后之分，随之机性而回转，即回小向大，回三乘向一乘等。

第八"施设异相"者，"施设"者，即是建立而安布之义。一乘教与三乘教，教法差异难量，异相繁多。法藏从一乘教与三乘教之说法时、说法处、说法主等十个方面，分别论述比较差别分齐，标显一乘教之殊胜，标显一乘教与他教之不同。

第九"所诠差别"者，论述华严家所判五教在所诠教理方面的差别分齐。有十个方面，即：一、所依心识，二、明佛种性，三、行位分齐，四、修行时分，五、修行依身，六、断惑分齐，七、二乘回心，八、佛果义相，九、摄化境界，十、佛身开合。

第十"义理分齐"者，此中正显一乘之教义。在本章中，法藏明一乘义理分齐，共分四门，即：三性同异义、缘起因门六义法、十玄缘起无碍法、六相圆融义。此中，以三性同异明法界诸法，举一全收，真妄互融，性无障碍，真该妄末，妄彻真源；以缘起因门六义，一切诸法，皆是因缘生起，此生起诸法之因缘，皆具足六义；以十玄门分说一乘无尽缘起无碍法门之义；以六相圆融明法界诸法互为缘起，相即相入、互融无碍。一切法，皆具六相。依六相教义，显无尽圆融之义。

三　法藏《华严经旨归》

法藏所述《华严经旨归》，简称《华严旨归》，计一卷，收于《大正藏》第四十五册。本书综说《华严经》之旨趣。内容分为说经处、说经时、说经佛、说经众、说经仪、辩经教、显经义、释经意、明经益、示经圆等十门。各门皆设十例辩之，总成百门。以一经所说之法门，尽显圆融无碍之义。

第一"说经处"者，谓如来说法必有处所，此段即是明此《华严经》是依何处而说。文中从狭至宽，将如来说此华严一乘法会处所开为十重：初、此阎浮，二、周百亿，三、尽十方，四、遍尘道，五、通异界，六、该别尘，七、归华藏，八、重摄刹，九、犹帝网，十、余佛同。

第二"说经时"者，谓如来说法必有时段，此段即是明此《华严经》是依何时而说。文中立有十重：初、唯一念，二、尽七日，三、遍三际，四、摄同类，五、收异劫，六、念摄劫，七、复重收，八、异界时，九、彼相入，十、本收末。明如来说法时之念劫圆融思想，谓："卷"则唯有一念，"舒"则有七日，乃至三际等。

第三"说经佛"者，谓一切经典皆如来说，此段即是明此《华严经》是依何佛所说。谓此说经佛卢舍那，法界身云无障碍故，同时异处一身圆满皆全现。文中立十无碍来明此义。十无碍者：一、用周无碍，二、相遍无碍，三、寂用无碍，四、依起无碍，五、真应无碍，六、分圆无碍，七、因果无碍，八、依正无碍，九、潜入无碍，十、圆通无碍。

第四"说经众"者，谓如来说法乃为度生，此段即是明此华严法会上有何等众生参加。法藏将参加华严法会之会众分为十类，即：一、果德众，二、常随众，三、严会众，四、供养众，五、奇特众，六、影响众，七、表法众，八、证法众，九、所益众，十、显法众。

第五"说经仪"者，谓如来度生必有仪轨，此段即是明此华严法会上如来以何仪轨度生。此中依通别二门明此说经仪。通而论之者，如来或以音声、或现妙色、或以奇香、或以上味、或以妙触、或以法境、或内六根、或四威仪、或弟子人物、或一切所作，皆堪摄物；别而论之者，文中以"言声"为例，总有十门，所谓"佛说菩萨说，刹说众生说，三世一切说"。佛及菩萨各有三说，余四各一，故为十也。

第六"辩经教"者，谓如来如是时如是处，讲说如是经教，此段即是明此华严一乘教之数量类别。文中说有十类，即：一、异说经，二、同说经，三、普眼经，四、上本经，五、中本经，六、下本经，七、略本经，八、主伴经，九、眷属经，十、圆满经。

第七"显经义"者，谓如是经教诠如是甚深义理，此段即是标显华严一乘经典所诠法义。先以十法统摄一切诸法，即教义、理事等十对；次以十无碍明法界诸法总为一大缘起无碍镕融。十无碍者，即：一、性相无碍，二、广狭无碍，三、一多无碍，四、相入无碍，五、相是无碍，六、隐显无碍，七、微细无碍，八、帝网无碍，九、十世无碍，十、主伴无碍。

第八"释经意"者，谓依何等因缘成就此义，此段即是标显此华严一乘经教，其法相圆融，实有所因，因缘无量。略辨十种：一、为明诸法无定相故，二、唯心现故，三、如幻事故，四、如梦现故，五、胜通力故，六、深定用故，七、解脱力故，八、因无限故，九、缘起相由故，十、法性融通故。

第九"明经益"者，谓此经教有何等利益，此段即是明依此华严法门修习趣入，其利益广大，说有十种：一、见闻益，二、发心益，三、起行益，四、摄位益，五、速证益，六、灭障益，七、转利益，八、造修益，九、顿得益，十、称性益。

第十"示经圆"者，谓上之九门无碍圆通，总合一大缘起，随有一处，即有一切。无碍圆融，无尽自在。若随义分，即有十门：处圆、时圆、佛圆、众圆、仪圆、教圆、义圆、意圆、益圆、普圆。

四　续法《贤首五教仪》

续法所集《贤首五教仪》，计六卷。收于《卍新纂续藏经》第五十八册。系是对华严诸祖思想的整理，综观全文，实不出教观二字。如其在此书篇首其弟子真立所撰序文中所说：

> 禅观之余，则取是宗教部，及诸祖著述。研磨对会，博观约取。先则支分条列，而派析之；后则彻委穷源，而滙聚之。录成一书。①

在《贤首五教仪》中，续法谓"贤首大师判释如来一代时教，不出三时、十仪、五教、六宗、三观"。是故，续法亦依此五门次第论述。

第一"三时"者，谓此三时有别有通。别三时者，即：（1）日出先照时，（2）日升转照时，（3）日没还照时；通三时者，谓通于三时，开有十重，即：（1）惟约一念时，（2）尽该一化时，（3）遍周三际时，（4）摄同类劫时，（5）收异类劫时，（6）以念摄劫时，（7）劫念重收时，（8）异类界劫时，（9）彼此摄入时，（10）以本收末时。

第二"十仪"者，即谓如来化度众生之仪式。续法依华严祖师说有十门，即：（1）本末差别门，（2）依本起末门，（3）摄末归本门，（4）本末无碍门，（5）随机不定门，（6）显密同时门，（7）一时顿演门，（8）寂寞无言门，（9）该运三际门，（10）重重无尽门。并一一作释。

第三"五教"者，华严家将如来一代圣教，以小、始、终、顿、圆五教判摄。续法在本书中，分从五门辨析五教差别。五门者，即五教名义、五教所诠、五教断证、五教机益、五教通妨等。"五教名义"者，即是对五教名义分别进行解释；"五教所诠"者，即是对五教所说之法、所诠法义进行论述比较；"五教断证"者，即是对"五教各各所明行位之不同、五教所明于行位中所能断障之不同、五教所明断障之后所能得果之不同等"论述比较；"五教机益"者，即是五教所能摄持机类不同，各各机类依教修行，所能收益亦复不同，如是差别比较，而知五教之浅深；"五教通妨"者，此中以问答的方式，明五教之种种妨难，并一一释解。

第四"六宗"者，文中，续法说宗门有六：（1）随相法执宗，（2）唯识法相宗，（3）真空无相宗，（4）藏心缘起宗，（5）真性寂灭宗，（6）法界圆融宗。此六宗中，第一随相法执宗为小乘教，后五为大乘教。小乘教中，亦可分为六宗：（1）我法俱有宗，（2）法有我无宗，（3）法无去来宗，（4）现通假实宗，（5）俗妄真实宗，（6）诸法但名宗。

若合小乘教与大乘教诸宗，则总为十一宗。续法先次第释解此小乘及大乘诸宗之名义，后则对大乘五宗所摄法义进行料拣。此中料拣者，计有八重，所谓：拣性

---

① （清）真立撰《贤首五教仪序文》，《卍新纂续藏经》第 58 册，第 625 页。

相滥、拣空性滥、拣空相性、拣空性相、拣性相空、拣始顿滥、拣终同滥、拣同别滥。

第五"三观"者，续法依祖师说三重观法，即：（1）真空绝相观，（2）理事无碍观，（3）周遍含容观。文中，先明修习止观前须"具足外缘"等十种方便；次明修习此三重观法所依十对事法；然后正明三重观门，一一观中，皆有十门次第；最后再明修此三重观门所能获得利益，并明此三重观门于五教中所依差别分齐。

思考与练习题

1. 请列举三部概括华严经文内容的著作名目。

2. 请列举三部有关譬喻说明华严思想的著作。

3. 请列举三部综说华严思想方面的著作名目。

4. 请简略述说《华严经文义纲目》之框架内容。

5. 请简略述说《华严金师子章》之框架内容。

6. 请简略述说《华严五教章》之框架内容。

7. 请简略述说《贤首五教仪》之框架内容。

8. 依法藏《华严经旨归》中说，参加华严法会之会众可分为十类，请次第列举。

第十四章 华严类其他的历代著作

【本章导读】

本章主要围绕其他的华严类历代著作进行介绍。本章分四节。

第一节，有关传记方面的著作。这些著作中，《法藏和尚传》《法界宗五祖略记》等，记载祖师生平传记；《华严经传记》中记载华严经典传译流通等；《华严感应缘起传》中记述译传及感应事迹的。

第二节，华严观法方面的著作。本节中，介绍了杜顺的《华严法界观门》和《华严五教止观》，及法藏的《修华严奥旨妄尽还源观》等。

第三节，释解祖师著作的论著。本节中，介绍了《金师子章》的注解，即《金师子章云间类解》等；《原人论》的注解，即《华严原人论解》等；《华严五教章》的注解，即《华严五教章义苑疏》等；《华严经旨归》的注解，即《释华严旨归章圆通钞》等。

第四节，修行实践方面的著作。即华严忏法类著作。有：宗密著《圆觉经道场修证仪》，净源著《圆觉经道场力本修证仪》《华严普贤行愿修证仪》等；慧觉录、普瑞注《华严经海印道场忏仪》等。

第一节　有关传记方面的著作

在华严类历代著作中，其中有部分著作是对华严宗祖师生平及《华严经》传译讲解时诸多人物所获感应事迹的记载。如：《法藏和尚传》中，详细记录了华严三祖法藏的生平事迹；《华严经传记》中，分从十门记述《华严经》之部类、传译、杂述等情形；《华严经感应略记》中，记载有《华严经》之译传、讲解等诸多人物所获感应神异事迹；《华严感应缘起传》中，先明说经结集等事，后录诸多人物感应缘起事迹；《法界宗五祖略记》中，对华严宗五位祖师之生平事迹进行考察。

一　法藏《华严经传记》

法藏所集《华严经传记》，又称《华严经纂灵记》《华严传记》《华严经传》《华严传》。计有五卷，收于《大正藏》第五十一册。系统记述《华严经》流传初期至撰者当时史实之集记。有传记称，书未撰毕，法藏即示寂，后由其门人慧苑、惠英等人续成。

在《华严经传记》中，集录了《华严经》之部类、传译、讲解、讽诵等有关人物之事迹。全书共分十门，即：部类、隐显、传译、支流、论释、讲解、讽诵、转读、书写、杂述等。

此十门中，"部类"者，即是对《华严经》的部别种类加以论述；"隐显"者，即是在不同时期，《华严经》之隐于世和显于世之前后情形；"传译"者，讲述六十《华严》的译传情况；"支流"者，录有撰者之前所传华严类支流别品之经目；"讲解""讽诵""转读""书写"者，述说撰者之前诸多讲解、讽诵、转读、书写《华严经》之人物事迹；"杂述"者，则列举与本经有关之杂著十数部，并举作者其他著作。

二　崔致远《法藏和尚传》

崔致远撰《法藏和尚传》，全称《唐大荐福寺故寺主翻经大德法藏和尚传》，又称《贤首大师传》，全一卷。收于《大正藏》第五十册。系现今载录华严三祖法藏生平事迹的最完整传记。另外，在此传记之前，录有《大唐大荐福寺故大德康藏之碑》一文，也是现今研究法藏生平非常珍贵的资料。

在《法藏和尚传》中，全篇共分十科记载法藏生平事迹，其十科名目如下：一、族姓广大心，二、游学甚深心，三、削染方便心，四、讲演坚固心，五、传译无间心，六、著述折伏心，七、修身善巧心，八、济俗不二心，九、垂训无碍心，

十、示灭圆明心。依传记篇首中称，此十门乃是效法法藏所著《华严三昧观》之"直心"中十义而配譬。

此上十科中，"族姓"者，讲述法藏之出生来历，如其母吞日光而孕等；"游学"者，讲述法藏师从智俨之前后经历；"削染"者，讲述法藏之剃度进具因缘；"讲演"者，讲述法藏讲解《华严经》时之种种感应；"传译"者，讲述法藏参加八十《华严》译场及对《华严经》的补缺；"著述"者，记录法藏的著作名目及讲述其中一著作的撰写因缘；"修身"者，讲述法藏生平修行持身情形，如燃指供佛等；"济俗"者，讲述法藏日常行道济世情形，如设坛祈雨等；"垂训"者，讲述法藏传承弟子及与同学交流情形；"示灭"者，讲述法藏示灭因缘，如朝野尊奉等。

三 祩宏《华严经感应略记》

祩宏所辑《华严经感应略记》，计一卷，收于《卍新纂续藏经》第七十七册。系是对译传、讲解、修习、诵读《华严经》的诸多人物所获感应神异事迹的记载。

在《华严经感应略记》中，记录了佛驮跋陀罗等二十八位历史人物的感应事迹，其所获感应次第如下：双童现瑞、天地呈祥、地震光流、感通玄悟、经辉五彩、神人警卫、天女给侍、冬葵发艳、瑞鸟衔花、神人延请、普贤授义、口获舍利、菩萨涌现、脩罗退阵、证入无生、时雨霑流、华藏受生、神授华音、天宫请讲、洪水断流、神光屡现、地狱消灭、盥水济生、景云现瑞、异僧授旨、山神听经、金城辉映、龙光五彩。

四 弘璧《华严感应缘起传》

弘璧所辑《华严感应缘起传》，计一卷，收于《卍新纂续藏经》第七十七册。此传记中，先明说经结集等事，然后依据《华严经疏演义钞》等著作所记载，对译传、讲解、修习、诵读《华严经》的诸多人物所获感应神异事迹及感应因缘，重新收集整理记录。

在《华严感应缘起传》中，总有十门分说《华严经》出世及译传、感应等诸缘起事。十门者，即：初、明九会说经，二、明围山结集，三、明天龙护藏，四、明龙树诵出，五、明流传西域，六、明法领请归，七、明觉贤初译，八、明喜学重翻，九、明正彰感应，十、明续集感通。

此十门中，从第一门至第八门，是讲述从如来说此《华严经》始，至《华严经》传至汉地这一段时期的诸多缘起；第九门则是依据《华严经疏演义钞》中所载诸多感应事迹摘录整理而成；第十门则是依据惠英《感应传》及《会玄记》等中所载诸多感应事迹摘录整理而成。

在第九门"正彰感应"中，其所录感应事迹目录如下：双童现瑞、甘露呈祥、地震光流、感通玄悟、经辉五色、楮香四达、冬葵发艳、瑞鸟衔花、读诵履空、焕若临镜、每含舍利、适会神僧、涌地现身、升天止阵、无生入证、海神听讲、华藏受生、华梵通韵、人天共遵、洪水断流、神光入宇、偈功破狱、盟水拯生。

在第十门"续集感通"中，其所录感应事迹目录如下：景云成盖、口光代烛、异僧授旨、山神听经、金城辉映、龙光五彩、诵经得戒、舍小信大、口光如昼、信受大经、口光益物、书论病瘥、开函光照、天华供养、菩萨授经、离垢地菩萨章、觉林菩萨偈、如来出现品如来心第十章。

五 续法《法界宗五祖略记》

续法所辑《法界宗五祖略记》，计一卷，收于《卍新纂续藏经》第七十七册。系对华严宗五位祖师生平事迹的记录整理。

在《法界宗五祖略记》中，记录有杜顺、智俨、法藏、澄观、宗密等五位祖师的生平事迹。并对一些僧史所记录之谬误进行了纠正，如《略记引》中所说：

> 辑为略记一卷，籤之，始觉僧史乖舛也，明矣。且如三祖贤首大师，传谓登封丙申，诏师讲新经，感口光震地，敕十德为师受戒。今按新经，乃证圣乙未年方译，圣历己亥年始毕，岂未译而先讲耶？况三祖咸亨庚午岁削染，承旨便讲，至登封丙申，越二十七年。祖年五十四岁，道满天下，方与受戒，恐无是理。[①]

在传记中，诸祖事迹皆是依据时间之先后而记录，而列以条陈，如杜顺和尚传中记有二十三事，智俨传中记有十二事，法藏传中记有四十八事，澄观传中记有四十八事，宗密传中记有二十六事。

第二节 华严观法方面的著作

有关华严观法内容方面，大多散见于华严诸祖的著作中，集录成册的并不多，如十重唯识观、十玄无碍观、华藏世界海观、六相圆融观等。现今可见的有关华严观法方面的著作，有：杜顺的《华严法界观门》一卷，明法界缘起无碍圆融之华严境界；《华严五教止观》一卷，依五教之次第，广依诸经，从浅至深，引导众生得入华严三昧之门；《妄尽还源观》一卷，以六门次第，引导学人还归于自性清净之

---

① （清）戴京曾题《法界宗五祖略记引》，《卍新纂续藏经》第 77 册，第 619 页。

本源。

一　杜顺《华严法界观门》

杜顺所集《华严法界观门》，全称《修大方广佛华严法界观门》，又称《华严法界观》，计一卷。系以真空观等三重观法，次第观照，而明法界缘起无碍圆融之华严境界。本书现今不见独立流传，而是收录在注释书或其他书之中。例如法藏《发菩提心章》、澄观《华严法界玄镜》、宗密《注华严法界观门》等书，皆附有本书。凡此，皆收在《大正藏》第四十五册。

在《华严法界观门》中，立有真空观、理事无碍观、周遍含容观等三重观门。

第一真空观中，又说四重观门：一、会色归空观，二、明空即色观，三、空色无碍观，四、泯绝无寄观。

第二理事无碍观中，说有十门：一、理遍于事门，二、事遍于理门，三、依理成事门，四、事能显理门，五、以理夺事门，六、事能隐理门，七、真理即事门，八、事法即理门，九、真理非事门，十、事法非理门。总计十门明理事无碍义。对此十门，杜顺用"镕融、存、亡、逆、顺"六字总而括之。

第三周遍含容观中，明"事事无碍"义时，列有十门：一、理如事门，二、事如理门，三、事含理事门，四、通局无碍门，五、广狭无碍门，六、遍容无碍门，七、摄入无碍门，八、交涉无碍门，九、相在无碍门，十、普融无碍门。

在澄观的《华严法界玄镜》和宗密的《注华严法界观门》中，皆谓此三观分别与四法界中理法界、理事无碍法界、事事无碍法界相对应，而三观中不说事法界，澄观在《华严法界玄镜》卷一中释云：

> 其事法界，历别难陈，一一事相，皆可成观，故略不明，总为三观所依体。其事略有十对：一、教义，二、理事，三、境智，四、行位，五、因果，六、依正，七、体用，八、人法，九、逆顺，十、感应，随一一事皆为三观所依之正体。[1]

宗密的《注华严法界观门》中亦说"事不独立故，法界宗中无孤单法故。若独观之，即事情计之境，非观智之境故"[2]。

二　杜顺《华严五教止观》

杜顺所说《华严五教止观》，又称《华严教分记》《五教分记》《五教止观》，

---

①　（唐）澄观述《华严法界玄镜》卷一，《大正藏》第 45 册，第 672 页。
②　（唐）宗密注《注华严法界观门》卷一，《大正藏》第 45 册，第 684 页。

计一卷。收于《大正藏》第四十五册。文中立有五重观门，于小、始、终、顿、圆五教之名称下，阐明各止观之修相。广依诸经，说观门之浅深差别，而终归依于华严圆教之事事无碍之境界，为后来智俨、法藏等所立五教判之起因。

在《华严五教止观》中，其与五教相应，所说五重观门者，即：一、法有我无门，乃小乘教之止观；二、生即无生门，乃大乘始教之止观；三、事理圆融门，乃大乘终教之止观；四、语观双绝门，乃大乘顿教之止观；五、华严三昧门，乃别教一乘之止观。

在"法有我无门"中，杜顺谓凡夫众生无始以来，执身为我。其执我者有四病，即：一、执身为一我，二、执四大为一我，三、执五阴为一我，四、执十二入为一我。为对治此四病，杜顺就五停心中，为众生著我者，说界分别观。而开"四药"，即：一、色心两法，二、四大五阴，三、十二入，四、十八界。

在"生即无生门"中，杜顺依缘起性空，说名相是假、诸法皆空之理。此中先简名相，后入无生门。第一"简名相"中，杜顺通过五十重问答，明"名相是假"，谓：若离诸法则名句无可立，名句所诠非是诸法之理，名相依前六识相应而起，愚人见名相智者见实法等。第二"入无生门"中，杜顺从两个方面对"诸法皆空"进行观照：一者，依无生观诸法皆空；二者，依无相观诸法皆空。

在"事理圆融门"中，杜顺分别以心真如门和心生灭门标显如来藏之清净、染污。如来藏清净者，即理体，即心真如，真如自性清净，自体不改；如来藏染污者，即心生灭，即随缘成就之事相，即阿赖耶识。

在"语观双绝门"中，"语"者，谓一切言教；"观"者，谓一切相想。即是观照一切诸法，唯一真如心，离一切言语文字，离一切相，离一切想，离一切差别之相，乃至离言绝虑，一切皆不可说。所谓离言绝虑，泯相显理，理是一心，非染非净，介尔动念，即乖理体。如是缘观俱泯，显绝言之理。

在"华严三昧门"中，"华严"者，"华"有生实之作用，以喻菩萨万行；"严"有行成果满契合相应，垢障永消，证理圆洁。"三昧"者，息止缘虑，凝结心念，心体寂静，使合于法之依处，是为"三昧"。此门中，即是观照一真法界无尽缘起以为理趣，离一切颠倒之心，离一切情执；以此三昧统摄法界，一切佛法悉入其中，照见万法，性相相融，全收一际；法界诸法，相即相入，相融相摄，理智无二，交彻融容；以此理趣，统摄法界，入于如来无量智海，而修万行，庄严佛果。

三　法藏《妄尽还源观》

法藏所述《妄尽还源观》，全称《修华严奥旨妄尽还源观》，计一卷，收于《大正藏》第四十五册。书中标显了华严学人修学之旨归，标出了何等为妄，何等为源，以何等为体，依何法而行，依何处而止，依何法而观。教导学人修学华严之观法而还归于一心之本源。

在《妄尽还源观》中，首先是一段序文，可分为三个部分：一者，赞一乘法不可思议；二者，法藏自叙著写此观缘起；三者，明此观主体框架结构。然后依六门而明"妄尽还源"之观文，六门者，即：一、显一体，二、起二用，三、示三遍，四、行四德，五、入五止，六、起六观。

第一"显一体"者，即标显华严经中一乘旨趣。"一体"者，即是自性清净圆明体，即是一真法界，即是众生从本以来自性本具的如来藏法性之体。而此观之"妄尽还源"，即是还归众生从本以来自性本具的如来藏清净法性之体。

第二"起二用"者，此谓，如来藏中法性之体，从本已来性自满足，本来清净。如来藏又有随缘、不变二义。依随缘义，如来藏能依无明等缘成就染净之法，但不改真如自性之清净；依不变义，真如自性清净，但又不碍其随熏而能成就诸法。此中依如来藏中法性之体而起二种大用：一者，海印森罗常住用；二者，法界圆明自在用。

第三"示三遍"者，此谓，如来藏中法性之体，本来清净，以其自性清净、自体不改义，能随熏成就染净诸法，起种种大用。此二种大用所成就的法界诸法，其体虚妄，无有自性。一一事相，皆能遍法界而无碍。此中"遍"者，法藏立三门以明：一、一尘普周法界遍，二、一尘出生无尽遍，三、一尘含容空有偏。

第四"行四德"者，此门列在入五止和起六观之前，即谓在修习止观之前应修习四种行德，即是修习止观之前的四种加行。行四德者，即：一、随缘妙用无方德，二、威仪住持有则德，三、柔和质直摄生德，四、普代众生受苦德。

第五"入五止"者，法界一切诸法，皆是真如心随熏而得成就，皆是于如来藏中法性之体上所起之用，其用遍法界，但众生为妄情之所迷执，以为实相。故此中先说"止"，止息我法之情计。观文中立有五止：一、照法清虚离缘止，二、观人寂怕绝欲止，三、性起繁兴法尔止，四、定光显现无念止，五、事理玄通非相止。

第六"起六观"者，在观文中，先以问答形式明行人何以要修习止观，次以问答形式明初学者当依何次第修习止观，然后再立六重观法，明即止之观。六观者，即：一、摄境归心真空观，二、从心现境妙有观，三、心境秘密圆融观，四、智身影现众缘观，五、多身入一境像观，六、主伴互现帝网观。

第三节　释解祖师著作的论著

在华严类历代著作中，其中有一部分著作是对华严宗祖师著作的注释整理。法藏的《金师子章》《华严五教章》《华严经旨归》以及宗密的《原人论》等，都受到后来华严学者的重视。其中《金师子章》先后有净源和承迁为之注释；高丽的均如，则是通过问答的方式对《华严经旨归》进行注释；而《华严五教章》的研究，在宋代以华严四大家为主，《大正藏》卷七十二、七十三亦收录有日本学者的多部相关研究著作。

一　净源《金师子章云间类解》

净源所述《金师子章云间类解》，计一卷，收于《大正藏》第四十五册。系是对法藏《华严金师子章》的注释。在书中，净源对《金师子章》之述者、科题、章文次第加以释解。

《华严金师子章》是法藏解说华严法界缘起思想的重要著作，只是本书现今不见独立流传，而是收录在注释书或其他书之中。在净源《云间类解》之外，还有承迁《大方广佛华严经金师子章》，或称《华严经金师子章注》一卷，收于《大正藏》第四十五册；日本景雅撰《金师子章勘文》一卷，收于《大正藏》第七十三册；日本高辨著《金师子章光显钞》一卷，收于《大日本佛教全书》第十三册。

现今对《金师子章》最为详尽的，应是方立天先生所著《华严金师子章校释》一书。此书以江苏如皋刻经处《金师子章云间类解》为底本，勘以《大正藏》所据明刊本，摘录出《华严金师子章》之原文。

在《华严金师子章校释》一书中，方立天先生集录了承迁、净源、景雅、高辨四家的注释于原文之下，分别以"迁注""类解""勘文""显钞"标注；并加以自己的见解，以"案"字标注。并于每段之末，通释全文。

二　圆觉《华严原人论解》

圆觉所述《华严原人论解》，计三卷，收于《卍新纂续藏经》第五十八册。是对宗密《华严原人论》的论解。在文中，圆觉将此论大分为四，对《原人论》进行论解。四分者：初题目，次撰人，三叙引，四本文。"叙引"者，即指《原人论》之序文中，别叙诸宗（内教、外教）所持思想理念；"正文"者，即释解论文，作者在《原人论》原有四分（斥迷执、斥偏浅、直显真源、会通本末）的基础上，再分科目，并对论文逐句逐字进行解释，加以论评。

有关《华严原人论》的注解，还有宋·净源《华严原人论发微录》，略称《发微录》，计有三卷，收于《卍新纂续藏经》第五十八册；明朝杨嘉祚等删合的《华严原人论合解》，略称《原人论合解》，计二卷，收于《卍新纂续藏经》第五十八册。

三 道亭《华严五教章义苑疏》

道亭是宋代华严四大家之一，著《华严五教章义苑疏》，又称《华严一乘分齐章义苑疏》《华严一乘教义分齐章义苑疏》《华严五教章义苑疏》《五教章义苑疏》《华严义苑疏》《义苑疏》等，计有十卷，收于《卍新纂续藏经》第五十八册。为宋朝华严宗四大注疏之一。本书是对法藏所述、晋水净源重校《华严五教章》之随文解释，是我国最早的《华严五教章》之注释书。

在宋代华严四大家之中，师会著《华严一乘教义分齐章复古记》三卷，《华严一乘教义章焚薪》二卷，《华严同教一乘策》一卷；希迪著《五教章集成记》六卷（今存一卷），观复著《华严一乘教义章析薪记》五卷。其中，师会的《华严一乘教义章焚薪》是对观复《析薪记》的批驳，《华严同教一乘策》是对《华严五教章》中所说"同教"义的诠释。此上诸书皆收于《卍新纂续藏经》第五十八册。

在宋代华严四大家之外，日本也有许多学者对《华严五教章》进行释注，如：凝然述《五教章通路记》，计五十二卷；审乘撰《华严五教章问答抄》，计十五卷。此上二部收于《大正藏》第七十二册。圣诠撰《华严五教章深意抄》，计十卷；灵波记《华严五教章见闻抄》，计八卷；实英撰《华严五教章不审》，计二十卷；凤潭撰《华严五教章匡真钞》，计十卷；普寂撰《华严五教章衍秘钞》，计五卷。此上五部收于《大正藏》第七十三册。

四 均如《释华严旨归章圆通钞》

均如所说《释华严旨归章圆通钞》，计二卷，收于《均如大师华严学全书》中。系均如对法藏所著《华严经旨归》的注释。

在《释华严旨归章圆通钞》中，均如分为四门释解《华严经旨归》。四门者，即：一、章主因缘行状，二、造文因缘及次第，三、释题名，四、入文解释。在"入文解释"中，均如将《旨归》全文分为序分、正宗分、流通分等三分。而在释解正文时，均如采用了问答的方式，将《旨归》中思想要义，通过一问一答的方式展现出来。

均如的著作，大多是对华严祖师著作的注释，在《均如大师华严学全书》中，还收录有《华严经三宝章圆通钞》二卷，《十句章圆通记》二卷，《一乘法界图圆通记》二卷，《释华严教分记圆通钞》十卷等。

第四节 修行实践方面的著作

华严家的忏法修证仪轨，最早起源于宗密，其著有《圆觉经道场修证仪》十八卷。后有净源，在宗密所著仪轨的基础上，进行简化，而成《圆觉经道场修证仪》一卷，亦仿宗密所制，成《首楞严坛场修证仪》一卷。后感没有华严类忏法仪轨，故制《华严普贤行愿修证仪》一卷。除上所说之外，唐时慧觉亦著有《华严经海印道场忏仪》四十二卷，此忏仪到宋代时有普瑞补注，到明代时有木增订正、有读彻参阅。

一　宗密《圆觉经道场修证仪》

宗密所述《圆觉经道场修证仪》，又称《圆觉经修证仪》《圆觉广修证仪》《圆觉修证仪》，计十八卷，收于《卍新纂续藏经》第七十四册。本书系根据《大方广圆觉修多罗了义经》（圆觉经），以阐明佛教修行者，在实际上修行及宗教事仪方面，所应行之坐禅观法与忏悔灭罪法，并规定赞仰讽诵加行礼拜之行法。本书巧妙地将华严与禅之行法加以结合。

在《圆觉经修证仪》中，计有三个方面的内容：第一，道场法事七门；第二，礼忏法门八门；第三，坐禅法八门。"道场法事七门"者，即：一、观修，二、简器，三、呵欲，四、弃盖，五、具缘，六、严处，七、立志；"礼忏法门八门"者，即：一、启请圣，二、供养观门，三、称赞如来，四、礼敬三宝，五、忏悔诸障，六、说观请、随喜、回向、黄昏偈、中夜偈、午时偈等诸杂法事，七、旋遶念诵，八、正坐思惟；"坐禅法八门"者，即：一、总标，二、调和，三、近方便，四、辨魔，五、治病，六、正修　七、善发　八、证相。

在《圆觉经修证仪》十八卷中，第一卷，说"道场法事七门"；第二卷，说"礼忏法门八门"；第十七卷和第十八卷等两卷，次第说"坐禅法八门"；第三卷至第十六卷中，不分卷次，依次说"第二上"至第"二十五上"之礼忏仪规，或赞、或观、或章、或偈、或方便法、或止妄，如是等等，此中每一门末皆有"至心忏悔""至心发愿""至心回向"等行文。

二　净源《圆觉经道场略本修证仪》

净源所录《圆觉经道场略本修证仪》，计一卷，收于《卍新纂续藏经》第七十四册。本书系净源依据宗密所述《圆觉经道场修证仪》（十八卷）节录而成。

在《略本修证仪》中，净源总以十门次第说之，十门者，即：第一总叙缘起，第二严净道场，第三启请圣贤，第四供养观门，第五正坐思惟，第六称赞如来，第七礼敬三宝，第八修行五悔，第九旋绕念诵，第十警策劝修。

第一"总叙缘起"者，即是叙说此《略本》之成书缘起。

第二"严净道场"者，依净源说"此门者当道场法事第六，今异录之，以为略本之统要耳"。即谓此门原为广本中"道场法事"之第六门。所谓净身、净心、净处是也。

第三"启请圣贤"者，即是恭敬顶礼十方常住三宝。

第四"供养观门"者，即香花供奉十方常住三宝。

第五"正坐思惟"者，即于忏法座前平面正住，端身正坐，系念数息，息诸妄念。

第六"称赞如来"者，即以偈颂赞佛。

第七"礼敬三宝"者，即"一心顶礼"诸佛、菩萨及贤圣僧。

第八"修行五悔"者，此中有五门，即：一、明忏悔法，二、明劝请法，三、明随喜法，四、明回向法，五、明发愿法。

第九"旋绕念诵"者，文中谓"一心右绕法座，烧以众香，安庠徐步，称念三宝名号"。

第十"警策劝修"者，此谓修此忏法当精勤发意，不得懈怠。如是警策行人。

三 净源《华严普贤行愿修证仪》

净源所集《华严普贤行愿修证仪》一卷，收于《卍新纂续藏经》第七十四册中，此《修证仪》有两种，皆标净源集。经册号分别为 NO.1472 和 NO.1473。

在 NO.1472《华严普贤行愿修证仪》中，总有十门，即：通叙缘起第一，劝修利益第二，拣择根器第三，呵弃欲盖第四，决志进修第五，严净道场第六，启请圣贤第七，正修十行第八，旋绕诵经第九，端坐思惟第十。在《修证仪》中，有几门中无有文字说明，如：通叙缘起第一、劝修利益第二、决志进修第五等。而全篇忏文，以第七"启请圣贤"和第八"正修十行"为主。

在第七"启请圣贤"中，有一心奉请遍法界常住三宝，亦有奉请《华严经》中所说华藏世界诸佛菩萨、七处九会中法会会主、诸大菩萨、诸大善知识、声闻贤圣僧等。

在第八"正修十行"中，有依普贤十大愿行（敬礼诸佛、称赞如来、广修供养、忏悔业障、随喜功德、请转法轮、请佛住世、常随佛、恒顺众生、普皆回向）之次第一一行文。

在 NO.1473《华严普贤行愿修证仪》中，亦有十门，即：通叙缘起第一，严净道场第二，净身方法第三，启请圣贤第四，观行供养第五，称赞如来第六，礼敬三宝第七，修行五悔第八，旋绕念佛第九，诵经规式第十。

此上十门中，第一"通叙缘起"中，净源说"常患近世，传吾祖教观者，反习他宗诸忏之文。又何异乎其先祖有善，而不知者"，由是缘起可知；第四"启请圣贤"中，亦依《华严经》中诸佛菩萨及七处九会中会主、诸大菩萨、诸善知识名号而"一心奉请"；第七"礼敬三宝"者，亦依《华严经》中诸佛菩萨、诸善知识之出现次第而一一礼敬；第八"修行五悔"中，说有明忏悔法、明劝请法、明随喜法、明回向法、明发愿法等五门。

四　慧觉录普瑞注《华严经海印道场忏仪》

慧觉录、普瑞注《华严经海印道场忏仪》，全称《大方广佛华严经海印道场十重行愿常遍礼忏仪》，计四十二卷，收于《卍新纂续藏经》第七十四册。

在《华严经海印道场忏仪》中，有四十二卷，共说四十二晌，即每一卷说一晌，每一晌中皆以"一切恭敬敬礼无尽三宝"开场。此四十二晌，第一晌中行文，次第说普贤十大愿行，及无常六时偈等。从第二晌至第四十二晌，依《华严经》之七处九会三十九品之次第，一一行文礼忏。

从第二晌至第十六晌，依"第一菩提道场中会举果劝乐生信分"行文礼忏，其中第一菩提道场会中所说"世主妙严品第一"等诸品，亦依经文之次第，一一间列其中行文礼忏。

从第十七晌至第十九晌，依"第二普光明殿会修因契果生解分"行文礼忏，其中第二普光明殿会中所说"如来名号品第七"等诸品，亦依经文之次第，一一间列其中行文礼忏。

第二十晌中，依"第三忉利天宫会修因契果生解分"行文礼忏，其中第三忉利天宫会"升须弥山顶品第十三"等诸品，亦依经文之次第，一一间列其中行文礼忏。

第二十一晌中，依"第四夜摩天宫会修因契果生解分"行文礼忏，其中第四夜摩天宫会"升夜摩天宫品第十九"等诸品，亦依经文之次第，一一间列其中行文礼忏。

第二十二晌中，依"第五兜率天宫会修因契果生解分"行文礼忏，其中第五兜率天宫会"升兜率天宫品第二十三"等诸品，亦依经文之次第，一一间列其中行文礼忏。

第二十三晌中，依"第六他化自在天宫会修因契果生解分"中所说"十地品第二十六"行文礼忏。

第二十四晌中，依"第七再会普光明殿修因契果生解分"行文礼忏，其中第七再会普光明殿"十定品第二十七"等诸品，亦依经文之次第，一一间列其中行文礼忏。

第二十五晌中，依"第八三会普光明殿托法进修成行分"中所说"离世间品第三十八"行文礼忏。

第二十六晌至第四十二晌中，依"第九法界逝多林会依人证入成德分"中所说"入法界品第三十九"行文礼忏。其中第二十六晌依本会内容，说有十分，次第行文礼忏。十分者，即：一、本会序分，二、大众同请分，三、三昧现相分，四、远集僧众分，五、指失显得分，六、偈颂赞德分，七、普贤开发分，八、毫光照盖分，九、文殊述德分，十、大用无涯分。

从第二十七晌至第四十二晌，依末会内容行文礼忏。此中亦依澄观等华严祖师所说，将善财所参善知识分别与十信、十住、十行、十回向、十地等阶位相对应。此忏仪中，其中，第二十七晌，依文殊一人三会之"十信文"行文礼忏；第二十八晌与第二十九晌，依"十住之十善知识文"行文礼忏；第三十晌，依"十行之十善知识文"行文礼忏；第三十一晌，依"十回向之十善知识文"行文礼忏；第三十二晌至第三十五晌，依"十地之十善知识文"行文礼忏；第三十六晌至第三十九晌，分别依等觉位中摩耶夫人等文，而行文礼忏；第四十晌，依"摄末归本普贤菩萨会"行文礼忏；第四十一晌，依"本末无碍会"行文礼忏；第四十二晌，依"慈光摄生阿弥陀佛会"行文礼忏。

思考与练习题

1. 请列出三部有关华严传记方面的著作名目。
2. 请列出三部有关华严观法方面的著作名目。
3. 请列出三部有关释解祖师著作的论著名目。
4. 请列出三部有关华严忏法仪规方面的著作。

第四篇

华严宗教理教义及主要思想

第十五章　华严宗判教思想体系

【本章导读】

本章主要围绕华严宗判教思想体系进行阐述，即依次对华严三时、五教、十宗等判教进行讨论。

本章分三节。

第一节，华严三时判教说。本节中，依次对华严三时教的建立、理论、特点等方面进行讨论。"三时"者，即以"别三时"（日出先照时、日升转照时、日没还照时）等和"通三时"（惟约一念时等十说）等两种"三时说"来判摄如来一代时教。

第二节，华严五教判教说。本节中，依次对华严五教的建立、理论、特点等方面进行讨论。"五教"者，即将如来所说一代教法，以小乘教、大乘始教、大乘终教、大乘顿教、一乘圆教等五教来进行归类区分。

第三节，华严十宗判教说。本节中，依次对华严十宗的建立、理论、特点等方面进行讨论。"十宗"者，即自理上分类，依据佛教各派所依、所尊、所崇进行分类，而有"我法俱有宗""法有我无宗"等十宗。

第一节　华严三时判教说

华严三时判教，华严宗五祖并没有进行过系统的论述，这一判教思想只是散见于他们的注疏中，一直到了清代续法，才将这一思想在《贤首五教仪》中总结出来，此下分别从华严三时判教的建立、华严三时判教的理论、华严三时判教的特点三个方面，对三时判教进行讨论。

一　华严三时判教的建立

有关华严三时判教体系的建立，主要包括以下几个方面的内容：第一，华严家以三时总括如来一代时教；第二，在三时判教中，对《法华经》和《华严经》分别给予定位；第三，华严家所建立的三时判教内容。

第一，以三时总括如来一代时教。

在华严诸祖的著作中，虽然并未明确地标立三时判教之说，但在他们的著作中，亦有以三时说来总括如来一代时教。如法藏《华严五教章》卷一中所说：

> 第二教义摄益者，此门有二：先辨教义分齐，后明摄益分齐。初中又二：先示相，后开合。初中有三义：一者，如露地牛车，自有教义，谓十十无尽主伴具足，如《华严》说，此当别教一乘；二者，如临门三车，自有教义，谓界内示，为教得出为义，仍教义即无分，此当三乘教，如余经及《瑜伽》等说；三者，以临门三车为开方便教，界外别授大白牛车，方为示真实义，此当同教一乘，如《法华经》说。[1]

在此中，法藏以《法华经》中三车喻为例，将如来所说一代时教分为三个阶段，即：最初时分，说华严别教一乘；中间时分，说三乘等教；最后时分，说同教一乘。

如来于最初时分，所说华严一乘根本教法，是如来自性本怀流露，是别为诸大菩萨所说，是故，以界外大白牛车为喻此别教一乘；如来中间时分，四十九年所说三乘等教法，是如来为引导界内众生出离而方便显示，是方便之说，故以临门三车来喻；如来最后时分，所说《法华经》等同教一乘教法，是为了界内根机圆熟众生，示显以一乘真实之教，令诸众生开、示、悟、入佛之知见，是渐同于一乘，故

---

[1] （唐）法藏述《华严五教章》卷一，《大正藏》第45册，第480页。

称为同教一乘。

实际上，法藏在这里将《华严》作为诸法的根本，立其为别教一乘；而将如来四十九年来所说的大、小乘教法，开为方便教，以三乘来分别之；并将如来为导三乘众生归于一佛乘所说的《法华经》立为同教一乘，因为此中是三乘、一乘和合而说，是会三归一，是渐同于一乘，故立为同教一乘。此亦即华严家对如来一代时教的总说。

第二，《法华经》《华严经》的定位。

华严家认为，如来所宣说的一切教法之中，《华严经》是最尊最上的，是根本之法。《华严经》超越诸经，是一乘之法。并提出，《法华经》所说的是同教一乘，《华严经》所说的是别教一乘。在华严家的判教中，唯有别教一乘才是最圆满法。同教一乘与别教一乘是华严家非常重要的思想理念。

关于同教一乘与别教一乘的说法，在华严祖师的著作中随处可见。如在《华严五教章》卷一中，法藏对此说法就做了详尽的说明：

> ……或说释迦报土在灵鹫山。如《法华》云"我常在灵山"等。法华论主释为报身菩提也，当知此约一乘同教说。何以故？以法华中亦显一乘故。其处随教即染归净故，说法华处即为实也。如菩提树下说华严处即为莲华藏十佛境界，法华亦尔，渐同此故是同教也，然未说彼处即为十华藏及因陀罗等故非别教也……①

《华严经》是如来为诸大菩萨所说的一乘甚深了义教，唯大菩萨能知、能闻，非三乘人所能了知，所以称之为别教一乘。而如来宣说《法华经》的目的，也是为了使众生归趣于一佛乘，是渐同于一乘，故说其为同教一乘。

在《探玄记》中，法藏亦从说法主、说法处、所说法、闻法众等方面，对别教一乘和同教一乘进行比较。如卷二中所说：

> 列菩萨中亦二：一、虽唯列菩萨，主伴不具，是同教一乘，如《十一面经》等辨；二、若主伴具足，即别教一乘，如此经说。②

此上一段，是从"闻法众"的角度论述《华严经》与其他经典的不同。谓一些经典中，其闻法众虽唯列菩萨等众，但彼等不具足主伴圆融之义；此《华严经》

---

① （唐）法藏述《华严五教章》卷一，《大正藏》第45册，第498页。
② （唐）法藏述《华严经探玄记》卷二，《大正藏》第35册，第132页。

中，具足主伴圆融之义，此中所列菩萨等众，皆十方世界来集，并有证言，彼方世界亦在宣说此华严一乘教法。并且，此方有普贤菩萨等众，他方亦有同名普贤菩萨等众，如是主伴具足。而法华会上，列有菩萨及声闻等众，亦无有主伴具足等义，故说是同教一乘。

此别教一乘和同教一乘说，是华严家的根本理念，也是华严家对《华严经》与《法华经》的定位。

第三，华严家建立的三时判教内容。

依华严家对如来时教的分断，《华严经》是如来为诸大菩萨于定中所说的别教一乘之法；《法华经》是最后众生根熟时，如来为令彼偏教五乘人等，转偏成圆，会三归一所说同教一乘之法；而于《华严经》与《法华经》之间，如来说有大、小乘等诸经典，若此中间合为一时，则如来说法之"三时"历然分明可知。

此三时判教的说法，早期只是散见于诸祖师的著作之中，至清代续法时方完整地表述出来。在诸祖师的著作中，首先定位的是《华严经》的"本教"地位，而余经皆为"末教"。如法藏在《华严五教章》中所说：

> 教起前后者，于中有二：初、明称法本教，二、明逐机末教。初者，谓别教一乘，即佛初成道第二七日，在菩提树下，犹如日出先照高山，于海印定中同时演说十十法门……二、逐机末教者，谓三乘等。①

这是法藏对本教、末教的分类，在澄观的《华严经疏》卷一中，又将本教开为开渐之本与摄末之本二类：

> 教本者，谓非海无以潜流，非本无以垂末，将欲逐机，渐施末教。先示本法，顿演此经。然亦有二：一、为开渐之本，"出现品"云"如日初出先照高山故"；二、为摄末之本，如"日没时还照高山"故，无不从此法界流，无不还归此法界故。《法华》亦云"始见我身，闻我所说，即皆信受，入如来慧"，此渐本也。②

在诸祖师的著作中，三时判教已历然分明，只是没有明确的"三时"分类。续法总结前人所说，著《贤首五教仪》一书，总结贤首家判教，将如来一代时教以别三时和通三时加以分类。

---

① （唐）法藏述《华严五教章》卷一，《大正藏》第45册，第482页。
② （唐）澄观撰《华严经疏》卷一，《大正藏》第35册，第504页。

二　华严三时判教之理论

在华严家的三时判教中，有别三时和通三时之说。别三时是从如来说法的时分将如来所说的法分为三类，突显《华严经》的"本教"的地位；通三时是谓如来说法应化之圆融，无有前后、实通三时，前后融通，一即一切，一切即一，本来一如之意。别三时是从事相上对如来的一代教法在时间上来加以区别，而通三时是从理体上显示如来说法时间之圆融。

第一，华严三时之"别三时"说。

在《贤首五教仪》中，续法承继华严诸祖所说，以日出日没为喻，将如来所说教法进行分类。而立日出先照时、日升转照时、日没还照时等三时之说。并从如来说法时分、如来所说经典、如来所转法轮、说时所对根机以及如来说法目的等几个方面对别三时分别进行解说。

"日出先照时"者，在续法的《贤首五教仪开蒙》中，作如是诠释：

> 第一，日出先照时，为圆顿大根众生转无上根本法轮，名为直显教，令彼同教一乘人等，转同成别，所谓或日初分时人，初善是也，故华严云：譬如日出先照须弥山等诸大高山，如来亦复如是，成就无边法界智论，常放无碍智慧光明，先照菩萨诸大山王。……其经即是华严梵网等也。①

依上所说，此日出先照时中，如来说法时分是为"日初分时"也；此日出先照时中，如来所转法轮为"无上根本法轮"；此日出先照时中，如来说法所对应之根机为"同教一乘人"也；此日出先照时中，如来说法的目的，是为了令彼同教一乘人等"转同成别"是也；此日出先照时中，如来所说经典有《华严经》《梵网经》等。

"日升转照时"者，在续法的《贤首五教仪开蒙》中，说有总有别。总则总说，别则有初转、中转、后转等三分。所谓"总"者，如文中说：

> 总者，此转照时，为下、中、上三类众生，转依本起末法轮，名为方便教，令彼三类人等，转三成一，所谓或日中时分入，中善是也。故华严云：但以山地有高下，故照有先后。

依上总说，此日升转照时中，如来说法时分是为"日中时分"也；此日升转照

① （清）续法集《贤首五教仪开蒙》卷一，《卍新纂续藏经》第58册，第689页。

时中，如来所转法轮为"依本起末法轮"；此日升转照时中，如来说法所对应之根机为"下、中、上三类众生"；此日升转照时中，如来说法的目的，是"令彼三类人等，转三成一"是也。此日升转照时中，如来所说经典，如别中所说，初转、中转、后转各有不同。

此"日升转照时"中之"初转"者，在续法的《贤首五教仪开蒙》中，作如是诠释：

> 初转时分，谓佛初于鹿苑，为钝根下类众生，转小乘法轮，名为隐实教，令彼凡夫外道转凡成圣。华严云：次照黑山，如来智轮，次照声闻缘觉。……其经即是提胃阿含等也。①

依上所说，此初转时中，如来说法时分是为"日中之初时分"也；此初转时中，如来所转法轮为"小乘法轮"；此初转时中，如来说法所对应根机为"钝根下类众生"；此初转时中，如来说此法的目的，是"令彼凡夫转凡成圣"；此初转时中，如来所说经典有《提胃经》《阿含经》等。

此"日升转照时"中之"中转"者，在续法《贤首五教仪开蒙》中，作如是诠释：

> 中转时者，谓佛次于中时，为中根一类众生，转三乘法轮，名为引摄教，令彼二乘人等，转小成大。华严云：次照高原，如来智轮，次照决定善根众生，随其心器，示广大智。……其经即是深密方广等也。②

依上所说，此中转时中，如来说法时分是为"日中之正中时分"也；此中转时中，如来所转法轮为"三乘法轮"；此中转时中，如来说法所对应根机为"中根一类众生"；此中转时中，如来说此法的目的，是"令彼二乘人等，转小成大"；此中转时中，如来所说经典有《解深密经》《方广》等。

此"日升转照时"中之"后转"者，在续法的《贤首五教仪开蒙》中，作如是诠释：

> 后转时者，谓佛次于后时，为利根上类众生，转大乘法轮，名为融通教，令彼权教三乘教，转权成实。华严云：然后普照一切大地，如来智轮，然后普

---

① （清）续法集《贤首五教仪开蒙》卷一，《卍新纂续藏经》第58册，第689页。
② （清）续法集《贤首五教仪开蒙》卷一，《卍新纂续藏经》第58册，第689页。

照一切众生，乃至邪定亦皆普被。为作未来利益因缘，令成熟故……其经即是妙智、般若等也。①

依上所说，此后转时中，如来说法时分是为"日中之后时分"也；此后转时分，如来所转法轮为"大乘法轮"；此后转时中，如来说法所对应根机"利根上类众生"；此后转时中，如来说此法的目的，是"令彼权教三乘，转权成实"；此后转时中，如来所说经典有《般若经》等。

"日没还照时"者，在续法的《贤首五教仪开蒙》中，作如是诠释：

> 第三日没还照时，为上上根众生，转摄末归本法轮。名为开会教。令彼偏教五乘人等，转偏成圆，所谓或日后分时入，后善是也，故古德义取出现文意云：如日没时，还照高山，如来智轮，最后还照菩萨诸大山王……其经即是法华、涅槃等也。②

依上所说，此日没还照时中，如来说法时分是为"日没时分"也；此日没还照时中，如来所转法轮为"摄末归本法轮"；此日没还照时中，如来说法所对应之根机为"上上根众生"也；此日没还照时中，如来说法的目的，是为了令彼偏教五乘人等"转偏成圆"是也；此日没还照时中，如来所说经典有《法华经》《涅槃经》等。

第二，华严三时之"通三时"说。

在《贤首五教仪》中，续法在对通三时进行解说时，分为十重：惟约一念时、尽该一化时、遍周三际时、摄同类劫时、摄异类劫时、以念摄劫时、劫念重收时、异类界劫时、彼此摄入时、以本收末时。

"惟约一念时"者，此是第一重，从一"念"而说，谓如来能于无边处所宣说无边妙法，十方法界虽无有边际，但如来于一念之中，无不能遍及，于十方法界微尘刹土的众生，皆能闻受如来所说妙法。

"尽该一化时"者，"一化"即指如来的一代教化（佛初成道时第二七日，至如来般涅槃夜）。如来于此一代时化中，亦能遍于十方微尘刹尘中，宣说妙法，教化众生；又，于此一代时化之念念中，亦皆摄尽如来于十方法界微尘刹土中，教化众生所宣说妙法。

"遍周三际时"者，前之二重，唯从"现在"一际而说，此重更说前际、后际，

---

① （清）续法集《贤首五教仪开蒙》卷一，《卍新纂续藏经》第58册，第689页。
② （清）续法集《贤首五教仪开蒙》卷一，《卍新纂续藏经》第58册，第689页。

尽过去、现在、未来三时，而过去又有过去过去、现在现在、未来未来，未来亦有过去过去、现在现在、未来未来，如是三际重重无尽。于此重重无尽三际无边劫之念念中，亦能摄尽如来于十方法界微尘刹土中所宣说的无尽妙法。

"摄同类劫时"者，于过、现、未三际前后无边际中，各有无量同、异类劫，此重但从同类劫而说，谓此三际前后无边劫后，一一劫又能各摄无量同类劫海，于此无量同类劫海之念念中，皆能摄尽如来于十方法界微尘刹土中所宣说的无尽妙法。

"摄异类劫时"者，上一重明同类劫，此重明异类劫，谓此三际前后无边劫后，一一劫又能各各摄尽无量异类劫海，于此所摄无量异类劫海之念念中，亦皆能摄尽如来于十方法界微尘刹土中所宣说的无尽妙法。

"以念摄劫时"者，前第一重明"念"，第二重至第五重明"劫"，此重明"念"该"劫"，即谓前所明无量同、异类劫，唯一念之所摄也，于一念之中，即能摄前之所说无量无边同、异类劫海。一念之中，能摄无量同异类劫，余一一念中，亦皆能摄尽无量同异类劫。而于此一念之中所摄无量无边同、异类劫海之念念中，亦皆摄尽如来于十方法界微尘刹土中所宣说的无尽妙法。

"劫念重收时"者，上一重明一"念"之中摄无量劫，此重复明此一念中所摄无量劫中复有无量念，而此无量劫中所具无量念中，又念念摄尽无量诸劫，所摄劫中复具无量劫，劫中复具无量念，如是劫中具念，念中摄劫，劫中复具念，念中复摄劫，重重无尽，如是念念不尽，劫劫无穷，如因陀罗网。于此劫劫念念中，亦皆摄尽如来于十方法界微尘刹土中所宣说的无尽妙法。

"异类界劫时"者，从第一重至第七重，但从一同类世界之劫念而说，但世界无量，世界形类亦无量，异类世界的时劫亦各不相同，彼异类世界之时劫，亦如上之七重，念中摄劫，劫中具念，念念不尽，劫劫无穷，如因陀罗网。于此异类世界劫劫念念中，亦皆摄尽如来于十方法界微尘刹土中所宣说的无尽妙法。

"彼此摄入时"者，此是第九重，此中彼此摄入，即指前第八重中所说的无量异类世界的时劫彼此相摄相入，亦是指前无量同类世界的时劫彼此相摄相入，亦是指前无量同、异类世界的时劫彼此相摄相入，此同、异类世界时劫彼此相入，亦如同上之前第四、第五、第六、第七重中所说，念中摄劫，劫中具念，重重无尽，于彼重重无尽的劫念中，亦皆摄尽如来于十方法界微尘刹土中所宣说的无尽妙法。

"以本收末时"者，此是第十重。"本"者，即华藏；"末"者，即娑婆等。于华藏世界中，以非劫为劫，劫即非劫。此中是从理上而言，非劫是理，故为本，劫者是事，故为末也。若从理而言，应离于分限，故云非劫也。而之所以有"劫"等之说，乃是随顺世俗而有差别，依众生根性而立"时"等法也。如《华严经》卷五十四"离世间品"中所说："菩萨摩诃萨知一切劫即是非劫，而真实说一切劫数，是为第六无碍住。"①"时"本无有别体，只是依于法上之假立。

三　华严三时判教的特点

华严家的三时判教，将如来一代教法分为别三时和通三时两种判释，说三时而亦不说三时，似极矛盾而不矛盾。若细究起来，华严家的三时判教之所以有别三时之说，这是为了突出《华严经》的"本教"地位；而华严家的三时判教之通三时说，这是为了体现如来说法之圆融，打破人们时"间"的执着，也即我们常说的打破时空，突显华严家"念劫圆融"这一思想理念。

第一，《华严经》的"本教"地位。

在华严祖师的诸多论典中，对《华严经》在如来所说一代时教中的地位，皆是以"本教"来标显《华严经》。依据华严家的立场，自然要突显《华严经》的尊胜。而从教理上显出《华严经》的本教地位，则尤为重要。如《华严五教章》卷一中说：

> 第六教起前后者，于中有二：初明称法本教，二明逐机末教。初者谓别教一乘，即佛初成道第二七日，在菩提树下。犹如日出先照高山，于海印定中同时演说十十法门。②

亦如《探玄记》卷一中所说：

> 本末无碍门者，谓：初举照山王之本教，明非本无以起末；后显归大海之异流；明非尽末无以归本。是即本末交映；与夺相资；方为摄生之善巧也。是故通论总有五位：一、根本一乘教，此如华严说……③

《华严经》是称法本教，是举照山王之本教，一切诸法均依此本教而起，一切诸法皆不离此本教，华严家之所以称《华严经》为本教，法藏于《华严五教章》《探玄记》中已说得非常明白，华严宗诸祖于他们的章疏中亦多有阐述。

在华严家三时判教中，以"日出先照时"来标指如来所说华严大法，谓此华严妙法是"无上根本法轮"，犹如日出先照诸大山王，如来出世先为诸大菩萨宣说别教一乘根本大法；日出时唯诸大山王能见日轮，如来出世亦复如是，唯诸大菩萨能

①　（东晋）佛驮跋陀罗译《华严经》卷五十四，《大正藏》第9册，第288页。
②　（唐）法藏述《华严五教章》卷一，《大正藏》第45册，第482页。
③　（唐）法藏述《华严经探玄记》卷一，《大正藏》第35册，第115页。

闻能见如来所宣一乘根本妙法，而诸大声闻于此法会上如聋如哑，以此来突显《华严经》的本教地位。

第二，华严家念劫圆融的思想理念。

华严家的三时判教，在"别三时"中，以"日出先照时"来突出《华严经》的"本教"地位。在"通三时"中，以念劫圆融这一理念来明华严家人之时间观。华严家在对如来说法时分的解析，即"常恒之说""无涯之说"，如《华严经旨归》卷一中"常恒之说，前后际而无涯，况念劫圆融，岂可辨其时分"；《华严经疏》卷四十七中"常恒之说，前后无涯，生盲之徒对而莫睹，随所感见说有始终"。是故，华严家有通三时之说，来打破众生对时"间"、空"间"的执着。

如来说法既然是常恒之说，是故，如来于过、现、未三世常恒说法，无有间断，若有间断，即非常恒之说。既然如来说法是常恒之说，前后际而无涯，则对于如来说法的时分自是不可辩说。

在通三时中，第一重"惟约一念时"即直接明了地打破了我人对空间的执着，谓如来于一刹那中，即遍无尽之处，顿说无边法海，如来能于一念之间，遍十方无尽尘刹说法，则空间无有阻碍，后第二重"尽该一化时"以及第三重"遍周三际时"也都在体现这种理念。

在通三时中，从第六重"以念摄劫时"至第九重"彼此摄入时"中，则重在明示"念即非念""劫即非劫"这种思想，详细辩说一念与无量劫相融相摄，无碍圆融。这是华严家有关如来说法"时分"的根本思想。

在通三时之第十重中，则以"以本收末时"句总结华严家"念劫圆融"这一思想理念，非劫为"本"，劫者为"末"，打破众生对时"间"的执着。一切"时间"皆无有别体，一切"时间"都只是于法上假立。一切皆是假立，皆是随众生所执着而假立。如是，打破"时""空"的执着，尽过去、现在、未来，无穷三际，无不是如来说法之时；十方世界，尘尘刹刹，山河大地，无不是如来说法之处，此是华严家通三时判教之旨趣也。

第二节　华严五教判教说

华严家五教判，即将如来所说一代教法，以小乘教、始教、终教、顿教、圆教等五教来进行区分类别。此五教说，初始于杜顺的《华严五教止观》；在智俨的《华严孔目章》中，提出了"依教有五位差别不同"的说法；在法藏的《华严五教章》中，则是系统地提出了华严五教的说法，从教法和教理上对五教的差别分齐进行比较。

一　华严五教判的建立

华严家之五教判，初始于杜顺的《华严五教止观》。在《华严五教止观》中，杜顺立有五重观门，于小、始、终、顿、圆五教之名称下，阐明各止观之修相。广依诸经，说观门之浅深差别。如文中所说：

> 止观法门有五：一、法有我无门（小乘教），二、生即无生门（大乘始教），三、事理圆融门（大乘终教），四、语观双绝门（大乘顿教），五、华严三昧门（一乘圆教）。①

此五重观门，虽说是从观法上，从浅至深次第观照，但亦是将如来所说一代时教按教法之浅深进行区划分类，也即论说五重教义。

智俨在《华严孔目章》卷一中，首先提出了"依教有五位差别不同"的说法。但在本书的具体论述中，这种"五位"判教可有三种说法：第一，小乘教、初教（或名空教）、熟教、顿教、圆教，此如"显教分齐章"中②所说；第二，小乘教、初教、终教、顿教、一乘教，此如"净行品初明凡圣行法分齐不同义章"中③所说；第三，小乘教、大乘初教、终教、圆教、一乘教，此如本书卷二中的"明法品初立五停心观章"中④所说。

此书中，智俨说三种五位判教，但对此"五位"的具体分断却阐述得不够详细。而智俨也并没有固定五教的具体名目。但这三种五位判教，其中第二种五位判教所说名目，是最为接近后来法藏所立五教判。

华严家之五教判教，完善于法藏，在《华严五教章》中，法藏以小乘教、大乘始教、大乘终教、大乘顿教、一乘圆教等五教统摄如来一代教法。在卷一中，法藏如是说：

> 圣教万差，要唯有五：一、小乘教，二、大乘始教，三、终教，四、顿教，五、圆教。初一，即愚法二乘教；后一，即别教一乘。⑤

此五教判，在法藏的众多著作中，如《探玄记》《金师子章》《游心法界记》

---

① （隋）杜顺说《华严五教止观》卷一，《大正藏》第45册，第509页。
② （唐）智俨集《华严孔目章》卷一，《大正藏》第45册，第537页。
③ （唐）智俨集《华严孔目章》卷一，《大正藏》第45册，第548页。
④ （唐）智俨集《华严孔目章》卷一，《大正藏》第45册，第552页。
⑤ （唐）法藏述《华严五教章》卷一，《大正藏》第45册，第481页。

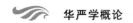

等，也都有关于五教判的诠释。后来的澄观，则是完全继承了法藏的五教判思想。

二 华严五教判之理论

华严家所立的五教判，乃是从如来所说教法上进行分类。在《华严五教章》中，法藏分别从教法与教理两方面对五教所说进行比较；在《华严游心法界记》中，法藏亦对五教所诠教义和五教所对应典籍一一论述。今此门中，分别从五教之开合义、五教所诠名义、五教中所说种性差别、五教所对应之典籍等几个方面进行讨论。

第一，华严五教之开合义。

在《华严五教章》中，立有十门论说一乘教义分齐，其中第五门为"乘教开合"。阐明对如来一代时教的判摄，即其分判的理由，如卷一中所说：

> 初约教者，然此五教，相摄融通，有其五义。一、或总为一：谓本末镕融，唯一大善巧法。二、或开为二：一、本教，谓别教一乘，为诸教本故；二、末教，谓小乘、三乘，从彼所流故。又名究竟及方便，以三乘、小乘望一乘，悉为方便故。三、或开为三：谓一乘、三乘、小乘教，以方便中开出愚法二乘故。四、或分为四：谓小乘、渐、顿、圆，以始终二教俱在言等故。五、或散为五：谓如上说。①

上面这段引文中，法藏论述其所立五教之开合义，亦是其立此五教之次第缘由。依上所说，若总合而论，则如来四十九年所说一代教法，唯是一大善巧法门，所谓"佛以一音演说法，众生随类得开解"是也；若分门说之，有二分、三分、四分、五分等。

若二分说之，则将如来所说一代教法，以本末分之，也是将《华严经》与其他经典区别开来。谓此《华严经》乃是如来自性本怀所流露，是根本之教；余一切经典皆是如来于此根本教上所开之方便，是权巧施设，是方便之教。

若三分说之，即将本末二教中之"末教"再分为二，谓末教可分为小乘、三乘。谓此二门皆是如来方便说教，皆是依华严一乘为根本。此三分说者，即一乘教、乘教、小乘教等三教。

若四分说之，即将上之所说三乘教再开为二，谓此三乘教中，由于所对应众生根机不同，众生根机有渐有顿，故于三乘教中，分渐、顿二教。此四分说者，即一乘教、顿教、渐教、小乘教。

---

① （唐）法藏述《华严五教章》卷一，《大正藏》第45册，第482页。

若五分说之，即将上之所说渐教再开为二，谓上渐教中，由于教法之浅深不同，如来所说大乘法义有始有终，是故于上渐教中，分始、终二教。此五分说者，即华严家所立五教，即一乘教、顿教、终教、渐教、小乘教。

第二，五教各自所诠名义。

华严家所立五教判，在法藏的《华严五教章》中，有非常详尽的论述，在华严祖师的其他一些论著中，也或多有少有一些论述。此中依据华严祖师所说，略述五教之名义。

小乘教，也叫作愚法二乘教，是对不堪受大乘教的二乘根机所说的教法，如来在宣说此类教法时，乃是随其根机，只说人空，不明法空。即使在说法空时，也不太明显。法藏立此教之名为小乘教，这是为了与区别于大乘菩萨教。

大乘始教，这是如来为初入大乘，但根机还未曾成熟的众生所说的教法。此教法所针对的是初入大乘的行者。据《探玄记》卷一[①]中说，《解深密经》中所说的第二时、第三时之教，皆为此始教所摄，又此二时教俱不许定性二乘成佛，法藏认为未能尽显大乘之理，即始教所说教义范畴。

大乘终教，此教之教义，旨在说二乘和一切有情悉当成佛，主张一切众生皆有佛性，主张"凡有心者，皆当成佛"，故与主张"五性各别"而不认为一切众生皆可成佛之大乘始教相较，此教方尽大乘至极之理，故称为终教。

大乘顿教，法藏认为"但一念不生，即名为佛；不依位地渐次而说，故名为顿"。此教如《维摩经》等经中所说，净名长者以默显不二之理，即属于此教。立此教名为顿教，是相对于始终二教需渐次修成而说，此教是顿修顿悟的法门。一切法本来如是，不待言说。就像镜中影像顿现，不是渐次而生，是故名顿教。

一乘圆教，即指圆融无碍的教门。法藏认为，五教中的圆教指的即《华严经》中所讲的别教一乘，此如《华严五教章》卷一[②]中所说。此教明一位即一切位，一切位即一位；十信满心，即摄五位而成正觉，如因陀罗网，重重无际，微细兼容，主伴无尽，故名圆教。

第三，五教所说种性差别。

在《华严五教章》中，法藏为明华严五教之差别分齐，分别从心识、种性、行位、断惑等方面明五教之不同。依其所说，此中略明五教所说种性差别。

依小乘教义，有退、思、护、住、升进、不动等六种性，于中，不动性为最利根。而此"不动性"中，依其根性浅深，应有三品，即声闻性、独觉性、佛种性。此三品，上者，发菩提心，修六度行，期成佛果故，是为佛种性；中者，其

---

① （唐）法藏述《华严经探玄记》卷一，《大正藏》第35册，第111页。
② （唐）法藏述《华严五教章》卷一，《大正藏》第45册，第481页。

根小明利，乐于因缘行故，是为独觉性；下者，其性厌没，欣出离故，是为声闻性。

依大乘始教义，其所立种性，乃是就有为法中而立，其立有五种性，如《佛地经论》卷二所说："无始时来，一切有情，有五种性：一、声闻种性。二、独觉种性。三、如来种性。四、不定种性。五、无有出世功德种性。"①

依大乘终教义，其所立种性，乃是就真如性而立。谓遍一切众生，皆有种性。即是说，一切众生皆有佛性，一切众生皆可成佛。

依大乘顿教义，其所立种性，依"离言真如"义而立。谓此顿教中，离言说相，离心缘相，此顿教乃是别对一类离念之机而说，此中元来不立一物也，以一性平等，无有彼此一异之相，泯绝无寄，直显真如。如《诸法无行经》卷一中所说："云何是事名为种性，文殊师利，一切众生皆是一相，毕竟不生，离诸名字，一异不可得故，是名种性。"②

依华严一乘教义，其所立种性，法藏谓"种性甚深，因果无二""通依及正，尽三世间""该收一切理事、解行等诸法门""本来满足，已成就讫"。如经卷八"菩萨十住品"中文"菩萨种性甚深广大，与法界虚空等"③ 所明。

第四，五教所对应之典籍。

在《游心法界记》卷一④中，法藏以五门来明五教，其中一一标明五教所对应之典籍。其中，小乘教所对应之经论为：《阿含经》《阿毗昙论》《成实论》《俱舍论》《婆沙论》等；大乘始教所对应之经论为：《般若经》《中论》《百论》等；大乘终教所对应之经论为：《胜鬘经》《诸法无行经》《涅槃经》《密严经》《起信论》《法界无差别论》等；大乘顿教所对应之经论为：《楞伽经》《维摩经》《思益经》等；别教一乘所对应之经论为《华严经》。

三　华严五教判的特点

华严五教判思想完善于法藏，从《华严五教章》对五教判的解析，可以看出，法藏所建立的五教，具有两个方面的特点：第一，《华严经》区别于余一切经典；第二，承继前人的判教思想。

第一，《华严经》区别于余一切经典。

在《华严五教章》中，处处皆在标显此《华严经》不同于其他经典。如：在"建立一乘"中，说依诸圣教说，此一乘与三乘教有权实、教义、所期、德量、寄

---

① （唐）玄奘译《佛地经论》卷二，《大正藏》第 26 册，第 298 页。
② （后秦）鸠摩罗什译《诸法无行经》卷一，《大正藏》第 15 册，第 755 页。
③ （东晋）佛驮跋陀罗译《华严经》卷八，《大正藏》第 9 册，第 444 页。
④ （唐）法藏撰《游心法界记》卷一，《大正藏》第 45 册，第 642 页。

位、咐嘱、根缘受者、难信易信、约机显理、本末等十种差别；在"起教前后"中，将此《华严经》与其他经典以"本教"和"末教"进行区分；在"施设异相"中，说此《华严经》与其他经典有说法时、说法处、说法主、闻法众等十门施设不同。如是等等。

另外，法藏在《华严五教章》中，亦从教理方面诠释此一乘教与三乘小乘之间的差别，其中例举十门，即：一、所依心识，二、明佛种性，三、行位分齐，四、修行时分，五、修行依身，六、断惑分齐，七、二乘回心，八、佛果义相，九、摄化境界，十、佛身开合。

第二，承继前人的判教思想。

在华严五教判中，法藏是在前人判教思想上进行完善而成，对于前人的一些判教思想理念，法藏也是有选择地进行了接受。

在《华严五教章》之"古今立教"中，法藏例举古德十家判教，其中有菩提流支所立的一音教，如卷一中说：

> 依菩提流支，依《维摩经》等，立一音教。谓一切圣教皆是一音一味一雨等澍，但以众生根行不同，随机异解，遂有多种，如克其本，唯是如来一圆音教，故经云"佛以一音演说法，众生随类各得解"等是也。①

法藏承继菩提流支所说，在其后"乘教开合"中，法藏即说"或总为一，谓本末镕融，唯一大善巧法"。

在《华严五教章》之"古今立教"中，法藏谓有光统律师立有三种教，如卷一中说：

> 依光统律师，立三种教，谓渐、顿、圆。光师释意：以根未熟，先说无常后说常，先说空后说不空，深妙之义，如是渐次而说，故名渐教；为根熟者，于一法门具足演说一切佛法，常与无常，空与不空，同时俱说，更无渐次，故名顿教；为于上达分阶佛境者，说于如来无碍解脱究竟果海圆极秘密自在法门，故名为圆，即此经是也。②

此一说法亦为法藏所接受。与此上所说不同的是，法藏在此上所说渐、顿、圆之外更别立小乘教。谓小乘教乃是别为愚法声闻、缘觉人所说也。

---

① （唐）法藏述《华严五教章》卷一，《大正藏》第45册，第480页。
② （唐）法藏述《华严五教章》卷一，《大正藏》第45册，第480页。

第三节　华严十宗判教说

在一般述及华严判教时，都是说华严五教，或说是贤首五教，而对十宗很少提及。法藏在《华严五教章》卷一"分教开宗"中，说"分教开宗者，于中有二：初就法分教，教类有五；后以理开宗，宗乃有十"。即谓：华严五教主要是对如来一代圣教的判别，而十宗则是法藏根据佛教各派所依、所尊、所崇而进行的分类。或者说，五教是自教上分类，而十宗则是自理上分类。

一　华严十宗判教的建立

华严十宗判教的说法源自华严三祖法藏，在法藏所著的《探玄记》卷一、《华严五教章》卷一中皆有释解十宗名义，澄观的《华严经疏》卷三中亦有释解。此十宗教判者，其名目分别是：一、我法俱有宗，二、法有我无宗，三、法无去来宗，四、现通假实宗，五、俗妄真实宗，六、诸法但名宗，七、一切皆空宗，八、真德不空宗，九、相想俱绝宗，十、圆明具德宗。

此十宗教判的名义，应该是法藏基于前人的说法，再加上自身对如来所说教法的理解，整合而来。在法藏同时代，有慈恩窥基，其在《说无垢称经疏》卷一和《大乘百法明门论解》卷一中，皆列有八宗教判说。其八宗名目，分别是：一、我法俱有宗，二、法有我无宗，三、法无去来宗，四、现通假实宗，五、俗妄真实宗，六、诸法但名宗，七、胜义俱空宗，八、应理圆实宗。

法藏与窥基二人，一说十宗，一说八宗。两人所立，前六宗所取之名和所释之义，基本相同，不同的是从第七向后，应是基于各人对于教法理解的不同，如窥基在《大乘百法明门论解》卷一中所说：

> 五、俗妄真实宗，即说出世部；六、诸法但名宗，即一说部。此二通于大小乘。七、胜义俱空宗，八应理圆实宗。后二唯大。此论旨趣即第八宗，于深密三时，乃第三时也。言三时者，初，四阿含言有；第二时，八部般若言空，第三时，即《解深密经》，空有双彰，中道教也。[①]

法藏所立十宗，自是结合其所立五教而说。在法藏的判教中，前六宗皆被判释为小乘教。窥基所立的第七"胜义俱空宗"，到了法藏这儿则变为了"一切皆空

宗"，第八"应理圆实宗"则变为了"真德不空宗"。法藏在此基础上，更增相想俱绝宗和圆明具德宗二宗，以此更全面地将如来一代圣教进行了系统的分断。

到了后来清代的续法，则对法藏著作中所立十宗加以整合，将前六宗总说为"随相法执宗"。如其《贤首五教仪开蒙》中①，即立有六宗，其名目分别是：一、随相法执宗，二、唯识法相宗，三、真空无相宗，四、藏心缘起宗，五、真性寂灭宗，六、法界圆明宗。在第一"随相法执宗"内，再分列六宗，即：一、我法俱有宗，二、法有我无宗，三、法无去来宗，四、现通假实宗，五、俗妄真实宗，六、诸法但名宗。

续法所说，应是综合了华严祖师诸多著作中的判教思想，以第一"随相法执宗"总合小乘教之六宗，再将唯识、中观二派之主张分别以"唯识法相宗"和"真空无相宗"标列，此同于前窥基所说的第七和第八，只是顺序颠倒而已。后三宗则分别与华严家所立五教中"终教""顿教""圆教"相对应。

二　华严十宗判教之理论

在《华严五教章》卷一中，法藏立此十宗，谓是"以理开宗"。即谓此十宗乃是依行者所尊所奉之教理而分类归纳。而在《华严经疏》卷三中，澄观以总结前人所判诸宗说，谓前人所说不尽完整，是故总收一代时教，从浅至深，而说十宗。此下即依法藏及澄观所说，一一略释此十宗名义。

第一，"我法俱有宗"者，是指人天乘和小乘中的犊子部等所依的教义。人天乘认为我法俱有实体，犊子部等立三世、有为、无为等，此二部皆主张"人我"和"法我"是真实存在的，所以称为"我法俱有宗"。在续法《贤首五教仪》卷四及澄观《华严经疏》卷三中，皆谓"然此一部，诸部论师，共推不受，呼为附佛法外道，以诸外道所计虽殊，皆立我故"。

第二，"法有我无宗"者，这是小乘萨婆多部的主张，认为一切诸法通于三世，其体恒有，但人我非有。以无我故，异外道计。又于有为法中立正因缘，以破外道邪因无因，所以称为"法有我无宗"。

第三，"法无来去宗"者，是小乘大众部的主张，大众部说三世中过去及未来诸法的体用俱无，唯现在的诸有为法及无为法是实有。也就是说现在有体，过未无体，这和说一切有部等所主张的三世实有、法体恒有的说法不同，所以称为"法无去来宗"。

第四"现通假实宗"者，是小乘说假部的看法，主张过去、未来诸法没有实体，而现在法中有假有实。于现在法中，五蕴有实体，十二处和十八界均非真实存

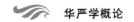

在。所以称为"现通假实宗"。

第五，"俗妄真实宗"者，此是说出世部的主张，认为一切世俗现象（世俗法）均不真实，都是虚妄的。因为世间法是虚妄的，所以只有出世法才是真实的，故称为"俗妄真实宗"。

第六，"诸法但名宗"者，此是小乘中一说部等的主张。此宗主张世间及出世间的一切现象只有"假名"，并无实体。所以称之为"诸法但名宗"。

第七，"一切皆空宗"者，此是大乘始教所主张。如《般若经》中所说，一切诸法皆虚妄不真实，不问有漏无漏，悉皆空义，无有实相。所以称为"一切皆空宗"，虽然前第六宗中也有说一切皆空，但前者是"析有明空"，此处明"即有是空"。

第八，"真德不空宗"者，此是大乘终教所主张。谓如来藏具足无量性功德，迷妄染净一切诸法，都从真如缘起，真如之理和万有之事无碍溶融。此宗说空是即有之空，谈有是即空之有。空有双融而不相碍。

第九，"相想俱绝宗"者，此是大乘顿教所主张。相是所缘境相，想是能缘心想。此宗说相想俱绝，一念不生即佛。此宗显离言之理，理事俱泯，所以说是"相想俱绝宗"。

第十，"圆明具德宗"者，此是华严别教一乘所主张。此宗显主伴具足，无尽自在所显法门是也。

三　华严十宗判教的特点

华严十宗判教，实际上就是对五教的展开，其中前六宗属于小乘教，第七"一切真空宗"相当于大乘始教，第八"真德不空宗"相当于大乘终教，第九"相想俱绝宗"相当于大乘顿教，第十"圆明具德宗"相当于华严一乘别教，即圆教。此十宗判教，具有两个方面的特点：第一，依教理浅深次第而说；第二，融摄诸宗所崇奉之理

第一，依教理浅深次第而说。

此十宗判教，由小乘渐入大乘，由始教渐入终教，由渐教而入顿教，由三乘而入一乘，如是由浅至深，次第而说。如澄观在《华严经疏》卷三中所说：

> 然此十宗，后后深于前前。前四唯小，五六通大小，后四唯大乘，七即法相宗，八即无相宗，后二即法性宗。又七即始教，八即顿教，九即终教，十即圆教。[①]

---

① （唐）澄观撰《华严经疏》卷三，《大正藏》第 35 册，第 521 页。

澄观所列十宗名目次第与法藏所列略有不同，依《华严经疏》卷三中所说，十宗名目次第分别是：一、我法俱有宗，二、法有我无宗，三、法无去来宗，四、现通假实宗，五、俗妄真实宗，六、诸法但名宗，七、三性空有宗，八、真空绝相宗，九、空有无碍宗，十、圆融具德宗。依澄观所说，前四宗乃是小乘教之所依，第五和第六宗则是由小乘教渐入大乘教人之所依，第七即是法相宗所持之理，第八即是顿教所说义，后二宗皆说众生本具佛性，众生皆能成佛。若依法性而说，则是从浅至深。

第二，融摄诸宗所崇奉之理。

法藏在《华严五教章》卷一中立十宗说，谓此十宗中，前五宗皆是依小乘说，第六宗是"通初教之始"，第七宗至第十宗，则是分别与始教、终教、顿教、圆教相对应。其中，第七"一切皆空宗"与始教相对应，而法藏所立始教，含摄有二门，如《探玄记》卷一中所说：

> 始教者，以《深密经》中第二第三时教，同许定性二乘俱不成佛故，今合之总为一教。此既未尽大乘法理，是故立为大乘始教。①

而依唯识家对于第二、第三时教的解说，如前窥基在《大乘百法明门论解》卷一中所说"第二时，八部般若言空，第三时，即《解深密经》"。是故续法依承祖说，如前所说，于小乘六宗外，更立五宗，即：二、唯识法相宗，三、真空无相宗，四、藏心缘起宗，五、真性寂灭宗，六、法界圆明宗。

又依华严家对一乘教的解释，一乘教有别教一乘与同教一乘之说，别教一乘即是如来于《华严经》中所说华严一乘法界无尽圆融之理；同教一乘即是如来于《法华经》中所说会三归一之圆融之义。是故可知，法藏所判十宗，实际上即是摄尽当时各宗所崇所奉之理。

如上所说，此十宗者：第一"我法俱有宗"者，为附佛外道；第二"法有我无宗"至第五"俗妄真实宗"者，是小乘教人所主张；第六"诸法但名宗"者，是通达大乘之始；第七"一切真空宗"则有二门，即"唯识法相宗"与"真空无相宗"，分别为法相宗和三论宗所主张；第八"真德不空宗"者，即是如来藏思想所主张者；第九"相想俱绝宗"者，即是禅宗人所主张；第十"圆明具德宗"者，即是一乘教，有同教一乘和别教一乘之分，分别为天台宗人和华严宗人所主张。

---

① （唐）法藏述《华严经探玄记》卷一，《大正藏》第 35 册，第 115 页。

思考与练习题

一 名词解析

1. 别三时，2. 通三时，3. 五种性，4. 日升转照时，5. 以本收末时，6. 真德不空宗，7. 法无来去宗，8. 诸法但名宗。

二 简答题

1. 请简略述说华严三时判教的建立。

2. 请简略述说华严三时判教之理论。

3. 请简略介绍华严三时判教的特点。

4. 请简略述说华严家五教判的建立。

5. 请简略述说华严五教之开合义。

6. 请简略述说五教所明种性之差别不同。

7. 请简略介绍华严五教判的特点。

8. 请简略述说华严十宗判教的建立。

9. 请列举华严十宗判教之名目并略做解说。

10. 请简略介绍华严十宗判教的特点。

第十六章　华严一乘十玄门思想

【本章导读】

本章主要围绕华严一乘十玄门思想进行阐述，即依次对华严十玄门的提出、发展、思想内容等方面进行讨论。

本章分三节。

第一节，十玄门思想的提出。本节中，从两个方面进行讨论，一是十玄名目的最初出现，二是十玄思想的最初起源。此中认为：十玄名目的出现，是智俨著《华严一乘十玄门》中所列出；十玄门思想起源，依澄观说，自杜顺著《华严法界法门》中出。

第二节，十玄门思想的发展。本节中，依次介绍了智俨、法藏、澄观三位祖师对十玄的不同解说。其中，智俨从十个角度分说十玄，以显法界缘起无碍；法藏多部著作中皆列有十玄，但十玄的名目和次第，表述多有些微不同；澄观依承法藏《探玄记》中所说，认为其中所列十玄有次第故。

第三节，十玄门思想之简述。本节中，先列十对法，以表法界万法，为所依体事；后显十玄无碍义理，为能依观门。此中，以《探玄记》中十玄为主，以其余著作中所说补充之，具十玄门有新古之说。

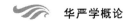

第一节 十玄门思想的提出

华严十玄门的最初出现，应该分两个方面来说：一是其名目的最初出现，二是其十玄思想的起源。对于其名目的出现，据现有的资料，是在智俨所著的《华严一乘十玄门》一书中，但对于华严十玄思想的最初出现，则有待考证。

一 《华严一乘十玄门》立名

华严一乘十玄门，是华严宗重要的理论学说，依智俨所著《华严一乘十玄门》中所说，其名目次第如下：一、同时具足相应门，二、因陀罗网境界门，三、秘密隐显俱成门，四、微细相容安立门，五、十世隔法异成门，六、诸藏纯杂具德门，七、一多相容不同门，八、诸法相即自在门，九、唯心回转善成门，十、托事显法生解门。

十玄门名目的出现，从现存资料来看，智俨的《华严一乘十玄门》，是最早建立十玄门的著作。在杜顺的著作中并没有"十玄门"之名，如杨文会先生于《华严一乘十玄门》后记中所说：

> 华严大教，阐扬十玄者，引为鼻祖，贤首仍之，载于《教义章》内，大意相同，而文有详略，及作《探玄记》，改易二名。①

杨文会先生认为，智俨为"阐扬十玄之鼻祖"。不论是从现存的资料上，还是从诸经录中，在智俨之前均不见有"十玄门"之名。

依据智俨在《华严一乘十玄门》中所说，其所建立"十玄门"的目的，是为了以此"十玄门"来明华严一乘法界缘起无碍之义。智俨认为，此一乘法界缘起，不同于二乘、三乘等教中所说：

> 明一乘缘起自体法界义者，不同大乘二乘缘起，但能离执常断诸过等。此宗不尔，一即一切，无过不离，无法不同也。今且就此华严一部经宗，通明法界缘起。②

在《华严一乘十玄门》中，智俨以"举譬辨成于法""辨法会通于理"二门明

---

① （清）杨文会记《华严一乘十玄门·后记》，《大正藏》第45册，第518页。
② （唐）智俨撰《华严一乘十玄门》卷一，《大正藏》第45册，第514页。

法界缘起义。在"举譬辨成于法"中，智俨举"十数"为喻明此缘起无碍义；在"辨法会通于理"中，智俨举"十玄门"明此法界缘起无碍之义。

另外，智俨在《华严经搜玄记》中亦说有十玄门，《搜玄记》一书乃是智俨为晋译《华严经》所做的注疏。在此疏卷一中，智俨"随文解释"时，以此"十玄门"来诠释一部华严经教所诠之义。更以此十玄门来辨一乘圆顿法门与三乘渐教之分别不同。

> 上之十门玄并皆别异，若教义分齐与此相应者，即是一乘圆教及顿教法门；若诸教义分，与此相应而不具足者，即是三乘渐教所摄。①

智俨在《华严一乘十玄门》和《华严经搜玄记》中皆说有十玄门，此二部著作中，或依十玄门明一乘法界缘起无碍之义，或依十玄门明华严一经所说教义分齐。然此二部著作，皆说一乘教义不同二乘、三乘所说，皆依十玄门来分辨一乘与二乘、三乘之差别不同。

二　杜顺《法界观》初现端倪

从现存的资料来看，十玄门名目最早出现在智俨的《华严一乘十玄门》中，然十玄思想的起源，应该可以追溯到杜顺。从《华严一乘十玄门》之所标之撰号可以看出一点端倪。

> 唐终南太一山至相寺释智俨撰，承杜顺和尚说。②

在《华严一乘十玄门》的撰号中，可以很明显地看出，"十玄门"虽是智俨所立，但并非智俨首创，而应是师有所承，如撰号中所说"承杜顺和尚说"。只是到了智俨之时，将之明白地表达出来而已。

在杜顺的著作中，虽未见有"十玄门"的名目出现，但有一种情况也不能不考虑。那就是说，在杜顺华严思想之中，已有"十玄"思想的体现。认同这种看法比较明显的应该是澄观在《华严法界玄镜》卷二中的表述：

> ……由其初门理如事故，一可为多；由第二门事如理故，多可为一……第十门即同时具足相应门；九即因陀罗网境界门；由第八交涉互为能所，有隐显

---

① （唐）智俨述《华严经搜玄记》卷一，《大正藏》第35册，第15页。
② （唐）智俨撰《华严一乘十玄门》卷一，《大正藏》第45册，第514页。

门；其第七门相即相入门；五即广狭门；四不离一处即遍，有相即门；三事含理事故，有微细门；六具相即广陕二门；前三总成诸门事理相如，故有钝杂门；随十为首，有主伴门显；于时中有十世门故；初心究竟摄多劫于刹那，信满道圆一念该于佛地，以诸法皆尔故，有托事门。是故十玄亦自此出。[1]

此上这一段引文，是澄观对杜顺《华严法界观门》之"周遍含容观"中十门的总说。其十门名目分别是：1. 理如事门，2. 事如理门，3. 事含理事门，4. 通局无碍门，5. 广狭无碍门，6. 遍容无碍门，7. 摄入无碍门，8. 交涉无碍门，9. 相在无碍门，10. 普融无碍门。

依澄观所说，第十"普融无碍门"者，即与"同时具足相应门"对应；第九"相在无碍门"者，即与"因陀罗网境界门"对应；第八"交涉无碍门"者，即与"秘密隐显俱成门"对应；第七"摄入无碍门"者，即与"诸法相即自在门"相对；而第六"遍容无碍门"者，含摄"广狭自在无碍门"与"诸法相即自在门"二门义；第五"广狭无碍门"者，即与"广狭自在无碍门"相对；第三"事含理事门"者，即与"微细相容安立门"对应。

又，澄观认为，"周遍含容观"中前三门（理如事门、事如理门、事含理事门），总说"诸藏纯杂具德门"义；"周遍含容观"中十门所显事事无碍之理，总明"主伴圆明具德门"义。又，观文中有"一法全在一切中时，还令一切恒在一内，同时无碍"等"时中"句，则是论说"十世隔法异成门"义；又云"以诸法皆尔故，有托事门"，此即明"托事显法生解门"。

澄观认为，杜顺在《华严法界观门》所立三观分别与理法界、理事无碍法界、事事无碍法界相对应。而第三"周遍含容观"中所说，即事事无碍法界。依据澄观对于"周遍含容观"的解释。此观中十门，一一门中，皆分别诠释了十玄无碍之思想理念。是故，澄观得出结论"十玄亦自此出"。

第二节　十玄门思想的发展

十玄门思想最初缘自智俨，在智俨的《华严一乘十玄门》《华严经搜玄记》中皆有阐述。到了法藏时期，其承继智俨的十玄思想，亦在其多部著作中，以十玄无碍思想论述华严一乘法界缘起无碍之义。只是在不同的著作中，在十玄门的名目和次第上，表述亦有些微不同；到了澄观时期，其承继法藏在《华严经探玄记》中所

---

① （唐）澄观述《华严法界玄镜》卷二，《大正藏》第45册，第682页。

说，认为此书中所列十玄有次第故，并将智俨所立十玄门称为古十玄，自此，十玄门也就有了新古十玄之说。

一　智俨不同角度论十玄

智俨对于十玄的诠释，主要体现在《华严一乘十玄门》和《华严经搜玄记》中。在《华严一乘十玄门》中，智俨对于十玄门，一一列名，并一一释解其意；在《华严经搜玄记》卷一中，智俨只是简单地列举十玄门之名目，并没有做过多的解释。但在其后的"随文解释"中，随处可见十玄思想的体现。

不论是在《华严一乘十玄门》中，还是在《华严经搜玄记》卷一中，在所列十玄名目之后，皆有标注，谓此十玄门乃是依喻、缘、相、世、行、理等十个角度而说。

依《华严一乘十玄门》中所说，第一"同时具足相应门"者，是约"相应无先后"而说；第二"因陀罗网境界门"者，是约"譬"而说；第三"秘密隐显俱成门"者，是约"缘"而说；第四"微细相容安立门"者，是约"相"而说；第五"十世隔法异成门"者，是约"世"而说；第六"诸藏纯杂具德门"者，是约"行"而说；第七"一多相容不同门"者，是约"理"而说；第八"诸法相即自在门"者，是约"用"而说；第九"唯心回转善成门"者，是约"心"而说；第十"托事显法生解门"者，是约"智"而说。

在《华严经搜玄记》中，所说与《华严一乘十玄门》中大体相同，唯一不同的就是在《搜玄记》中所说第六"诸藏纯杂具德门"中，谓"但义从世异耳"。但值得注意的是，不论是《搜玄记》中，还是《华严一乘十玄门》中，论述第五"十世隔法异成门"时，皆说是约"世"而说。是故，在《搜玄记》中，所说"诸藏纯杂具德门"是"约世"而说，应是误写，而应同于《华严一乘十玄门》中所说，是约"行"而说。

如是可知，在智俨的著作中，其所建立的十玄门，是从不同的角度论说华严一乘法界缘起义。或依相应无先后义，论说法界诸法，法法之间，相即相入，互摄互容，圆碍无碍之义；或从譬喻的角度，论说法界诸法混融无碍之义；或依诸法之缘，或依诸法之相，或依诸法之理，或依诸法之用，如是种种不同的角度，辩说此华严一乘缘起，不同二乘、三乘缘起。法法相即相入，法法圆融无碍，总为一团，而成一大缘起法界。

二　法藏多部著作说十玄

法藏承继智俨的十玄思想理念，亦以十玄无碍思想诠释华严一乘法界无碍缘起。在《华严五教章》《华严经文义纲目》《华严经探玄记》《华严金师子章》等著作中，皆列有十玄名目，只是在不同的著作中，十玄的名目次第亦有略微不同。法藏于诸著作中所立十玄名目次第，如前文"华严三祖法藏"中所说。

在法藏的著作中，以《华严五教章》中所列十玄门之名目次第与智俨所立最为接近，基本上变化不大；而以《华严经探玄记》中所列十玄门之名目次第变化最大，后来的澄观即承继此中所列十玄，谓此中所说十玄有次第故。

在《华严五教章》中，法藏以十门开释"如来海印三昧一乘教义"。在第十门"义理分齐"中，又以四门（三性同异、缘起因门六义、十玄缘起无碍法、六相圆融义）分释华严一乘教之义理。此四门中，第三"十玄缘起无碍法"从普贤圆因的角度，以十玄辩说自在无穷之法界缘起义。

在《华严经文义纲目》中，法藏略开十门，总说此《华严经》中"七处八会事义差别"。在第十门"正说品会"中，又以四门明此华严一部大经所说之法。四门者，第一，约品，依八会之次第，列举各品名目；第二，约会，依八会之次第，略说各会所说之主要法门；第三，显文分齐者，即对华严一部大经整体内容进行科分，或说序正流通三分，或说五分五周因果，或谓八会各说一法；第四，约义显者，即以十玄门来"总标此经大意义理"。

在《华严经探玄记》中，法藏在正释此一部《华严经》之前，以十门总说此《华严经》之玄义。其中第九门"显文义分齐"中，法藏谓"显义理分齐者，然义海宏深，微言浩汗，略举十门，撮其纲要"①。此中所谓"略举十门"，即其后文中所列的十玄门。法藏以此十玄门标显一部《华严经》之义理分齐，以此十玄门撮取一部《华严经》之纲要。

在《华严金师子章》中，法藏藉金狮子之譬喻，以十门分别，解说华严法界缘起之妙理。其中第七门"勒十玄"中，以十玄门明"缘起交映，法法重重"义。

在法藏的著作中，或以十玄总括此一部大经之玄义，或以十玄解说华严法界缘起之妙理。但纵观法藏的著作，对此十玄释解最详细的当数《华严五教章》中所述；在《探玄记》和《金师子章》中，虽然分别以莲华和金狮子为喻，阐释此十玄门所诠义理，但终归不及《华严五教章》中所说明了；在《华严经文义纲目》中，更是仅仅列举十玄名目，来总标华严一经义理。而《华严五教章》中，其名目次第是最为接近智俨所立。是故可知，虽然在法藏的著作中，有多种十玄名目次第，但对法藏来说，并没有对哪一种十玄名目次第有所偏重。

三　澄观说新十玄有次第

在澄观的著作中，有《华严经疏》《华严经疏钞》《大华严经略策》《新译华严

---

① （唐）法藏述《华严经探玄记》卷一，《大正藏》第35册，第123页。

经七处九会颂释章》等，皆有列举十玄门显华严一乘教义分齐。其中，以《华严经疏》和《华严经疏钞》中，对十玄门的论释最为详细。在这两部著作中，除了在篇首玄谈中论述十玄门义理外，在对《华严经》的经文释解中，亦随处可见澄观以十玄门思想诠释经文义理。

在《华严经随疏演义钞》卷十中，澄观提出了"古十玄"的说法。

> 疏，然此广狭亦名纯杂下，二会纯杂门，以古十玄有此名故。贤首意云：万行纯杂，有通事理无碍，及单约事说，故废之耳。谓同一法界故纯，不坏事相故杂，此即事理无碍也……①

这一段是澄观对其《华严经疏》卷二所说"第二广狭自在无碍门"之文的注释，原论如下：

> 且依古德，显十玄门，于中文二：先正辩玄门，二明其所以。今初：一、同时具足相应门，二、广陕②自在无碍门……然此广陕亦名纯杂，普周法界故，纯一无二，不坏本位，则不妨于杂，万行例然。③

此中"且依古德"四字，《华严经随疏演义钞》卷十中解释为："且依古德显十玄门，即依藏和尚也。"这里标明"古德"指的是法藏，澄观在《华严经疏》中所列的十玄也即依法藏所说而立。而在《华严经随疏演义钞》中解释《华严经疏》卷二"然此广狭亦名纯杂"一段时，说是"会纯杂门"，即是说此第二"广陕自在无碍门"是由"诸藏纯杂具德门"转变而来，此"诸藏纯杂具德门"在古十玄中有其名，而在他所列十玄中没有这一门，所以澄观在此"会"之。"诸藏纯杂具德门"之名，在智俨的《华严一乘十玄门》《搜玄记》，以及法藏的《华严经文义纲目》《华严五教章》中皆可见到。所以，澄观说古十玄应是针对此等诸疏、论中所说。而澄观所谓的"依藏和尚"，则应是依法藏的《探玄记》而说，因为，在法藏的论著中，只有《探玄记》一书有此"广陕自在无碍门"。

对于"古十玄"三字，在《华严经随疏演义钞》中有多处出现。在《华严经随疏演义钞》中，虽然没有"新十玄"三字，但智俨《华严一乘十玄门》中所列十玄被称为"古十玄"，则相对而说，其依古德（藏和尚）所立十玄门则必为新十玄。

---

① （唐）澄观述《华严经随疏演义钞》卷十，《大正藏》第36册，第77页。
② 陕：应作"狭"。"陕"之一字，有二义：或同"陕"，如《现代汉语词典》中释；或同"狭"，如《袖珍字海》中释（江苏教育出版社，1994年）。此中引文，出《大正藏》，遵原文，保留不改。
③ （唐）澄观撰《华严经疏》卷二，《大正藏》第35册，第515页。

其依藏和尚所说者，即依法藏《探玄记》卷一中所说。也就是说，法藏《探玄记》与澄观《华严经疏》《华严经随疏演义钞》等论著中所列十玄，是为新十玄，这也是"新、古"十玄说的肇始。

澄观之所以在《华严经疏钞》中强调智俨所立为古十玄，并依承法藏于《探玄记》中所说十玄名目次第。这是因为，澄观认为"以贤首所立有次第故"。如《华严经疏钞》卷十中所说：

> 今此十门不依至相者，以贤首所立有次第故。一、同时具足相应门，以是总故，冠于九门之初；二、广狭门，别中先辩此者，是别门之由，由上事理无碍中，事理相遍故，生下诸门，且约事如理遍故广，不坏事相故狭，故为事事无碍之始；三、由广狭无碍故，所遍有多，以一望多故，有一多兼容，兼容则二体俱存，但力用交彻耳；四、由此容彼，彼便即此，由此遍彼，此便即彼等故，有相即门；五、由互相摄，则互有隐显，谓摄他时，他可见故，有相入门。又摄他时，他无体故，有相即门。摄他他虽存，而不可见故，有隐显门。以为门别故，故此三门皆由相摄而有。相入则如二镜互照，相即则如波水相收，隐显则如片月相映；六、由此摄他，一切齐摄，彼摄亦然，故有微细兼容安立门；七、由互摄重重故，有帝网无尽；八、由既如帝网，随一即是一切无尽故，有托事显法生解门；九、由上八皆是所依，所依之法既融，次辩能依，能依之时亦尔；十、由法法皆然故，随举其一，则便为主，连带缘起，便有主伴，广如下释。①

在此中，澄观认为，法藏在《华严经探玄记》卷一中所立十玄门名目，是在次第解说法界缘起事事无碍之义。除第一门"同时具足相应门"是总说"事事无碍"之义，余第二"广陕自在无碍门"即是解说"事事无碍法界"之始，然后次第深入，最后第十"主伴圆明具德门"中，明法界诸法，法法皆然，随一为主，余则为伴，主伴具足，混为一团，总成一大缘起法界。

第三节　十玄门思想之简述

在《华严一乘十玄门》中，智俨谓于十玄门中，一一皆具"教义""理事"等十对法，并谓"此十对法一一皆称周法界"；在《华严五教章》中，法藏从"随缘约因辩教义"的角度，以二门释解十玄无碍缘起义。其第一门为"立义门"，即立

---

① （唐）澄观述《华严经随疏演义钞》卷十，《大正藏》第36册，第75页。

"教义"等十对法，以总括法界万法；第二门为解释门，即以十玄无碍义，解说法界缘起事事无碍之相，明一部大经所显义理。

一　十玄所依之十对体事

华严诸祖在释解十玄门时，皆先立十对法（亦名十会），以标法界万法。以此十对法为十玄所依体事，谓十玄中所展现一一法门均须透过具体的事物或法理，方能说明现象界之间各种圆融玄妙关系、相状。

此十对法者，新、古十玄所标不同，在《华严五教章》《华严一乘十玄门》中，所标为：教义、理事、解行、因果、人法、分齐境位、师弟法智、主伴依正、随其根欲示现、逆顺体用自在等十对；在《探玄记》《华严经旨归》中，法藏又标：教义、理事、境智、行位、因果、依正、体用、人法、逆顺、应感等十对。此下且依《探玄记》所列之名，并综合诸祖著作中所释，一一阐述此十对法之名义。

第一"教义"者，"教"者，即具有诠释功能之音声、名言、句文等；"义"者，即所诠释之一切义理。法藏《华严五教章》中释云"摄一乘三乘乃至五乘等一切教义"。故知，此教义含摄三乘、一乘一切教义，同时具足；智俨《十玄门》中云"教义者，教即是通相、别相三乘五乘之教。即以别教以论别义，所以得理而忘教；若入此通宗，而教即义，以同时相应故也"。

第二"理事"者，"理"者，即法界中各种事相所依之真理；"事"者，即色身等各种事相。法藏《华严五教章》中释云"即摄一切理事"。故知，此理事亦含摄三乘、一乘等教所信一切理事。智俨《十玄门》中云"理事者，若三乘教辨，即异事显异理，如诸经，举异事喻异理；若此宗，即事是理，如入法界等经文，是体实即是理，相彰即是事"。由事显理，理由事彰，故此一乘教中，理即事，事即理，二者二而不二，彼此交融互入而无碍。

第三"境智"者，"境"者，即所观之理；"智"者，即能观之心。法藏《华严经旨归》中释云"所观真俗妙境。及辨能观普贤大智"。澄观《华严经疏钞》卷十中释云"境智者，即五教所观之境，能观之智。总收不出二谛二智"。

第四"行位"者，"行"者，即一切行持，如小乘之四谛因缘行，大乘之六度万行；"位"者，即由修行所能证得之果位，亦即阶位次第，如小乘四果位，大乘十住、十行等阶位。法藏《华严经旨归》中释云"普贤行海，及辨菩萨五位相收"。澄观《华严经疏钞》卷十中释云"行位者，五教修行不同，得位差别，位通因通果"。

第五"因果"者，"因"者，泛指所有的修行过程；"果"者，是指契达于极致之境地。于小乘教法中，以七方便为因，以四沙门果为果；三乘教法中，等觉以前之各阶位为因，妙觉为果；于一乘圆教之中，则普贤菩萨之各种行愿为因，遮那佛之圆满成就为果。又，果不离因，因能生果，二者相即相入。法藏《华严经旨归》

中释云："因果一对，谓辨菩萨生了等因，及现如来智断等果。亦是普贤圆因，舍那满果"。

第六"依正"者，"依"者，是指所依国土，"正"者，是指能依之身。此中亦指依报与正报。法藏《华严经旨归》中释云："依正一对，谓莲华藏界并树形等，无边异类诸世界海，及现诸佛菩萨法界身云，无碍依持"。

第七"体用"者，"体"者，指理事诸法之真如本体；"用"者，指应现于外之作用。法藏《华严经旨归》中释云："体用一对，谓此经中凡举一法，必内同真性外应群机，无有一法体用不具"。澄观《华严经疏钞》卷二十四中释云"体同真性，用应机故"。诸法体用，交涉无碍，方成缘起。以体无不用，所以举体全是用；以用无不体，所以举用全是体。互不相碍，交彻圆融也。

第八"人法"者，"人"者，指佛、菩萨，乃至历代诸论师、师家等；"法"者，即上述诸人所宣说之各种法门要旨。在《华严经文义纲目》中说："人法者，若三乘中，但寄人显法，仍人非是法。若一乘中，此等诸人并是法界缘起法门"。于三乘教，人与法各有别异；于华严一乘中，人法共融而相互彰显。法由人弘，人依法修。如《入法界品》中：善财童子参访诸善知识，各有说法，法不离人；善财童子得善知识法，依之修证，终得成就，人不离法。

第九"逆顺"者，"逆"者，如贪、嗔、痴等三毒为逆法界；"顺"者，如忍辱、精进等六波罗蜜为顺法界。"顺"亦法界，"逆"亦法界，此顺逆二者唯人心识之所分别。痴者顺法界亦成逆法界，智者逆法界亦成顺法界。若是大修行人，也就无所谓顺逆，顺亦助缘，逆亦助缘，是为顺逆不二也。

第十"应感"者，"应"者，圣者之示现为应；"感"者，众生之根机欲乐为感。所谓感应道交，共融一体。有感有应，方为应感。法藏《华严经旨归》中释云："应感一对，谓众生根欲器感多端，圣应示现亦复无边。舍那品云：一切众生所乐示现云等。"

二　十玄无碍之名义辨析

十玄门，又名十玄缘起无碍法门，智俨承杜顺所说，于《华严一乘十玄门》中所立，贤首法藏于《华严五教章》中敷演之。又于《探玄记》中列"十玄"，稍异于此。清凉依之，谓《探玄记》中十玄有次第故，将之与智俨所立十玄别异，称智俨所立十玄为"古十玄"，且自谓承之于法藏《探玄记》。今依《探玄记》中十玄名目为主作释，以澄观《华严经疏》《华严经随疏演义钞》补之。再与俨师《华严一乘十玄门》《搜玄记》对之，并加以《华严一乘教义章》中意，略说十门于下。

第一，"同时具足相应门"者，此一门乃是十玄门中的总说，其余九门皆是此门的别义。"同时"即是指无有前后，"具足"即是指无所遗漏，"相应"即是指不相违背。此中"具足"者，即谓前文所说教义、理事等十对法同时具足，无所遗漏。"同时"者，即是指具足教义、理事等十门，不分先后，无有时间、空间等的间隔。此门重在讲现象之间的彼此联系，它们的产生没有时间上的先后。《探玄记》中，法藏谓"此十对同时相应为一缘起，随一各具余一切义"。由是可知，此门表十方三世之一切诸法，缘起之所使然，同一时具足圆满，彼此相应而显现。缘起为诸法之自性，无一法漏于缘起者。故一切诸法，于同一时、同一处为一大缘起而存在，是名具足相应。

第二，"广狭自在无碍门"者，此中"广"者，指一尘一法之力用，普遍于一切而无有界限；"狭"，指一能含摄一切而不失其本位，显现差别之相。所以狭能容广，自在无碍。如一尺之镜见千里之影，镜为狭，千里为广；又眼为狭，可见之遥远外境为广，呈现事事无碍之境界。一切诸法广大、狭小，自在无碍。至大身刹，置于毛端而不显窄，狭不碍广；极小尘毛，含摄太虚而有盈余，广不碍狭。毛端现刹，不坏毛相，即狭而广，刹入毛端，不坏刹相，即广而狭。任运俱现，彼此各不相妨。空间广狭的对立似是相互矛盾，然而其对立的矛盾正可为相即相入的媒介，所以自在圆融而无有障碍。

第三，"一多兼容不同门"者，此门是约"理"而说，就诸法相入的关系，来破除众生执一切法不能互摄互入的疑问。"兼容"者，智俨说"以一入多，多入一故名相容"；"不同"者，智俨说一与多"体无先后，而不失一多之相，故曰不同"；"一多"者，即于诸事中随举一事为一，除此一事，余之多事为多。此门是说一遍于多时，多能容一；多遍于一时，一能容多。虽递互相容，而一多历然可别，称为不同。如一灯与多灯于一室内相对，此灯与彼灯之间的灯光互相融摄而无障碍。是为一多相容，而各灯所发的灯光各不相碍，是为一多相容不同门。

第四，"诸法相即自在门"者，此门乃就"用"而言。所谓相即者，智俨说，如水即波，波即水，水波一体，是为相即。如一月当空，千江映影，对于月亮来说则是一，对于月影来说则是多，一多无碍；彼影即是此月，相即兼容。以此门来明三种世间圆融无碍，破除众生妄执于时间、空间，而不能在一时之中具显重重无尽之疑问。是为诸法相即自在门。若从修行阶位上来讲，即"一切即摄一切功德""初心即成佛"。就此成佛义，智俨特别强调有浅深之义，如《华严一乘十玄门》中广明。

第五，"隐密显了俱成门"者，或说"秘密隐显俱成门"，此门是就"缘起"而说。"隐显"者，指一切现象皆具有表里之关系，隐面为里，显面为表，表、里是一体同具。所以隐不离开显，显不离开隐，隐显同时。"秘密"者，智俨认为"如彼月性常满而常半，半满无异时，是故如来于一念中，八相成道，生时即是灭时。同时俱成故，所以称秘密"。如此隐显无前后，同时俱成，如以人为喻，对父母说为子，对弟说为兄，对妻说为夫，所以若对父母而言则"子"显，"夫""兄"之名就被隐；对妻言则"夫"显，"子""兄"之名隐。同时可集子、兄、夫之名于一人身上，是即隐显同时俱成。

第六，"微细兼容安立门"者，此门是就"相"而言，也即是从事物的相状方面进行论述。如琉璃瓶，能盛众多芥子，隔瓶立即可见。一能含多，法法皆同，称为相容；一多法相，不坏不杂，称为安立。借喻一切法相皆能融摄于一念正观心中，此即是微细相容安立之境。此门特示无尽缘起之玄妙不可思议，小容大、一摄多、一念收多劫，所含之大不坏小相、一不改多之面目，而各自守自相，且同时齐头显现，是为微细兼容无碍。此门重在表述《华严经》中所现的"一切诸世界入于一微尘中，世界不积聚，亦复不离散""芥子纳须弥，须弥纳芥子"之境。

第七，"因陀罗网法界门"者，此门是从"喻"的角度来说的，"因陀罗网"者，如《梵网经》所说，本是帝释天的一种宝网，网上一一结皆附宝珠，其数无量。如是宝珠无限交错反映，重重影现，互显互隐，重重无尽。亦如两镜互照，镜镜相涉，镜影重重，递出无穷，诸经论中每每皆以此喻来表显法界缘起之无尽义。此门亦复如是，以此"因陀罗网"作譬喻，来体现《华严经》中所示的法界缘起、事事无碍之义。

第八，"托事显法生解门"者，此门乃就"智"而言。谓一切事法皆互为缘起，随举一事而观，便可显一切事法，生事事无碍之胜解。所谓立像竖臂，触目皆道。所托之事相，即是彼所显之理，所谓托事以显理，事理不二，是为托事显法生解门。所谓"山色无非清净相，溪声尽是广长舌"即此意也。一切事法既然互为缘起，如因陀罗网，影现重重，不须遍观诸法，但随托一事而观，便显一切无尽之法，能生事事无碍的胜解，一华、一果、一枝、一叶即是甚深微妙的法门，并非现前的事相之外更有所显。

第九，"十世隔法异成门"者，此门约"世"说，即从时间上而言。上七门就空间横说，诸法相即相入，圆融无碍。这一门就时间竖说，过去、现在、未来三世中，又各有过去、现在、未来三世，合称九世。九世迭相即入，摄为一念，九世为别，一念为总，合称"十世"。诸法遍在十世中，前后相隔而相即相入，自它互具显现，相即相入而不失前后长短等差别相；十世区分，不相杂乱，称为"隔法"；十世隔法相即相入，不失前后长短等差别相，称为"异成"。时间本无始终，三世相融互摄，故一念即无量劫，无量劫即一念，如一夕之梦，翱翔百年，入时出时、入世出世，相融无碍，是为十世无碍。此门主要是打破我人对"时""间"的执着，从时间上来讲诸法圆融。

第十，"主伴圆明具德门"者，此门是就"果"而言，谓于诸法中，随举一法为主，其余之法则为伴，周匝围绕，为伴为随，主伴依持而无有障碍，如北极星，众星拱之。以此来比喻如来所说圆教之法，理无孤起，必有眷属随生。故十方诸佛菩萨互为主伴，重重交参。法藏及智俨亦称此门为"唯心回转善成门"谓一切诸法皆依如来藏自性清净心建立，若善若恶，随心所转。万法不离于心，心生则种种法生，如此主伴具足，是为主伴无碍。

此上十玄名目是依法藏《探玄记》中所列十玄名目、次第而论，也即是一般所称的"新十玄"。此新十玄与智俨所说略有差别，在智俨所立的十玄名目中，没有"广狭自在无碍"与"主伴圆明具德"二门，而有"诸藏纯杂具德"与"唯心回转善转善成"二门。

"诸藏纯杂具德门"者，此门是就"度"而说，即从修行方面而论。如"施"为例，谓一切万法皆悉名施，故名为纯；于一施门中，具足一切诸度等行，是故名杂；此中"纯"义与"杂"义不相妨碍，故名具德。此谓：如果修行"施舍"这一门，那么他的一切活动都可以称为"施"，此为纯；而他在修行"布施"这一法门时，就已具足了修行其他一切法门的功德利益，此为杂；此中纯与杂不相妨碍，叫作"具德"。这是说明，在华严义海里，佛教各法门相互融摄，修行一门，即等同于修行其他一切法门。这是"一即一切"观点在修行上的贯彻。

"唯心回转善成门"者，此门是约"心"而说。"唯心回转"者，智俨解释道："诸义教门等，并是如来藏性清净真心之所建立。若善、若恶，随心所转，故云回转善成。心外无别境故言唯心"。智俨举经文"心造诸如来"来阐述此门所摄义；"善成"者，如《华严经》中说有七处九会，而如来不离寂灭道场，其义是也。

思考与练习题

1. 请简略述说十玄门名目提出及思想的建立。

2. 请依《华严一乘十玄门》中说，明一乘缘起与大乘二乘缘起之不同。

3. 请问：智俨是从哪十个角度建立十玄门诠释一乘缘起法界。

4. 请依《探玄记》卷一中所说，列举十对法之名目并略做解释。

5. 请依《探玄记》卷一中所说，列举十玄门之名目并略做解释。

6. 请依《华严经疏钞》卷十所说，明"以贤首所立有次第故"义。

第十七章　华严一乘之思想理论

【本章导读】

本章主要围绕华严别教一乘思想理论进行阐述，即依次对华严别教一乘之建立缘由、思想名义、与三乘差别等几个方面进行讨论。

本章分三节。

第一节，华严建立一乘教之缘由。本节中，依据《华严五教章》中文，从两个方面进行讨论：一者，经中早有明说，三乘教外别有一乘，法藏多次引用经文证明此理；二者，举《法华经》中"火宅喻"，以三车喻指三乘，以大白牛车喻指一乘。

第二节，华严家所立一乘教名义。本节中，先明《华严经》与余经之不同。华严一乘教是"称法本教"，余一切三乘等教是"逐机末教"。后明一切三乘皆不离于一乘，故立五重一乘（别教一乘、同教一乘、绝想一乘、佛性平等一乘、密义意一乘），华严教是别教一乘。

第三节，华严一乘与三乘之差别。本节中，依据《华严五教章》卷一文，从说经时、说经处、闻法众、所说法等四个方面，略说华严一乘教与三乘教之差别不同。

第一节 华严建立一乘教之缘由

华严别教一乘是华严宗人对《华严经》思想的定位，研习《华严经》或华严宗者，须先明了华严别教一乘思想。在《华严五教章》中，更是开篇即说"开释如来海印三昧一乘教义"。法藏强调，三乘教外别有一乘，经中早有明说，并多次引用经文证明此义。另外，为了说明一乘教有别于三乘教，法藏亦依《法华经》中"火宅喻"，以三车喻指三乘教，以大白牛车喻指一乘教，谓三乘人所修是出世法，一乘人所修是出出世法。

一 经说三乘教外有一乘

法藏在《华严五教章》卷四中，谓华严一乘教所明道理，不同于三乘教所说。并经文引证，标显如来随应众生之根机，说有小乘教、大乘教、一乘教等不同法门。

> 偈云："若众生下劣，其心厌没者，示以声闻道，令出于众苦。"小乘也。"若复有众生，诸根少明利，乐于因缘法，为说辟支佛。"中乘也。"若人根明利，有大慈悲心，饶益诸众生，为说菩萨道。"即大乘也。"若有无上心，决定欲大事，为示于佛身，说无尽佛法。"一乘也。①

此上法藏所引偈颂出自六十《华严》卷二十六"十地品"之第九地中文。法藏引用这一段偈颂说明，由于众生根机不一，是故如来所说法门亦有浅深不同。而更重要的是，法藏通过这一段偈颂，证明在小乘教和大乘教之外，更有一乘法门，此一乘法门，是如来为具有"无上心"的众生所说。

法藏在《华严五教章》卷一中，亦有引用六十《华严》中第九地初偈颂，并加以释解：

> ……若有无上心，决定乐大事，为示于佛身，说无尽佛法。解云：此明一乘法门主伴具足，故云无尽佛法。不同三乘一相一寂等法。以此地中作大，明说法仪轨。是故开示一乘三乘，文义差别也。②

此中所引偈颂，同样是为了说明一乘教不同于三乘教。但此处重在说明，一乘

---

① （唐）法藏述《华严五教章》卷四，《大正藏》第45册，第507页。
② （唐）法藏述《华严五教章》卷一，《大正藏》第45册，第478页。

教说法仪轨不同于三乘教。三乘所说但是一相一寂等法，而一乘教所说具足无尽佛法，一乘法门主伴具足无碍圆融。

华严一乘教法，有别于三乘教，非三乘中人所能听闻受持。在六十《华严》卷四十四"入法界品"中，有舍利弗等五百声闻，在华严法会上，不知不见如来宣说此一乘妙法：

> 尔时诸大声闻，舍利弗、目捷连，……如是等诸大声闻，在祇洹林，而悉不见如来自在，如来庄严……亦复不见不可思议菩萨大会，菩萨境界自在变化……如是等事，一切声闻诸大弟子，皆悉不见。何以故？修习别异善根行故……是诸功德，不与声闻辟支佛共……此是菩萨智慧境界非诸声闻智慧境界。是故，诸大弟子在祇洹林，不见如来自在神力……是故虽与如来对面而坐，不能觉知神变自在。①

舍利弗等诸大声闻，在华严法会上如聋如哑。法藏在《探玄记》卷一中谓"狭劣非器，谓一切二乘无广大心，亦非此器。下文云：一切声闻缘觉不闻此经，何况受持。"

为了说明此一乘法难信难受，此一乘法不同于三乘教，于三乘教外别有一乘，法藏在《华严五教章》卷四中再引经文以明：

> 何文证知三乘外别有一乘耶？答：此经自有诚文，故偈云"一切世界群生类，鲜有欲求声闻道，求缘觉者转复少，求大乘者甚希有，求大乘者犹为易，能信是法甚为难"。良由此法出情难信，是故圣者将彼三乘对比决之。②

此中，法藏以问答的方式，引用六十《华严》卷九"贤首菩萨品"中偈颂。谓于小乘、大乘教法之外，别有一乘教法，此一乘教法其义甚深，三乘众等恐难信受。

二 譬喻说一乘别于三乘

法藏在《华严五教章》中，为了明一乘教别于三乘，在三乘之外别有一乘，多次引用《法华经》中"火宅喻"之四车说来明此义。"火宅喻"原文出自《法华经》卷二"譬喻品第三"中。依经中所载，有一位大长者，财富无量，某日，舍宅起火，而诸子却于火宅内乐著嬉戏，不知不觉。长者为了救诸子出于火宅，于是巧

---

① （东晋）佛驮跋陀罗译《六十华严》卷四十四，《大正藏》第 9 册，第 679 页。
② （唐）法藏述《华严五教章》卷四，《大正藏》第 45 册，第 507 页。

设方便，告谓诸子，谓屋外有羊车、鹿车及牛车，皆是诸子所好，欲赐诸子。待诸子奔离火宅之外，却不见三车，长者乃各赐一大白牛车给予诸了。

此譬喻中："火宅"比喻三界众生为五浊、八苦所逼恼而不自知；"诸子"比喻众生；"长者"比喻如来；长者在宅内所许"羊车、鹿车、牛车"比喻三乘法；长者在宅外所赐"大白牛车"比喻一乘法。天台、贤首等一乘家，皆主张在声闻、缘觉、菩萨三乘之外，别有一佛乘。而将长者在宅内所许"羊车、鹿车、牛车"分别比喻声闻法、缘觉法、菩萨法三乘教法。主张：如来为三界众生所说声闻法、缘觉法、菩萨法等，皆是应此界众生根机而说，皆是方便说法。而三乘教外别有一乘，是为诸大菩萨所说，直显如来本怀，方是真实法。

法藏在《华严五教章》中，先引用《法华经》中"火宅喻"之文，强调四车说，强调"大白牛车"不同于一般牛车；强调宅内所许"牛车"和"羊车、鹿车"一样，皆是虚指；强调宅外所赐"大白牛车"不同"虚指牛车"，有别于宅内所许三车。再引用《本业经》《仁王经》等文，强调三乘菩萨法之外，别有一佛乘的存在，三乘法是出世法，如宅内所许三车，一乘法是出出世法，如宅外所赐大白牛车。还列举前人的"四车判教"说，谓一乘法不同于三乘法，一乘法是普解普行，如宅内所许三车，三乘法是别解别行，如宅外所赐大白牛车。

第一，一乘教别于三乘教，如大白牛车不同于一般牛车。

在《华严五教章》卷一中，法藏为明于三乘外别有一乘，举《法华经》中所说"火宅喻"为例证说明。

> 别教一乘别于三乘。如《法华》中宅内所指"门外三车"，诱引诸子，令得出者，是三乘教也；界外露地，所授"大白牛车"，是一乘教也。[1]

"门外三车"者，即长者于火宅内所许诸子之羊车、鹿车、牛车。依经中所说，此乃长者虚指，于界外实无羊车、鹿车、牛车，此是投诸子所好而说故，此是为引诸子得出火宅而说故。是故，法藏在此中说"诱引诸子，令得出者"。

"大白牛车"者，即长者待诸子得出火宅之后，所赐予诸子之车。此车非是诸子原先所求，是故经中有"是时诸子，各乘大车，得未曾有，非本所望"等语。法藏在《华严五教章》中以"所期差别"来明此意。谓诸子原先所期所求三车，如诸三乘人所求出世之果。而诸子出离火宅后，长者各赐诸子等一大车，如同诸三乘人根机圆熟，可趣向于一佛乘也。

第二，一乘教是出出世法，如宅外所赐大白牛车；三乘教是出世法，如宅内长

---

① （唐）法藏述《华严五教章》卷一，《大正藏》第45册，第477页。

者所许三车。

在《华严五教章》卷一"寄位差别"中，谓一乘法与三乘法所寄显阶位不同。并引《本业经》《仁王经》及《地论》等文证明。

> 如《本业经》《仁王经》及《地论》《梁·摄论》等，皆以初、二、三地寄在世间，四地至七地寄出世间，八地已上寄出出世间。于出世间中，四地、五地寄声闻法；六地寄缘觉法；七地寄菩萨法；八地以上寄一乘法。若大乘即是一乘者，七地即应是出出世，又不应一乘在于八地，是故当知《法华》中三乘之人；"为求三车出至门外"者，则三乘俱是出世，自位究竟也，即是此中，四地以去至七地者是也；"四衢别授大白牛车"者，此在出世之上故，是出出世一乘法，即是此中八地已上一乘法也。①

法藏认为：所有三乘法，皆为"出世法"所摄；而华严一乘教，则为"出出世法"所摄。华严一乘教不同于三乘教法。如《法华经》中"火宅喻"所明，"羊车、鹿车、牛车"是长者于宅内虚指，是为令诸子出离火宅而许，是出世法。而"大白牛车"是长者于宅外所赐，是在宅外四衢道中所得，是出离火宅后所乘。是故，将"大白牛车"喻指一乘法，是出出世法。

依《华严经》中对于华藏世界海的描述，此华藏世界海中，有不可数不可尽佛刹微尘数之世界，而娑婆世界位列其中。是故，仅仅出得娑婆非是究竟，不能于华藏世界海自在，故非是究竟，不能于十方世界海自在非是究竟。而如来于此华藏世界海说华严一乘妙法，十方世界海诸佛亦同说此华严一乘妙法。是故，法藏说此华严一乘是"出出世一乘法"。

第三，一乘法不同于三乘法，一乘法是普解普行，三乘法是别解别行。

在《华严五教章》卷一"叙今古立教"中，法藏列举信行禅师"四车判教"说，谓临门三车为三乘，是别解别行，四衢所授大白牛车为一乘，是普解普行。

> 依梁朝光宅寺云，立四乘教。谓临门三车为三乘，四衢所授大白牛车方为第四。以彼临门牛车亦同羊鹿，俱不得故，余义同上辩。信行禅师依此宗立二教，谓一乘、三乘。三乘者，则别解、别行及三乘差别，并先习小乘，后趣大乘是也；一乘者，谓普解、普行唯是一乘，亦华严法门及直进等是也。②

---

① （唐）法藏述《华严五教章》卷一，《大正藏》第 45 册，第 477 页。
② （唐）法藏述《华严五教章》卷一，《大正藏》第 45 册，第 481 页。

"别解别行"者，谓：如来随应众生根机而权巧施设，说三乘等法，此三乘法隔历不融，差别不同。三乘人依教修行，别解别行，有次第阶位故；"普解普行"者，即谓如来说此一乘教法，唯谈法性，直显如来本怀。此一乘法圆融相摄，无有差别挂碍。一乘教人依之修行，普解普行，一行中具足一切行，因圆果满，不落阶位次第故。

第二节　华严家所立一乘教名义

华严家主张，华严一乘教是诸教之根本，华严一乘教是"称法本教"，是如来自性本怀所流露；余一切三乘等教是"逐机末教"，是如来随应众生根机而方便说。然虽说有三乘等法，不离一乘之根本，是故法藏在《华严五教章》卷一"乘教开合"中，以五重一乘分释如来所说一代教法。

一　华严一乘是称法本教

华严家认为，《华严经》是如来成道二七日，别为诸大菩萨所说，是如来自性本怀所流露，是根本之法；余一切三乘等教，皆依此一乘之根本上方便而说。此如法藏在《华严五教章》卷一中所说：

> 开为二：一、本教，谓别教一乘，为诸教本故；二、末教，谓小乘、三乘，从彼所流故。又名究竟及方便，以三乘、小乘望一乘，悉为方便故。①

法藏以本教、末教将《华严经》和其他一切经典区别开来。谓此《华严经》是根本教，十方诸佛同说，非方便说，乃是如来自所证故；而余三乘、小乘等教，皆是如来随应此娑婆世界众生之根机，依一乘根本之教，权巧施设，方便而说。

二　法藏建立五重一乘说

在《华严五教章》卷一"乘教开合"中，法藏谓"一乘随教有五"，而以五重一乘总摄如来一代教法：

> 一乘随教有五：一、别教一乘，云云；二、同教一乘，云云；三、绝想一乘，如《楞伽》，此顿教；四、约佛性平等为一乘等，此终教，云云；五、密

---

① （唐）法藏述《华严五教章》卷一，《大正藏》第45册，第482页。

义意一乘，如八意等，此约始教，云云。①

依法藏意，如来四十九年所说一切教法，无不为一乘教所摄。只是由于众生根机不等，是故如来施教方式不一。或直说一乘，如华严法会上为诸大菩萨所说别教一乘；或先引导三乘，待三乘众等根机成熟，令彼归趣于一乘，如法华会上所说；或说众生本具如来智慧德相，众生皆有佛性，如终教中所说；或谓一切言教皆不可说，离一切相，离一切想，如顿教中所明；或谓此一乘法义甚深，非凡夫二乘所能受持，是故以秘密意，于一乘法上开方便，依一乘为根本，而权巧施设三乘等教。

三　五重一乘之名义释解

法藏于《华严五教章》中，立别教一乘、同教一乘、绝想一乘、佛性平等一乘、密义意一乘等五重一乘。此五重一乘者，乃是法藏从不同角度而说一乘之义，但随众生根机，或隐或显。

第一，"别教一乘"者，即《华严经》中如来别为诸大菩萨所说，此一乘法不为二乘人所能闻能受。此一乘法具足无尽圆通之义，如法藏在《华严五教章》卷一中所释：

> 别教一乘，即佛初成道第二七日，在菩提树下。犹如日出先照高山，于海印定中，同时演说十十法门。主伴具足圆通自在，该于九世十世，尽因陀罗微细境界。即于此时，一切因果理事等，一切前后法门，乃至末代流通舍利见闻等事，并同时显现。何以故？卷舒自在故，舒则该于九世，卷则在于一时。②

此中，法藏分别从以下几个方面对"别教一乘"义进行释解：一者，此一乘教是如来于二七日所说；二者，此一乘教是如来先为诸大菩萨所说，如日照高山；三者，此一乘教具足无尽圆通之义，是十十法门，摄一切法。该于九世十世，尽一切时。

第二，"同教一乘"者，即《法华经》中"会三归一"。如来为彼三乘根熟等者，开示一佛乘，令彼三乘等趣入一乘，同归于一佛乘。如智俨在《孔目章》卷四中所释：

> 别教者，别于三乘故。法华经云"三界外别索大牛之车故"也。同教者，

---

① （唐）法藏述《华严五教章》卷一，《大正藏》第 45 册，第 482 页。
② （唐）法藏述《华严五教章》卷一，《大正藏》第 45 册，第 482 页。

经云"会三归一"故知同也。又言同者，众多别义。一言通目，故言同；又，会义不同多种法门，随别取一义，余无别相，故言同耳。所言同者，三乘同一乘故；又言同者，小乘同一乘故；又言同者，小乘同三乘故。①

此中，智俨对于别教一乘、同教一乘、同教三乘三者进行了比较。"别教一乘"者，即别于三乘故；"同教一乘"者，即会三归一，即三乘同一乘故，小乘同一乘故，即彼等众生，根机圆熟，趣向于一佛乘故；"同教三乘"者，即此中说"小乘同三乘故"，即如来说教，引诸小乘，回小向大，是故诸师皆说"如深密等"，以《解深密经》中，如来三时说法是。

第三，"绝想一乘"者，即如上所说"顿教"所摄。谓诸法皆空，心境两忘。此中以"一念不生即名为佛"为其要旨。如澄观《华严经疏钞》卷九中所说：

> 心生即种种法生，心灭即种种法灭。故《起信论》云：一切诸法，唯依妄念而有差别，若离心念，则无一切境界之相。是故，一切诸法从本已来，离言说相、离名字相、离心缘相，毕竟平等，无有变异。唯是一心，故名真如。以一切言说，假名无实，但随妄念，不可得故。故疏云：一切所有唯是妄想。②

第四，"佛性平等一乘"者，即如上所说"终教"所摄。所谓一切众生皆有佛性，定性声闻，无性阐提，凡有心者，悉皆成佛。法藏在《华严五教章》卷二中释云：

> 就真如性中，立种性故，则遍一切众生，皆悉有性故。《智论》云"白石有银性，黄石有金性，水是湿性，火是热性，一切众生有涅槃性，以一切妄识无不可归自真性故"。如经说言"众生亦尔，悉皆有心，凡有心者，定当得成阿耨多罗三藐三菩提，以是义故，我常宣说一切众生皆有佛性"。③

此中，法藏从"佛性平等"的角度而说一乘，谓一切众生皆有佛性，凡有性者，皆能作佛。所谓"如来藏众生，众生藏如来"即是此意。《华严经》中亦有此意，如经卷五十一"如来出现品"中所说：

---

① （唐）智俨集《华严孔目章》卷四，《大正藏》第45册，第586页。
② （唐）澄观述《华严经随疏演义钞》卷九，《大正藏》第36册，第67页。
③ （唐）法藏述《华严五教章》卷二，《大正藏》第45册，第486页。

佛子，如来智慧，无处不至。何以故？无一众生，而不具有如来智慧。但以妄想颠倒执着，而不证得。若离妄想，一切智、自然智、无碍智，则得现前。[①]

第五，"密义意一乘"者，此谓大乘始教以三乘为实，相对于始教而言，一乘为密，如来以秘密意，宣说一乘，依于一乘根本，而说三乘等法。上之所说"密义一乘，如八意"者，即智俨于《五十要问答》中所说：

问：一乘语字，几意故说？答：有八意说。一、为不定机性声闻，通因及果，故说一乘；二、为欲定彼不定性菩萨，令不入小乘，故说一乘……约此八意，括声闻乘本来是一，唯声闻人不了自法。谓言有别意，愚住声闻行，从彼愚故，诸佛所诃。今一乘所救者，据此病别也。[②]

此中智俨谓如来秘密说一乘教之意有八，而此八意"括声闻乘本来是一"，只因声闻人不了自法，执以为实。而究其实际，三乘道迹，同一无性，本来即是一佛乘。如来虽说三乘等教，其密意实在一佛乘也。

第三节 华严一乘与三乘之差别

在《华严五教章》中，法藏以十门论说华严一乘教义分齐，其中第一门至第八门，从能诠教法的角度论说五教之差别分齐，谓此华严一乘所说不同于三乘教法；第九门中，从所诠教理的角度，又开十门，论说此华严一乘所说不同于三乘教法。此中略说，仅从说经时、说经处、闻法众、所说法等四个方面，论说华严一乘教与三乘教之差别不同。

一 一乘三乘之说经时别

有关如来说法时分，华严一乘教与三乘等教不同。在《华严经旨归》中，法藏列举"唯一念、尽七日、遍三际"等十重，明《华严经》乃常恒之说，通前后际而无涯。今此中，但依时之事相，辨一乘教与三乘教之说法时分，如《华严五教章》卷一"施设异相"中说：

---

① （唐）实叉难陀译《华严经》卷五十一，《大正藏》第 10 册，第 272 页。
② （唐）智俨集《华严五十要问答》，《大正藏》第 45 册，第 536 页。

此一乘要在初时第二七日说，犹如日出先照高山等，故论云"此示法胜
故，在初时及胜处说"也，若尔，何故不初七日说，思惟因缘行等如论释……
三乘等不尔，以随逐机宜，时不定故，或前、或后，亦不一时收一切劫等。①

依华严家祖师及诸多大德论著中所说，皆谓如来于二七日中为诸大菩萨宣说此
华严一乘妙典，此种说法乃是依据《华严经》"十地品"之单行本《十地经》中经
文而来。此中特别强调"犹如日出先照高山"，此是喻说，"日"喻佛智，"高山"
喻法身菩萨。如来说法如日光普照，无有高下之分，一切所说，皆是如来自性之所
流，为根本之法，唯诸大法身菩萨能闻、能持、能修、能证，故说日出先照高山。

华严一乘教乃是如来于初时为诸大菩萨所说，不须另择时分；而三乘教等不尔，
依诸多经论，或谓如来于三七日说法，或谓如来于五七日说法，种种表述不同。以
彼三乘众等，根机不一，如来说法，但随众根机，随宜而说。故致不同。

二　一乘三乘之说经处别

有关如来说法处所，华严一乘教与三乘等教不同。在《华严经旨归》中，法藏
从狭至宽，列举"此阎浮、周百亿、尽十方"等十重，明此华严一乘教"为尽法界
之谈，讵可分其处别"。此中，依《华严五教章》卷一"施设异相"中说，略辨一
乘教与三乘教之说法处别。

此一乘要在莲华藏世界海中众宝庄严菩提树下，则摄七处八会等及余不可
说不可说世界海并在此中，以一处摄一切处故，是故不动道树，遍升六天等者，
是此义也。又此华藏世界，通因陀罗网故周测诸尘，于此称法界处，说彼一乘
称法界法门也，三乘等则不尔，在娑婆界木树等处，亦无一处即一切处等。②

依上所说，如来讲演一乘教之说法处，有如下几重表述：第一，此一乘教是在
莲华藏世界海中众宝庄严菩提树下所说；第二，此一乘教所说处说遍及七处八会及
不可说不可说世界海；第三，此一乘教所说处具足"一切摄一切处"义；第四，此
一乘教所说处所周测诸尘，称法界处。

如来讲演三乘教之说法处，不同于一乘教所说。第一，三乘教是在娑婆界之木
树等处说，不同于华严法会之"众宝庄严"。在《华严经》卷一"世间净眼品"
中，有说"其菩提树，高显殊特，清净琉璃，以为其干，妙宝枝条，庄严清净，宝

①　（唐）法藏述《华严五教章》卷一，《大正藏》第45册，第483页。
②　（唐）法藏述《华严五教章》卷一，《大正藏》第45册，第483页。

叶垂布，犹如重云……"①，等等；第二，三乘教是如来随方说教，但在此娑婆界说，无有界外说法；第三，三乘教所说处亦无有"一切即一切处"等义，亦无有遍及尘刹等义。

三　一乘三乘之闻法众别

有关诸多法会上"与会众"等，华严一乘教与三乘等教不同。在《华严经旨归》中，法藏谓"众海繁广岂尘算能知"，是故"统略大纲亦现十位"。法藏将华严法会上出现的会众分为"果德众、常随众、严会众、供养众、奇特众、影响众、表法众、证法众、所益众、显法众"等十种类别。今此中，亦依《华严五教章》卷一"施设异相"中说，略辨一乘教与三乘教之闻法众别。

> 此一乘经首，唯列普贤等菩萨及佛境界中诸神王众；不同三乘等，或唯声闻众或大小二众等。②

在诸经之首，皆有六种成就。其中众成就，《华严经》不同于其他经典。于《华严经》中，经首所列是以普贤菩萨为首的"十佛世界微尘数等"大菩萨众，及三十余类诸神王天王众，以《华严经》乃是如来为佛境界中法身大士所说故；而其他经典中，或唯列声闻众，此是小乘阿含类经典，以此等经典，唯对声闻缘觉等说故；或列有菩萨众及声闻众，此是三乘经典，以三乘教乃是三乘人共闻、共修、共益故。

另外，在六十《华严》第八会"入法界品"中，亦出现舍利弗等五百声闻众，对于彼众二乘众出现之缘由，法藏《华严五教章》卷一如是解释：

> 彼中列声闻意者有二种：一、寄对显法故，为示如聋如盲显法深胜也；二、文殊出会外所摄六千比丘，非是前所引众，此等皆是已在三乘中，令回向一乘故，作是说也。③

依法藏意，六十《华严》第八会中出现舍利弗等众，有两个方面的原因：第一，标显此华严一乘尊胜故；第二，彼中所列非是本会中所化故。

第一，标显此华严一乘尊胜故者，谓此第八会中虽有舍利弗等诸大声闻出现，

---

① （东晋）佛驮跋陀罗译《六十华严》卷一，《大正藏》第9册，第395页。
② （唐）法藏述《华严五教章》卷一，《大正藏》第45册，第484页。
③ （唐）法藏述《华严五教章》卷一，《大正藏》第45册，第484页。

但彼诸众等于华严法会上不见不闻如来宣说一乘妙法，彼等虽在座，却如聋如哑，则显此一乘教之胜妙可知。如《华严经旨归》中说："显法众者，如舍利弗、须菩提等，五百声闻在此法会如聋。托此反示一乘法界，由彼方现此法深广，犹如因皂以现白等。"①

第二，彼中所列非是本会中所化故。舍利弗等于第二会中出现在两个场合，第一次在本会中如聋如哑，第二次在末会中，乃是文殊出会外所引，而非是于会内所摄。文殊从善住楼阁出已，引导舍利弗等南行，以其根机圆熟故，文殊于会外引摄，令彼等回向一乘。本会中显别教一乘，末会中显同教一乘，所以列六千比丘，令回三入一。彼等非是前所列众，乃是回心声闻，同于菩萨。其意可知。

四　一乘三乘之所说法别

有关如来所说教法，华严一乘教与三乘等教不同，依法藏意，华严一乘教中所说法，有主伴具足义，能结通十方；三乘教中所说法，无有主伴具足义，不能结通十方。如《华严五教章》卷一"施设异相"中说：

> 此一乘，此一方说一事一义一品一会等时，必结通十方，一切世界皆同此说，主伴共成一部。是故，此经随一文一句皆遍十方，多文多句亦皆遍十方；三乘等则不尔，但随一方一相说，无此主伴该通等也。②

华严一乘教与三乘教最主要的区别，一者是称法本教，是如来自性本怀所流露；一者是权巧施设，是如来随应众生根机方便说教。

华严一乘法门，是如来自证之法，非是随宜施设。是故，此一乘教中所说，一即一切，一摄一切，主伴具足，含容无尽。是故，每一会终，皆有他方世界菩萨前来证明，十方诸佛亦同说此法。如《华严经》卷三十六"宝王如来性起品"末文："尔时十方各过十不可说百千亿那由他佛刹微尘等世界之外，各有十不可说百千亿那由他佛刹微尘等菩萨，来诣此土……时彼诸菩萨承佛神力，各作是言，善哉！善哉！佛子，乃能说是如来不可坏法。佛子，我等一切悉名普贤，于普光明世界普胜如来所，净修梵行，彼诸佛所亦说是经，如是句，如是味，如是行，如是相貌。佛子，我等承佛神力故，法如是故，于彼世界来诣此土，为汝作证。一切十方尽法界虚空界等一切世界，亦复如是"③。

---

① （唐）法藏述《华严经旨归》卷一，《大正藏》第45册，第592页。
② （东晋）法藏述《华严五教章》卷一，《大正藏》第45册，第484页。
③ （东晋）佛驮跋陀罗译《华严经》卷三十六，《大正藏》第9册，第631页。

如来四十九年来所说三乘诸法，是随逐此娑婆世界众生根机而说，以诸众生根机不定，是故如来说法亦复不定。若是定性小乘人，如来即为彼等说小乘法；若是不定性小乘人，如来即为彼等先说小乘，后说大乘，令彼等回小向大；若是定性三乘人，如来即为彼等说三乘法；若是不定性三乘人，堪入一乘人者，如来即为彼等先说三乘法，等其根机成熟，令彼等趣向一乘。如是，如来以种种方便，随一方隅，随逐众生根机，说种种随宜之法。此等诸法，但是随此一方世界众生机类而说，故不通于十方世界同说。

思考与练习题

一 名词解析

1. 火宅喻，2. 四乘教，3. 大白牛车，4. 称法本教，5. 逐机末教，6. 五重一乘，7. 显法众。

二 简答题

1. 请依据《华严经》文证明三乘教外别有一乘义。

2. 请依据《法华经》中"火宅喻"明三乘教外别有一乘义。

3. 请简略述说《华严五教章》卷一所立"五重一乘"名义。

4. 请简略述说《华严经》之说法时与其他经典之不同。

5. 请简略述说《华严经》之说法处与其他经典之不同。

6. 请简略述说《华严经》之与会众与其他经典之不同。

7. 请简略述说《华严经》之所说法与其他经典之不同。

8. 请简略述说《华严经》之"入法界品"中舍利弗等二乘众等出现之缘由。

第十八章 华藏世界之体系解说

【本章导读】

　　本章主要围绕华藏世界海之体系结构进行阐述，即依次从华藏世界海的成就因缘、结构框架、庄严形相等三个方面，对华藏世界海进行解说

　　本章计分三节。

　　第一节，华藏世界之成就因缘。本节中，先依"世界成就品"文，说明诸世界成就有十种事，成就因缘各各不同；次依"华藏世界品"文，明此华藏世界海成就之因缘，即：毗卢遮那如来往昔菩萨行时无尽净行所成就。

　　第二节，华藏世界之结构组成。本节中，从三个方面进行讨论：一者，华藏世界海的十方，各有无尽世界海；二者，华藏世界海从下至上，依次为风轮、香水海、大莲华、世界海、香水海、香水河、世界种、无尽世界；三者，华严藏界海，中央有无尽香水海，四方有金刚围山围绕等。

　　第三节，华藏世界海庄严形相。本节中，依据"华藏世界品"中文，从种种庄严相、所依住处、种种体性、种类形相等几个方面，明华严世界海之庄严形相。

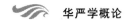

第一节　华藏世界之成就因缘

华藏世界者，即是莲华藏世界之简称。在《华严经》中所描述的华藏世界，其实就是毗卢遮那佛所居之处，也是其教化的整个世界。在八十《华严》中，有"世界成就品"和"华藏世界品"二品，分别说诸世界成就之十种事，以及华藏世界海之成就因缘及华藏世界海之形相结构等。此中先依《华严经》中所说，对诸世界海成就之十种事及华藏世界之成就因缘分别说明。

一　诸世界海十种事成就

在《华严经》卷七"世界成就品"中，谓诸世界海，有十种事成就，过去现在未来诸佛，已说现说当说，如经文中所云：

> 何者为十？所谓：世界海起具因缘、世界海所依住、世界海形状、世界海体性、世界海庄严、世界海清净、世界海佛出兴、世界海劫住、世界海劫转变差别、世界海无差别门。诸佛子，略说世界海。有此十事。①

此中说诸世界海成就有十种事。第一，诸世界海成就之因缘；第二，诸世界海所依之住处；第三，诸世界海种种之形相；第四，诸世界海种种之体性；第五，诸世界海种种之庄严；第六，诸世界海之清净方便；第七，诸世界海之诸佛出现；第八，诸世界海之住劫多少；第九，诸世界海之劫数转变；第十，诸世界海之无差别门。

第一，"诸世界海成就之因缘"者，即谓诸世界海所成就因缘各各差别不同。依经中所说，诸世界成就之因缘总有十种，所谓"如来神力故""众生行业故""同集善根故""菩萨成就不退行愿故"，如是等等。或说如来威神力所成，或说众生业感所成，或说菩萨大愿所成，世界成就因缘，各各不同。

第二，"诸世界海所依之住处"者，即谓诸世界海所依之处各各差别不同。依经中所说，诸世界所依之处，或是依一切庄严住，或是依虚空住，或是依一切佛光明住，或是依一切宝色光明住。如是种种，诸世界所依，各各不同。澄观在《华严经疏》卷十一②中，谓诸世界海中众生，或乐饰好，或乐无碍，或众苦等，或爱乐宝色，如是种种心之所乐差别不同，而有所依处之种种差别。

---

① （唐）实叉难陀译《华严经》卷七，《大正藏》第 10 册，第 35 页。
② （唐）澄观撰《华严经疏》卷十一，《大正藏》第 35 册，第 576 页。

第三，"诸世界海种种之形相"者，即谓诸世界海有种种形相，各各差别不同。依经中所说，诸世界等，或圆或方，或非圆方，无量差别。或如水漩形，或如山焰形，或如树形，或如华形，或如宫殿形。如是等，有世界海微尘数。

第四，"诸世界海种种之体性"者，即谓诸世界海有种种体性，各各差别不同。依经中所说，诸世界等，或以一切宝庄严为体，或以一切宝光明为体，或以不可坏金刚为体，或以佛力持为体，或以妙宝相为体。如是等等，不可尽说。

第五，"诸世界海种种之庄严"者，即谓诸世界海中，有种种庄严差别不同。如经中所说，诸世界海，或以说一切菩萨功德庄严，或以说一切众生业报庄严，或以示现一切菩萨愿海庄严，或以表示一切三世佛影像庄严，或以出现一切佛身庄严，或以出现一切宝香云庄严，或以示现一切普贤行愿庄严。如是等，有世界海微尘数，差别不同。

第六，"诸世界海之清净方便"者，即谓诸世界海中，有种种清净方便差别不同。如经中所说，或有诸菩萨亲近善知识，或有净修广大诸胜解，或有增长广大功德云，或有修治一切诸波罗蜜，或有出生一切净愿海，或有修习一切出要行，或有入于一切庄严海。如是等，有世界海微尘数，差别不同。

第七，"诸世界海之诸佛出现"者，即谓诸世界海中，有诸佛出现差别不同。依经中所说，于诸世界中，诸佛出现，或现小身，或现大身，或现短寿，或现长寿，或现调伏少分众生，或示调伏无边众生。如是等，有世界海微尘数，差别不同。

第八，"诸世界海之住劫多少"者，即谓诸世界之住劫，有种种差别不同。依经中所说，诸世界之住劫，或说有阿僧祇劫住，或说有无量劫住，或说有无边劫住，或说有无等劫住，或说有不可数劫住，或说有不可说劫住。如是等，有世界海微尘数，差别不同。

第九，"诸世界海之劫数转变"者，即谓诸世界之劫数，因种种缘由，而有种种转变差别不同。依经中所说，染污众生住故，世界海"成染污劫转变"；修广大福众生住故，世界海"成染净劫转变"；无量众生发菩提心故，世界海"纯清净劫转变"；诸佛世尊入涅槃故，世界海"庄严灭劫转变"；诸佛出现于世故，一切世界海"广博严净劫转变"。如是等，有世界海微尘数，差别不同。

第十，"诸世界海之无差别门"者，即谓诸世界中，亦有无量无差别门。依经中所说，诸世界中，诸佛出现所有威力无差别，一切道场遍十方法界无差别，一切如来道场众会无差别，一切佛光明遍法界无差别，一切佛变化名号无差别，一切佛音声普遍世界海无边劫住无差别，一切三世诸佛世尊广大境界皆于中现无差别。如是等，有世界海微尘数无差别门。

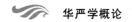

二 华藏世界之成就因缘

在《华严经》中，如来有大威神力故，莲华藏世界发起六种十八相震动①，如是令诸菩萨及诸世间主生起种种不解，而作是思惟，云何是诸佛地？云何是诸佛境界？云何是诸佛加持？云何是诸佛所行？如是等等。如来知诸菩萨心之所念，故而为彼等演示莲华藏世界种种相状。并以威神力加诸普贤菩萨，令其为诸菩萨解说莲华藏世界之成就因缘。

此华藏世界成就之因缘，如八十《华严》卷八"华藏世界品"中所说：

> 诸佛子，此华藏庄严世界海，是毗卢遮那如来，往昔于世界海微尘数劫修菩萨行时，一一劫中，亲近世界海微尘数佛。一一佛所，净修世界海微尘数，大愿之所严净。②

华藏世界成就之因缘，在六十《华严》卷三"卢舍那佛品"中亦有如是说：

> 尔时普贤菩萨，欲分别开示故，告一切众言。诸佛子，当知此莲华藏世界海，是卢舍那佛，本修菩萨行时，于阿僧祇世界微尘数劫之所严净。于一一劫，恭敬供养世界微尘等如来。一一佛所，净修世界海微尘数愿行。③

在《华严经》之六十卷本和八十卷本中，皆说此华藏世界之所成就，乃是如来于往昔修菩萨行时，恭敬供养微尘数如来，净修世界海微尘数菩萨行而成。只是此两部《华严经》中，一说毗卢遮那如来，一说卢舍那佛。此二种佛，非如一般所说之法身及报身也，依华严家所说，此二佛名无二义，如法藏在《华严探玄记》卷二中所说：

> 卢舍那者，古来译或云三业满，或云净满，或云广博严净。今更勘梵本，具言毗卢遮那。卢舍那者，此翻名光明照；毗者，此云遍，是谓光明遍照也。④

---

① 六种十八相震动者，参见《华严经》卷三"世主妙严品"中所说，"六种"者，即动、起、涌、震、吼、击等六种；"十八相震动"者，每种各三，总成十八，即动、遍动、普遍动；起、遍起、普遍起；涌、遍涌、普遍涌；震、遍震、普遍震；吼、遍吼、普遍吼；击、遍击、普遍击等计十八相。
② （唐）实叉难陀译《华严经》卷八，《大正藏》第 10 册，第 39 页。
③ （东晋）佛驮跋陀罗译《六十华严》卷三，《大正藏》第 9 册，第 412 页。
④ （唐）法藏述《华严经探玄记》卷二，《大正藏》第 35 册，第 146 页。

是故，依华严家义，不单说法身，亦不单说报身。卢舍那佛即是毗卢遮那佛，在华严祖师诸论著中，皆主张《华严经》中所列出的十身佛，不论法身、报身，如来身一身具足，十佛圆满。

第二节　华藏世界之结构组成

在《华严经》卷八至卷十之"华藏世界品"中，对华藏世界的结构框架相状有着非常详细的阐述。另外，在卷二"如来现相品"中，有关于华藏世界海周匝十方世界海的介绍。此中分别对华藏世界海的十方世界海、华藏世界海的上下构造、华藏世界海中四方结构及微尘数世界布局等三个方面进行讨论。

一　华藏世界十方世界海

在《华严经》卷二"如来现相品"中，如来放光，普照十方各一亿佛刹微尘数世界海。十方世界海诸菩萨众，皆于光明中见此华藏庄严世界海。如是一切众会诸菩萨众，皆于此华严法会集聚，亲近供养如来。如经中所说：

> 此华藏庄严世界海东，次有世界海，名清净光莲华庄严。彼世界种中有国土，名摩尼璎珞金刚藏，佛号法水觉虚空无边王。于彼如来大众海中，有菩萨摩诃萨，名观察胜法莲华幢，与世界海微尘数诸菩萨俱，来诣佛所。[①]

依经中所说，此华藏庄严世界海之东南西北，四维十方，各有世界海，亦各有世界海微尘数诸菩萨，来诣佛所，亲近供养如来。此下分别依十方世界之次第，分列世界海名、国土名、佛号、来诣菩萨名等，列举如下。

华藏世界海东方，有世界海名清净光莲华庄严，中有国土，名摩尼璎珞金刚藏，佛号法水觉虚空无边王，有菩萨名观察胜法莲华幢。

华藏世界海南方，有世界海名一切宝月光明庄严藏，中有国土，名无边光圆满庄严，佛号普智光明德须弥王，有菩萨名普照法海慧。

华藏世界海西方，有世界海名可爱乐宝光明，中有国土，名出生上妙资身具，佛号香焰功德宝庄严，有菩萨名月光香焰普庄严。

华藏世界海北方，有世界海名毗琉璃莲华光圆满藏，中有国土，名优钵罗华庄严，佛号普智幢音王，有菩萨名师子奋迅光明。

---

① （唐）实叉难陀译《华严经》卷二，《大正藏》第 10 册，第 27 页。

华藏世界海东北方，有世界海名阎浮檀金玻璃色幢，中有国土，名众宝庄严，佛号一切法无畏灯，有菩萨名最胜光明灯无尽功德藏。

华藏世界海东南方，有世界海名金庄严琉璃光普照，中有国土，名清净香光明，佛号普喜深信王，有菩萨名慧灯普明。

华藏世界海西南方，有世界海名日光遍照，中有国土，名师子日光明，佛号普智光明音，有菩萨名普华光焰髻。

华藏世界海西北方，有世界海名宝光照耀，中有国土，名众香庄严，佛号无量功德海光明，有菩萨名无尽光摩尼王。

华藏世界海下方，有世界海名莲华香妙德藏，中有国土，名宝师子光明照耀，佛号法界光明，有菩萨名法界光焰慧。

华藏世界海上方，有世界海名摩尼宝照耀庄严，中有国土，名无相妙光明，佛号无碍功德光明王，有菩萨名无碍力精进慧。

依据《华严经》文，于华藏庄严世界海之十方世界海中，一方各举一世界海，一世界中各举一国土中菩萨来集。而如前文所说，如来放光普照十方各一亿佛刹微尘数世界海，即普照十亿佛刹微尘数世界海，一一世界海皆有菩萨来集，如经文中所云：

> 如是等，十亿佛刹微尘数世界海中，有十亿佛刹微尘数菩萨摩诃萨，一一各有世界海微尘数诸菩萨众，前后围绕而来集会。①

由是可知，此华藏庄严世界海之东南西北，四维上下，各有无数无尽之微尘数世界海。

二 华藏世界海的上下构造

在《华严经》卷八"华藏世界品"中，谓此华藏世界海，有须弥山，微尘数风轮所持，如经文中所说：

> 此华藏庄严世界海，有须弥山微尘数风轮所持。其最下风轮，名平等住，能持其上，一切宝焰炽然庄严；次上风轮，名出生种种宝庄严，能持其上……②

---

① （唐）实叉难陀译《华严经》卷二，《大正藏》第 10 册，第 28 页。
② （唐）实叉难陀译《华严经》卷八，《大正藏》第 10 册，第 39 页。

依据经文，从最下风轮，依次向上，列举风轮名及其所持，其中依次列举十重风轮及最上风轮：最下风轮，名平等住，能持一切宝焰炽然庄严；次上风轮，名出生种种宝庄严，能持净光照耀摩尼王幢；次上风轮，名宝威德，能持一切宝铃；次上风轮，名平等焰，能持日光明相摩尼王轮；次上风轮，名种种普庄严，能持光明轮华；次上风轮，名普清净，能持一切华焰师子座；次上风轮，名声遍十方，能持一切珠王幢；次上风轮，名一切宝光明，能持一切摩尼王树华；次上风轮，名速疾普持，能持一切香摩尼须弥云；次上风轮，名种种宫殿游行，能持一切宝色香台云。最在上者，名殊胜威光藏，能持普光摩尼庄严香水海。

依据经卷八中所说，此华藏庄严世界海，有须弥山微尘数风轮所持；并从最下方，依次向上，一一列举风轮之名，及其所持。中有微尘数风轮，最后列举最上风轮名；其最上风轮能持普光摩尼香水海；此香水海有大莲华，名种种光明蕊香幢；此大莲华中，有华藏庄严世界海；华藏世界海中，四方均平，金刚轮山周匝围绕，地海众树各有区别。又，在华藏世界海大地中，有佛刹微尘数香水海；一一香水海中，各有四天下微尘数香水河，各有不可说佛刹微尘数世界种安住；一一世界种，各有不可说佛刹微尘数世界。

如是，此华藏庄严世界海，其上下构造，其次第如下：最下方风轮，风轮之上香水海；香水海之上有大莲华，大莲华之上有华藏庄严世界海；华藏世界海之上，周匝是金刚轮山，内里有香水海；香水海之上，有香水河，有世界种；世界种之上，佛刹微尘数世界。

三　华藏世界海四方结构

依《华严经》卷八"华藏世界品"中所说，此华藏庄严世界海之上，周匝是金刚轮山，而其内中，有佛刹微尘数香水海遍布其中。最中央香水海名"无边妙华光"，如经文中所说：

> 此最中央香水海，名无边妙华光；以现一切菩萨形摩尼王幢为底；出大莲华，名一切香摩尼王庄严；有世界种而住其上，名普照十方炽然宝光明；以一切庄严具为体；有不可说佛刹微尘数世界，于中布列。其最下方有世界，名最胜光遍照……①

在经文中，此最中央香水海上，有大莲华；大莲华上，有世界种；世界种上，有不可说佛刹微尘数世界。经中从下向上，次第列举二十重世界，每重世界之间，

---

① （唐）实叉难陀译《华严经》卷八，《大正藏》第10册，第42页。

皆有佛刹微尘数世界。其最下方世界，有佛刹微尘数世界围绕；其最上方第二十重世界，有二十佛刹微尘数世界围绕。依《华严经》所说，娑婆世界位于中央无边妙华光香水海第十三重。

在中央香水海之周匝，亦有香水海围绕，依东、南、西、北渐次右旋，彼香水海之名分别是：离垢焰藏香水海、无尽光明轮香水海、金刚宝焰光香水海、帝青宝庄严香水海、金刚轮庄严底香水海、莲华因陀罗网香水海、积集宝香藏香水海、宝庄严香水海、金刚宝聚香水海、天城宝堞香水海。

依《华严经》中所说，十方诸香水海亦如同中央香水海，亦各各出大莲华；一一莲华上，各各皆有世界种住于其上；一一世界种之上，皆有不可说佛刹微尘数世界于中布列。亦如同中央香水海，从下向上，次第列举二十重世界，每重世界之间，皆有佛刹微尘数世界。其最下方世界，有佛刹微尘数世界围绕；其最上方第二十重世界，有二十佛刹微尘数世界围绕。

在十方诸香水海外，有不可说佛刹微尘数香水海；东南西北各方，皆有不可说佛刹微尘数香水海。如：此中央香水海之东方香水海，名离垢焰藏香水海；离垢焰藏香水海东方，有不可说佛刹微尘数香水海。经文中如是说：

> 诸佛子！彼离垢焰藏香水海东，次有香水海，名变化微妙身，此海中，有世界种，名善布差别方；次有香水海，名金刚眼幢，世界种名庄严法界桥……如是等不可说佛刹微尘数香水海。其最近轮围山香水海，名玻璃地；世界种，名常放光明。以世界海清净劫音声为体。此中最下方，有世界，名可爱乐净光幢，佛刹微尘数世界围绕。①

在《华严经》中，从十方香水海向外，分别次第列出九重香水海及其上世界种之名。最后再列出最外一重，即最近轮围山香水海及世界种之名。在经文中，对十方香水海外，最外一重香水海，也即是十方最近轮围山香水海，经中亦有介绍。谓此十方最外一重香水海中，最下方世界之名、佛号，第十三重与娑婆世界齐等世界之名、佛号，第二十重最上方世界之名、佛号，在经文中一一列举。

第三节　华藏世界海庄严形相

在前文中，依"世界成就品"说世界成就具足十种事，其中第三中说世界成就

---

① （唐）实叉难陀译《华严经》卷八，《大正藏》第 10 册，第 42 页。

有种种形相，第五中说世界成就有种种庄严。此华藏世界海中，亦说有种种妙宝铺地，有不可说佛刹微尘数香水海，有种种装饰等等；又此华藏世界海中，有不可说不可尽佛刹微尘数世界种，世界种上有不可说不可尽佛刹微尘数世界，一一世界，种类形相，各各差别不同。

一　华藏世界海种种庄严

在《华严经》卷八"华藏世界品"中，谓此华藏庄严世界海中，种种庄严，种种严饰，种种妙宝，间列其中。在经文中，次第说此华藏世界海大轮围山内种种庄严，华藏世界海大地中种种庄严，华藏世界海中香水海中种种庄严，华藏世界海中香水河种种庄严。如经文中所说：

> 诸香水河，两间之地，悉以妙宝种种庄严，一一各有四天下微尘数众宝庄严；芬陀利华周匝遍满，各有四天下微尘数；众宝树林次第行列，一一树中恒出一切诸庄严云，摩尼宝王照耀其间，种种华香处处盈满；其树复出微妙音声，说诸如来一切劫中所修大愿；复散种种摩尼宝王，充遍其地……①

如上所引，诸香水河中，种种庄严，不可尽说。在经文中，对此华藏庄严世界海之种种庄严，有如是结说：

> 诸佛子！此华藏庄严世界海一切境界，一一皆以世界海微尘数清净功德之所庄严。②

此中谓华藏庄严世界海有世界海微尘数清净功德庄严。如是可知，诸佛世尊世界海，种种庄严不可思议。

二　华藏世界海所依住处

在"华藏世界品"中，亦说此华藏世界海中世界种，种种所依处不同，如经文所说：

> 此世界种，或有依大莲华海住，或有依无边色宝华海住，或有依一切真珠藏宝璎珞海住，或有依香水海住，或有依一切华海住，或有依摩尼宝网海住，

---

① （唐）实叉难陀译《华严经》卷八，《大正藏》第10册，第41页。
② （唐）实叉难陀译《华严经》卷八，《大正藏》第10册，第41页。

或有依漩流光海住，或有依菩萨宝庄严冠海住，或有依种种众生身海住，或有依一切佛音声摩尼王海住……如是等，若广说者，有世界海微尘数。①

诸世界种中，所依住处各各差别不同。如前文所说，诸世界中众生，种种所乐差别不同，而有所依处之种种差别。

三　华藏世界海种种体性

在"华藏世界品"中，亦说此华藏世界海中世界种，种种体性差别不同，如经文所说：

> 彼一切世界种，或有以十方摩尼云为体，或有以众色焰为体，或有以诸光明为体……或有以无边佛音声为体，或有以一切佛变化音声为体，或有以一切众生善音声为体，或有以一切佛功德海清净音声为体。如是等，若广说者，有世界海微尘数。②

在华藏世界海中，有不可说佛刹微尘数香水海，一一香水海，各有不可说佛刹微尘数世界种安住；一一世界种，复有不可说佛刹微尘数世界，如是世界无尽，种种体性亦复无尽。

四　华藏世界海种类形相

"世界海种类形相"者，谓此华藏庄严世界海中，有不可尽数香水海，有不可尽数世界种，有不可尽数世界。而无量差别世界海，亦有无量差别形相，如《华严经》卷七"世界成就品"中所说——

> 诸佛子，世界海有种种差别形相，所谓：或圆或方，或非圆方，无量差别。或如水漩形，或如山焰形，或如树形，或如华形，或如宫殿形，或如众生形，或如佛形。如是等，有世界海微尘数。③

此上所说树形、华形等，皆是论说世界之形相。无尽世界海中，其形相或是同类，或是异类。如此娑婆世界，以须弥山为中心，亦称须弥山形世界。此娑婆世界

---

① （唐）实叉难陀译《华严经》卷八，《大正藏》第10册，第42页。
② （唐）实叉难陀译《华严经》卷八，《大正藏》第10册，第42页。
③ （唐）实叉难陀译《华严经》卷七，《大正藏》第10册，第35页。

中，有无量小世界所组成。此中小世界者，以须弥山为中心，欲界六天中，四天王天位于须弥山腰，忉利天位于山顶，余四天乃是空居。是故，此娑婆世界乃是须弥山形世界，同此娑婆者，皆可称为须弥山形世界。

此华藏世界海之无量差别世界，在《华严经》卷八"华藏世界品"中，亦有对世界形相的经文描述：

> 诸佛子，彼一切世界种，或有作须弥山形，或作江河形，或作回转形，或作漩流形，或作轮辋形，或作坛墠形，或作树林形，或作楼阁形，或作山幢形，或作普方形，或作胎藏形，或作莲华形，或作佉勒迦[①]形，或作众生身形，或作云形，或作诸佛相好形，或作圆满光明形，或作种种珠网形，或作一切门阔形，或作诸庄严具形。如是等，若广说者，有世界海微尘数。[②]

依上经文可知，宇宙虚空，世界海无量，有世界同此娑婆世界，作须弥山形；亦有更多世界海，不同于此娑婆世界，如上所说，或圆或方，或非圆方，无量差别。此娑婆世界以须弥山为中心，有六欲天，有色界，有无色界。而彼等无量世界海，不同于此须弥山形世界，或如水漩形，或如山焰形，或如树形等，则不定有欲界、色界、无色界，其中空间、时间，亦定不同，种种异类。是故可知，有无量异类世界海，皆不同于此娑婆世界。

思考与练习题

1. 请依《华严经》文，简略述说诸世界海十种事成就。
2. 请依《华严经》文，简略述说华藏世界海成就因缘。
3. 请依《华严经》文，简略述说华藏世界海上下结构。
4. 请依《华严经》文，简略述说华藏世界海四方结构。
5. 请依《华严经》文，简略述说华藏世界海种种庄严。
6. 请依《华严经》文，简略述说华藏世界海中世界种所依住处。
7. 请依《华严经》文，简略述说华藏世界海中世界种种体性。
8. 请依《华严经》文，简略述说华藏世界海中世界种种种形相。

---

① 佉勒迦，梵语音译，即此土之谷麦篅（一种盛粮食的圆囤）。
② （唐）实叉难陀译《华严经》卷八，《大正藏》第 10 册，第 42 页。

第十九章　华严宗法界缘起思想

【本章导读】

本章主要围绕华严宗法界缘起思想进行阐述，即分别对法界缘起的思想提出、思想内涵，以及与余诸缘起不同等几个方面进行讨论。

本章计分三节。

第一节，法界缘起说的提出。本节中，依据杜顺、智俨、法藏等华严祖师的著作，对几位祖师著作提出的法界缘起说进行探讨。

第二节，法界缘起思想简述。本节中，从四个方面进行论述：一者，依据《探玄记》卷十七文，释解"法界"之名义；二者，依据六相圆融义，释解法界缘起重重无碍之理；三者，依据四法界说，明法界诸法相即相入事事无碍无尽缘起之理；四者，依华严家之性起学说，明法界缘起不同于三乘缘起之特色。

第三节，四大缘起说之比较。本节中，分别对四大缘起说，一一释解名义，明解四大缘起说之差别分齐。提出：华严一乘法界缘起，不同于大乘二乘缘起。华严家主张：法界诸法，相互依存，无有一法能独立存在。万法混为一团，互为缘起，无碍圆融，是为法界缘起。

第一节　法界缘起说的提出

法界缘起说是华严宗重要的思想理论，在华严宗祖师的著作中，多有论述。杜顺的《华严五教止观》中，立"华严三昧门"明法界缘起义，谓欲入此一乘法界缘起之门，须得次第渐进而行；智俨的《华严一乘十玄门》中提出，一乘缘起不同于大乘二乘缘起，华严一部大经，通明法界缘起；法藏的《华严五教章》中，以因果二门论说法界缘起无碍圆融之义，谓此法界缘起，一即一切，自在无穷，不可尽说。

一　杜顺说法界缘起

在《华严五教止观》中，杜顺立"华严三昧门"明法界缘起义。如其文中所说：

> 第五华严三昧门，但法界缘起，惑者难阶。若先不濯垢心，无以登其正觉。[1]

依杜顺意，此一乘法界缘起无碍之法门，乃是如来为普贤等诸大菩萨别说，非声闻二乘所能闻、能思、能解。是故，惑者莫及。凡夫为烦恼妄惑所障，二乘人亦有法执习性等虚妄执着，不知三乘教外别有一乘，犹自以为所学之法为最深最妙。是故，若欲入此一乘法界缘起之门，须得次第渐进而行。在《华严五教止观》中，立有四重次第：第一，先打计执，再入圆明；第二，须假方便，渐次而入；第三，直见诸法，入大缘起；第四，离见亡情，缘起法界。

第一，"先打计执，再入圆明"者，此谓，法界缘起，惑者难入，欲入此一乘法界缘起之门，须得先去除种种妄执，若不去除妄执，不先净其妄惑烦恼之心，无以登正觉之地。如人鼻下有粪臭，久闻不知其臭；亦如于梦中说觉，觉亦是梦也。是故上文说"若不濯垢心，无以登正觉"。

第二，"须假方便，渐次而入"者，此谓，法界缘起，微妙难思，众生根机不等，有不能直入者，便须假方便，渐次而入。如《观》文中所说"如其不得直入此者，宜可从始至终，一一征问，致令断惑尽迷、除法绝言、见性生解方为得意耳"。"一一征问"者，如：先观色等诸法 因缘所生，再观法属因缘无有自性，后观无性之法必不可得。如是，断惑尽迷，不取于相。除法绝言，如如不动。见性生解，法

---

① （隋）杜顺说《华严五教止观》卷一，《大正藏》第45册，第512页。

性圆融，无碍摄入。如是假诸方便，渐次而入。

第三，"直见诸法，入大缘起"者，此谓，若能直见色等诸法，即得入此大缘起法界，不须如前所说之前方便。所谓"见色等诸法"者，非是见色等诸法之相，而是见色等诸法本来面目。以一切色法，本从无性中生，无性无体不可得，无性即是真实，离一切言诠。如《观》文中所说"以色等诸事本真实亡诠"。凡夫之人，妄情执着于相，有妄心故，取相取名；而一乘人等，离相离名，不起妄想，能见法界真实，即得入此大缘起法界。

第四，"离见亡情，缘起法界"者，此谓，若能观照法界诸法，空有无二，于诸法不起空等见，空有融通，不起分别。于眼根、鼻根等诸色法处，亦不起分别。如是分别心尽，是为入此大缘起法界。如《观》文中所说"若能见空有如是者，即妄见心尽，方得顺理入法界""缘起法界，离见亡情，繁兴万像故"。是故，缘起法界，离见亡情。万像繁兴，不碍一性湛然；一性湛然，不碍万像繁兴。是为入此大缘起法界。

二 智俨说一乘缘起

在《华严一乘十玄门》中，智俨提出，一乘缘起不同于大乘二乘缘起。《华严经》一部大经，通明法界缘起，如其文中所说：

> 明一乘缘起自体法界义者，不同大乘二乘缘起，但能离执常断诸过等。此宗不尔，一即一切，无过不离，无法不同也。今且就此华严一部经宗，通明法界缘起，不过自体因之与果。所言因者，谓方便缘修体穷位满，即普贤是也；所言果者，谓自体究竟寂灭圆果，十佛境界，一即一切，谓"十佛世界海"及"离世间品"明十佛义是也。①

智俨认为，此一乘法界缘起，有以下几个方面的特点：第一，此一乘法界缘起，不同于大乘二乘缘起。第二，大乘二乘缘起，所说不过是"离执常断等诸过"；此一乘法界缘起，所明是"一即一切""无过不离""无法不同"。第三，此一乘法界缘起，统摄华严一部大经，所谓"因满果圆"是也。

在《华严经孔目章》卷四中，智俨再说一乘缘起不同于三乘缘起，如"融会三乘决显明一乘之妙趣"中所说：

> 三乘缘起，缘聚即有，缘散则离；一乘缘起，缘聚不有，缘散未离。此约

---

① （唐）智俨撰《华严一乘十玄门》卷一，《大正藏》第 45 册，第 514 页。

所对不同故，成绮互明耳。又如同体依持，以明因果。理性体融，在因为因，在果为果，其性平等。据缘以说，在一乘即圆明具德，处三乘则一相孤门，在小乘废深论浅，居凡有则唯事空文。此即理之妙趣也。①

智俨认为，一乘缘起中所说"缘起"义，不同于三乘中所说。三乘所说"缘起"，乃是依缘生缘灭而说，是就诸法之事相生灭而说；三乘中所说缘起诸法，由缘聚故诸法得生，由缘散故诸法得灭，所谓"诸法因缘生，缘散法还灭"是也。而一乘中所说"法界缘起"，不依缘聚缘散而说，不依生灭事相而说，而是依诸法之体性而说。谓诸法体性，本来平等，恒常如是，所谓"圆明具德"是也。

在《华严经孔目章》卷四中，智俨依"宝王如来性起品"立"性起"义，谓从佛的果智上来谈，法界森罗诸法，都是毗卢遮那如来果满的本性所起。并依此而明"法界缘起"义，如文中所说：

> 性起者，明一乘法界缘起之际，本来究竟，离于修造。何以故？以离相故。起在大解大行，离分别菩提心中，名为起也；由是缘起性故，说为起，起即不起，不起者是性起。②

智俨认为，此一乘法界缘起者，本来究竟，不依缘生，不依缘灭，是依诸法之体性而说。具体地说，此一乘法界缘起者，即是不等待其他因缘，离于一切相，离于分别心，不起而起，缘起即是性起，但依自体本具性德而得生起。

三　法藏法界缘起说

在《华严五教章》卷四中，法藏在解释法界缘起义时，以因果二门阐明法界诸法圆融无碍之义，如其文中所说：

> 夫法界缘起，乃自在无穷。今以要门，略摄为二：一者，明究竟果证义，即十佛自境界也；二者，随缘约因辩教义，即普贤境界也。③

法藏认为，法界缘起，无碍圆融，一即一切，自在无穷，不可尽说。然一切缘起法门，不出因果二门。此中法界缘起，亦依因果二门而说。此"因果二门"者，

---

① （唐）智俨集《华严经孔目章》卷四，《大正藏》第45册，第586页。
② （唐）智俨集《华严经孔目章》卷四，《大正藏》第45册，第580页。
③ （唐）法藏述《华严五教章》卷四，《大正藏》第45册，第503页。

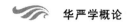

第一，明诸佛究竟果证义；第二，依普贤圆因明一乘缘起法门义。

第一，"诸佛究竟果证义"者，即是究竟果分，即是圆极自在之性海果分，乃是诸佛如来自内所证境界。此性海果分，圆融自在，相即相入，一即一切，一切即一，无碍德用，唯佛与佛乃能知之。非凡夫二乘所能了知，非对机宜，无有可说，是"当不可说"义。在《华严五教章》卷四中，法藏谓其"不与教相应故"，即非言教所能宣也。

第二，"依普贤圆因明一乘缘起义"者，即是缘起因分，乃是方便缘修，体穷位满，即普贤境界也。在《华严五教章》卷四中，以两门分说此一乘法界缘起无碍义。第一门"约喻略示"中，即是以数十钱法为喻，显一乘缘起无尽陀罗尼法；第二门"约法广辨"中，又有立义门与解释门二门。"立义门"者，即是将宇宙世间一切事法以十对法来进行总括。"解释门"者，即从华严一乘的角度，说明宇宙间一切事法（十对法）之间相即相入、圆融无碍的法界之相。并于此门中建立十玄门，从十方面分别解析宇宙法界事事无碍之理，显示一乘缘起法界圆融无碍之深义。

在《华严经明法品内立三宝章》卷下中，法藏立有"法界缘起章"，谓可以四门释此一乘法界缘起无碍义。如其文中所说：

夫法界缘起，为碍容持，如帝网该罗，若天珠交涉，圆融自在，无尽难名。略以四门，指陈其要：一、缘起相由门，二、法性融通门，三、缘性双显门，四、理事分无门。①

在"法界缘起章"中，法藏虽立有四门释"法界缘起"义，然其后文中，只说有"缘起相由门"一门，余三门不见其文。但在《三宝章》之"十世章"中，说有"法性融通门"；在《三宝章》之"玄义章"中，说有"理事分无门"。

第一，"缘起相由门"者，法藏从诸缘互异（异体门）、诸缘互应（同体门）、应异无碍（辩同异）等三个方面论述。谓宇宙万法，无尽圆融，总成一大法界无碍缘起。如一与多互为缘起，相由成立者，由一故有二，由一故有三，乃至由一故有十，一一诸缘相望，相由成立，是故法界诸法，一多相即，一多相入，一多相摄，一多相融，无尽法界，无尽缘起，无碍圆融。

第二，"法性融通门"者，此门于"法界缘起章"中未辨，但于"十世章"中有说。谓时无别体，唯依缘起法上假立；此缘起法复无自性，依真而立，是故缘起理事融通无碍。一切诸法，若约事，则相即相入，相融相摄；若约理，则法法如是，一味真实；若理与事，理依事显，事依理成；若事与事，法与法，则举一即多，多

---

① （唐）法藏述《华严经明法品内立三宝章》卷下，《大正藏》第 45 册，第 620 页。

则融一，相即相入。一切皆归法性，心佛众生，三无差别，生死涅槃，相即相如。法界缘起，无障无碍，无不从此法界流，无不还归此法界。

第三，"缘性双显门"者，此门于"法界缘起章"中未辨。此中"缘"者，指"缘起相由"；此中"性"者，指"法性融通"。此"缘性双显"者，谓此"法界缘起"，虽说缘起，非同大乘二乘所说缘起，有缘聚缘散等义，此缘起即是性起，即归法性。如法藏《华严经问答》卷二中所说"三乘缘起者，缘集有，缘散即无；一乘缘起即不尔，缘合不有，缘散不无""一乘缘起之法，非计情所及，虽非计情所及，而不远求"。

第四，"理事分无门"者，此门于"法界缘起章"中未辨，但在《三宝章》之"玄义章"中①有说。谓分别以四门辨"理""事"有无分限。"理"中四门者，即"无""非无""具""俱非"等四门，谓不唯无分故，在一切法处，而全体一内；不唯分故，常在一中，全在一外；不唯无分故，不在一事外；不唯分故，不在一事内。"事"中四门者，即"有""无""具""俱非"等四门。事法不唯分，故常在此处恒在他方处；不唯无分，故遍一切而不移本位；事不唯分故，常在此处而无在也；不唯无分故，常在他处而无在也。是故无在不在，而在此在彼无障碍也。

第二节　法界缘起思想简述

华严宗祖师对于法界缘起思想的解说，在他们的著作中处处可见。法藏在《探玄记》中注释"入法界品"时，对法界之名义、所入之法界、法界之分类等几个方面都进行了讨论；并在《金师子章》和《华严五教章》中，分别以金师子和房舍为譬喻，明六相圆融之法界缘起义；澄观亦在杜顺《华严法界观门》三重观门的基础上，建立四法界说，明法界诸法相即相入事事无碍无尽缘起之理。

一　释解"法界"之名义

在《华严经探玄记》卷十七中，法藏在注释"入法界品"之品名时，谓"法界是所入"，"法""界"各有三义，如其文中所说：

> "入"是能入，谓悟解证得故也；法界是所入，"法"有三义：一、是持自性义，二、是轨则义，三、对意义。"界"亦有三义：一、是因义。依生圣道

---

① （唐）法藏述《华严经明法品内立三宝章》卷下，《大正藏》第45册，第624页。

故。《摄论》云"法界者，谓是一切净法因故"。又《中边论》云"圣法因，为义故，是故说法界，圣法依此境生"。此中"因"义，是界义；二、是性义，谓是诸法所依性故。此经上文云"法界法性"，辩亦然，故也；三、是分齐义，谓诸缘起相不杂故。①

依法藏所说，"法界"者，可从三个方面进行释解，第一，诸法之因，法界能生一切法，为一切净法之因，圣法依此境生；第二，诸法之性，法界是诸法之所依，所谓法界法性，即诸法之真实体性；第三，诸法之分齐，法界诸法，各有分齐，各住自位，不相杂乱。

在《华严经探玄记》卷十七中，法藏谓此"入法界品"中所说，其所入法界，义有五门，如文中所说：

> 所入法界，义有五门：一、有为法界，二、无为法界，三、亦有为亦无为法界，四、非有为非无为法界，五、无障碍法界。②

第一，"有为法界"者，依法藏说，此有二门。一者，谓本识能持诸法种子名为法界，如《成唯识论》卷三中依契经说"无始时来界，一切法所依"③；二者，谓三世诸法差别边际名为法界，所谓"一切诸佛，知过去、现在、未来一切法界，悉无有余"。如《华严经》卷三十"佛不思议法品"中所说④。

第二，"无为法界"者，依法藏说，此有二门。一者，性净门，谓在凡位，性恒净故，真空一味，无差别故；二者，离垢门，谓由对治亦显净故。

第三，"亦有为亦无为法界"者，依法藏说，此有二门。一者，随相门，谓十六法（受、想、行、蕴及五种色、八无为）唯意识所知，名为法界；二者，无碍门，谓一心法界能生二门（心真如、心生灭），皆各总摄一切法，且此二门，恒不相杂，犹如水波，静动一如。

第四，"非有为非无为法界"者，依法藏说，此有二门。一者，形夺门，此依缘起性空而说，缘无不理之缘，故非有为；理无不缘之理，故非无为。如《大般若波罗蜜多经》卷三百九十七中所说"平等法性非是有为，非是无为，然离有为法，无为法不可得，离无为法，有为法亦不可得"⑤。二者，无寄门，谓此法界离相离性

---

① （唐）法藏述《华严经探玄记》卷十七，《大正藏》第35册，第440页。
② （唐）法藏述《华严经探玄记》卷十七，《大正藏》第35册，第440页。
③ （唐）玄奘译《成唯识论》卷三，《大正藏》第31册，第14页。
④ （唐）实叉难陀译《华严经》卷三十，《大正藏》第9册，第597页。
⑤ （唐）玄奘译《大般若波罗蜜多经》卷三百九十七，《大正藏》第6册，第1057页。

故。由离相故非有为，离性故非无为；又，由是真谛故非有为，由非安立谛故非无为。

第五，"无障碍法界"者，依法藏说，此有二门。一者，普摄门，谓于上四门，随一即摄余一切故。二者，圆融门，谓以理融事故，全事无分齐。如微尘非小，能容十刹，刹海非大，潜入一尘也；以事融理故，全理非无分，即一多无碍。如一一微尘中见一切法界，一即非一也。

在《华严经探玄记》卷十七中，法藏谓此法界，能入所入存亡无碍，其类别亦有五门，如其文中所说：

> 法界类别，亦有五门。谓所入能入，存亡无碍。初所入中亦五重：一、法法界，二、人法界，三、人法俱融法界，四、人法俱泯法界，五、无障碍法界。①

第一"法法界"者，依法藏说，此中有十：一者，事法界，谓宇宙诸法，一一差别，各有分齐；二者，理法界，谓指法界中各种事相所依之真理，一味湛然也；三者，境法界，谓指所观之真俗诸境；四者，行法界，所谓悲智广深也；五者，体法界，谓诸法体性，寂灭无生也；六者，用法界，谓诸法随缘起用，胜通自在；七者，顺法界，谓六度正行等，顺于正道；八者，逆法界，谓贪、嗔、痴等三毒境，于行者有所违逆故；九者，教法界，谓一切具有诠释功能之音声、名言、句文等；十者，义法界，谓指一乘三乘乃至五乘等教所诠释之一切义理。

第二"人法界"者，依法藏说，此中有十，谓人、天、男、女、在家、出家、外道、诸神、菩萨及佛等，此是法藏依"入法界品"中，善财所见。法藏谓"以善财见已，便入法界，故名人法界"也。

第三"人法俱融法界"者，此门是依上二门而说。谓上二门中所说十人、十法，同一缘起。所谓人能说法，法依人弘，人法俱融，但随义相分，是为人法俱融法界。

第四"人法俱泯法界"者，此是依平等果海而论。谓若依于果海，离于言数，离于一切言教，是故，缘起性相俱不可说。

第五"无障碍法界"者，依法藏说，此是合前四门所说，所谓人法一异，无有障碍；所谓事理圆融，无有障碍；所谓体用自在，无有障碍；所谓逆顺自在，无有障碍。如是存亡不碍，自在圆融，是为无障碍法界。

---

① （唐）法藏述《华严经探玄记》卷十七，《大正藏》第 35 册，第 441 页。

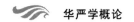

二 六相圆融缘起无碍义

六相圆融是华严宗重要思想之一，为华严诸位祖师所重视，亦常以此六相义释解法界缘起重重无碍之理。此六相圆融义，表达了一切事物，圆通无碍、互涉互入。同时也说明了一切矛盾对立着的事物彼此联系而又互相制约。这六相既同时存在于一切事物之中，又同时表现在每一事物之上。六相既是相反的，又是相成的，圆通自在，无碍镕融。

"六相"之义，本出于《十地经》，后世亲造论解释，谓此六相为显缘起圆融，无碍自在法义门不同，故有六种。如《十地经论》卷一中云：

> 一切所说十句中，皆有六种差别相门。此言说解释应知除事，事者谓阴界入等。六种相者，谓：总相、别相、同相、异相、成相、坏相。①

世亲菩萨于《十地经论》中立六相义，华严诸祖承其所说，明六相圆融之理，并以此六相圆融义，论述法界诸法之一即一切、一切即一之思想理念。所谓万法与一法为缘起，一法与万法为缘起，法法相即相入，互融无碍。

对于"六相"义，华严祖师于诸经论中亦多做解释。法藏在《华严金师子章》中以金师子为喻，明法界诸法，六相圆融而无有障碍，如其文中释云：

> 狮子是总相，五根差别为别相，共一缘起是同相，眼耳不相知是异相，诸缘共会是成相，诸缘各住自位是坏相。②

在《华严五教章》卷四之末，以偈颂总说六相义。如其文中所说：

> 又，总即一舍，别即诸缘，同即互不相违，异即诸缘各别，成即诸缘办果，坏即各住自法。别为颂曰：一即具多名总相，多即非一是别相，多类自同成于总，各体别异现于同，一多缘起理妙成，坏住自法常不作，唯智境界非事识，以此方便会一乘。③

第一，"总相"者，如上"总即一舍"是。亦如偈中所说"一即具多名总相"。

---

① 〔印度〕世亲造《十地经论》卷一，《大正藏》第26册，第124页。
② （宋）净源述《金师子章云间类解》卷一，《大正藏》第45册，第670页。
③ （唐）法藏述《华严五教章》卷四，《大正藏》第45册，第509页。

依诸法而论，总相者，即诸法之整体。诸法皆依缘起而成，依其所成之法而论，此总成之法即是总相。

第二，"别相"者，如上"别即别缘"是。亦如偈中所说"多即非一是别相"。依诸法而论，别相者，即成就缘起法之诸缘。法法皆由诸缘而起，彼诸缘法，与彼总相各各不同，其类各别，是故，此别别之缘法是为别相也。

第三，"同相"者，如上"同即互不相违"是。亦如偈中所说"多类自同成于总"。依诸法而论，同相者，即别相（诸缘）之相同之处。诸法皆依缘起而成，此成就缘起法之诸缘，同为果法成就之因缘，是为同相也。

第四，"异相"者，如上"异即诸缘各别"是。亦如偈中所说"各体别异现于同"。依诸法而论，异相者，即别相（诸缘）之不同之处。诸法皆依缘起而成，然此成就缘起法之诸缘，法法各各不同。此等诸缘，其自类体相，或大或小，或长或短，或方或圆，各各不同，是为异相也。

第五，"成相"者，如上"成即诸缘办果"是。亦如偈中所说"一多缘起理妙成"。依诸法而论，成相者，即缘起法中诸缘所能起之力用。果法是依诸缘法而得成就，彼等诸缘，皆有成就果法之力用。又，诸缘者，由其能成果法故，得称为"缘"；果法者，由其具足诸缘故，无缘则无"果"。如是因果互成，是为成相也。

第六，"坏相"者，如上"坏即各住自法"是。亦如偈中所说"坏住自法常不作"。依诸法而论，坏相者，即缘起法中诸缘之各自独立，互不干扰。坏相之"坏"，非破坏意。诸缘起法中，成就果法诸缘，诸缘和合时，则有成就果法之力用；诸缘分说时，又不碍其各住自位，不作他法，各具其相。此各住自法之诸缘，是为坏相也。

此六相者，若就体、相、用三方面而论平等、差别之二义。"体"者，即总、别二相；"相"者，即同、异二相；"用"者，即成、坏二相。

第一，依"体"而说六相，即谓总、别二相为"体"上之平等差别。总相者，示平等之体；别相者，示差别之体。平等之体者，谓一体具多体也；差别之体者，谓多体各别也。例如一舍，果法（舍宅）中具足诸缘（砖、瓦等），诸缘总为一团，是为平等之体，即是总相；而成就果法（舍宅）之诸缘（砖、瓦等），相对于果法（舍宅）而言，各别有体，是为差别之体。与总相（果法）有别，是为别相。

第二，依"相"而说六相，即谓同、异二相为"相"上之平等差别。同相者，示平等之相；异相者，示差别之相。平等之相者，谓总为一体也；差别之相者，谓个体差别不同。例如一舍，成就果法（舍宅）之诸缘（砖、瓦等），能同造一舍，同为舍之缘，是为平等之相，即是总相；而成就果法（舍宅）之诸缘（砖、瓦等），各具体相，各各差别不同，是为差别之相，是异相也。

第三，依"用"而说六相，即谓成、坏二相为"用"上之平等差别。成相者，示平等之用；坏相者，示差别之用。平等之用者，谓同一功用也；差别之用者，谓力用各不相同也。例如一舍，成就果法（舍宅）之诸缘（砖、瓦等），于果法（舍宅）之成就，同起力用，共同成就果法（舍宅），是为平等之用，即是成相；而成就果法（舍宅）之诸缘（砖、瓦等），于果法（舍宅）成就时，其力用各各不同，如以砖砌墙，以瓦封顶等，是为差别之相；由诸缘（砖、瓦等）各起力用，不相妨碍，各住自位故，是为坏相。

三　四重法界无碍缘起义

"四法界"义，最早始于杜顺的《华严法界观门》，杜顺在《华严法界观门》中，立真空观、理事无碍观、周遍含容观。后来澄观与宗密分别为《华严法界观门》注释，谓此中所说三观分别与理法界、理事无碍法界、事事无碍法界相对应，此三法界为能观。并于此三法界之外，再立事法界，为所观之境，以明法界缘起诸法相遍相融相即相入之重重无尽之思想理念。

第一，"事法界"者，是指宇宙间千差万别之现象界，为"理法界"之对称。即宇宙各种事物皆各有其区别与界限，如色、心等法，一一差别，各有分齐。在杜顺的《华严法界观》中，并无"事法界观"之说，对此，宗密与澄观也都分别做出了解释，谓此事法界，乃是情计之境，非是观智之境故。

事法界者，涵摄了宇宙法界万事万物，所有色心依正尽摄其内，华严宗祖师常常以十对法来统摄法界诸法，在诸多论著中，所立名目皆大同小异。如，智俨在《华严一乘十玄门》中[①]立有：一、教义，二、理事，三、解行，四、因果，五、人法，六、分齐境位，七、法智师弟，八、主伴依正，九、逆顺体用，十、随生根欲性等十对。法藏在《华严经探玄记》卷一中[②]立有：一、教义具足，二、理事，三、境智，四、行位，五、因果，六、依正，七、体用，八、人法，九、逆顺，十、应感具足等。

第二，"理法界"者，对应于杜顺《华严法界观门》中所立的真空观。理法界者，即是真如平等之理体，为万法之所依。此体非虚妄念虑，此体即是真如，即是本心，即是佛性，故称之"真"；此理法界，为法界诸法之理体，一切色法虽有差别相，然本体皆是真如，平等而无差别，皆归于空性，故称之为"空"。

此中所说"空"者，非是断灭空，非是离色空，乃是即有明空，故称之为真空。为对治凡夫外道、二乘人、地前菩萨对于"空义"的种种偏执，杜顺在《华严法界观门》中，分为四个次第阐述真空之理。四个次第者，即：一、会色归空观，

---

① （唐）智俨撰《华严一乘十玄门》卷一，《大正藏》第 45 册，第 515 页。
② （唐）法藏述《华严经探玄记》卷一，《大正藏》第 33 册，第 123 页。

二、明空即色观，三、空色无碍观，四、泯绝无寄观。

第三，"理事无碍法界"者，对应于杜顺《华严法界观门》中所立的理事无碍观。"理"者，即一真法界平等之理体；"事"者，即一切世间有为之形相。"理事无碍"者，此谓平等之理性与差别之事法，相遍、相成、相夺、相即、相非，事理交彻，无碍圆融。观此理如水，观彼事如波，理由事显，事揽理成，理事互融，于平等之理而有万差之事，于万差之事而有平等之理。真如之理性与万差之事相，二者不一不二。

在《华严法界观门》中，杜顺立有十门明此理事无碍义。十门者，即：一、理遍于事门，二、事遍于理门，三、依理成事门，四、事能显理门，五、以理夺事门，六、事能隐理门，七、真理即事门，八、事法即理门，九、真理非事门，十、事法非理门。

依此上十门所说义，可合为相遍、相成、相夺、相即、相非等五对。第一，"相遍"者，如第一门与第二门中所说，明理事相遍；第二，"相成"者，如第三门如第四门中所说，明理事相成；第三，"相夺"者，如第五门和第六门中所说，明理事相夺；第四，"相即"者，如第七门和第八门中所说，明理事相即；第五，"相非"者，如第九门和第十门中所说，明理事相非。此五对者，皆是先以理约事，后以事约理。理者性空无有分别，事者缘起分位差别。理约事，则分位差别而体性无二；事约理，则体性无二不碍分位差别。

第四，"事事无碍法界"者，谓一切分齐事法，称性融通，一多相即，大小互容，重重无尽。法界诸法，依凡夫众生之情计而看，彼诸法差别，万相各自独立，各有相状，互不相知；依圣者之如实智观照，彼诸法虽有差别万相，虽然各自独立，实则无有自性，一切虚妄之相，皆是依无性体而生起之差别用。法界诸法，其理唯一，其体一如，皆依性空而起。诸法互成缘起，一法能缘一切法，一法能容一切法，一法能入一切法，一法能摄一切法，法法相遍、相摄、相入、相容、相即，如是诸法力用互相交涉，自在无碍而无尽。

杜顺在《华严法界观门》中，明此"事事无碍"义时，列有十门：一、理如事门，二、事如理门，三、事含理事门，四、通局无碍门，五、广狭无碍门，六遍容无碍门，七、摄入无碍门，八、交涉无碍门，九、相在无碍门，十、普融无碍门。并作如是总说：

> 周遍含容观第三。事如理融，遍摄无碍，交参自在，略辨十门。①

---

① （唐）澄观述《华严法界玄镜》卷二，《大正藏》第 45 册，第 680 页。

此谓，诸法皆依缘而成故，诸法皆无自性故。理事二者，相遍、相成、相夺、相即、相非，理不离事，事不离理。以事如理融故，诸法事相亦复如是，事相虽有差别，然事随缘起，理事互摄互入，互遍自在，诸法事相亦复相遍、相摄、相即，交参自在，遍摄无碍。此中无论理事无碍，或者事事无碍，其之所以无碍者，皆依"理体真空"义而建立。

四　法界缘起与性起思想

法界缘起学说为华严宗之缘起观，属四法界中事事无碍法界之内容。而在讨论法界缘起学说的同时，亦不离于华严宗所主张的性起学说。此下且将法界缘起与性起思想进行比较，并对两者之间的关系做一探讨。

1. 缘起思想与性起思想

"缘起"者，是佛教的核心理论之一。经中关于"缘起"的论证很丰富，各宗派也有不同的解释，如业感缘起、赖耶缘起、如来藏缘起等。总的来说，缘起者，即谓众缘和合而生起。一切诸法（有为法），皆由种种条件（即因缘）和合而得成立。又有"此有故彼有，此起故彼起"句，以明示生死相续之理；亦有"此无则彼无，此灭则彼灭"句，以明无明断除得证涅槃之理。此缘起之理论乃佛陀成道之证悟，为佛教之基本原理。谓宇宙万有皆系相互依存，而无有独立之自性。乃是对印度诸外道"实我"主张的否定

"性起"者，为"缘起"之对称。乃华严宗教义之一。"性起"一词，源出六十《华严》之"宝王如来性起品"。智俨《搜玄记》卷四之上册中释云："'性'者，体；'起'者，现在心地耳。此即会其起相入实也。"法藏《探玄记》卷十六中释云："不改名性，显用称起，即如来之性起。又，真理，名'如'、名'性'；显用，名'起'、名'来'，即如来为性起。"又，法藏《妄尽还源观》中云："依体起用，名为性起。"性起者，即从性而起之意。

有关缘起与性起，法藏在《华严经问答》下册中，对二者差别有过讨论。论云：

> 问：性起及缘起。此二言有何别耶？
>
> 答：性起者，即（自是言）本具性不从缘。言缘起者，此中入之近方便。谓：法从缘而起，无自性故，即其法不起中令入解之；其性起者，即其法性，即无起以为性故，即其以不起为起。
>
> 问：若尔者即不起，何故言为起耶？
>
> 答：言起者，即其法性。离分别菩提心中现前在，故云为起。是即，以不起为起。如其法本性，故名"起"耳，非有"起相之起"。

是故，性起者，但依诸法体性而说；缘起者，但依诸法体相而说。性起者，诸法本具，不从缘生故；缘起者，因缘和合，诸法无自性故。性起者，即其法性，无起以为性故；缘起者，即其法相，缘生缘灭故。

2. 法界缘起与性起思想

华严一乘法界缘起，是华严宗对于宇宙法界缘起的认知，亦是华严宗对于缘起万法体性（一法即一切法，一法摄一切法）的认知。其思想义旨，来源于华严诸祖对于《华严经》的解读，如智俨于《华严一乘十玄门》中所说："华严一部经宗，通明法界缘起，不过自体因之与果。"

法界缘起的思想理论，有别于其他宗派的缘起论。二祖智俨在《华严一乘十玄门》中说："明一乘缘起自体法界义者，不同大乘二乘缘起，但能离执常断诸过等。此宗不尔，一即一切，无过不离，无法不同也。"在《华严经孔目章》卷四中说："三乘缘起，缘聚即有，缘散则离；一乘缘起，缘聚不有，缘散未离。"而三祖法藏在《华严经问答》中则有更详细的解答：

> 问：三乘缘起、一乘缘起，有何别耶。
> 答：三乘缘起者，缘集有，缘散即无；一乘缘起即不尔，缘合不有，缘散不无。
> 问：一乘缘起法，若"缘集不有、缘散不无"者，何用为缘"合"及"散"乎？
> 答：虽法无增减，而随顺处以说故，非无益空言。不知"缘合"之人中，即言为"缘集有"言；不知"缘散"之人中，即言为"缘散"。散门以生解人中，即言"散"，而非"方散"，以昔无非散时故；于合门以生解人中，即言"合"，而非"方合"。以昔无非合时故。

法界缘起的思想理论，重在法性，而不在于法相。此下再引智俨《华严经孔目章》卷四之"性起品明性起章"中一段，加以说明：

> 性起者，明一乘法界缘起之际，本来究竟，离于修造。何以故？以离相故。"起"在大解大行，离分别菩提心中，名为"起"也。由是缘起性故，说为起。起即不起，"不起"者，是性起。广如经文。

华严一乘法界缘起不同于三乘缘起，三乘缘起依于诸缘之"聚集""离散"而论"有、无"；而一乘缘起不依于"聚集""离散"而论"有、无"。一乘缘起者，诸缘集聚时实非有，诸缘离散时亦非无。一乘缘起者，不待因缘之聚集、离散，不待其他因缘，但依自体本具之性德而生起，是故上文云"一乘法界缘起之际，本来究竟，离于修造"。"离于修造"者，即谓离相。不同于三乘缘起依于法相之缘聚缘散，一乘法界缘起是"起即不起、不起即起"。此中"起"者，非是"起相之起"，所以说"起"者，是依法性而论，是体性生起。法性要在离分别心中方得现前，由缘起法性故，是性起之缘起。

又，法界缘起与性起思想，若合而总说，是为"性起之缘起"；若分而说之，则：缘起就普贤因分上而说；性起就如来果分上而说。就"果上"谈诸法之现起，是为性起；于"因分"谈万有之现起，是为缘起。性起为果分，缘起为因分。性起为遮那法门，缘起为普贤法门。如《华严经》中"普贤菩萨行愿品"与"宝王如来性起品"二品，前明普贤因门缘起法界，后明遮那果分性起法界，二品合明平等因果（修显因果）。是故，缘起不离性起，性起是体，缘起是用。依法性而论，全体即用，用即全体。法界万法，虽森然差别，而浑然圆融。一一法都彼此互收，一一尘都包含世界。法法相即相入，无碍溶融，主伴具足，重重无尽，是为法界缘起。

第三节　四大缘起说之比较

在华严宗祖师的著作中，反复强调，此一乘法界缘起，不同于大乘二乘缘起。在法藏所判的华严五教中，佛教四大缘起（业感缘起、赖耶缘起、如来藏缘起、法界缘起）亦能与之分别对应。如：业感缘起对应于五教中的小乘教，赖耶缘起对应于五教中的大乘始教，如来藏缘起对应于五教中的大乘终教，法界缘起对应于华严一乘教。此下对四大缘起分别进行讨论，以明此华严一乘法界缘起与大乘、二乘缘起之差别分齐。

一　业感缘起之名义

"业感缘起"者，此是小乘教人所主张。谓世间一切现象与有情之生死流转，皆由众生之业因所生起者。如《俱舍论》卷十三中所说：

> 有情世间及器世间各多差别，如是差别由谁而生？颂曰：世别由业生，思及思所作，思即是意业，所作谓身语。[1]

---

① 〔印度〕世亲造《俱舍论》卷十三，《大正藏》第29册，第67页。

有情众生之果报有正报（有情世间）与依报（器世间）之别，正报中有美丑、智愚等诸种差别，依报中有山川、草木等差别。此等果报之苦厌乐爱，千态万状，一一皆由业力之所感。

一切有情由惑作善恶等业，由业感生死等苦。惑业苦三道，展转互为因果，成三世，起轮回，生死相续，有情业因不同，所感的正依等报也各自有异。如《分别善恶报应经》卷一中所说：

> 复次，修习何业不生无间？修诸善业回向所求，决定得生诸善趣中不入无间。复次，修习何业感得何果？若修善业感可爱果，若造恶业感非爱果；若远离此善不善业，爱非爱果终不可得。[1]

有情众生以身、语、意，日夜造作，所行善恶诸事虽于刹那间即幻灭，然所造之业必于现世或来世招感相应之结果；即因各类业力之复杂关系，遂形成此世界千差万别之现象。在《分别善恶报应经》中，对于造作何等业，得何等报，种种善恶果报，有着非常详细的阐述。

二　赖耶缘起之名义

"赖耶缘起"者，又作阿赖耶缘起，此是大乘始教人所主张。谓第八阿赖耶识，又称藏识，如《成唯识论》卷二中所说：

> 此识具有能藏、所藏、执藏义故。谓与杂染互为缘故，有情执为自内我故……此是能引诸界趣，生善不善业异熟果……此能执持诸法种子令不失故，名一切种……初能变识，体相虽多，略说唯有如是三相。[2]

如上论文中所说，阿赖耶识具有能藏、所藏、执藏三义。即：一、执藏，谓第八识恒被第七末那识妄执为实我、实法，故又称我爱执藏；二、所藏，指现行熏种子义而说，亦即此识为七转识熏习诸法种子之场所，是一切诸趣生起之因地；三、能藏，谓第八识善于自体中含藏一切万法之种子。

唯识宗主张一切万法皆由阿赖耶识缘起。因为它能含藏一切诸法种子，它是一切有情诸趣生起的根本所依。世间的森罗万象都是由此识所执持的种子所现行。如眼识种子能变现青、黄、赤、白等色境；耳识种子能变现声境；鼻识种子能变现香

---

① （宋）法天译《分别善恶报应经》卷一，《大正藏》第 1 册，第 897 页。
② （唐）玄奘译《成唯识论》卷二，《大正藏》第 31 册，第 7 页。

境；舌识种子能变现味境；身识种子能变现触境；意识种子能变现法境。而第七末那识，则恒缘第八阿赖耶识之见分，变现实我的影像；第八阿赖耶识则恒缘根身、器界、种子，变现宇宙万法。由是，万有的存在都是八识种子所变现，第八阿赖耶识摄藏了一切万有产生的原因。

在阿赖耶识缘起中，其根本思想即是"种子生现行，现行生种子"。第八阿赖耶识中所储藏的种子能随缘而生起现行；而当前七识的现行变现出各种现象时，亦会将印象痕迹储藏在第八识中，熏习已有的种子，产生出新的种子，而贮存在阿赖耶识中。当现行熏种子时，阿赖耶识就成了储存业力种子的地方，是故称之为藏识。

种子生现行、现行熏种子。这种互为因果、互相依存、互相转化的过程，一直往来，流转轮回不停，即是阿赖耶识缘起。

三 如来藏缘起名义

"如来藏缘起"者，此是大乘终教人所主张。此谓如来藏有常住不变之一面，同时亦有随缘起动而变现万有之一面。阿赖耶识是如来藏随缘所成就，如《楞伽经》卷四中所说：

> 佛告大慧，如来之藏是善不善因，能遍兴造一切趣生，譬如伎儿变现诸趣，离我我所，不觉彼故，三缘和合，方便而生。外道不觉，计著作者，为无始虚伪恶习所熏，名为识藏。生无明住地，与七识俱。如海浪身，常生不断，离无常过，离于我论。自性无垢，毕竟清净。其诸余识，有生有灭，意意识等，念念有七。因不实妄想，取诸境界，种种形处，计著名相。①

在这一段经文中，可以总结出以下几点：1. 如来藏是一切善不善法之因，是故，如来藏能够随缘成就一切净不净法；2. 如来藏随缘受熏，生灭与不生灭和合，成就阿赖耶识，是为识藏；3. 如来藏离无常过、自性无垢、毕竟清净等，谓如来藏虽随染净等缘成就万法，但其自性清净不改；4. 由如来藏随缘成就故，前七转识亦得生起，由是生起差别作用，执于境界，计著名相。

是故，三界所有依报正报，皆由如来藏性不守自性，随缘显现。如来藏随缘变现三界依正等报，其次第如下：先是如来藏随无明等缘，依生灭与不生灭和合，成就第八阿赖耶识（藏识）之相；依阿赖耶识说有无明，不觉生起，能见、能现、能取境界，起念相续，于妄心中起念生一切法，并执以为实；世间一切境界，皆依众生无明妄心而得住持。如是得以变现三界依正等报。

---

① 〔印度〕求那跋陀罗译《楞伽经》卷四，《大正藏》第16册，第510页。

依诸经论中所说，如来藏有随缘和不变二义，依随缘义，立生灭门；依不变义，立真如门。由随缘义故，阿赖耶识得以成就；由不变义故，真如自体清净，常恒不变。就真如门而论，如来藏为一味平等、性无差别之体；就生灭门而论，如来藏随染净之缘而生起诸法。

四　法界缘起之名义

"法界缘起"者，此是华严一乘教所主张。此谓法界一一法，有为无为，色心依正，总为一团；此一团万法，相即相入，互为能缘起所缘起，以一法成一切法，以一切法起一法。此一法依他一切法为缘，他一切法亦依此一法为缘，相资相待，互摄互容，如因陀罗网，重重无际，微细相容，主伴无尽。

在华严宗祖师的著作中，常以"帝网"为喻，来明世出世间一切诸法之间相入相即，重重无尽，无碍圆融的关系，如法藏在《妄尽还源观》中所说：

> 主伴互现帝网观。谓以自为主，望他为伴；或以一法为主，一切法为伴；或以一身为主，一切身为伴。随举一法，即主伴齐收，重重无尽。此表法性重重影现，一切事中皆悉无尽，亦是悲智重重无尽也。①

此"帝网喻"中，谓随举一珠为主，余珠为伴，彼一珠能遍、能摄、能容、能入余一切珠。法界诸法亦复如是，随举一法，即主伴齐收，重重无尽。

综合前文所说四大缘起，小乘教人主张业感缘起，主张众生由惑造业，由业感果，由果又起惑造业，所以一切万法皆由业力的招感而生起；大乘始教唯识宗主张阿赖耶缘起，主张阿赖耶识中含藏有万法的种子，当此识遇缘时便能生起现行，一切根身器界，皆由其生起；大乘终教人主张如来藏缘起，主张如来藏能随无明等缘成就染净诸法，若随染缘，则现六道；若随净缘，则四圣得果。由如来藏随缘故，一切依正等报得以成就；华严一乘教人主张法界缘起，主张法界诸法总成一大缘起，一法能起一切法，一切法能起一法，法法相互依存，无有一法能独立存在，是为法界缘起。

思考与练习题

1. 请依《华严五教止观》略说入缘起法界四重次第。

2. 请简略述说智俨有关"一乘缘起"的解释。

―――――――――――

① （唐）法藏述《修华严奥旨妄尽还源观》卷一，《大正藏》卷45，640页。

3. 请依《华严三宝章》述说法藏对"法界缘起"的解释。

4. 请依《探玄记》卷十三文，明法藏所立"五门所入法界"义。

5. 请依《探玄记》卷十七文，明法藏所立"五类法界"义。

6. 请简略释解"六相圆融"之名义。

7. 请简略释解"业感缘起"之名义。

8. 请简略释解"赖耶缘起"之名义。

9. 请简略释解"如来藏缘起"之名义。

10. 请简略释解"法界缘起"之名义。

参考文献

［1］（东晋）佛驮跋陀罗译《华严经》（60卷），《大正藏》第9册。

［2］（唐）实叉难陀译《华严经》（60卷），《大正藏》第10册。

［3］（唐）般若译《华严经》（40卷），《大正藏》第10册。

［4］（唐）尸罗达摩译《佛说十地经》（9卷），《大正藏》第10册。

［5］（后汉）支娄迦谶译《佛说兜沙经》（1卷），《大正藏》第10册。

［6］（后秦）鸠摩罗什译《庄严菩提心经》（1卷），《大正藏》第10册。

［7］（北凉）昙无谶译《大般涅槃经》（40卷），《大正藏》第12册。

［8］（东晋）竺佛念译《菩萨处胎经》（7卷），《大正藏》第12册。

［9］（东晋）竺佛念译《四分律》（60卷），《大正藏》第22册。

［10］〔印度〕龙树菩萨造《大智度论》（100卷），《大正藏》第25册。

［11］（北魏）菩提流支译《金刚仙论》（10卷），《大正藏》第25册。

［12］〔印度〕世亲造《十地经论》（12卷），《大正藏》第26册。

［13］〔印度〕龙树造《十住毗婆沙论》（17卷），《大正藏》第26册。

［14］〔印度〕亲光造《佛地经论》（15卷），《大正藏》第26册。

［15］（梁）真谛译《大乘起信论》（1卷），《大正藏》第32册。

［16］（唐）智俨述《大方广佛华严经搜玄分齐通智方轨》（10卷），《大正藏》第
35册。

［17］（唐）法藏述《华严经文义纲目》（1卷），《大正藏》第35册。

［18］（唐）法藏述《华严经探玄记》（20卷），《大正藏》第35册。

［19］（唐）澄观撰《大方广佛华严经疏》（60卷），《大正藏》第35册。

［20］（隋）吉藏撰《华严游意》（1卷），《大正藏》第35册。

［21］（唐）澄观述《大华严经略策》（1卷），《大正藏》第36册。

［22］（唐）澄观述《新译华严经七处九动颂释章》（1卷），《大正藏》第36册。

［23］（唐）澄观述《大方广佛华严经随疏演义钞》（90卷），《大正藏》第36册。

［24］（唐）李通玄撰《新华严经论》（40卷），《大正藏》第36册。

[25] （唐）李通玄撰《略释新华严经修行次第决疑论》（4卷），《大正藏》第36册。

[26] （隋）吉藏造《净名玄论》（8卷），《大正藏》第38册。

[27] （隋）慧远撰《大乘义章》（20卷），《大正藏》第44册。

[28] （宋）子璿录《起信论疏笔削记》（20卷），《大正藏》第44册。

[29] （唐）义湘撰《华严一乘法界图》（1卷），《大正藏》第45册。

[30] （元）文才述《肇论新疏》（3卷），《大正藏》第45册。

[31] （唐）杜顺说《华严五教止观》（1卷），《大正藏》第45册。

[32] （唐）智俨撰《华严一乘十玄门》（1卷），《大正藏》第45册。

[33] （唐）智俨集《华严五十要问答》（2卷），《大正藏》第45册。

[34] （唐）智俨集《华严经内章门等杂孔目章》（4卷），《大正藏》第45册。

[35] （唐）法藏述《华严经旨归》（1卷），《大正藏》第45册。

[36] （唐）法藏述《华严策林》（1卷），《大正藏》第45册。

[37] （唐）法藏述《华严经问答》（2卷），《大正藏》第45册。

[38] （唐）法藏述《华严经明法品内立三宝章》（2卷），《大正藏》第45册。

[39] （唐）法藏述《华严经义海百门》（1卷），《大正藏》第45册。

[40] （唐）法藏述《修华严奥旨妄尽还源观》（1卷），《大正藏》第45册。

[41] （唐）法藏撰《华严游心法界记》（1卷），《大正藏》第45册。

[42] （唐）法藏述《华严发菩提心章》（1卷），《大正藏》第45册。

[43] （唐）法藏撰《华严经关脉义记》（1卷），《大正藏》第45册。

[44] （唐）法藏述《华严一乘教义分齐章》（4卷），《大正藏》第45册。

[45] （唐）澄观述《三圣圆融观门》（1卷），《大正藏》第45册。

[46] （唐）澄观述《华严法界玄镜》（2卷），《大正藏》第45册。

[47] （唐）宗密注《注华严法界观门》（1卷），《大正藏》第45册。

[48] （唐）宗密述《原人论》（1卷），《大正藏》第45册。

[49] （宋）净源述《金师子章云间类解》（1卷），《大正藏》第45册。

[50] （宋）承迁注《大方广佛华严经金师子章》（1卷），《大正藏》第45册。

[51] （唐）宗密述《禅源诸诠集都序》（4卷），《大正藏》第48册。

[52] （宋）智昭集《人天眼目》（6卷），《大正藏》第48册。

[53] （宋）延寿集《宗镜录》（100卷），《大正藏》第48册。

[54] 〔高丽〕一然撰《三国遗事》（5卷），《大正藏》第49册。

[55] （宋）志磐撰《佛祖统纪》（54卷），《大正藏》第49册。

[56] （宋）义和撰《华严念佛三昧无尽灯序》（1卷），《大正藏》第49册。

[57] （明）幻轮汇编《释鉴稽古略续集》（3卷），《大正藏》第49册。

[58] （元）念常集《佛祖历代通载》（22卷），《大正藏》第49册。

[59]（隋）费长房撰《历代三宝纪》（15卷），《大正藏》第49册。

[60]（明）如惺撰《大明高僧传》（8卷），《大正藏》第50册。

[61]（宋）赞宁等撰《宋高僧传》（31卷），《大正藏》第50册。

[62]（梁）慧皎撰《高僧传》（14卷），《大正藏》第50册。

[63]（唐）道宣编《大唐内典录》（10卷），《大正藏》第50册。

[64]（唐）道宣撰《续高僧传》（30卷），《大正藏》第50册。

[65]（后秦）鸠摩罗什译《龙树菩萨传》（1卷），《大正藏》第50册。

[66]（唐）崔致远撰《唐大荐福寺故寺主翻经大德法藏和尚传》（1卷），《大正藏》第50册。

[67]（唐）玄奘编译《大唐西域记》（12卷），《大正藏》第51册。

[68]（宋）道原纂《景德传灯录》（30卷），《大正藏》第51册。

[69]（唐）法藏撰《华严经传记》（5卷），《大正藏》第51册。

[70]（宋）契嵩编《传法正宗记》（9卷），《大正藏》第51册。

[71]（明）袾宏辑《往生集》（3卷），《大正藏》第51册。

[72]（唐）道世撰《法苑珠林》（100卷），《大正藏》第53册。

[73]（梁）僧祐撰《出三藏记集》（15卷），《大正藏》第55册。

[74]（唐）明佺等撰《大周刊定众经目录》（15卷），《大正藏》第55册。

[75]（唐）智昇撰《开元释教录》（20卷），《大正藏》第55册。

[76]（唐）圆照撰《贞元新定释教目录》（30卷），《大正藏》第55册。

[77]（隋）静泰撰《众经目录》（5卷），《大正藏》第55册。

[78]（唐）靖迈撰《古今译经图纪》（4卷），《大正藏》第55册。

[79]〔高丽〕义天编《新编诸宗教藏总录》（6卷），《大正藏》第55册。

[80]（唐）慧苑述《华严刊定记》（20卷），《卍新纂续藏经》第3册。

[81]（明）李贽节录《华严经合论简要》（4卷），《卍新纂续藏经》第4册。

[82]（唐）宗密述《华严经行愿品疏钞》（6卷），《卍新纂续藏经》第5册。

[83]（元）普瑞集《华严悬谈会玄记》（40卷），《卍新纂续藏经》第8册。

[84]（明）道通述《华严经吞海集》（3卷），《卍新纂续藏经》第8册。

[85]（清）永光录《华严经三十九品大意》（1卷），《卍新纂续藏经》第9册。

[86]（清）海印了惠题"《法华经科拾》跋"，《卍新纂续藏经》第66册。

[87]（清）续法集《法界宗镜灯章》（1卷），《卍新纂续藏经》第58册。

[88]（清）续法集《贤首五教仪》（6卷），《卍新纂续藏经》第58册。

[89]（清）续法集《贤首五教仪开蒙》（1卷），《卍新纂续藏经》第58册。

[90]（唐）文益撰《宗门十规论》（1卷），《卍新纂续藏经》第63册。

[91]（唐）宗密述《圆觉经道场修证仪》（18卷），《卍新纂续藏经》第74册。

[92] （唐）慧觉录、（元）普瑞注《华严经海印道场忏仪》（42卷），《卍新纂续藏经》第74册。

[93] （宋）净源集《华严普贤行愿修证仪》（1卷），《卍新纂续藏经》第74册。

[94] （宋）宗鉴集《释门正统》（8卷），《卍新纂续藏经》第77册。

[95] （清）续法辑《法界宗五祖略记》（1卷），《卍新纂续藏经》第77册。

[96] （明）明河撰《补续高僧传》（26卷），《卍新纂续藏经》第77册。

[97] （明）袾宏辑《华严经感应略记》（1卷），《卍新纂续藏经》第77册。

[98] （清）弘璧辑《华严感应缘起传》（1卷），《卍新纂续藏经》第77册。

[99] （清）续法辑《法界宗五祖略记》（1卷），《卍新纂续藏经》第77册。

[100] （清）彭际清编《净土圣贤录》（9卷），《卍新纂续藏经》第78册。

[101] （清）证文录《伯亭大师传记总帙》（1卷），《卍新纂续藏经》第88册。

[102] （明）道需编《华严经疏论纂要》（120卷），《大藏经补编选录》第3册。

[103] 杨政河：《华严哲学研究》（1册），台北市慧炬出版社，1987。

[104] 方立天：《法藏评传》（1册），京华出版社，1995。

[105] 黄连忠：《宗密的禅学思想》（1册），台北新文丰出版公司，1995。

[106] 〔日〕坂本幸男：《华严教学之研究》（1册），中华佛教文献编撰社，1999。

[107] 〔日〕高峰了州：《华严思想史》（1册），中华佛教文献编撰社，1999。

[108] 华严莲社编《华严宗五祖论著精华》（1册），台北华严莲社，2001。

[109] 魏道儒：《中国华严宗通史》（1册），凤凰出版社，2008。

[110] 王颂：《宋代华严思想研究》（1册），宗教文化出版社，2008。

[111] 汤用彤：《隋唐佛教史稿》（1册），北京大学出版社，2010。

[112] 方东美：《华严宗哲学》（1册），中华书局，2012。

[113] 吴可为：《华严哲学研究》（1册），社会科学文献出版社，2014。

[114] 喻谦等编《新续高僧传》，《历代佛教传记文献集成》，国家图书馆出版社，2015。

[115] 王颂：《华严法界观门校释研究》（1册），宗教文化出版社，2016。

[116] 真禅：《〈华严经〉与华严宗》（1册），上海玉佛寺丛书，上海玉佛寺法物流通处印制。

[117] 侯传文：《〈华严经〉与中印启悟文学母题》，《南亚研究》1994年第1期。

[118] 王仲尧：《论南北朝地论师的判教思想》，《佛教研究》1999年第8期。

[119] 吴言生：《华严帝网印禅心》，《人文杂志》2002年第2期。

[120] 赖品超：《三一论、基督论与华严佛学》，《宗教研究》2003年第1期。

[121] 沈立：《中国佛教〈华严经〉的终生学习观》，《比较教育研究》2004年第5期。

图书在版编目（CIP）数据

华严学概论 / 觉深编著 . -- 北京：社会科学文献
出版社，2022.4（2024.9 重印）
ISBN 978 - 7 - 5201 - 9602 - 4

Ⅰ.①华⋯　Ⅱ.①觉⋯　Ⅲ.①大乘 - 佛经②《华严经
》- 研究　Ⅳ.①B942.1

中国版本图书馆 CIP 数据核字（2021）第 278266 号

华严学概论

编　　著 / 觉　深

出　版　人 / 冀祥德
组稿编辑 / 袁清湘
责任编辑 / 赵怀英
责任印制 / 王京美

出　　　版 / 社会科学文献出版社·人文分社（010）59367215
　　　　　　地址：北京市北三环中路甲 29 号院华龙大厦　邮编：100029
　　　　　　网址：www.ssap.com.cn
发　　　行 / 社会科学文献出版社（010）59367028
印　　　装 / 唐山玺诚印务有限公司

规　　　格 / 开　本：787mm × 1092mm　1/16
　　　　　　印　张：23.25　字　数：470 千字
版　　　次 / 2022 年 4 月第 1 版　2024 年 9 月第 2 次印刷
书　　　号 / ISBN 978 - 7 - 5201 - 9602 - 4
定　　　价 / 98.00 元

读者服务电话：4008918866